·成都市非物质文化遗产丛书·

根·脉

成都市非物质文化遗产代表性项目名录图文集【第一卷】

成都市文化局　成都市非物质文化遗产保护中心　编

巴蜀书社

总目录

【第一卷】 序言

第一章 民间文学

第二章 传统音乐

第三章 传统舞蹈

第四章 传统戏剧

第五章 曲艺

【第二卷】 第六章 传统体育、游艺与杂技

第七章 传统美术

第八章 传统技艺（上）

【第三卷】 第八章 传统技艺（下）

第九章 传统医药

第十章 民俗

【附录】

目 录

序 言 007

第一章 民间文学 011

012 新津灯谜

016 卓文君与司马相如的故事

021 望娘滩传说

025 阿斗洛带传说

030 鱼凫传说

032 柳街薅秧歌

第二章 传统音乐 037

038 沱江号子

042 竹麻号子

047 闹年锣鼓

051 青城洞经古乐

056 成都道教音乐

061 蜀派古琴
068 西岭山歌
072 府河号子（黄龙溪号子）

第三章 传统舞蹈 077

078 黄龙溪火龙灯舞
084 大邑狮灯
089 城厢过街连箫
094 牛灯
097 夹关高跷
100 四川客家龙舞
106 小金龙龙舞
110 金华龙灯
114 蛾蛾灯
118 成都牛儿灯

第四章 传统戏剧 125
126 成都木偶戏
133 成都皮影戏
142 川剧
153 被单戏
155 川剧围鼓

第五章 曲艺 163
164 四川竹琴
170 荷叶
173 四川清音
180 金钱板
186 四川扬琴
191 四川连箫
195 飞刀花鼓
199 幺妹灯
202 四川车灯
205 四川相书
208 四川评书

序 言

谭继和

非物质文化遗产，各民族各地区各有自己的特色。成都市非物质文化遗产的特点，一是土生土长，根深叶茂；二是川味独特，源远流长。若从源头考察，“蜀之为国，肇于人皇”，这是古蜀人有关万年前“人皇”，也即新石器时代人类智慧与文明初启时期，开创古蜀国文明的最早、自成一系、世代相袭的民间口述传说，可见成都“非遗”生根之深。再从古蜀音乐源头和发展脉络看，古蜀王为悼念王妃“武都山精”而制作《陇归曲》、《臾邪歌》，陇右是古羌人来蜀的故地，“臾邪”是劳作时的号子，这是三千年前古蜀人最早的思乡曲。它与巴人之《巴渝曲》互相融会，衍变到唐代成为《竹枝词》，再发展为清代川剧高腔和清音，在今天道家仙乐、府河号子、西岭山歌里还隐约可寻它的活态基因的传承，这是川味独特、脉络悠长的成都民间音乐的一个明证。因了上述两个特点，故把本书命名为“根·脉”，既体现成都非物质文化遗产记忆着文化之根的久远，又体现了成都非物质文化遗产活态基因脉络的悠长，至今还为成都人提供着文化创造的生命与活力。

成都非物质文化遗产从国家级、省级到市级有116种之多，归纳起来有五种类型：一是以川剧、清音、扬琴为代表的戏曲曲艺系列。川剧特色，不能仅看成只会吐火变脸颤翎子等武功夫，更感人的是它在花部戏中以文人创作融入诗魂，具有文学性极强的心灵造化力。如《情探》一折经大文人赵熙等以诗的精神加以改编修润，历代表演艺术家，如蓝光临及其前辈，以情的襟怀融入心血，使之成为完美定本，至今难以超越和变改，这就是成都非物质文化遗产根脉的魅力。二是以蜀派古琴、洞经音乐、火龙舞为代表的传统音乐舞蹈杂技游艺系列。蜀派古琴源于汉代司马相如绿绮琴，发展为唐代《蜀国弦》和雷琴，至清代青城道人张孔山《流水》

而自成一派，至今已有七代传人，其激浪奔雷韵调冠绝当时，成为进入太空的人类乐音，显示了成都人创新天籁之音的力量。三是以蜀锦、蜀绣、漆艺、瓷胎竹编工艺“四大名旦”以及郫县豆瓣、糖画、陈麻婆豆腐等为代表的传统技艺、美术和医药系列。汉代蜀锦实物“五星出东方利中国”一大片，今已在吐鲁番出土，证明很早即已通商于西域。蜀郡漆器远销世界，朝鲜乐浪郡与蒙古诺音乌拉曾有出土。四是以卓文君与司马相如的传说、望娘滩的传说为代表的民间口述文学系列。五是以都江堰放水节、草堂人日诗游、龙舟会、火牛阵为代表的生产、生活、节庆民俗系列。这五大系列显示了成都非物质文化遗产层面多彩、绚丽多姿、底蕴深厚、根深脉远。它是蜀人生命记忆之根，文明发展之脉，至今充满生命基因的活力，是滋润成都人心灵的泉水，精神创造的内在动力，“信美无与适”（杜甫诗）的精神家园。今由成都市文化局和成都市非物质文化遗产保护中心组织保护工作者耗时经年，贡献心血，成此图文并茂之成都非物质文化遗产总汇与通鉴，为保护和发展成都非物质文化遗产，为实践“中国梦”的成都华丽篇章，提供了重要的思想养料和文化资源，有功效于当世，有传承于子孙，功莫大焉。

（作者系四川省政府文史馆馆员，四川省社科院研究员、博士后导师，四川省历史学会会长）

证 书
唐叶儿粑
E

文君井

第一章

民间文学

民间文学是民众口头创作，口头流传的文学。民间文学作为人类精神生产的伟大成果，总是植根于民族文化土壤的深层，它是民族的精神生活和心灵表现的一种重要的形式，也是一个民族在历史发展的过程中，凝聚起来的草根阶层意识形态的重要组成部分。

“九天开出一成都，千门万户入画图。”自古以来，成都就是一座充满生活情趣，极富人文色彩的城市，蚕丛、鱼凫的古老传说，杜鹃啼血的凄美故事久久流传。成都人好摆“龙门阵”，善摆“龙门阵”，脍炙人口的故事与传说，幽默、诙谐、生动的歇后语、谚语、谜语、歌谣等口头语言文学，构成具有独特地域特色和文化生命力的成都民间文学。

充满浪漫气息的“卓文君与司马相如”的故事、动人的“望娘滩”传说，仍为人们津津乐道。

（撰写：彭云思）

新津灯谜

小档案

项目名称：新津灯谜

2006年入选成都市第一批非物质文化遗产名录。项目保护责任单位为新津县文化馆。

灯谜是我国民间传统游艺活动之一，是人民智慧的结晶，反映了当地的民情风俗，既益智又娱乐，受到老百姓的喜爱。

灯谜是谜语的一个门类，它是以汉文字的三要素——形、音、义为基础，利用一字多义、多字同义、一字多音、多字同音和字形等特点，构成底面回互扣合，供人猜射的一种文字游戏。

新津县位于成都平原西南部，是古南方丝绸之路的起点之一。它地处成都南路要津，五河会聚，是川西南水陆交通枢纽。新津独特的富有灵性的山川地貌使聪慧的新津人自古便与灯谜结下了不解之缘。新津灯谜具有悠久的历史和深厚的群众基础，每年新春的猜灯谜活动都举办得热闹非凡。在猜灯谜过程中，当地百姓往往同时参加赶庙会、看花灯等活动，气氛高雅而热烈。

早在夏代，新津就出现了一种用暗示来描述某种事物的歌谣。春秋战国时期，歌谣发展演变成“隐语”，这是灯谜的雏形。北宋末年，新津便出现了以制谜、猜谜为乐事的谜事活动，这时的猜谜还只是秀才、举人们之间的“智力游戏”。时至南宋，一些文人学士常在元宵夜把谜条贴在纱灯上吸引过往行人，故称之为“灯谜”。新津灯谜除了传统的文字谜外，还有画谜、声音谜和动作谜，猜谜内容丰富多彩。画谜即由图画显示谜面，请竞猜者根据图画的寓意去猜测谜底。声音谜和动作谜即猜谜者根据声音和动作的提示竞猜谜底。由于民间灯谜蕴含着丰富的民间智慧和实践经验，所以它往往跟老百姓的生活有着千丝万缕的联系。

据《新津文史资料选》记载：新津的灯谜活动历史悠久，尤以清光绪年间为盛。当时县城正东街罗二举人家及正西街童翰林家，每年春节正月十五日闹元宵时，都要在自家大门前的红灯笼上张贴数十条灯谜让人猜射，猜中者有奖。从除夕到元宵，正东街和正西街挤满了前来猜谜的人。在高大的宅第和水红色的灯笼映衬下，只见熙熙攘攘的人群在那里翘首凝思。更有一些人家的孩子，在父母的带领下来到灯笼下面，一字一句地大声诵读，还骄傲地告诉父母说，哪个字是前几天学习认识的。而更多的街坊邻居都跃跃欲试地挤在灯笼下面竞猜，因为猜中者可以得到童翰林和罗举人的新年礼物。这个习俗逐渐演变成新津县的一个文化传统。

民国六年（1917），四川陆军第四师师长兼筹边督办刘成勋驻扎在新津东门外杨泗庙后的数年间，每年元宵节都要举办猜灯谜活动，为了让当地的老百姓踊跃竞猜，准备的奖品较丰厚，有洋伞、洋瓷盆、香皂等。猜谜者络绎不绝，场面十分热闹。后来，因四川军阀内战不息，新津灯谜活动逐渐陷于萎缩状态。抗日战争时期，在当时的县民众教育馆、县商会的提倡下，新津灯谜活动又再度活跃了一段时期。

1939年春节，新津县民众教育馆首次举办了灯谜活动。1940年春节，活动改由教育局举办。

新中国成立后，人民的物质生活日趋好转，对文化生活的渴求也日益增长。新津县文化馆顺时而动，利用节假日举办灯谜竞猜活动，受到群众的欢迎，人流如潮。为此，文化馆于每周六晚和周日都举办灯谜活动，猜中者有奖。此活动一直到1964年“四清”运动开始时结束。

1978年党的十一届三中全会后，新津灯谜重新焕发出迷人的风采。1979年春节，在县文化馆举办的有奖竞猜灯谜活动中，上千群众自发参加猜射，场面十分热闹。同年8月，新津县文化馆业余灯谜创作小组正式成立。后因自愿参加的灯谜爱好者不断增加，遂遵从大家的意愿，在灯谜小组的基础上重组一个社团，定名为“新津县灯谜学术研究会”（简称“新津谜研会”）。同时，在县工会的主持下，成立了新津县职工灯谜协会。

1983年，在全国首届“三苏”谜会上，新津灯谜代表队初露头角，夺得特等奖，并与参会的四川谜友一道发出筹备成立“四川省职工灯谜协会”的倡议。后来，新津谜研会成为“四川省职工灯谜协会”的发起理事会成员之一，为促进四川省灯谜事业的发展做出了积极的贡献。

在领导和各界人士的关注、支持下，新津谜研会积极开展了一系列活动。多年来，新津谜研会在各基层单位举办了各种形式的培训班和灯谜知识讲座。特别是1994年和1996年，在新津电视台举办了62期“乐在谜中”节目，较为系统地向广大观众介绍了灯谜知识，受到观众的喜爱。举办方先后共收到观众来信6000 余封，在社会上形成了一股猜谜热潮，取得了良好的社会效果。此外，《新津报》

1. 新春灯谜展
2. 猜谜展现场
3. 第二届水城新津国际灯谜邀请赛

1995年创刊后，开辟了栏目“普及园地”，先后推出各类有关灯谜的文章，让更多群众对灯谜有进一步的认识，激发群众对灯谜的喜好并积极投入到灯谜系列活动中。

新津灯谜不仅在本地红红火火，而且在参与全国的各项灯谜赛事中也取得了傲人的成绩。1984–1989年，在四川省一至五届职工灯谜大赛中，新津代表队均名列前三名。1991年6月，在四川省第六届职工灯谜大赛上，新津代表队首次夺得团体冠军，并获个人全能第一名、第二名及两个创作奖。喻光明同志在1991年“海内外灯谜创作大赛”中荣获最佳灯谜创作奖，为新津灯谜争得了荣誉。1994年9月，李志坚同志赴石家庄参加全国灯谜学会成立大会及全国灯谜国手赛。这样的例子不胜枚举，而取得的所有荣誉都充分展示了新津灯谜人的风采。1995年12月，成都市文化局授予新津县五津镇“灯谜文化之乡”的称号。

为了更好地传播灯谜知识，加强与海内外谜界的联系，新津谜研会先后编辑出版了《谜苑点翠》、《新津谜苑》、《五津谜讯》，并与海内外谜友进行交流。通过新津谜人的不懈努力，“新津灯谜”在海内外产生了一定的影响。香港灯谜研究会、中华灯谜学术委员会等机构的著名谜家都先后慕名来新津参观访问。

2006年11月，新津灯谜被列入了“成都市首批非物质文化遗产名录”，这对新津灯谜的传承和发展提供了不竭的动力。

2008年，新津谜研会借新津县举办“梨花会”的机会，成功举办了“首届水城新津国际灯谜邀请赛”，在海内外灯谜界引起了强烈的反响。2009年，举办了“第二届水城新津国际灯谜邀请赛”，国内外的灯谜学会和专家都有参加。新津灯谜在海内外的声誉日渐攀升。两次谜会的成功举办也给新津灯谜的发展注入了新的活力。

2011年4月，“中华灯谜新津论坛”在新津“花舞人间”成功举行，来自全国十个省市的灯谜强手齐聚一堂切磋谜艺。同年12月24日，“新津灯谜艺术馆”也在“花舞人间”景区建成。2012年4月，“第四届新津国际灯谜节”拉开了帷幕。海内外谜界精英再次汇聚新津，一场灯谜盛宴又一次在新津华丽登场。

如今，新津被“中华灯谜学术委员会”定为“中华灯谜西部论坛永久会址”。新津的灯谜活动更是开展得如火如荼，每当节假日、纪念日、庆典日，灯谜活动更是必不可少。此时的灯谜特别注重宣传党的方针政策及与人们生活密切相关的知识，普及政策、教育及社会百科知识等。灯谜知识普及教育无论是进校园还是进社区都受到师生和广大群众的热烈欢迎。同时，网络等现代化的信息平台也被充分运用，以“水城新津灯谜网”命名的网站为普及灯谜知识、报道新津灯谜动态、展示新津灯谜风采、开展网络互动谜赛做出了贡献。

五彩缤纷的小小谜笺赋予人们无限遐思，同时也折射出思维方式、民风民俗和当时的社会状况。我们相信：通过有意识的保护和传承，通过一代代新津谜人的努力，新津灯谜这朵民间艺术之花必将开得更加绚丽夺目！（整理：陈阳）

卓文君与司马相如的故事

小档案

项目名称：卓文君与司马相如的故事

2008 年入选成都市第二批非物质文化遗产名录，2009 年入选四川省第二批非物质文化遗产名录。项目保护责任单位为邛崃市文化馆。现有市级代表性传承人付尚志。

文君陈列馆

邛崃，古称临邛。临邛镇为巴蜀四大古城之一，筑城置县已有二千三百多年的历史，早在汉代就开采和利用天然气煮盐，成为世界上最早利用天然气的地方；铁器、蚕丝绸和邛竹沿南丝绸古道远销滇、缅和西南亚，是古南方丝绸之路西出成都的第一站，素有“临邛自古称繁庶”、“天府南来第一州”之美誉。临邛文化底蕴深厚，当地还有古琴艺术中心，研磨古琴成为临邛读书人重要的文化生活内容。卓文君即生长在这样一个经济繁荣、文化发达的先进之乡，从小受到良好的文化熏陶、教育，形成了卓异非凡的才识、智慧、胆略与人格。卓文君与司马相如的故事也发生在西汉临邛，距今已有二千一百多年的历史，是中国古代经典的爱情故事。

西汉时，蜀郡临邛有个才女，叫卓文君，貌美而聪慧，颇知诗画，更娴于音律，其父卓王孙是当地首富。文君新寡家居，受古人礼制约束，郁郁寡欢，常于月下抚琴，排遣心中的幽怨。

司马相如，蜀郡成都人，善辞赋，曾入仕京都，游于梁，作《子虚赋》，名闻海内。回乡，家贫无以自业，乃受友人临邛县令王吉之邀，舍都亭。

某日，卓王孙在家中设酒宴，请相如参加。席间，酒酣之时，王吉请相如进琴，相如遂弹奏一曲《凤求凰》表明对文君的爱慕之情，琴声婉转而深情，文君隔帘倾听，亦以心相许。

卓文君使女传书、互表衷情，两情相好。终于，文君冲破礼教樊笼，去争取幸福和自由，夜奔相如，相如乃与其驰归成都，结成伴侣。卓王孙闻知女儿私奔，暴跳如雷，大骂女儿不守礼教，虽不忍杀，但一个钱也不给。

文君与相如在成都，家徒四壁，无以为生，便又返回临邛，变卖了车马，开了一家酒店。文君亲自当垆，相如洗涤酒器。才子佳人肆中卖酒，立时轰动了全城。卓王孙深为愤懑，闭门不出，亲友一再相劝，让他看重相如才气，他才渐消怒气，分给文君一些奴仆和钱财。

几年以后，相如再次进京入仕，写了《上林赋》、《大人赋》等，成为著名文学家。并接受汉武帝委派，以“中郎将”身份，“建节往使西南”，经成都邛崃到今西昌、昆明一带，安抚边疆少数民族，为安定西南边疆，维护西汉统一作出巨大贡献。

卓文君与司马相如故事的基本框架最早见于《史记》。于是，这段故事成为确有记载的中国著名文人的爱情故事之先例，成为中国文学史上才子佳人故事的滥觞。

魏晋南北朝时期，卓文君与司马相如的故事在《西京杂记》、《华阳国志》、《玉台新咏》的不断完善发展下，得以最终成型。为了满足人们追求戏剧性的心理，小说家们又在原故事的基础上增加了“将聘茂陵女为妾”、“作《白头吟》以自绝”的情节。晋代《华阳国志·蜀志·蜀郡州治》载：“城北十里有升仙桥，有送客观。司马相如初入长安，题市门曰：‘不乘赤车驷马，不过汝下也。’”由此增加了“题桥誓志”的情节。《玉台新咏》是南朝时期一部以女性生活为题材的诗歌总集，书中收录了司马相如所作的《琴歌》二首，后世广为传颂的《凤求凰》即是出自于此。书中还载有汉代民间歌辞《白头吟》，后人又将其附会到文君身上。至此，形成了“以琴传心”、“相偕私奔”、“沽酒涤器”、“鹔鹴裘贯酒”、“题桥誓志”、“献赋荣升”、“茂陵婚变”、“苦吟白头”的完整故事情

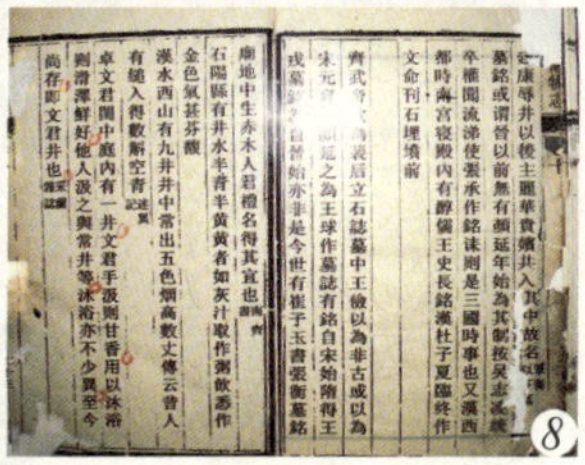
纂銘或謂晉以前無有顏延年始為其制按吴志孫
亭權闓流涕使張承作銘誄則是三國時事也又漢西
都時南宮寢殿內有醇儒王史長銘滅杜子夏臨終作
文命刊石埋墳前
齊武帝時[illegible]為裴后立石誌墓中王儉以為非古或以為
宋元嘉[illegible]顏延之為王球作墓誌有銘自宋始隋得王
戎墓銘[illegible]自晉始亦非是今世有崔子玉書張衡墓銘
廟地中生赤木入君禮名得其宜也
石陽縣有井水半青半黃黃者如灰汁取作粥飲悉作
金色氣甚芬馥
漢水西山有九井井中常出五色烟高數丈傳云昔人
有縋入得數斛空青
卓文君閨中庭內有一井文君手汲則甘香用以沐浴
則滑澤鮮好他人汲之與常井等沐浴亦不少異至今
尚存即文君井也
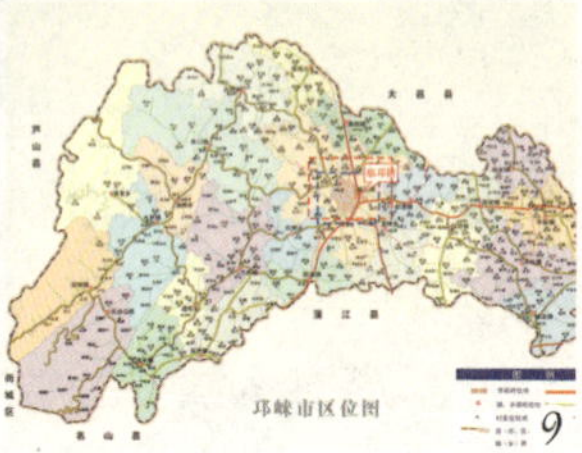

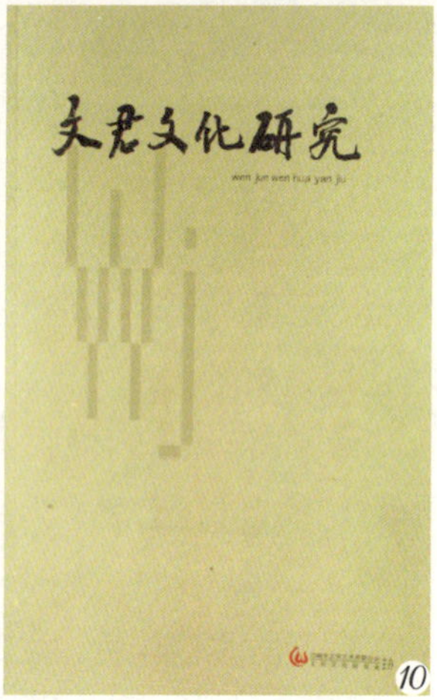

1. 西汉遗迹——文君故居
2. 文君井
3. 郭沫若题文君井词
4、5、6. 群众参加卓文君和司马相如的故事讲述
7. 文君文化研究会刊
8. 汉书博物志
9. 卓文君和司马相如的故事分布区域图
10. 《文君文化研究》

节，增加了《凤求凰》、《白头吟》等曲辞，人物形象得以定型，极大地丰富了卓文君与司马相如故事的戏剧性和文学性。

随着文君、相如故事基本要素如人物、情节、结构、主题的具备，后世文人以此为基础，在诗词、讲史、变文、小说、戏曲等领域里创作了丰硕的作品，以不同表现形式传播卓文君与司马相如的故事。历代骚人墨客、名流贤达更是将文君、相如的典故频繁地运用到诗歌中。

卓文君和司马相如故事的演绎，更突出地表现在通俗文学如话本、戏曲和小说上。罗烨《醉翁谈录》卷首“舌耕叙引”所录宋人话本，其中有《卓文君》一目。《清平山堂话本》主要收录宋元时期的话本，有《风月瑞仙亭》。元代为中国戏曲的成熟和繁荣时期，元杂剧大家关汉卿以文君相如的故事为题材，创作了杂剧《升仙桥相如题柱》。元代及以后，以此为题材的代表剧目多达三十余个。除了以此为题材的剧目外，以文君与相如故事为母题的戏曲就更多了，“才色相悦与知音相求的文人爱情模式”、“以琴为媒、以诗为媒的通媒方式”、“女婢通问的人物穿插与情节润饰”以及“墙阻”的舞台设计与戏剧情境等，这些在《西厢记》、《竹坞听琴》等许多戏曲中均有不同程度的显现。戏曲的繁荣为文君、相如故事的普及发展提供了一个契机，使之成为备受关注的戏曲母题，再次推动了文君、相如形象的发展和广泛流传。明代，随着小说的兴起，以卓文君与司马相如故事写成的第一部小说《风月瑞仙亭》问世，后来的才子佳人小说也多以文君相如的故事为创作源泉。

在近现代，有郭沫若编写的《卓文君》、吴祖光新编历史剧《凤求凰》。郭沫若还专门题词“反抗封建是前驱，佳话传千古”赞美卓文君。众多作者利用电影、戏剧、电视连续剧、广播剧、故事剧、诗词、歌曲等载体传播卓文君与司马相如的故事。

早在唐代以前，人们将当年“文君当垆、相如涤器”的遗址辟为“文君井”园林，供人游览凭吊，保存至今，现为四川省文物保护单位。除此之外，后人为了纪念司马相如，也将他曾经题诗的升仙桥，改为“驷马桥”，沿用至今。

卓文君与司马相如的爱情故事是流传至今的千古佳话，卓文君也因其敢于蔑视封建礼教，敢于冲破封建藩篱，敢为人先地追求和坚持自由、自主、自立，成为中国自主婚姻、思想解放的榜样。这既是中华民族文化的精华，又从侧面反映了卓文君与司马相如在政治、思想、文化、经济等领域中对历史和现实的巨大影

1. 琴台
2. 绿绮亭

响，成为影响中国两千多年的历史文化现象。从明代戏剧家汤显祖说“上有汉武帝，下有卓文君”，把卓文君与汉武帝相提并论；郭沫若的“反抗封建是前驱，佳话传千古”等赞美中，充分肯定了卓文君在中国历史上重要的地位和深远的影响。

近年来，外来文化对中国传统文化冲击较大，加上一些贬评思潮的泛起，卓文君与司马相如的爱情故事在人们心目中美好、崇高备受推崇的形象在逐渐淡化，专门从事卓文君与司马相如爱情故事研究的人员更是寥寥无几。为传承文君文化精神，邛崃市成立了文君文化研究会、文君琴馆等文君文化研究学术团体。2006年以来举办多次“文君文化节”，还编印了《千古风流》、《临邛琴粹》、《文君文化研究会刊》。

传承人简介

付尚志，卓文君与司马相如的故事市级代表性传承人。生于1948年，撰写发表与卓文君故事有关各种体裁作品十余万字；组织研究会展开各种保护传承活动，如整理出版了《邛崃县民间故事集成》和历代讲述卓文君与司马相如故事的资料《千古风流》；编辑《文君文化研究》三期，收录与文君故事有关的资料七十余万字；组织会员进行民间文学创作研究，史学研究，诗词歌赋、戏剧创作研究；连续举办三届“文君论坛”活动，讲述卓文君与司马相如的故事。

（整理：秦羽）

望娘滩传说

小档案

项目名称：望娘滩传说
2008年入选成都市第二批非物质文化遗产名录，2009年入选四川省第二批非物质文化遗产名录。项目保护责任单位为都江堰市文化馆。

都江堰市历史悠久，文化积淀丰厚，早在新石器时代就是古蜀人的主要活动区域。都江堰市是岷江从川西北高原流向成都平原的出山口，在都江堰水利工程未修建以前，岷江是成都平原上的一条害河，经常泛滥成灾。四千多年前大禹治水就主要治理岷江。成都平原数千年的治水历史，与都江堰市密不可分。

《山海经》中记载有奇相窃珠坠岷江而死，化身为龙帮助大禹治水的神话传说。这是民间故事望娘滩的雏形，经两千多年的嬗变与演绎，最后成为广为流传在都江堰市及岷江流域部分地区的民间神话故事。望娘滩传说至少于清代晚期至民国初年就在民间广泛流传，后收入神话学家袁珂先生编著的《中国神话传说词典》，20世纪末又被收入《中国民间故事集成·四川卷》和多种故事集。20世纪50年代还被改编成川剧，成为优秀传统剧目。

望娘滩传说讲述了一对母子与恶霸抗争，儿子吞珠化龙的故事。相依为命的一对穷苦母子生活在四川灌县都江河边，母亲天不亮就起来纺线，一直要纺到天黑；儿子天天出去割草卖给别家喂牛。母子俩就这样辛勤苦做，过着有上顿无下顿的日子。

有一天，儿子照常去割草，可是割草的娃儿太多，附近的草快要割光了，他只好壮着胆子走进背后的大山。他刚爬上岩石，就看见很大一簇草，这草长得青幽幽的，又肥又嫩。他欢喜得顾不上喘气，马上动手割起来。刚蹲下去，他就想起人们传说的老虎，害怕得背上的毛根子都立起来了。但这时回去呢，又舍不得，于是割得更快，草割完，背篼也装满了。

第二天，他又来到那座岩石上："呀!怪喃!啷个又有一簇又肥又嫩的草喃？不是昨天才割光了的么!"他呆住了。想一阵，想不通。"未必我记错了地方？"他又把草割得个溜光，顺手拣起几块小石头在草边做了个记号，才背着背篼回去。

第三天，他爬上岩，太阳才刚伸出头。可是，他惊呆了，睁着一双圆溜溜的眼睛，一动也不动地死死盯住那簇又肥又嫩、青幽幽的草，昨天特意留下的石头记

记载有望娘滩民间传说故事的书籍

号，原封不动地堆在草的边上。盯了一袋烟光景，他才轻轻吐出一句："硬是稀奇!"他为了看个究竟，一口气把草割完，就拿镰刀去挖草根。挖着挖着，镰刀好像触着一件又硬又滑的东西。他赶忙放下镰刀，用手扒开松松的黄土，露出一颗发光的珠子，亮得来射眼睛。可巧，珠子刚挖出来，突然刮起一阵大风，刮得满山的树，不住地摇摆；天上，太阳躲进了云层，轰隆隆的雷声一个紧追一个，眼看就是一场大雨。他一把抓起珠子，头也不回跑下山去，连背篼都忘了带走。

回到家里，他一边揩着额头上的汗水，一边把发现珠子的经过一五一十地告诉母亲。母亲和儿子一样惊奇。母子俩商量一阵，觉得只有放在那个破烂的米柜子里才安全。第二天，天刚微微亮，母亲起来打米烧锅："嘿!满满一柜子米！"

过了几天，天天都是这样，柜子里的白米总是吃不完。俩娘母才明白这是因为柜子里放了那颗珠子的缘故。吃不完的白米偶尔也挑一点上街去卖，换一点油盐，只是母子还是天天纺线、割草。

日子一久，珠子的事一传十，十传百地传开了。后来，传到一个员外的耳朵里，员外就起了坏心，带领一批家丁，气势汹汹地一窝蜂来到母子家，逼母子俩交出珠子。母亲说没有，员外就叫搜，母亲不交出来，员外就叫捆!

"你说，红珠放在哪里？"员外掉转头问儿子。儿子不开腔，睁大一对圆溜溜的眼睛盯住员外。"不开腔?不开腔就打死你!还要打死你妈！"

儿子还是睁着一对圆溜溜的眼睛盯住员外，只是比先前睁得更大，员外不觉打了一个寒噤。

"啪！"员外一巴掌打在儿子的脸上，儿子一惊，嘴里的红珠吞到肚子里了，儿子的脸被打得皮开肉绽，但他眼里却闪着炯炯的光芒。员外看到这种情形，不禁又打了个寒噤。

1、2、3、5. 望娘滩故事改编川剧剧照
4. 口述传承人在传说中的河滩边重温望娘滩故事
6. 都江堰民间文学里记载的望娘滩故事内容
7. 都江堰市中兴镇故事员正在讲述望娘滩传说
8. 都江堰外河河滩——望娘滩传说中的河滩
9. 都江堰民间故事书中关于“望娘滩传说”的插画

1

2

3

4

5

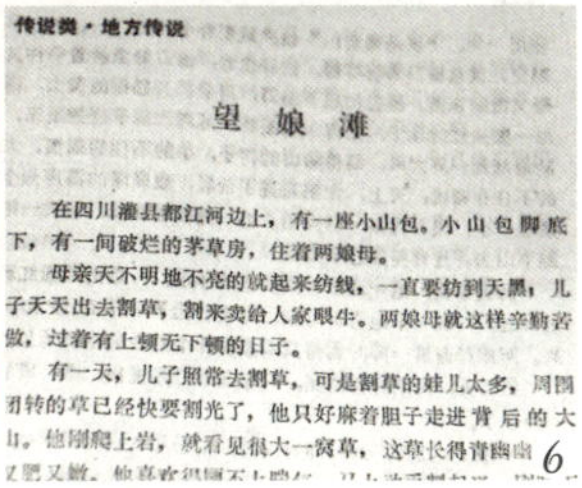
传说类·地方传说

望娘滩

在四川灌县都江河边上，有一座小山包。小山包脚底下，有一间破烂的茅草房，住着两娘母。

母亲天不明地不亮的就起来纺线，一直要纺到天黑，儿子天天出去割草，割来卖给人家喂牛。两娘母就这样辛勤苦做，过着有上顿无下顿的日子。

有一天，儿子照常去割草，可是割草的娃儿太多，周围团转的草已经快要割光了，他只好麻着胆子走进背后的大山。他刚爬上岩，就看见很大一窝草，这草长得青幽幽

6

7

8

9

万恶的家丁把地皮都抄翻了，还是搜不出红珠。“限你们三天交出来!听见没有？三天！”员外恶狠狠地限了期，带着家丁气愤地走了。

晚上，月亮爬上来了。儿子因为吞下了红珠，直喊口渴。母亲不断地舀着水来喂他，一碗两碗，还是止不住儿子口渴；一瓢两瓢，也止不住儿子口渴。母亲说：“儿呵，你到灶房去喝吧！”可水缸里的水都喝干了，还是口渴：“娘！我到河边喝去。”

母子俩一同走到河边，儿子扑下河去半身趴在水里，“咕噜咕噜”地喝个不停。母亲担心儿子遭水浪冲走，在岸上紧拉着他一只脚。

“娘，我恨……”儿子忽然扭过头来说道。“儿呵，别想！你喝吧！”母亲眼睛一花，“啊呀！”惊叫一声，儿子变成了头上长着角、浑身披着鳞的龙，儿子变成了龙！只有母亲两手紧拉着的还是儿子的一只脚。母亲很害怕，想丢，但一想到这是她的儿子，便又紧紧地拉着不放。

儿子摆脱母亲的手，回头望了望母亲，含着热泪，身体越长越大，涌着波涛，向都江河下游游去。

“儿呵！你回来呀！”

儿子掉转头来，又望望母亲。而掉头的地方，就成了一个石滩。

“儿呵!你回来呀！”

母亲一喊，他又回头，又形成一个石滩。母亲喊了二十四声，儿子回了二十四次头，河里就添了二十四个滩。这就是有名的二十四个“望娘滩”。

望娘滩传说曲折地反映了都江堰市及成都平原绵延数千年的水患和治水历史，表达了人们对水害痛恨的同时更对造成水患的一些社会因素的谴责。故事中母子情深的情节表达了千百年前人们在困苦和灾难面前无助的悲怆感情，其传达的孝行文化、社会不公等情节，具有教育意义和思想启迪的意义。望娘滩优美、曲折、传奇的故事内容，具有很高的文学价值、艺术价值。

在今天看来，望娘滩传说不仅对理解认识川西平原的治水历史和都江堰在古蜀文明发展过程的重要地位提供了重要依据，更加彰显出世界文化遗产都江堰水利工程所具有的伟大的科学价值和历史价值。（整理：穆天钊）

阿斗洛带传说

小档案

项目名称：阿斗洛带传说

2008 年入选成都市第二批非物质文化遗产名录。项目保护责任单位为龙泉驿区文化馆。

洛带镇的八角井

洛带镇位于成都市东郊，龙泉驿区北部，是成都东山五场之一，素有“东山重镇”之称。清朝前期“湖广填四川”，共有十余个省向四川移民，其中以湖广（今湖北、湖南）的移民人数最多，还有包括广东、江西、福建、陕西等省的移民。据洛带镇咸丰刻本《巫氏谱》的记载：广东惠州府长乐县龙潭桷巫锡卫从粤入川后迁至成都府简州镇子场（今成都龙泉驿区洛带镇）。这些来自异乡的客家人在洛带生了根，经过数百年的繁衍生息，如今的洛带全镇85%以上都是客家移民的后裔，仍保留着客家人的乡音、乡貌、乡情、乡风，形成了独特的客家风俗和客家文化。上千年的悠久历史和多种文化相互交融，留下了众多民间传说、历史遗留、古老建筑、客家会馆。保存完好的有千年老街、明清民居、客家会馆建筑群和金龙寺等众多历史古迹，一年一度的“求雨”、“火龙节”更是几百年来客家人传承下来的特色民俗活动。

“洛带”之名最早见于唐末五代人杜光庭《神仙感遇记》所载“成都洛带人牟羽矣”，说明“洛带”之名成于唐末以前。北宋皇祐年间（1049–1054）的《圣母堂记》里，已称“洛带”为镇；北宋熙宁七年（1074）张溥所撰《灵泉县瑞应院祈雨记》有载：“府之邑灵泉，而邑之镇曰洛带”；北宋元丰年间（1078–1085）编发的全国性地理志书《元丰九域志》（卷七）明确记载成都府灵泉县辖：

“一十五乡，洛带、王店、小东阳三镇。”因而，洛带在宋初已成为地区性集镇，实为千年古镇。相传在汉代，洛带即成街，名“万景街”，三国时蜀汉丞相诸葛亮兴市，更名为“万福街”，后一直称为“洛带”。关于“洛带”一名的来源，一般有两种说法：其一，传为三国时蜀太子刘阿斗在镇上玩耍，为捉鲤鱼而不慎将玉带掉入镇上一口八角井中而得名“落带”，即阿斗洛带传说；其二，因此地有一“天落之水状如玉带”之河，故称“落带”。后逐渐简化约定俗成为“洛带”。

“阿斗洛带传说”在洛带镇流传至今，人人皆知。在三国时候，洛带镇名叫甑子场，在甑子场里面有一个池塘，池塘的中间有一个八角井。传说井里的水是东海龙王口中吐出来的，味道甘甜幽美。人们取井水来泡茶，茶水就清香四溢，沁人心脾；用此水来洗脸，还可以驻容养颜，保持皮肤的青春秀丽，当时的人们都到这口井里来取水生活。奇怪的是，井里的水怎么也取不完，晚上，井水的水面下降了一些，到第二天早晨，井里的水又满了，就算是遇到天气干旱的时候也不例外。

当时，居住在该地的人们流传着一种说法，说是井里有东海的鲤鱼，如果把它们捞起来吃的话，味道非常鲜美，而且吃了还可以延年益寿。恰好蜀主刘备的太子阿斗就居住在甑子场，那时阿斗的年龄还不大，贪玩好耍。他听到这个消息以后，选了一个黄道吉日，带领着随从和众位太监来到了八角井的旁边。时值正午时分，明媚的阳光照在井口的四周，阿斗下令所有的太监都到池塘里去捞鱼。太监们一个个脱了靴子，挽着裤腿，在池塘里面捞了半天，可是什么也没有捞着。正在这个时候呢，一位白发老头钓起一条尺来长的大鲤鱼。阿斗看见了，立刻眼红起来，他率领所有的太监把老头钩上的鱼给抢了过来。结果鱼在阿斗的手中拼命挣扎，一不小心连人带鱼都跌进了池塘。那鱼儿一进入水中，身子灵动游滑，只看见它甩了甩尾巴，就穿过石洞进入八角井，鱼一转眼工夫就不见了。阿斗急忙跳进井里去捞，等众太监七手八脚将他打捞上来时，才发现忙乱中他围在腰上的玉带掉进了水里，而那条鱼呢，却钻进了海眼，回到东海去了。等阿斗回过神来，那钓鱼的老头竟然也神奇般地不见了，只是在他刚才坐着的地方多了一条白绸带，上面写着：“不思创业苦，孺子太荒唐。带落八角井，帝运终不昌。”

阿斗看后脸色铁青，将白绸带揉成一团掷入井中，堵住了海眼，从此井水变浑变苦。为了得到该玉带，时人多有淘井者，但是每次一淘井，即暴雨成灾。官府遂用石头打造了二十四个古老钱（状如铜钱、外圆内方、呈弧线）套于井中，

1. 传说中的八角井
2. 传承人讲述阿斗洛带传说
3. 现在仍在为人所用的八角井

水可漫上，桶却难下。后来每逢大旱，洛带人就淘八角井求雨。客家人入川后，又带来舞水龙求雨之仪式，二者常配合进行，场面煞是壮观。

从此，太子落带的故事就不胫而走，人们也因此将甑子场改名为“落带”。后来，因为人们觉得落带的“落”字不吉利，将“落”字改成了“洛”，也就成了今天的“洛带”。

阿斗洛带传说是三国时期民间流传至今的故事，迄今已逾一千七百多年。尽管阿斗洛带传说仅为口传，并无任何文字记载，但是因为有着大量有关故事中真实存在的事物，一直以来生活在洛带的人们都互传着这个民间故事，充分体现了民间口头文学旺盛的生命力。

作为蜀后主刘禅的学习之地，洛带还流传着很多与其相关的故事，包括滚龙坡、天子应等。但尤以“阿斗洛带传说”最具有代表性，因为它既说明了“洛带”名称的由来，又表现出洛带浓厚的三国文化。除了与蜀后主刘禅有关的故事外，洛带还流传着“张飞”、“孔明观象台”、“关索寨”、“五凤楼”等系列三国文化传说故事。这些三国时期的民间传说故事在洛带流传上千年，一直以来对当地居民的生产生活、民俗活动、民间文学艺术产生着巨大的影响，其传播范围已达成都市各地及周边区市县。同时，以阿斗洛带传说为主题的三国文化，作为洛带客家文化的重要补充，既体现出在历史上洛带这个地区的重要性，又丰富了洛带这座千年古镇的历史文化底蕴。（整理：周丽娜）

鱼凫传说

小档案

项目名称：鱼凫传说

2010 年入选成都市第三批非物质文化遗产名录。项目保护责任单位为温江区文化馆。

“蚕丛及鱼凫，开国何茫然”——神话中蜀人的祖先为“蚕丛”和“鱼凫”。蚕丛“目纵”，居岷山下的石穴里，他主要的功绩是教民蚕桑。鱼凫即鱼老鸹，本是一种捕鱼的水鸟，这是神话中蜀人祖先部落的图腾。传说四千多年前，一个崇拜鱼的部落和一个崇拜凫的部落结为联盟，迁徙到成都平原，经过征战建立了辉煌的古蜀鱼凫王国。这是个以农耕为主，狩猎和渔业为辅的奴隶制国家。它拥有与中原地区相媲美的青铜工艺和堆积如山的财富。据史料记载和考古印证，温江正是这鱼凫王国的发祥地。国家级文物保护单位鱼凫村遗址以及鱼凫王墓、鱼凫王妃墓都在此地，饮马河、鱼凫桥等河流、地名在温江至今尚存。

鱼凫的传说故事很多，其中以《鱼凫架桥》和《鱼凫王大战饮马河》流传最广。《鱼凫架桥》讲述的是，在温江万春镇境内有条马坝河，在古时河宽可达三百六十丈，水深不见底。那时，河的南北两岸有两个王国，百姓们都靠打鱼为生。在南边的王国里，有个中年人，既聪明又勇敢，渔民们都很佩服他，便拥戴他当了打渔头。这个王国的大王凶残贪婪，捐税一次比一次重，弄得民不聊生。打渔头终于把心一横，带领老百姓推翻了那个大王，重新建立了一个王国。由于打鱼要用渔网、鱼叉，还要靠鱼老鸹（一种野鸭，古称凫）下水逮鱼，因此这个王国便取名叫鱼凫国，那个打渔头当了大王就称为鱼凫王了。从那以后，渔民们的生活越过越好，鱼凫王想扩大自己地盘的野心也越来越大。手下

1. 鱼凫村遗址
2. 传承人讲述“鱼凫传说”

有人对他说："大王，不如把河对面的地盘抢过来吧！"鱼凫王听了后便召集人马，悄悄地开始练兵，并在一个晚上突袭了河对岸的王国并取得了胜利。随后，鱼凫王又接着占领了现在的犀浦、花园、德源。后来，鱼凫王打下了彭州，又带人马攻打绵州。绵州那边十多个小王国联合起来对付他，鱼凫王打了败仗，带着人马拼命地逃，追兵一直把他们撵到马坝河边。当时的马坝河边没有渡船，鱼凫王急得束手无策。正在危难之时，河面上突现一道金光，一下子飞来满天的鱼老鸹，浮在河面上搭成了一座桥。鱼凫王及他的部队赶紧从这"桥上"跑回去了。等到追兵赶到，鱼老鸹又飞了，追兵没法过河，只好退兵。后来，鱼凫王为了感谢鱼老鸹搭救之恩，方便两岸百姓的往来，就在马坝河上修了一座桥，取名为鱼凫桥。

《鱼凫王大战饮马河》讲述的是，鱼凫王在温江建都以后，为了扩大疆域，又带领一些人到湔山耕种他未下山前开垦过的土地。这时，川西坝上出现了另外一支人马，为首的叫獠仡子，勇猛剽悍，他趁鱼凫王不在国中，攻占了鱼凫城。

鱼凫城北面有一条河，鱼凫王时常到河边放马饮水，大家都叫它饮马河。鱼凫王得知獠仡子攻占鱼凫城的消息后，立即率领人马赶回国来。刚到饮马河边，鱼凫王想："俗话说兵不厌诈，我不如这样吧……"想到这里，就命令他手下兵卒装成老百姓，晚上在河边烧香点蜡，大声呼喊："鱼凫王呀鱼凫王，你快点回来吧！獠仡子的人马都打过来了！"獠仡子听到呼声，以为鱼凫王真的没有回来，便叫他的人马连夜渡河，想再占领饮马河北岸土地。谁知刚刚渡了一半人马，鱼凫王的队伍突然从河边冒了出来。鱼凫王一声令下，杀得獠仡子人仰马翻。獠仡子糊里糊涂就打了败仗，只得收拾残兵败将，朝南边逃跑了。鱼凫王这一仗大获全胜，非常高兴，回到鱼凫城后，立即下令奖赏：官兵酒宴三日，战马放饮三天。

鱼凫的传说故事折射出当时鱼凫王国的美好生活，对我们挖掘和整理鱼凫历史提供了重要的文化线索。

随着现代科学文化的不断发展，特别是网络文化、影视文化的冲击，民间故事已失去主要的传承环境，即讲故事和听讲故事的人越来越少。加之，鱼凫文化的研究虽然在省内外被广泛认同，但尚无系统的研究梳理。这使得鱼凫传说的传承及保护濒临危机。为此，2009年温江区通过了鱼凫村大遗址保护规划计划，派专人整理出有关传说并收集在温江的民间故事，并在鱼凫村遗址设置文学传说宣传栏。通过各种形式的宣传，使更多的人了解鱼凫文学的传说故事。同时整理和挖掘该项目的历史渊源和人文价值。

（整理：方雨馨）

柳街薅秧歌

小档案
项目名称：柳街薅秧歌
2013 年入选成都市第四批非物质文化遗产名录，2014 年入选四川省第一批非物质文化遗产扩展项目名录。项目保护责任单位为都江堰市文化馆。现有市级代表性传承人康洪。

柳街薅秧歌是主要流行于都江堰市柳街镇的民间歌谣，因其主要是薅秧时节在田间地头传唱，是当地薅秧时必不可少的民间文化活动，所以被称为薅秧歌。唱薅秧歌不分男女老幼，一人领众人和，场面非常热闹、壮观；既提高了劳动热情，又使生产效率得以大幅提高。随着时代的变迁，后来薅秧歌逐渐从歌谣转变成为了当地内容广泛的民间歌谣文学创作活动。

据都江堰市芒城古人类遗存考古资料证实，早在四千五百年前，包括柳街镇在内的川西平原就已经进入了农耕文明时期，伴随农业生产活动，产生了早期的民间歌谣。从已收集到的都江堰市民间歌谣看，最早的民歌可追溯到四千多年前的大禹治水时期。民歌的即兴创作和传唱，成为川西平原农耕文明重要的组成部分和传统习俗。柳街镇的薅秧歌是这一传统习俗的延续和代表，是在继承和演绎过程中发展起来的。柳街薅秧歌的发展经历了四个阶段。

第一个阶段是兴起时期。由于四川在历史上经历过多次移民过程，特别是宋末元初和明末清初，四川人口灭失极大，对农业生产造成严重影响。清中期大量南方移民到柳街镇，逐步恢复了水稻生产。薅秧是一种简单乏味的劳动，由于初期人口较少，到了薅秧季节必须采取互助生产的方式。为了活跃气氛，振奋精神，田坝里相邻稻田中的人们就以唱山歌的方式获得乐趣。虽然川西平原伴随水稻种植，早有薅秧时节唱山歌的传统，但柳街镇现在收集到的薅秧歌，大部分是

1. 柳街镇柳风诗社举办薅秧歌活动
2. 田间劳作吼薅秧歌

清中期传承下来的。例如清代统治者鼓励生育，薅秧歌有大量如“一把镰刀八寸长，情妹薅秧没心肠，伸手伸手把草扯，偷眼偷眼看情郎”这样的情歌。

第二阶段是从随意创作逐步发展到有一定组织形式的创作阶段，即成立“秧歌班”。在清光绪年间，柳街出现了两个最著名的薅秧歌班子，一个由花公爷领头的“花花班”和一个叫姜金钧的农民领头的“姜家班”。由于这种具有专业化民歌编唱现象的出现，不仅演唱方法、演唱技巧得到提高，演唱腔调也得到了极大丰富，有“啦啦调”、“二黄腔”、“盘歌”、“采花调”、“小调”等多种唱法。有的演唱者更把川剧唱腔引入薅秧歌，甚至把川剧锣鼓搬到田间，使薅秧场面气氛热烈。

第三个阶段是从抗日战争起，柳街薅秧歌演化为诗社形式，即使不是薅秧季节也创作民歌。抗战时期，柳街镇农民关心国家危亡，不仅有唱秧歌班子，还成立了“轻风社”，编唱大量抗战民歌以唤起民众，反抗侵略，如“风吹柳花满地黄/妻子送夫去战场/叫声我郎放心去/家中事务我承当”。由于有薅秧歌的基础，20世纪50年代大跃进时期，在全国性的农村民诗歌运动中柳街的薅秧歌达到一个高峰，薅秧歌逐步演绎成农民赛诗活动。

第四个阶段是改革开放以后，农民诗社大发展。除了成立“柳风农民诗社”外，柳街还在中、小学成立了各种诗歌组织，使歌谣后继有人。进入20世纪80年代，虽然水稻种植已因除草剂的使用而失去了薅秧这一环节，但农村的民歌活动并未消失，又以农民诗社的形式承继了柳街薅秧歌的传统。

从内容上看，柳街薅秧歌歌词包括时政、生产、生活、情歌、历史故事、传说故事等。尊敬和孝顺老人是中华民族的优秀传统，柳街薅秧歌有大量敬老民歌，如：“庭前喜鹊闹喳喳/贤惠嫂嫂来接妈/进门见娘忙下礼/叫声爹爹喊声妈/孙儿天天望爷爷/今天来接爹和妈。”柳街薅秧歌作为一种劳动歌谣，歌词中往往带有强烈的时代印记，如：“月亮出来像把梳/薅秧站在泥水中/顿顿吃的糙米饭/菜里没有油珠珠。”时政歌谣向来是民歌中的重要内容，柳街薅秧歌也不例外。薅秧歌除了有讽刺挖苦恶霸乡绅、抨击社会不公的内容外，也有许多正面歌颂的歌谣。柳街薅秧歌对当地的风物传说、人物地名掌故等几乎均有涉及，如对当地一处叫“卷洞碾”磨房的描绘：“柳街有一卷洞碾/磨沟修来起弯弯/水打箩中好白面/撞了一圈又一圈。”

柳街薅秧歌除了内容丰富外，形式和唱腔也十分丰富。既有以七言四句为

1. 薅秧所使用工具
2. 柳街薅秧现场
3. 薅秧现场唱薅秧歌
4. 柳风诗社在田间讲述柳街薅秧歌的创作技巧
5. 传承人在请教柳街薅秧歌的创作
6. 传承人演唱柳街薅秧歌
7. 柳街民歌创作成果
8. 柳街民歌创作座谈会
9. 柳风诗社创办的刊物

主的民歌，也有多达数十行的长篇叙事；既有诙谐幽默的类似三句半的民歌，也有互相对答的歌谣。从形式上可分领唱、合唱、独唱、对唱等，从唱腔上可分小调、啦啦调、二黄腔、采花调等调式。创作方法主要以即事编唱为主，但较为经典的歌词作为传统内容得以保留。

近三十年来，虽然水稻生产过程中已基本上没有了薅秧这一环节，但当地农村编唱薅秧歌的传统却并未消失。两百多年来柳街薅秧歌传承不绝主要的原因之一就是其能够与时俱进，随着时代的变迁而产生相适应的变化，呈现出强烈的时代特色。这为我们研究过去的社会政治、经济、文化形态，提供了十分翔实和形象的史料，具有宝贵的参考价值。

柳街薅秧歌是古代劳动生产场景的再现，是古代劳动形态在文化上的不灭印记，对我们今天考察和研究当时的民俗文化提供了最直接的证据。柳街薅秧歌优美的音乐唱腔，更为我们展示出了川西平原三百年前的原生态风貌，具有较高的文化价值。薅秧歌以及由此演绎成为当地民间的创作、演唱、朗诵民歌活动，已成为柳街镇延续不绝的文化需要和文化现象，对建设小康社会精神文明起着重要的历史作用。

如今，柳街农民诗社成员已达一百多人，编创了大量歌颂新农村、歌颂改革开放等与时事紧密结合的新民歌，被都江堰市和成都市多次邀请做朗诵表演，并带动了周边乡镇的民歌活动。柳街镇农民将他们的新薅秧歌活动写成民歌："忙时各自勤耕种，闲时相聚共吟哦，锄头种粮笔种诗，柳街农民最风流。"2008年柳街镇被文化部命名为"中国民间诗歌之乡"。

传承人简介

康洪，柳街薅秧歌市级代表性传承人。出生于1947年，从小受父辈影响，在薅秧和其他劳作过程中，边劳动边唱薅秧歌。他不仅能唱已有的三百多首薅秧歌，还自已创编了三十首，并能即兴表演薅秧歌。多年来，收集整理了《柳街薅秧歌300首》和《柳街薅秧歌史话》。在都江堰市柳街文化站培训"薅秧歌演唱方法技巧"三次。平时不定期地在柳街镇柳风农民诗社、柳街镇柳风艺术团诗歌和文艺活动中传授薅秧歌的创作演唱方法。在他的带动下，已经有很多当地年轻人能编写和演唱薅秧歌了。（整理：穆天钊）

第二章

传统音乐

传统音乐是指流传于民间的各种音乐，既包含诸如声音、器物等有形的物质因素，也包括传承人的审美观、实践观、价值观等无形的精神因素。传统音乐不仅是一个地区人民生活习俗与情感最好的表达方式，更是一个个时代最形象的记录。

蜀人自古尚音喜乐，西汉蜀郡太守文翁，在成都建立首个官办学堂“文翁石室”，从此蜀地学风大盛，人才辈出。自古文风盛则琴乐兴，当年的莘莘学子，在课余时间，呼朋唤友，结伴于锦江之滨，风清弄笛，月明抚琴。成都的古琴艺术在汉代已很盛行，司马相如一曲《凤求凰》传为佳话。清代琴家张孔山的琴曲《流水》独具艺术特色。据《宋史》记载，蜀中百姓“好音乐，少愁苦”，成都在唐宋时期由于“管弦歌舞之奢”被誉为“东方音乐之都”。

成都文化胜迹众多，地理环境多样，既有平原，也有高山河流，不同的生产和生活方式，使长期流传于成都的音乐也形式多样，有曲调庄严的道教音乐和优美祥和的青城洞经古乐。而由老百姓在长期生活和劳作中创造的民间音乐也很丰富，不仅有气势磅礴的沱江号子和铿锵有力的竹麻号子，还有那西岭雪山脚下久久流传、原始古朴的西岭山歌。

（撰写：彭云思）

沱江号子

小档案
项目名称：沱江号子
2006 年入选成都市第一批非物质文化遗产名录。项目保护责任单位为金堂县文化馆。
现有市级代表性传承人李义双。

古代四川，陆路交通极为不便，货物运输主要靠水运。沱江水运，历来兴盛。船家文化，博大精深。沱江流域有着深厚的码头文化、商贸文化和移民文化基础。仅以金堂县五凤镇为例，这里至今尚保存着清初外省移民修建的江西会馆、南华宫、关圣宫、火圣庙等会馆庙宇。五方杂处的民俗和发达的水运，使得沿江两岸的码头文化空前繁荣。

千年古镇五凤溪，位居千里沱江上游之滨。因其境内山极屈曲，自北而南而东，一路山山葱郁，绿水长流，遥望若冲霄五凤，其峰有五，形似五只凤凰，五凤之间有小溪，终年水色清澈，故名五凤溪。五凤溪背靠龙泉山，面临沱江水，有渣浮渡、鸣阳渡、金牛渡、罗坝渡四个渡口，是沱江水系进入成都的必经之路。清代中叶也是川西第一水陆码头，一年四季，商贾如云。在苍凉的沱江号子声中，川西的粮食、丝绸以及日用百货等源源不断从这里运往重庆。而重庆的洋货、宜宾的水果、自贡的井盐、内江的白糖，沿着沱江运到五凤，再从这里上岸，由脚夫转运到成都。高峰时候，每天有一百多条船在五凤码头装卸货物，舳舻相接，桅樯林立。“五凤溪一张帆，要装成都半城盐；五凤溪一摇桨，要装成都半城糖。”这是流传在五凤溪当地的一曲民谣，虽不无夸张，却形象地道出五凤溪当年的地位与繁盛。

沱江号子磅礴的气势，深沉的韵律，神奇的功效，丰富的内涵，全方位地彰显了滔滔沱江的灵异；水运事业的繁荣，抢滩涉险的惊心动魄，脚蹬手爬的船工艰辛，像所有的劳动号子一样，沱江号子也是底层劳动群众在艰苦的劳动过程中所创造的一种民歌艺术，是船夫们在急流险滩拉纤时所喊唱的一种劳动歌，目的是消除疲乏，调节情绪，鼓舞干劲，同时带来身心的愉悦和劳动的快乐。

沱江号子曲调高亢嘹亮，韵律婉转动人，整个唱腔分为四步。第一步为“打河号子”，是纤夫们在行船冲滩前所唱的前奏歌，意在凝聚众纤夫的精神和注意力。此时急流险滩将近，船只在江心缓缓行驶，船夫们为了鼓足勇气，鼓足士

1. 沱江号子传承人——李义双参加活动
2. 沱江号子传承人——李义双
3. 纤夫们在演唱沱江号子

气，此时喊的号子极为重要，为后期的顺利过滩做好必要的铺垫。船夫们脚踩江边的泥沙和卵石，身背粗壮而湿漉漉的缆绳，望着即将临近的急流和险滩唱起了平时吟唱的纤夫号子。由于是前奏曲，所以纤夫们两腮鼓起来，胸膛挺起来，像一张张蓄满风雨的船帆，随时准备迎接更大的挑战。这段前奏号子热烈但不激烈，像一阵由远及近的马蹄声。

接下来是"倒板号子"，音调忽然变得紧张激烈，像两军交战前最后一阵鼓声，原来这是冲滩过程的开始。与之前的打河号子相比，之前的蓄势待发现在已经完全爆发出来。从之前的平静沉淀到突然爆发，船工们鼓足了劲，好似交战前的最后一声震天鼓声，一鼓作气。这时的船只在急流险滩中不听使唤，船工的任务就是控制好船只，逆流上行，粗糙结实的缆绳在船工的拽拉下变得笔直，船工们脚踩石滩的坚石，身体倾斜，聚集了所有的力量，因为此时容不得一丝松懈。数板号子是所有号子中最震撼的，也动人心魄。俗话说，逆水行舟，不进则退。此般艰难可以说是与命运的生死搏斗。

当船只在急流和险滩之间缓慢上行时，船夫们又喊起了"数板号子"。这是节奏性极其明显的号子，是指挥性的号子。船只在激流中上行，大家必须在共同的节奏中努力，这段歌声高亢、绵长，它已不像倒板号子那么激烈，但于绵长中蕴含着无尽的力量，在水流的冲击和缆绳的阻力下，纤夫们的脚步变得缓慢而沉重，但是在这缓慢的步伐中却有极其强大的力量。虽然数板号子绵长沉重不及倒板号子的雄壮，但其中的力量却比冲滩时更加饱满和坚韧，蕴含了强大的凝聚力，这凝聚力把所有船夫拧了起来俨然形成一个整体。这是船夫们精神和意志力的考验。

第四步是"橹号子"。这时船已经驶过汹涌的河滩，到达了舒缓而平静的水域。船工们挣滩成功，船夫在此时心情轻松愉悦，为胜利渡滩而感到欣慰和快乐。纤夫们喊唱的号子也变得舒缓轻快，仿佛是通过这段轻松愉悦的唱腔，把体内尚未用完的力气轻轻吐露出来。沱江号子形象而逼真地表现了船夫拉纤的整个过程，紧张时如千钧一发，舒缓时如春风荡漾。既反映了船工生活的艰辛悲苦，也体现了底层人民在劳动中的喜悦和快乐，因而是沱江两岸纤夫们必不可少的精神食粮。

在喊唱沱江号子时，船家一般会聘请正喊、贴喊两位角色坐在船头领唱。这两人识得水性和沿江流域的地形地貌，因而由他们领唱，可以统一纤夫们的步调，调节纤夫们拉纤的节奏，调动纤夫们的精神。正喊和贴喊由于是领唱人，所以不必像纤夫那样出卖苦力，他们穿着洋褂，撑着阳伞，或立或坐在船头上，用歌声指挥着纤夫和船只通过激流汹涌的河滩，成为纤夫行业中待遇较高的一类人。

沱江号子音调粗犷，韵律动人，是不可多得的原生态民歌。由于唱词和音调具有民歌、山歌和民间小调的特点，且内容包罗万象，叙古话今，种类繁多，因而受到劳动人民的喜爱。沱江号子内容，或教化人众，催人泪下，《十月怀胎》、《赵五娘》是其代表；或即景抒发自身情感，其吼不完沿途的世俗，唱不尽无限风光，说不尽船工的辛酸，道不尽世态的炎凉；或戏文演义，表现才子佳人、帝王将相、市井凡夫、乱世草莽；等等。

沱江号子曲调高亢嘹亮，韵律婉转动人。其唱腔各有精妙：打河时，急顿有致；飞河时，气凝神光；投水时，声聚千钧；数板时，声调铿锵；橹号子，充满了轻松、喜悦。其声调舒缓婉转。其特色，号令纤夫，鼓劲提神；音调粗犷，律韵动人。内容万千，叙古话今；类型繁多，各施其能。其作用，功盖驾长：探航把舵，既号令纤夫，又号令驾长。号子所唱，激人昂扬，险滩急流，靠此横闯。

沱江号子反映了沱江流域的政治、经济、文化、社会风俗和自然风光，也是探究流域历史变迁、社会变革的活化石。究其渊源，源远流长，代代师传，日臻灵光。随着时代变迁和陆路交通、航空事业发展，这粗犷激昂、悠扬绵婉的民间音乐，即将成为绝唱。目前沱江号子已濒临失传，金堂县五凤镇成立了沱江号子保护小组，主要负责挖掘、整理相关信息，用文字和音像的方式把资料保存下来。目前李义双被评为沱江号子的代表性传承人。

传承人简介

李义双，沱江号子市级代表性传承人。1921年10月13日出生于金堂县五凤镇罗家坝社区6组，16岁随叔父进入沱江航运社（新中国成立后改金堂县航运社）当纤夫。在做纤夫的过程中，被千里沱江沿途的风光所吸引，并被粗犷婉转美妙的号子声所震撼，渐渐地对沱江号子的唱腔、内容及韵律产生浓厚兴趣，在其叔父李举德、李举骄的影响下，开始学喊沱江号子，并于1941年正式师从其叔父李举骄、李举德，在自身的不懈努力及叔父的教授下，渐渐成熟。1945年之后，李义双基本能单独带领一队纤夫跑船，近至自贡、内江、宜宾，远至重庆。1950年，原航运社改为船运社，李义双带领纤夫们独闯千里沱江直至沱江航运社没落。李义双老人对沱江号子的内容、唱腔、韵律及分类铭记于心，在传承沱江号子方面作出了较大贡献。

（整理：彭云思）

竹麻号子

小档案

项目名称：竹麻号子

2006年入选成都市第一批非物质文化遗产名录，2007年入选四川省第一批非物质文化遗产名录，2008年入选第二批国家级非物质文化遗产名录。项目保护责任单位为邛崃市文化馆，项目传习所为邛崃市群众艺术馆。曾有省级代表性传承人杨祚钦，现有市级代表性传承人罗才勋。

竹麻号子是造纸工人在打竹麻时所唱的一种劳动号子，主要流行于成都所辖邛崃境内平乐镇的金华村金鸡沟、金河村杨湾、同乐村芦沟以及花楸村等地。竹麻号子唱腔原始、质朴、粗放、高亢，是川西地区民间原汁原味，具有浓郁乡音的劳动号子。

平乐镇是中国历史文化名镇，建镇历史距今已有两千多年。早在宋朝，平乐镇便以造纸业的兴盛而享誉海内外。根据宋代《元丰九域志》的记载："平落（乐）镇，濒河，水陆通道，市井繁富，纸市尤大。"可见当时平乐镇的富庶和繁荣。《邛州志》也明确提到平乐镇的造纸工业影响甚大，所谓"成都草纸半平落（乐）"，说的就是此地造纸工业的盛况。在宋代，整个成都地区有一半的草纸产于古镇平乐，纸张的运输和传播主要是通过白沫江水路运抵临邛镇南河，再由南河进入成都各大码头，或通过乐山水路运出四川销往全国。

根据平乐竹麻号子传人杨祚钦老人的讲述，竹麻号子至迟在清代末期便已形成固定的曲调，千百年来传唱下来的竹麻号子内容不断改变，他们既唱祖辈的生活也唱自己的生活。杨祚钦的祖上三代都是歌唱竹麻号子的能手，其高祖杨成相一生以造纸为业，其祖父和父亲也是当地赫赫有名的造纸工人，因此不难看出，当地很多能唱竹麻号子的人都是子承父业，在从事手工造纸的同时，学会演竹麻号子的。

20世纪50年代，经过整理的竹麻号子被搬上了舞台，成为川西坝子的特色民间文艺节目。这一源于生活的古朴号子，曾参加四川省文艺调演并获奖，还到人民大会堂参加全国民歌精英汇演并获奖，受到观众的喜爱和高度评价。

制作手工竹纸总共有72道工序，包括砍竹、浸泡、捶竹、选料、浆灰、蒸头锅(篁锅蒸煮，一层竹麻一层石灰)、打竹(用6米长的木竹竿把竹料捣碎)、洗料、蒸二锅、洗料、发酵、打堆、择料、捣料、淘料、漂白、打槽、加滑水、捞纸、压水、

1. 竹麻号子艺术团表演
2. 竹麻号子的传承人
3. 传承人在打竹麻
4. 传承人边打竹麻边唱竹麻号子

掀纸、打吊子、贴纸、晒纸、清点、包装等等。在这些环节中，造纸工人有很多机会歌唱，比如砍竹的时候可以唱山歌，捞纸的时候可以唱小曲。而当竹料经过浸泡、初步捶打、筛选、浆灰、蒸煮等工序后，工人要借着篁锅里的高温把竹麻纤维进一步捣碎，这就是打竹麻的环节。这时，工人要站在热气腾腾的篁锅上用力捶打，生产劳动也进入最为关键和艰苦的阶段。出于协调劳动的需要，为缓解疲劳，抒发自己在不同劳作过程中的情绪，于是工人创作了属于自己的歌——竹麻号子。它跟中国所有的劳动号子一样，都是在生产生活过程中通过劳动群众的智慧创造的，因此具有原始、质朴、贴近下层普通群众的特点。

竹麻号子的演唱方式为"一领众和式"，即由号工领唱，众多工人帮腔、合唱。在繁重而单调的劳动过程中，当钩子手手执长钉耙，把需要打的竹麻交给工人时，竹麻号子嘹亮的歌声就开始响彻整个造纸作坊。开始时，由一名工人领唱，然后众多的工人一起合唱，以此达到鼓舞干劲、统一节奏、抒发感情和消除疲劳的目的。随着号子的节奏由慢到快，造纸工人们的动作也越来越刚劲有力，当竹麻快被打完时，工人们的情绪和竹麻号子的咏唱也达到高潮，给人以一鼓作气和热烈奔放的艺术美感。

竹麻号子唱腔原始、质朴，曲调有高腔、平腔、连环扣、银丝调、扯麻花等。它的唱词内容丰富，乐段长短不一，随意性和伸缩性较强，常用"嗦咿咗"、"喂"、"哟嗬"等衬词，其中以传统的"数十二月"式最为典型。比如《上工号子》的歌词为：正月里晨花齐开放，哟啊，二呀月燕子上高梁啰；三月里阳雀叫头上，哟啊，四呀月农忙正栽秧啰；五月里端阳闹龙舟，哟啊，六呀月家家晒衣裳啰；七月里荷花满池塘，哟啊，八呀月十五桂花香啰；九月里重阳蹬山上，哟啊，十呀月丰收把酒尝啰；冬月里家家把火烤，哟啊，腊呀月过年人人忙啰。哟嗬，哟嗬，哟嗬哟嗬嘿，哩哟嗬哟嗬哩呀。

在竹麻号子中，劳动的热情和歌唱的情绪被完美地统一起来。竹麻号子唱词所反映的内容主要包括当地的民风民俗、社会经济状况以及人们的生产生活方式等。而且随着时代的变化，内容也随之更新，具有很强的艺术生命力。在打竹麻的过程中所唱的各种号子，时而激越，时而舒缓，时而紧凑，连缀而成的号子形式多样，内容丰富。

竹麻号子是平乐镇"纸文化的魂魄"。随着社会经济的发展，如今平乐镇及附近的手工造纸作坊已经逐渐被机器造纸所代替，但是竹麻号子的存在使今天的人们还能真实地感受到这种延续了无数代人的原始的劳动方式，同时，它也是中华民族艰苦奋斗、不断进取、日益壮大的强有力的见证之一。

传统手工造纸的流程中，打竹麻是最费体力也是最讲技巧的，纸的粗细、厚薄与此环节密切相关。而工人们在打竹麻的过程中传唱的竹麻号子统一了他们的劳动节奏，增强了他们的劳动干劲，从而提高了劳动效率，使打出来的纸浆又细又匀称，造出来的纸自然而然就细腻又光滑。

随着社会经济的发展和科学的进步，从20世纪80年代起，由于手工造纸花费时间长、需要的劳动力多、产量低等原因，手工造纸逐渐被机器造纸取代，竹麻号子赖以生存的载体已不复存在。有几位唱功较好的老造纸工人虽然一直把它传唱了下来，但当前能够完整演唱竹麻号子的人已不多，整个平乐镇只有3－5人，他们虽偶尔在空闲时间还能组织起来共同演绎，但是并没有对竹麻号子进行整理，以致使其不能推广，甚至面临着消失的危机。

如今平乐的古造纸遗址已被成都市列为文物保护单位，其造纸过程中的竹麻号子也受到了重视和保护。在邛崃市文化馆、平乐镇文化站的支持下，竹麻号子传承人杨祚钦在2004年把他所会唱的唱词全部整理记录了下来，现在也有人在着手记录它的曲调。后来又组织成立了竹麻号子艺术团。2007年，全国原生态民歌大赛在陕西西安举行，竹麻号子艺术团成为四川的四支代表队之一，并获得“优秀奖”。 2009年，竹麻号子艺术团在新打造的平乐古镇的“天工应物风情园”里，开始了“驻场演出”，受到游客的欢迎和喜爱。2009年6月，竹麻号子登上中央电视台“欢乐中国行·魅力邛崃”的舞台。这对竹麻号子的继承发扬，无疑是对一个时代、一种生活、一种创造的缅怀和歌颂。

1950年邛崃市群众艺术馆成立。这里存放了多件珍贵实物资料，平乐一批尚健在的老造纸工人在此唱诵和传承竹麻号子。邛崃市群众艺术馆于2010年被评为第一批成都市非物质文化遗产项目传习所。

传承人简介

杨祚钦（1943-2014年4月），竹麻号子省级代表性传承人。自小便随其父杨国伟、兄杨祚寿学习手工造纸技艺。2004年整理记录了他所会唱的全部唱词。

罗才勋，竹麻号子市级代表性传承人。1981年出生于平乐，2006年加入到平乐镇竹麻号子艺术团，并拜老艺人杨祚钦为师。2007年12月，所在的竹麻号子艺术团代表四川省参加文化部主办的全国原生态民歌大赛，获优秀演唱奖。2008年，参加中国南丝路文化旅游节七夕情歌大赛，获二等奖。2009年6月组织竹麻号子艺术团参加央视“欢乐中国行·魅力邛崃”演出，受到好评。

（整理：秦羽）

闹年锣鼓

小档案

项目名称：闹年锣鼓

2006年入选成都市第一批非物质文化遗产名录。项目保护责任单位为彭州市文化馆。现有市级代表性传承人杨光富、王兆熊。

闹年锣鼓是一种可以单独演奏的打击乐，是川西人民春节时表演的一种民间音乐形式，主要流行区域为成都市所辖的彭州地区。这种民间音乐形式已有三百多年的历史，是中原文化和其他地域文化与巴蜀文化相结合而产生的一种独特的民间音乐。

明朝末年，中国历史上出现了“湖广填四川”的移民运动。大量移民进入四川的同时，也带来了中原的文化与民俗。到了清朝的康熙乾隆时期，进入四川的多种中原地方戏曲和本地的地方戏曲经过融合后，形成了今天的川剧。川剧在自身的发展中根据剧目的内容和表演方式，逐步形成了固定的声腔套路，其中一部分打击乐进入了这些套路，成为川剧“五腔共和”的固定声腔套路。剩下的一部分打击乐曲牌，有的来自中原文化，有的属于当地戏曲原来的伴奏，有的则是两者的融合体，于是当时的戏剧爱好者们便将这些闲置的曲牌利用起来自娱自乐。逢年过节，他们就自发地演奏起来，给节日增添了许多热闹的气氛。过年是中国传统最隆重的节日，人们在这时的演奏也就最多，往往从除夕开始，正月十五元宵后才结束，这种表演形式便被人们称为“闹年锣鼓”，亦称“闹年响器”。因它是在节庆闲暇时表演的，又称“耍锣鼓”；因其乐器较川剧表演锣鼓小，又称“小锣鼓”。

在20世纪50年代以前，闹年锣鼓在川西地区颇为盛行，彭州为最，各县每个乡镇几乎都有自己的演奏队伍，有的一乡镇就有两三支队伍。20个世纪40年代，闹年锣鼓的发展达到高潮时期，每逢过节，成都周边郊县的数十支锣鼓队都来到彭州，在这里进行表演和比赛，时间长达十天左右。这些锣鼓队一般都由当地民间社团出资组队，对于优胜队伍，组织者要给他们挂红、发红包，以示奖励。

闹年锣鼓属民间音乐中的器乐类，属打击音乐，它的乐器简单而又轻便，通常只有“四件头”，即盆鼓、川锣、苏钹、马锣四样乐器，有时为增强气氛，加用一副随着钹一齐敲击的水钗。盆鼓体积小，呈扁平状，形若脚盆，俗称“脚盆鼓”。

1. 闹年锣鼓表演队伍
2、3. 艺人制鼓
4. 表演用的钹
5. 表演用的石鼓
6. 表演所需的牛皮
7. 当地闹年锣鼓道具制作老艺人

盆鼓在闹年锣鼓的演奏中起着非常重要的作用，它是整个乐队的指挥者，通过鼓点和动作的变化来控制乐曲的速度和力度、演奏者的表情以及整个乐曲的“起、转、收”。锣、钹较川剧表演的锣和钹小。马锣在乐曲中起插花作用。

这些乐器的音色各具特点，音量强弱对比鲜明，加上曲牌的结构和节奏的变化多样，使每件乐器的特性都能得到充分的发挥，进一步丰富和扩充了各个乐器的表现力。如在过年玩耍敲击时，节奏俏皮热闹，给人一种可触可摸的亲切之感；在龙灯舞的表演中，同样的“四件头”敲击起来又是那样的热烈、欢腾；在彭州桂花镇，成都平原上最后的龙窑的祭窑仪式上，与箫声相融的鼓乐，则凸显了鼓音的另面品质，庄重而典雅，把人带入一种如步圣坛的境界。

闹年锣鼓不仅能敲击出热闹、动人的锣鼓声，而且还能惟妙惟肖地模仿出动物的声音和人们在劳动场景中发出的声响，这充分体现了民间艺人的创作智慧和高超技艺。例如，《水登堰》以四样乐器中最接近表现水的马锣为主打击而成，虽然它不能以旋律来描写水登堰的画面，但却巧妙地使用马锣打击乐，就使人有如观堰水的感觉。

闹年锣鼓的曲牌比较短，一般在两分钟左右，因此在演奏时常常都是将好几个曲牌组合在一起。闹年锣鼓兴盛时，曲牌多达两三百支，现彭州市艺人能打的只有二三十支，比较常见的有《上天梯》、《倒挂刺》、《蛇倒蜕》、《双梅花》、《狗撵羊》、《一盘鱼》、《牛擦痒》、《乱劈柴》等。闹年锣鼓是劳动人民在闲时的把玩活动，它与人们的劳动、生活有着密切的联系，因此它的曲牌名也有着浓郁的生活气息，如《乱劈柴》、《两头忙》等曲牌和生产劳动有关；《人牌》、《和牌》等曲牌与打牌有关；《龙摆尾》、《笑和尚》、《花笑和尚》等曲牌与民俗歌舞活动有关；《千年花》、《万年花》等曲牌和群众间的说福道喜有关；等等。

每个曲牌都伴以不同手势，盆鼓手的手形象、生动，同曲牌名相照应。如《雁展翅》，乐器就是手心朝下，二、三、四指并弄，双手伸开像大雁展开翅膀飞翔一般。参与击乐演奏的所有人，只需看看盆鼓手的手势动作，便知道该变换什么曲牌，以从其曲牌演奏。

闹年锣鼓一般是 4 人一组，又可增至 6 人、8 人、10 人，由于乐器小的特点，很适合在行进中表演，一般是在节庆街市中行进表演，但也可以坐着打。闹年锣鼓可以单独表演，也可以与唢呐配合表演，这种情况称作“套吹”；还可以与龙灯、狮灯配合表演，在龙灯、狮灯表演时，锣鼓队用“长槌”伴奏，在表演间隙或行走时便演奏“闹年锣鼓”曲牌。

闹年锣鼓是历史上少有的巴蜀文化与中原文化交相融合的结晶，同时又是一种极具地方特色的民间民俗文化，有着三百多年的历史。它是地地道道起源于民间，传承于民间的打击乐，富有浓厚的原生态质朴韵味。

闹年锣鼓是一个时代的文化特征，又是一段历史的见证，反映了它发展兴盛那个时代的民情风俗，从曲牌名称可以看出，既与人们的劳动、生活有着密切的关系，又反映出历代民间艺人的提炼与概括，它既透露出现实生活的气息，又飘逸着浪漫主义色彩，它用锣鼓的表演方式记录和承袭了川剧的内涵和外延。

闹年锣鼓在属于它的那个时代里，曾经为川西地区千千万万的百姓带来过欢乐和希望；充实了一代又一代艺人与观众的精神生活；以一种最为朴素的艺术方式陶冶着那个时代的众多生灵，并且折射出一个地方的经济和文化发展状况，成为了一页用民间乡土音乐记载的历史，对研究川西地区民间音乐的发展有着重要的史料价值。

随着经济文化的发展，娱乐方式的增多，闹年锣鼓逐渐被其他娱乐方式取代。尤其是年轻一代，更是对这种传统文化价值缺乏认识，致使闹年锣鼓在年轻这代几乎绝迹。加上闹年锣鼓的传承方式为口授心传、师徒传承、家族传承、朋友传承等，也为其传承加大了难度。现在彭州仍在活动的闹年锣鼓几乎没有，几个乡镇才能凑齐一支队伍。全彭州市能打闹年锣鼓的一共才有二三十人，很少人能打二十支以上曲牌，一般只能打五六支曲牌。

近年来，在成都市文化局及相关行政管理部门指导下，以彭州市文化广播电视局为主体，对彭州闹年锣鼓民间音乐实施保护，建立了闹年锣鼓民间音乐的历史档案，收集、整理了闹年锣鼓的资料，并培养闹年锣鼓传承人，添增闹年锣鼓所需设备，改善闹年锣鼓队伍条件，扩大闹年锣鼓队伍，使每镇都有一支闹年锣鼓队伍。

今天，闹年锣鼓的传统曲牌不仅仍然可以用于民间演奏，而且还可通过音乐家们的借用、改造和创新等方式为其注入新的生命力，创造出既富有传统文化风味又具有当今时代风貌的曲牌来。这样不仅传承、发展了这个传统民间音乐艺术，同时又为我们的后人留下了今天的时代气息，让这个已经沉睡的艺术焕发出耀眼的光彩。

传承人简介

杨光富，闹年锣鼓市级代表性传承人。出生于1941年，从小跟随父辈学习闹年锣鼓，从7岁开始参加各种庆祝游行、演出活动。参加了成都市组织的“党旗颂”锣鼓演奏，成都市舞龙比赛打击乐演奏，应邀参加成都电视台建台闹年锣鼓演奏。所带徒弟杨本松多次参加表演。

王兆熊，闹年锣鼓市级代表性传承人。出生于1948年，9岁开始随师傅唐前明学习闹年锣鼓。学成后带徒弟刘纪良。可演奏主要曲牌二十来个。在彭州市和成都地区同行和爱好者中有一定知名度。曾被四川电视台和成都电视台专访。

（整理：秦羽）

青城洞经古乐

小档案

项目名称：青城洞经古乐

2006年入选成都市第一批非物质文化遗产名录，2007年入选四川省第一批非物质文化遗产名录。项目保护责任单位为成都市都江堰市文化馆，项目传习所为青城洞经古乐团。现有省级代表性传承人宋克文、梁志贤。

青城洞经古乐是流传在都江堰市以青城山为中心的民间音乐，流传范围遍及都江堰市城镇和农村，其中尤以岷江以西乡镇较为普及，如玉堂镇、中兴镇、石羊镇、青城山镇、翠月湖镇、安隆乡等。

都江堰是具有悠久历史积淀和丰厚文化底蕴的世界文化遗产地、全国历史文化名城和全国文化先进市。早在新石器时代就是古老蜀族活动地区，与古蜀国的建立和发展有着密不可分的关系。而岷江是古蜀文明发展的摇篮。位于都江堰市西部的青城山，属邛崃山脉的一部分，因其悠久的历史文化，特别是公元143年道教正一派祖师张陵在青城山创立中国道教后，更使青城山道脉不断，成为道教著名祖庭，并因其悠久而丰富的历史文化蕴含，被联合国列入世界文化遗产名录。青城洞经古乐，就产生并流传在青城山下的城镇和农村。

青城洞经古乐以诵唱《大洞仙经》为主，是在古巫术音乐和民间小调的基础上吸纳道教音乐、佛教音乐和宫廷音乐形成的一种保留着古老音乐元素的民间音乐，其特点是祥和、抒情又不失古朴和庄重。青城洞经古乐起源于青城山古代的巫觋音乐，唐代和宋代随着青城山道教音乐的兴盛，特别是唐代青城山著名道士杜光庭整理和完善天师道正一派科仪音乐，即形成俗称“南韵”或“广成韵”以后，丰富了青城洞经音乐。

早在东汉时期年张道陵在青城山创立道教以前，以青城山为中心的西蜀就盛行星相信仰，尤其信仰二十八宿中的文昌宫星座，认为文昌宫星座主宰第四星主人的命运、第六星主人的禄籍。由于唐、宋、元三朝皇帝对文昌星信仰的推崇，封文昌星为“文昌帝君”，并与“梓潼神”信仰相结合，成为读书人科举登陟的保护神，形成“北有孔子，南有文昌”的民间儒门士子信仰的习俗，并结合道教《大洞仙经》的诵唱，最终成为一支上民间小调、道教音乐、佛教音乐相融合的艺术奇葩，主要在文昌宫和民间法会上演奏。

1. 青城洞经音乐在第三届“非遗”节上表演
2. 表演青城洞经音乐用的器乐——小云锣
3. 青城洞经古乐团在都江堰市新建小学表演
4. 群众欣赏青城洞经古乐团演奏
5. 表演青城洞经音乐所使用的敲击器乐及道具
6. 古月团在都江堰文庙大殿内展示洞经古乐
7. 表演青城洞经音乐所使用的器乐——筝、阮

1

②

③

④

⑤

⑥

⑦

青城洞经音乐在元代以后广泛流传到我国南方数省，由于传播中变异较大，目前都江堰市所能演奏的70余支曲牌，尽管与其他地区名称相同，但曲调差异巨大，只有青城洞经古乐保存下了唐宋古曲。

洞经古乐主要以音乐伴奏唱诵《大洞仙经》内容和乐曲演奏的形态，以集体演奏形式正式演出，或者为道观及农村住户作祈愿类演奏。后者不具有任何宗教性质，前者则需穿戴特别服饰，作古老的传统礼仪演奏。正式演出主要集中在洞经法事和三元会上。洞经法事中，根据法事活动的性质，布置堂会，凡参加演奏人员要沐浴更衣，身穿黄袍，头戴道德帽，脚穿粉底靴。洞经音乐坛主在供奉文书上盖印，并步罡踏斗，率众开坛奏乐诵唱洞经十大赞词等礼仪，内坛完毕后在外坛以九宫步绕场拜斗，最后焚表退坛。三元会是青城洞经古乐传统的庆典活动，分别在每年的正月十五、七月十五和十月十五举办。演奏前演奏者要沐浴净身，烧香烛祭祀，并要求演奏人员按《蕉窗十则》遵守洞经坛会的规则办事，会期2-3天。

表演洞经音乐主要由三部分组成：一是供演奏用的乐器，主要有鼓、钹、镲、磬、木鱼、二星、风铃、筛锣、云锣、阮、琵琶、古筝、扬琴、中胡、二胡、埙、竹笛、箫、笙等。二是传统坛会的衣、帽、靴、印、牌位、如意、笏及临时制作的各种文书。三是供演奏的曲牌、曲谱。

洞经古乐在清代以前是以坛会形式出现，坛主(也叫掌门人)负责组织演奏活动，并选定传承人，平时除定期举行带有排练性质的演奏外，主要在文化人群中进行，也参加具有社会公益性质的如“祈愿法会”类的民间宗教活动，也应邀到佛教寺院和道教宫观参加法事音乐演奏。20世纪20-50年代，因科举考试废除，都江堰市青城洞经古乐成立“宣化堂”、“敦化堂”、“协合堂”、“什化堂”、“和合慈善会”、“普济慈善会”、“文龙慈善会”等堂会，这些堂会常年演奏洞经古乐。历史上青城洞经古乐传承有序，现在仅“青城洞经礼乐部”就可往上追溯到清道光年间，从1821年梁洪恩开端至2006年的掌门人宋克文，已历十三代。

青城洞经古乐保留着许多古蜀音乐的原生形态，同时也保存下了道教“南韵”（广成韵）及其他古乐的曲牌和乐曲。虽然它是以诵唱《大洞仙经》的文昌宫星信仰的形式呈现于世的，但其庞杂的内容却远远超过一般文化尊神的信仰，深刻而曲折地反映了以青城山为中心的民间宗教信仰和丰富的民俗文化内容，是我们研究宗教、戏剧、民俗、音乐以及科举考试、善行文化的重要历史资料。

青城洞经古乐诵唱的唱腔，演奏的曲牌、乐曲，唱腔的内容，法会的衣饰穿戴，供奉的牌位、供品，仪式的走步绕场都具有极大的艺术魅力，不仅使人能欣赏到古代的音乐及表现方式，还可以通过其了解到那个时代的历史文化和社会特征。青城洞经古乐是千年以上的艺术结晶，是中华艺术宝库中的瑰宝和奇葩。

20世纪80年代，都江堰文化馆对洞经古乐进行采访、记谱和录音。2002年，投入资金购买乐器、添置服装、组织排练。2005年，再次投入资金添置乐器、服装、音响设备和组织排练。2006年，拍摄三部共九集电视纪录片《青城洞经古乐》。目前，由文化馆组织成立的青城洞经古乐团，已经有70余支曲牌和30人的演奏队伍。2010年青城洞经古乐团被评为成都第一批市级非物质文化遗产项目传习所。

传承人简介

宋克文，青城洞经古乐省级代表性传承人。1961年出生，1977年随父亲宋瑞尧学习青城洞经古乐演唱和竹笛吹。后又师从父亲同门同辈师兄弟梁直君继续学习。现在除带乐团外，还带七八个弟子。现为青城洞经古乐团笛子主奏，青城洞经第十三代掌门。多次应邀参加各级演出，主要传承的曲目有《送神后诗章》、《串枝莲》、《洞宫》、《五福图》等。

梁志贤，青城洞经古乐省级代表性传承人。1944年出生，自幼耳濡目染从祖父辈那里受到了青城洞经古乐的启蒙教育，成人后逐步系统地从父亲和宋掌门处学习并掌握了青城洞经古乐科仪活动的程序、内容和幸存下来的大部分青城洞经古乐曲谱。传承的主要曲目有《迎神前诗章》、《步虚》、《后青城》（七曲）、《士子腔》等五十余首，多次受邀参加表演活动。（整理：张晶明）

成都道教音乐

小档案

项目名称：成都道教音乐

2006年入选成都市第一批非物质文化遗产名录，2007年入选四川省第一批非物质文化遗产名录，2008年入选第二批国家级非物质文化遗产名录。项目保护责任单位为成都市道教协会，项目传习所为成都市道教协会。现有省级代表性传承人董云龙（道名：董至光）、吴菊林（道名：吴理冲），市级代表性传承人李和春。

乐团演出

在成都各区（市）县的名山、宫观及民间道坛中，流行着一种独特的音乐，即道教音乐。音乐，是道教用以修炼养生、祭天祀神的表现形式。道教认为，“扣鼓集神，悬祷而告”，能够感动神灵，因而对道乐十分重视。它的历史约始于东汉，随张陵所创正一天师道的产生，在继承巴蜀巫教仪式音乐的基础上，汲取了地方民间音乐的养料，形成了独具地方特色的道教音乐——文昌洞经音乐及广成道韵。经过一千八百多年的历史演变，现已形成了一整套内容丰富、品类齐全、曲目繁多的道教音乐。成都道教音乐分布广泛，在成都市辖区内覆盖面积超过两百平方公里，其主要分布点有青羊宫、青城山、鹤鸣山、老君山等地。

从公元2世纪道教重要经书《太平经》和《老子想尔注》，到近现代研究成果证实，成都道教音乐生成之源，是古蜀古代巫教的祭祀音乐。北周甄鸾《笑道论》记载：“又按三张之术……有同巫俗解奏之曲，何期大道若此。”可见张陵创道之初，已经同时产生了法事科仪。张陵创立的天师道，它的基本道徒、组织形式以及礼仪习俗都是从古蜀巫道脱颖出来的，因此，早期的道教科仪音乐，深受巴蜀古代巫教祭祀礼乐的影响，这在川西民间尚存的巫师道场中可以得到印证。

魏晋南北朝时期，经过北魏的高道寇谦之和南朝的三洞法师陆修静整理和创新，道教音乐已脱离了简单原始的形态，形成了一套具有浓郁的传统文化特色的科仪。唐末高道杜光庭入住青城山，对成都道教音乐进行了系统整理，形成名噪一时、风靡全国的南韵曲目。唐代女诗人薛涛在《试新服裁制初成》诗中写道："每到宫中歌舞会，折腰齐唱步虚词。"《步虚词》是成都道教音乐的一支曲名，这时的成都道教音乐已广泛流传到大江南北。明末，四川战乱频繁，富饶的成都平原生灵涂炭，十里不闻鸡犬声，成都道教音乐几乎走到灭绝的边缘。

清初，一直在四川民间传承的成都道教音乐在青城山道士陈复慧和学者刘沅的推动下，"南韵"曲再度复兴，成都南门的纯化街、延庆寺，北门的全德道坛都是名闻遐迩的道乐演练场所。东门的刘德山、王如山、曾吉山，俗称"三山"；北门的曾名高、蔡敬之等人是海内知名的成都道教音乐"吹、打、唱、唸、做"皆能的五皮齐道士。至康熙年间，湖北武当全真道士陈清觉、张清夜相继来到成都，他们带来了在全真通用的科仪音乐，时称"北韵"曲目。清光绪年间，成都二仙庵道士宋慧安去北京白云观学戒，并将白云观道教音乐引入成都。

成都道教音乐，主要以音乐伴奏唱诵经文及乐曲演奏的形态，以集体形式演奏，常用于道教的早晚功课和斋醮科仪活动中，传承方式分为教团传承和师徒传承。早晚功课音乐，一般由咏唱式、讽经腔、念咒腔和诵诰腔构成其基本框架，全是口头传承。斋醮法事根据法事活动的性质，布置坛场，斋醮科仪音乐则由乐师的唱诵和经师的伴奏组成，凡参加的乐师和经师要沐浴更衣，身穿法衣，脚穿云鞋或朝靴，头戴混元巾。三元会是道教最重要的节会，分别在每年正月十五、七月十五和十月十五举办法会性质演奏。演奏前乐师和经师要沐浴净身，烧香烛祭祀，会期2–3天。

成都道教音乐主要由三部分组成：一是供演奏用的乐器，主要有鼓、钹、镲、磬、木鱼、二星、风铃、筛锣、云锣、阮、琵琶、古琴、扬琴、中胡、二胡、埙、竹笛、箫、笙、编钟、道琴等。二是传统法会的衣、帽、靴、印、牌位、如意、笏及临时制作的各种文书等。三是供演奏的唱诵经韵、曲牌和曲谱。

成都道教音乐的主要流派有静坛派、善坛派和行坛派，谓之三坛道乐。静坛派和善坛派的道乐是同一体系，其主流属道教全真派音乐系统，声乐形式主要使用全真正韵，句末多用音节衬腔，富有气势，代表曲目有《阴小赞》、《下水

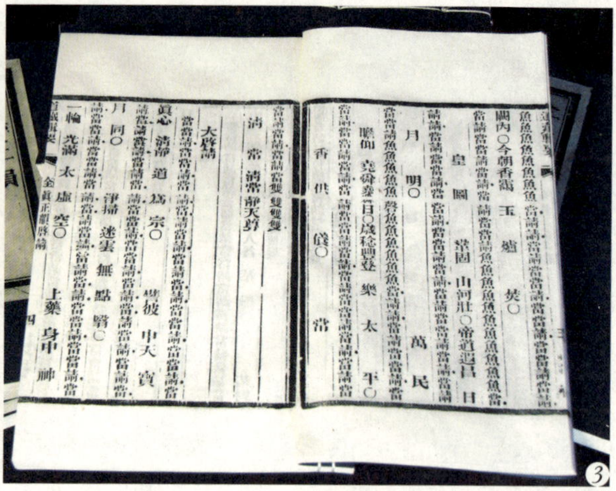

船》。声乐类主要有韵曲、吟诵曲、朗诵曲三种形式；器乐形式主要使用细乐，通常以笛子、铛子、铰子为主奏乐器，细乐发音柔和，风格古朴、淡雅，具有明显的道观文化色彩。其传承现在主要有都江堰市青城山道乐、成都市青羊宫道乐和新津县老君山道乐。行坛派的道乐为另一体系，其主流属正一天师道、民间火居道士音乐系统，声乐形式主要使用广成韵，极富四川地方音乐特色，代表曲目有《步虚》、《救苦赞》等。器乐形式主要使用大乐，通常以大锣、大鼓、唢呐为主奏乐器，发声宏大，风格粗犷、热烈，民间气息浓厚，具有明显的民间道坛色彩。行坛道乐过去主要有成都地区的广成坛道乐和法言坛道乐。

成都道教音乐是在古蜀巫术音乐和民间小调的基础上，吸纳了宫廷音乐而形成的一种民间音乐，保留着很多古音乐元素，其特点是祥和、抒情又不失古朴和庄重。就现在发掘出的乐曲中，没有一首表现悲观哀怨情绪的。即使忏悔曲、阴曲，也有一种旷达人生的泰然之气。这种音乐风格鲜明反映出道教重视生命、重视未来的人生理念。

成都道教音乐的创作有其严格的原则。一是要遵循道法自然的总纲领，主张循声有源。二是音乐调式要阴阳和谐。《太平经》说宫、商、角、徵、羽五音各有所引，各有所致，阴阳相与乃能相生。

成都道教音乐保存下了大量唐宋甚至更久远的古乐，是我国民间音乐的活化石，是我国具有特殊价值的艺术瑰宝。道乐诵唱的唱腔，演奏的曲牌、乐曲，唱腔

1. 青羊宫道乐团演唱道教音乐《长生酒》
2. 吴理冲道长在教唱道教经韵
3. 《全真正韵谱集》
4. 成都道乐团在娇子音乐厅载誉汇报演出
5. 青羊宫道乐团和青城山仙乐团赴台参加“蓬莱仙韵颂太平”载誉归来汇报演出

的内容，法会的衣饰穿戴，供奉的牌位、供品，仪式的走步绕场都具有极大的艺术魅力，不仅使人能欣赏到古代的音乐及表现方式，还可以通过其了解那个时代的历史文化、社会特征及艺术风格。道乐是千年以上的艺术结晶。

成都各宫观使用的常用韵曲、乐谱为当请谱和工尺谱，全凭道士口授心传的感悟。由于时间久远，有些曲目早已失传。虽然个别宫观内，一些有兴趣的道士利用业余时间进行了习练，但对于大量的演奏节目，也因缺乏系统的整理、研究与推广，目前亦处于自生自灭的濒危状态。

1979年，几位著名的高功和经师，如江至霖、刘理钊等，承担起培养下一代道教科仪音乐人才的重任，道教音乐于是得到恢复并逐步发展。2003年，在成都市道教协会的指导下，青城山仙乐团和青羊宫道乐团相继成立，乐团成员共45人，已整理有60余支曲牌。除青羊宫道乐团和青城山仙乐团以外，另组建老君山道乐团和鹤鸣山道乐团，培养年轻道教音乐爱好者，扩大队伍。2005年，成都市道教协会组织青羊宫道乐团和青城山仙乐团代表四川省首次参加了由中国道教协会在广州举办的第五届道教音乐汇演和赴台参加中国道教协会组织的“蓬莱仙韵颂太平”海峡两岸道教音乐会，两次演出均获得圆满成功，受到国家宗教局和省市领导的高度评价。2006年1月，青羊宫道乐团和青城山仙乐团在成都举行了汇报演出，8月再次参加了在成都举行的第六届道教音乐汇演。2010年成都市道教协会被评为第一批成都市非物质文化遗产项目传习所。

传承人简介

董云龙，成都道教音乐省级代表性传承人。1981年出生，师从四川省蓬溪县高峰山老当家朱明清高功。现能完整地唱出北韵曲目近50首及大部分南韵曲目，精通工尺谱和当请谱。代表作有《太上玄灵北斗九皇神咒》诵经曲、《天尊圣号》诵经曲。

吴菊林，成都道教音乐省级代表性传承人。1958年出生，师从全真龙门派著名高功江至霖大师。现能完整地唱出北韵曲目近50首及大部分南韵曲目，精通工尺谱和当请谱，是全国道教界著名的高功。

李和春，成都道教音乐市级代表性传承人。1978年出生，先后跟随陈本善道长、任法融道长、闵智亭道长、吴菊林道长学习。著有《道教文化与当代社会》、《青羊宫二仙庵道教历史沿革》（中英版）、《灵宝派授录史》等专著。

（整理：张晶明）

蜀派古琴

项目名称：蜀派古琴

小档案

2008 年入选成都市第二批非物质文化遗产名录，2009 年入选四川省第二批非物质文化遗产名录。项目保护责任单位为成都市非物质文化遗产保护中心，项目传习所为四川成都俞伯孙蜀派古琴研究所、四川成都成华区成都东坡诗琴社、成都市非物质文化遗产艺术研究院乐团、合真琴社。曾有和现有省级代表性传承人俞伯荪（去世）、曾成伟、江嘉祐，市级代表性传承人俞秦琴、王铁军、胡锦蓉、蒋银芳。

省级代表性传承人——曾成伟

蜀派古琴又称川派古琴，形成于清代，在四川、重庆、湘江、秦晋、松辽地区流传盛广，香港、台湾有传。以躁急奔放、气势宏伟为艺术特色，是中国古琴演奏的主要流派之一。

蜀派古琴艺术相传至少有两千多年的历史。中国琴史上公认的古琴始祖伏羲，乃今四川阆中人氏，史书记载他“往来阆中与都广之间（都广即广都，即今成都双流）”，倡导伐木斫琴，以琴德育民治国，为中国古琴始创者。公元前的八百多年前后，西周宣王的大夫尹吉甫及子尹伯奇，为今四川泸州人，作琴曲《子安操》、《履霜操》，其曲今存。春秋战国时期，有著名琴家苌弘，为四川资中人氏，《史记》中有记载孔子曾问乐苌弘。

汉代是蜀派古琴的重要发展时期。今四川绵阳、资阳等地东汉墓中，出土了不少陪葬的抚琴俑；四川雅安汉代高颐阙上也刻有“师旷鼓琴图”；四川发现的汉代画像砖上，有不少弹琴鼓瑟的场面。从这些文物资料也可以看出，四川古琴艺术历史悠久，古琴艺术在古川人的文化生活中比较常见，受到人们的喜爱。除了文物资料，文献资料上也有许多记载。蜀地文豪西汉司马相如，不仅是才华出众的辞赋家，也是技艺高超的琴家，他以琴曲《凤求凰》为媒，与卓文君喜结良缘；东汉思想家扬雄，四川郫县人，撰有琴学专著《琴清英》。

至唐代，诗人陈子昂爱琴，常借琴寓人，以人明志。诗仙李白琴、棋、诗、画俱全，关于琴的诗就有四十多首，他还为多首琴曲填写歌词，如《雉朝飞》、《双燕离》、《幽涧泉》等。宋代眉山苏轼为琴艺、琴学集大成者，大大丰富了蜀中琴艺的演奏和琴乐理论。四川民间和寺院中还有一批琴艺高超的琴家，当时的文学作品中记录了他们活动的身影。

唐宋时期，蜀派古琴艺术不仅演奏技艺和风格令琴界瞩目，斫琴术也达到相当高的水平。隋文帝仁寿年间（601-604）封其第四子杨秀为蜀王，他到成都后广招四方工匠造琴千面，这是四川造琴最早的记载。《四川通志》记载："琴最于蜀，制者数家，唯雷氏而已。"唐代成都雷氏家族造琴名享全国，雷俨在唐王幸蜀时选为琴待诏，有史可考雷氏斫琴延续十一代。古文献中有记录的雷琴被四十余床，今日全国有资料记载的唐琴十八床，但现在所见称唐雷琴的只有七八床。唐代成都雷氏家族斫制的"九霄环佩"现藏于故宫，成为国宝。

明清时期，蜀中古琴艺术经过千年积累，形成"川派"，这与张孔山来川有重要关系。张孔山，浙江人，他少学音律，出家当道士，清咸丰年间，在青城山中皇观留驻后，对蜀中古琴情有独钟，四处寻访琴人，切磋交流，与当地琴家欧阳书唐、顾玉成、唐彝铭、杨紫东、钱绶詹等交情很深，深刻领会蜀琴风韵。他与弟子唐彝铭、叶介福一起，将唐彝铭搜集的几百首琴曲进行改编、审定，编著了明清以来收录琴曲最多的《天闻阁琴谱》，该书的问世，同前20年成书的《狄灰馆琴谱》、《百瓶斋琴谱》等著作，形成川中古琴艺术理论基础；又有琴曲《高山》、《流水》、《潇湘夜雨》、《平沙落雁》、《孔子读易》、《化蝶》、《醉渔唱晚》、《渔樵问答》、《忆故人》等琴曲的广泛传播，和一批琴人群体的形成，为蜀琴立派创造了条件，学术界称这时的四川琴派为"川派"。可以说，张孔山及当时的一批外来琴人，为川派的形成起到了重要作用。由他亲自整理的一些曲目，后来成为了蜀派古琴的代表曲目。特别是对《流水》的加工提高，运用了独特的演奏技法，创造了"七十二滚拂"，让川派技法更加广泛，后来就有称"川派"为"泛川派"的呼名。

近现代蜀派古琴琴家很多，其中顾雋、顾荦、顾梅羹的琴艺源于张孔山嫡传弟子顾玉成，他们将传谱辑为《百瓶斋琴谱》，在长沙组织了"南熏琴社"进行琴事活动，其中顾梅羹还著有琴学巨著《琴学备要》；雍叶婉贞、廖文甫、喻绍

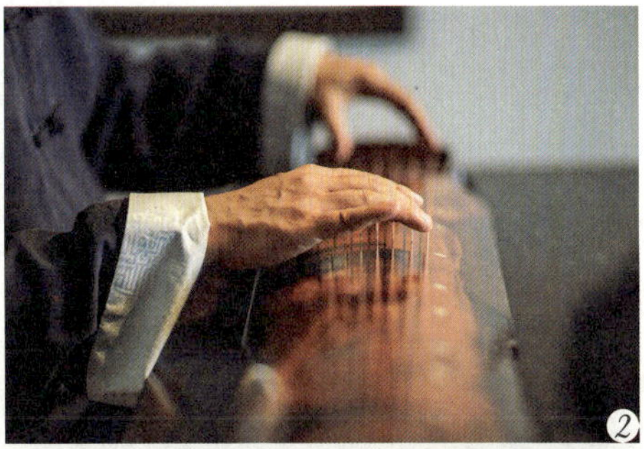

1、2、3. 传承人曾成伟抚琴
4. 各式古琴

泽、喻绍唐的琴艺源于张孔山另一嫡传弟子叶介福。四川的琴家还有侯作吾、龙琴舫、裴铁侠等。侯作吾先生是我国第一个将古琴简字谱译成五线谱出版的人，裴铁侠先生著有《沙堰琴编》。

蜀中古琴能自成一派，传承至今，在于其独到的艺术魅力。唐初著名琴家赵耶利说："蜀声燥急，若激浪奔雷，亦一时之俊快。"这准确地概括了蜀琴的鲜明特征——"燥急"、"俊快"，表明蜀中古琴在演奏时表现在速度上的"快急"、表现在力度上的"刚强"，形成富于激情、雄浑跌宕的听觉感受。最显著的例子就是张孔山创作的《流水》中的"七十二滚拂"了。当年琴家张孔山有感于巴山蜀水险峻奇丽，以其深厚的琴学功底，在加工整理《流水》时加进了第六段，即"七十二滚拂"，使"流水"从具象到理念有了更深刻的表现，激浪奔雷之声，直撞胸臆，常使弹者忘形，听者神游。清刊本《琴学丛书》后记中说："《流水》一操……至滚拂起段，极腾沸澎湃之观，具蛟龙怒吼之象。息心静听，宛然坐危舟过巫峡，目眩神移，惊心动魄，几疑此身已在群山奔赴，万壑争流之际矣。"1977年8月20日，美国向太空发射的"旅行者"号飞船上放着一张录有二十七段世界著名音乐作品的喷金铜唱片，唱片上就录有管平湖演奏的琴曲《流水》。

蜀声"燥急"的价值在于与"清婉"为特征的琴韵有了对比和比较，"若激浪奔雷"的演奏风格，丰富了琴曲的艺术表现力，焕发了作品的青春活力，为绚丽多姿的琴坛增加了色彩。

蜀派古琴的另一特征还表现在"仙气"、"仙意"，即琴曲表现出中正平和、水流花开的意境，极具灵性，具有浪漫主义的特征，代表曲目有《秋水》、《佩兰》、《高山》等。这方面宋人在诗句中体会颇多，"羽衣鹤氅古仙柏"、"应有仙人依树听"、"悲风流水，写出寥寥千古意"等，都写出了蜀琴轻盈空灵的特色。蜀琴的这一特色与之前"燥急"的特色，构成了蜀琴特点的多面性，快与缓、刚与柔的相济相和，丰富了蜀琴的表现力，也为蜀琴提供了无限的艺术源泉。

蜀中古琴艺术历史源远流长，演奏、斫琴的传统传承不断，历代名家辈出，至今川中存见的历代琴曲谱集、琴学专著多达15部之多。蜀中古琴"燥急"、"俊快"的艺术特色，体现的是地域特点浓郁之风格，属当今国内各大琴派中的独异琴风。古琴音乐本质上是文人音乐，文风盛则琴乐兴，蜀派古琴反映了蜀地深厚的文化底蕴和浓郁的文化氛围。同时，蜀派古琴还丰富了人们的精神生活，提高了人们的审美境界，是蜀地文化的重要组成部分。

目前，蜀派古琴得到了有力保护。成都市文化馆在对古琴文化的宣传和弘扬的同时，通过举办相关的培训和比赛，成立各类古琴琴社，发展古琴爱好者和研究者。还派专人收集整理古琴的相关文献资料，利用现代影像技术记录古琴的技艺。成都市还召开了1990年、1995年、2006年、2011年四届“中国古琴国际交流会”，巴蜀古琴在全国的影响进一步扩大与加深。除了政府部门加强保护外，四川还活跃着很多琴人社团，比较著名的琴人团体有“东坡诗琴社”、“锦江琴社”、“合真琴社”、“梓又琴馆”等，他们在切磋琴艺的同时，促进了蜀派古琴的传承和传播。2010年，四川成都俞伯孙蜀派古琴研究所、四川成都成华区成都东坡诗琴社被评为第一批成都市非物质文化遗产项目传习所；2014年，成都市非物质文化遗产艺术研究院乐团、合真琴社被评为第二批成都市非物质文化遗产项目传习所。

传承人简介

俞伯荪（1921年5月–2013年4月），蜀派古琴省级代表性传承人。先后拜古琴师陈蕴儒、龙琴舫为师。善弹《佩兰》、《流水》、《墨子悲丝》等数十曲。获得中国民乐终身贡献奖。

曾成伟，蜀派古琴省级代表性传承人。生于1958年，1975年随外祖父蜀派琴家喻绍泽学习古琴。代表作有《流水》、《醉渔唱晚》、《孔子读易》、《佩兰》等。

江嘉祐，蜀派古琴省级代表性传承人。生于1942年，师承川派古琴大师龙琴舫。代表演奏曲目有《南派平沙落雁》、《捣衣》、《鸥鹭忘机》、《醉渔唱晚》等。

俞秦琴，蜀派古琴市级代表性传承人。生于1965年，7岁随父亲俞伯荪习琴，1990年进上海音乐学院随古琴家林有仁先生习琴。出版个人专辑《春山听杜鹃》。

王铁军，蜀派古琴市级代表性传承人。生于1942年，师从川派古琴艺术家何朝现。

胡锦蓉，蜀派古琴市级代表性传承人。生于1956年，师承川派古琴大师喻绍泽。自己打两首小谱：《鬌仙歌》、《陋室铭》。

蒋银芳，蜀派古琴市级代表性传承人。生于1951年，师从朱梅玲教授。自己打谱配指法的曲目有《茉莉花》、《之夜吴歌》等二十余首。　　（整理：秦羽）

西岭山歌

小档案

项目名称：西岭山歌

2008年入选成都市第二批非物质文化遗产名录，2011年入选四川省第三批非物质文化遗产名录，2014年入选第四批国家级非物质文化遗产名录。项目保护责任单位为大邑县文化馆，项目传习所为大邑西岭镇西岭山歌传习所。现有省级代表性传承人任汉成。

表演艺术家在排练

从人类发出第一个音节开始，音与乐就成为了人类生命中的一部分。自有记载以来，在古老的华夏大地上，音、乐、舞都是相伴相随的。

追究音乐史，我们会发现，音乐的起源是很难界定的。而歌，作为音乐的一部分，《乐记》中有记载："诗，言其志也；歌，咏其声也。"可以看出，原始的歌被看作人类发出的声响。

歌，从中国的造字法来看，属于形声字一类。《说文解字》中说："歌，咏也，从欠哥声。"所以在最古老的歌谣中，歌含有呵斥、诅咒、怨叹的意味。成为了巫术祭祀中，原始初民表达对自然崇拜和神灵祈祷的一个不可缺少的环节。

但是最普遍的歌的产生，来自呐喊。鲁迅在《且介亭杂文》中就谈到：我们的祖先的原始人，原是连话也不会说的，为了共同劳作，必须发表意见，才渐渐地练出复杂的声音来。假如那时大家抬木头，都觉得吃力了，却想不到发表，其中一个叫道"杭育杭育"，那么，这就是创作。原始初民在对自然的感悟中，在生活的劳动中，通过呐喊这种简单又朴素的形式，来表达劳动的欢快以及对生命的喜悦。

从最早《吴越春秋》中短小精悍的弹歌“断竹， 续竹;飞土， 逐肉”，到现如今丰富多彩的音乐类型，中国的歌唱经历了飞跃式的发展。当代纷纭众多的歌唱类型中，有一种类型自始至终以其独特的魅力，树立于歌林。这就是山歌。

山歌，是山魂之音，也是山民的心声。在中国，有山的地方，就有歌。说到中国的山歌，也是种类繁多。从有“颜长宫体诗”之称的德化山歌，到粗犷高亢的“信天游”，再到“《诗经》遗风”的客家山歌等，山歌的种类因地因人的不同而不同。蜀地自古以来就是一个艺术的发祥地，山歌艺术当然也不例外。“西岭山歌”，便是很好的体现。

西岭镇，乃宝地也。其地处四川省成都市所辖之大邑县西部，位于国家级风景名胜区西岭雪山脚下，风景优美，气候宜人。全镇面积678.3平方公里，辖6个行政村，70个社，总人口6500多人，最高海拔5368米，平均海拔1400米。年平均气温13.7摄氏度，雨量充沛，年降雨量1300−1500毫米，属四川盆地边缘山区的亚热带湿润季风气候。

其实，西岭这个概念与西岭镇是有别的，大的范围为：西岭镇及其东邻花水湾温泉区，而且，出江镇和西邻芦山县的大川镇等均属西岭；南邻邛崃水口、大同乡；北邻梆榔山、下汶川、卧龙等地。在这片灵秀之地上，生长的人们灵秀勤劳，而在此地兴起的西岭山歌更是嘹亮动人。

西岭山歌历史悠久，原始古朴，产生于西岭山民的生产、生活过程中，由山民口传身授代代相传。有一首西岭山歌歌词是：“西岭大山有山魂，西岭山水养山民。山歌唱的是山魂声，山歌唱的是山民心。”往昔数百年来，西岭山民往往以唱山歌为乐事。他们在春种秋收中，在守玉米防兽害的高脚棚中，在撕玉米的深更半夜，在烧碱、挖药、伐木等历程中，用山歌提神，用山歌传达情感，抒发旷达、乐观、坚韧、顽强、诚信、幽默、机智的坦荡情怀。

西岭山歌受民族因素的影响较大。西岭在历史上曾为汉、藏、羌等民族杂居之地，故西岭山歌的旋律色彩、调式也包含了汉、藏、羌民歌的一些元素，色彩鲜明，音域较宽，调子高亢，唱法自由空间较大，旋律较为特殊，山味、野味和民族风味颇浓。

西岭山歌的分类大致为：劳动（包括春种、秋收、挖药等）、爱情（有恋爱、

1、2. 劳作时唱西岭山歌
3、4. 入情入境的排练

1

2

3

4

偷情、求婚、夫妻情等）、劝化、喜庆（多用于红白喜事、节日时日）、祭祀（丧葬、祭祖、扫墓）、酒歌（以《横山洒歌》为著）等。其唱式也是多样的，有独唱、领唱、和唱、对唱等，尤以独唱居多。词意富于比兴，乐句结构完整，音乐形象集中，诙谐逗趣，令人开心愉悦。其音调也是高亢、原始、古朴、空灵，透着一股“原汁原味原生态”的情调。旋律流畅，节奏平稳，曲调可随词段多少而反复演唱。西岭山歌的演唱可以不受时间、空间局限，颇具群众性和广泛性，既可自娱自乐，又可参与演唱、庆典活动，深受当地人民的喜爱，成为节庆、嫁娶的必备节目。

今天的西岭山歌，经过历史的洗涤和无数代人的努力，形成了一片繁荣景象。其作品层出不穷，又经典悦耳。如，有对歌《再苦再累也开心》、《对门对门斜对门》；有二人对唱或四人轮唱的《看你娃娃咋下台》、《水有源头树有根》、《阳雀叫唤李桂杨》、《送郎》、《望郎歌》、《别日白歌》；有几人拉木轮唱的《山歌号子》；有祭酒歌《横山洒歌》等。迄今已搜集整理上百首。

都说唱歌，唱的是人。 西岭山歌也不例外，它用饱含着热情的歌声与唱词，彰显了西岭人民勤劳朴实、热情乐观且不畏艰险的精神和生活状态，成为西岭人民的一笔极其宝贵的精神乐园。

西岭山歌，自有人烟以来，就在群众生产、生活、劳动中存在着。它在改朝换代的历史进程中发展、丰富、壮大，成为中华文化大餐中原汁原味的民歌一族，为中国民歌艺术增添了极其绚烂的一笔。

1940年大邑县西岭山歌协会成立，为山歌的传承和传播做了很多的具体工作。经过协会和各级政府共同努力，2011年成功把西岭山歌申报为省级“非遗”项目。2010年大邑西岭镇西岭山歌传习所被评为第一批成都市非物质文化遗产项目传习所。

传承人简介

任汉成，西岭山歌省级代表性传承人。自小与老一辈山歌传承人学唱山歌，在劳作之余，一直致力于山歌研究，几十年来从未间断。1988年参加四川民间艺术节获得二等奖。随着国家对民间文化艺术的重视，2006年与张道深、李有福一起挖掘本土山歌文化。2008年成功将西岭山歌列入市级“非遗”项目。期间作为西岭山歌传承人，向喜爱和热衷于西岭山歌的人进行表演和授业，现有徒弟上百人。

（整理：方雨馨）

府河号子（黄龙溪号子）

小档案

项目名称：府河号子（黄龙溪号子）
2008年入选成都市第二批非物质文化遗产名录，2009年入选四川省第二批非物质文化遗产名录。项目保护责任单位为成都市双流县黄龙溪风景名胜区管委会。现有省级代表性传承人郝仁富，现有和曾有市级代表性传承人王绍清、贯兴安。

“我看见川江舟子千年的血泪，我看见终身搏斗在急流上的英雄，宁做沥血歌唱的鸟，不做沉默无声的鱼；但是几千年来有谁来倾听你的呼声，除了那悬挂在绝壁上的一片云，一棵树，一座野庙？……”这是1958年诗人蔡其矫在一次游览长江的经历中，写下的诗篇——《川江号子》。

号子，即劳动号子，北方称“吆号子”，南方称“喊号子”。它是产生并应用于劳动的民间歌曲，是与生产活动直接联系的一种口头即兴创作，具有协调与指挥劳动的实际功用。

在劳动过程中，尤其是集体协作性较强的劳动，为了统一步伐，调整呼吸，释放身体负重的压力，劳动者常常会发出吆喝或呼叫。渐渐地，这些吆喝、呼号声被劳动人民美化并发展成歌曲的形式。一般来说，劳动号子的曲调都比较简单，节奏强而有力，有领有合，顿挫分明。音乐形象粗犷豪迈、坚实有力，真实地反映劳动状况和劳动者的精神面貌，体现出劳动人民的智慧、力量及乐观精神。

因地域与生产特点不同，号子分为许多类型，如开山号子、爬坡号子、插秧号子、船工号子等，而川江号子即是中国种类繁多、形式多样的船工号子的杰出代表。（川江有广义、狭义之分，广义为四川境内的长江流域的金沙江、岷江、嘉陵江等各大支流，狭义即指四川宜宾市岷江口至湖北宜昌市的长江河段。川江号子的川江为广义的川江。）

1. 传承人座谈会
2. 拉船吼号子

四川山峦重叠，交通极其不便，自古即有“蜀道难，难于上青天”之说，所幸境内江河纵横，有大小河流九十多条，故省内货物流通、客运往来主要是“借舟楫之利”。沿江两岸陆续发掘出土的新石器时期的石锚、东汉时期的拉纤俑等文物，也佐证了四川水路运输的久远历史。

实际上，蜀道难并不单指陆路交通的“猿猴欲度愁攀援”，由于川内密布崇山峻岭，山势险峻，全程水位落差较大，故多处航道极为曲折、险滩密布、礁石林立、水流湍急，因此人们一直视川江航道为畏途。在数千年的木船航运时代，江上木船的动力完全来自船工的身体。每当逆江而上或者船过险滩的时候，船工们就得拉纤，不但劳动强度大，且因漫漫路途枯燥无味，需要精神调剂，川江号子应运而生。清代诗人张向安在其《桡歌行》中写道：“……大船之桡三十六，小船之桡二十四……上峡歌起丰都旁，下峡声激穷荆湘。推舵声悠碛声力，千声如咽三声长，上滩牵船纷聚蚁，万声噪杀鸟噪水。”极为形象生动地记录了当时(清代)川江流域水路运输的繁荣景象，同时还用“上峡歌起”、“下峡声激”、“推舵声悠”描述了船工们平水行船、闯滩、上水拉纤等劳作时歌唱的丰富多彩的川江号子。

今天所说的“川江号子”其实是“金沙江号子”、“永宁河号子”、“嘉陵江号子”、“ 涪江号子”、“岷江号子”、“铜河号子”、“沱江号子”及成都平原“府河号子”等川江流域各级支流的船工号子的总称。府河号子是千百年来西南地区政治、经济、文化中心成都平原上唯一的船工号子，是川西平原代表性的船工号子，也曾是川江号子中的佼佼者。

府河号子，又称锦江号子、黄龙溪号子，曾流传于府河、锦江以及川西平原各江河流域，目前仅存于成都市黄龙溪镇。黄龙溪地理位置优越，东临府河，北靠牧马山，距成都市区 42 公里，风景优美，历史悠久。府河流过黄龙溪后，进入彭山县境，于江口镇汇入岷江。府河又名锦江，是李冰修建都江堰时，为成都打造的一条黄金水道，成都借此东与江淮、南与番禺相沟通。而黄龙溪就是这条黄金水道上的咽喉，它地处华阳、仁寿、彭山三地交界处，依山傍水，地势险要，具有重要的战略地位。蜀汉时期，这里成为江防要地，诸葛亮在此屯兵牧马。

后来，由于地处水路要冲，黄龙溪遂成为水路运输的重要码头，江上熙来攘往，船只如梭，外来商客增多，经济文化繁荣，航运上达成都，下通重庆，正所谓“日有千人拱手，夜有万盏明灯”。黄龙溪镇留存的古衙门也从侧面反映了黄龙溪航运的兴盛。因为古镇位于三县交界地带，民事、水事纠纷繁多，匪患不断。于是，华阳、彭山、仁寿在黄龙溪设立了联合执法机构，清称总爷衙门，民国改成三县衙门，共管三县交界的民事治安及古佛堰的事务。

在蒸汽机、铁路等现代科技兴起之前，船工号子与完全依赖于人力的航运本就是一对孪生子。黄龙溪船工号子则是成都及川西平原历代船工劳动和生活的真实反映；是在古老的木船航运过程中产生出来的一种独特的民间演唱形式。

与金沙江号子、永宁河号子、涪江号子等川江号子的其他支系不同，由于黄龙溪地处平原地区，水流平缓，河面宽阔，水势平稳，黄龙溪号子多以“平水号子”为主题，旋律舒展，平和优美，独具川西平原风格。

行家们都知道，不同的水性、不同的滩，唱什么样的号子，在什么时候唱，平水时唱什么，紧水时唱什么，都有着不同的规矩。“那个时候拉船全靠号子，上滩、靠岸、离港，没有号子指挥，要乱阵脚的。”据调查统计，黄龙溪流域，船工常用的号子有《桡号子》、《橹号子》、《平水号子》、《逆水号子》、《拉纤号子》、《数板》、《幺二三号子》、《斑鸠号子》、《驳船号子》、《交架号子》、《外倒号子》（拉纤）等。

黄龙溪船工号子种类丰富，分类也颇为复杂，其中有推桡、搬桡、摇橹、拉纤等工种号子，又有平水、紧水、抛河、靠岸、离港、过滩等不同的劳动条件和不同的劳动工序节奏不同、风格各异的号子。开船时，船工的领唱（即号工）和船工们应对的“哦竭搓（音）”、“嗨佐”等号子声起呈分明，充满活力。行船过程中，全体船工用力搬桡，情绪紧张激烈，领唱者常用高亢的歌声唱出较长的句子，船工们则以“嗨”、“嗨佐”等号子声相呼应。当船行至浪急滩险的河道时，船工们劳动强度极大，情绪紧张激烈，号工唱起节奏急促、近乎于嘶喊的拼命号子（或抓抓号子、外倒号子）。船行平水时，为活跃行船气氛，减轻疲劳，船工们就会唱起节奏舒缓、旋律性强、富抒情性、旋律优美动听的数板号子。

在音乐方面，黄龙溪船工号子广泛吸收了四川地区其他民间音乐元素，在号工领唱的慢板中既有类似川剧高腔、四川曲艺音乐的悠扬、抒情、富有韵味的曲调，又有高腔山歌的高亢、挺拔的音调。号工的领唱部分曲调性较强，旋律婉转，装饰音较多，常用远距离音程，乐句长短不一，变化性和伸缩性较强。船工的合唱部分则节奏鲜明，音调相对比较简单，在与领唱相应配合时结构上却富于变化，两部分交织重叠，构成和谐的二声部合唱。音乐总是随着航道的变化而改变，时而悠扬，时而激越，形成富于变化的若干首号子连缀而成的结构庞大的套曲。

由于号工要用号子来掌握航行的速度，统一船工的动作，所以在整个航行的过程中都不能停歇。领唱部分的歌词除劳动号令、呼号以外，内容大多反映船工生活、水文概况、沿江两岸的山川风貌、人文地理和风土人情以及民间传说、故事等，知识性强，趣味性浓。歌词多为简洁明快的七言四句，赋、比、兴手法运用娴熟，音韵流畅、朗朗上口。现在留存的歌词多数是历代传承下来，也有根据水流情况、地理环境即兴创作的。“上江口，下江流，黄龙溪转苏码头。中和二场路好走，嗨唷嗨唷，加把油”，“脚蹬石头手摸沙，找钱回去供爹妈……”，等等，多为谈天说地、即兴发挥。

黄龙溪船工号子是成都历代船工原始劳动方式的写照，更是成都水上运输久远历史的见证。然而，新中国成立以后，公路、铁路运输高速发展，府河、锦江等水域退化，使古老的木船航运业逐渐失去其竞争能力和生存空间；昔日往来穿梭的木船以及辛勤劳作的船工的身影渐渐离人们远去。黄龙溪船工号子也逐渐成为历史，面临濒危困境。2009 年，黄龙溪船工号子被确认为四川省非物质文化遗产，当地政府也加大了对它的保护力度。在政府的帮助下，黄龙溪船工号子传承人郝仁富和几位老船工一起，在专业音乐老师的帮助下，整理出一些号子的具体歌词和曲调。可是，即使有了歌词、有了调子，大部分年轻人却连拉船是什么都不知道，何况是号子，更谈不上专门有人去学习，黄龙溪船工号子依旧面临着失传的危机。

传承人简介

郝仁富，府河号子（黄龙溪号子）省级代表性传承人。出生于 1936 年，在船社拉船时，需要有人带头喊号子，因其年轻、声音大、音质较好，在大家的推荐下，带头领唱。会唱的号子有《桡号子》、《橹号子》、《平水号子》、《逆水号子》、《拉纤号子》等。同时，他还创作了五首黄龙溪船工号子歌词。

王绍清，府河号子（黄龙溪号子）市级代表性传承人。出生于 1919 年，12 岁给船老板做学徒直至新中国成立。他深知船行走的路线的水性、激流、险滩、暗流，并能根据不同情景带头唱不同的号子。会唱号子有《桡号子》、《橹号子》、《平水号子》、《逆水号子》、《拉纤号子》、《数板》、《幺二三号子》等。

贾兴安（1928 年 6 月－2011 年 11 月），府河号子（黄龙溪号子）市级代表性传承人。1951 年至 1962 年年在成都市岷峰船社工作。声音响亮、音质较好，在大家的推荐下，带头领唱。会唱《桡号子》、《橹号子》、《平水号子》、《逆水号子》等号子。

（整理：赵媛媛）

第三章

传统舞蹈

闻一多在《说舞》中说：“舞是生命情调最直接、最实质、最强烈、最尖锐、最单纯而又最充足的表现。”舞蹈，是通过有节奏的、经过提炼和组织的人体动作和造型，来表达一定的思想感情的艺术，是人类最古老的艺术形式之一。

成都出土的汉代画像砖、画像石中，就有“挥袖折腰”、“跳丸盘技舞”、“丸剑巾舞”等汉代舞蹈的生动描绘。成都永陵的乐舞石刻，被学术界认为是研究“霓裳羽衣舞”的重要依据。从出土文物中，可看出成都传统舞蹈的发展脉络。富庶的成都平原，农耕文明发达，此时无论在城镇或是乡间，耍“龙灯狮子”的民间舞蹈形式普遍活跃。或自娱自乐，或组织专业表演活动，逢年过节，更是热闹。清人竹枝词“花灯大放闹喧天，狮子龙灯竹马全，看过锦城春不夜，爱人唯有采莲船”，生动呈现了当时成都元宵节民间舞蹈表演的盛况。如今承传下来火龙灯舞和活跃在成都各地的狮舞、龙舞、蛾蛾灯、牛儿灯等精彩纷呈的传统舞蹈形式，都蕴含着丰富的文学、历史和艺术价值。（撰写：赵媛媛）

黄龙溪火龙灯舞

小档案

项目名称：黄龙溪火龙灯舞

2006 年入选成都市第一批非物质文化遗产名录，2007 年入选四川省第一批非物质文化遗产名录，2008 年入选第一批国家级非物质文化遗产扩展项目名录。项目保护责任单位为双流县文化馆。现有省级代表性传承人李恩东。

齐心协力舞龙灯

黄龙溪镇古名“赤水”，据《仁寿县志》载：“赤水与锦江汇流，溪水褐，江水清，古人谓之黄龙渡清江，真龙内中藏。”《隶读》著录《黄龙甘露碑》记云：“黄龙见武阳事，铸一鼎，象龙形，沉水中……故名曰黄龙溪。”建安二十四年（216），汉时武阳兼新津彭山之地，东县（华县）东南接壤，仁寿也像龙牙，黄龙所春之地，著属武阳，公属治境，故溪以是名矣，故名曰“黄龙溪”。

旧时，黄龙溪由于水运交通十分发达，航运上达成都，下通重庆，商贾云集，经济文化相当繁荣，是水路运输的重要码头。黄龙溪火龙灯舞便诞生在这片富足繁荣、文化底蕴深厚的土地上。

黄龙溪民间流传着关于“烛龙”与“应龙”神话。烛龙，主管光明与黑暗；应龙，主管风雨。据说，烛龙最早居住在黄龙溪，它在河里游泳，把水都染红了，因此黄龙溪原名“赤水”；二郎神本来也是条龙，是应龙，也是孽龙，后得观音点化，归到李冰手下治水。李冰派二郎神治理鹿溪河，因为进入了烛龙的地盘，两条龙就打斗起来。烛龙身披红甲，二郎神身着青盔，一个能喷火吐焰，一个能翱翔九天，当时很多人都见到两条龙打得难分难解，把当时小小的黄龙溪折腾得不成样子。后来烛龙看到当地百姓为打斗所害，流离失所，于是万分羞愧，一头扎进鹿溪河跑到北方钟山去了。应龙、二郎神也深感惭愧，修好大佛堰之后也远远地飞到了青龙场那边。为了感谢这两条龙，黄龙溪人们每逢佳节都要舞起火龙纪念它们。

黄龙溪烧火龙源于东汉，盛于南宋，在南宋时期创作了“火龙灯舞”。先民们根据“龙见武阳赤水”的记载和民间流传的 “烛龙”与“应龙”神话及“龙生九子”的故事，在龙图腾文化的基础之上，创造了独具特色的火龙灯舞，在旧岁新年更迭之时送走秽气，迎来新运。每年正月初二晚出灯，正月十五日元宵夜收灯，成为了一项大型民俗文化活动。出灯时，“岁岁春节烧火龙，烟花遍地乐融融；一任火焰高百尺，龙腾人欢气势雄”。

改革开放以来，火龙灯队除了在本地演出外，还在四川及全国其他城市演出，为大家带去了火龙灯舞艺术享受。1981 年，黄龙溪火龙队参加双流县民间灯舞比赛，获得一等奖；1988 年、1989 年，黄龙溪火龙灯舞在双流、新津、成都市参加迎春晚会表演，参加了成都市第 21、25 届灯会；1995 年参加了四川成都民间艺术“三绝”展演会，获“绝艺”一等奖。1999 年、2000 年，火龙灯队走出四川，历时 210 天赴安徽、上海、海南、吉林等地表演比赛，获得上海国际表演赛大奖。2001 年 9 月参加北京第二十一届大学生运动会。1996 年黄龙溪被中央文化部命名“中国民间艺术——火龙之乡”。国家文化部领导人曾题诗赞道 :“名曰黄龙，誉曰火龙。声扬剑外，远来高朋。”

黄龙溪“火龙”造型，取的是图腾文化中龙的模式：蛇的身，鹿的角，虎的眼，狮的鼻，牛的耳，鹰的爪，马的鬃，鱼的鳞和须，兽的足。火龙灯由龙宝（红宝、金钱宝）、龙头、龙身、龙尾四部分构成，选用竹、木、纸、布、油漆、灯等材料编扎包裹而成。龙宝直径 35 厘米左右，嵌于饰有彩绸花式的直径 45 厘米的龙宝架中，可灵活转动。龙头呈长圆形，约 90 厘米，内饰彩，其中龙嘴长 45 厘米，龙角长 50 厘米，龙须长短适度，龙眼外突可动。龙身分九节，直径 34 厘米，高 1.6 米，长 18 米，内饰彩灯，龙尾曲翘柳形，长约 150 厘米。龙头及各节之下有支撑的竹柄，舞龙时，每柄由一人握持，扶龙舞姿。

舞龙队伍由宫灯、排灯、灯幡、灯牌、乐队、火龙灯组成，共 50 人左右。火龙队出行表演，由纱灯、方灯、牌灯在前面导行，灯牌上写着“恭贺新禧”、“欢庆春节”、“人寿年丰”等喜庆之语；继后是打击乐队，乐队的伴奏乐器有鼓、锣、钹、马啷子、唢呐等；最后是火龙灯队，他们头戴草帽，裸身穿短裤，脚蹬草鞋，以抗焰花喷烧。

1、2、3、4. 欢快热闹的火龙灯舞表演现场

1、2、3. 欢快热闹的火龙灯舞表演现场

舞龙者出灯时，由道士先生身着法事道袍、帽、靴，执法牌，带领众道士护送火龙队到河边列队。道士先生做法事安置水神、土地神，祈祷新一年风调雨顺、五谷丰登、六畜兴旺，同时“请龙出海”。

“请龙出海”仪式完成后，开始火龙灯舞表演。火龙灯舞由舞火龙和烧火龙两大部分组成。舞火龙又有一系列程式。首先，舞龙人持龙到阵摆成舞龙姿势。然后进行画龙点睛仪式。在乐队的鼓乐声中邀请德高望重的地方名人给龙“点（朱砂）睛”，先点左眼再点右眼。点睛时舞龙者齐唱：“一点金，二点银，三点风调雨顺，四点吉祥太平。”在20世纪的“画龙点睛”仪式上，一般由地方领导或德高望重的长者执笔，主持人在“点睛”的过程中，唱颂“神龙点睛，大放光明，朱笔一挥，百事繁荣”等吉祥语。点睛完毕后，点睛者还要为舞龙艺人及火龙披红挂彩，以示良好祝愿。接着由龙宝引路，一字长蛇，金龙摆龙，腾云起浪，金龙出宫，在伴奏中表演飘、游、叠、转等舞姿。

表演烧火龙也有一系列程式。政府官员宣布“烧火龙”开始后，鼓乐并起，由地方长官或知名人士点燃龙嘴烟花，此为“龙嘴喷花”。龙头颔首三叩，向各来宾和现场百姓祝福新春快乐。为了使火龙的表演具有神奇的效果，人们又研制了秘密配方的火药，其特点是热量低、火焰艳丽、喷射有力，不会伤及舞龙艺人的身体。观众们用这种烟花喷烧舞动的龙身和舞龙的艺人，极大地增强了火龙灯舞的娱乐可观性和群众参与性。烟火喷射得越是密集和明艳，舞龙艺人的舞蹈就越精神抖擞。在一片火与烟、光与声、惊与险、喜与乐的海洋之中，舞龙艺人尽兴表演游龙出海、礼仪朝拜、龙游世界、滚翻腾云、喜聚蟠龙等特技。火龙灯舞呈现出融龙、灯、舞、火焰于一体的神奇、美妙和惊险的舞姿。

最后，龙首高昂，龙身呈盘龙状现收式。在一片烟花爆竹声、锣鼓声、唢呐声、万人呼喊的鼎沸气氛中，答谢观者，祈求来年风调雨顺、五谷丰登、幸福美满。龙灯会“烧火龙”至此，舞龙灯人把烧得只剩下残架的火龙灯置于河边祭祀焚烧，将灰送到河里，寓意送龙归江入海回龙宫。

黄龙溪古镇因龙而名、因龙而灵，具有悠久的龙文化传统。黄龙溪的先民们在中国传统舞龙风俗的基础上，将元宵节灯的元素引入其中，创造了火龙灯舞这一综合艺术，具有十分浓郁的地方文化色彩。通过群体的参与，起到了释放感情，增加群体凝聚力的社会功用，成为川西地区保留极为完整的民俗活动之一。火龙灯舞还是老百姓祈福和信仰的表现形式，祭龙求雨、占卜丰年寄托了百姓对于幸福生活的追求和憧憬，这也是以自给自足，取之自然、依赖于自然为根本的农耕文化的特色。

为了使黄龙溪火龙队表演再上一台阶，同时做到更安全、更环保，1999 年，火龙队进行了一次全面的改革创新。龙皮摒弃了一般棉布，采用了防火、反光材料，以增强夜视效果；舞龙人的服装进行了专门设计，更具观赏性和舞台性；伴奏采用大锣大鼓，并融入川剧曲牌和现代音乐元素，增强了听觉效果；烟花筒也由传统的竹筒改为纸筒，不但更安全可靠，还增大了装药容量，从而延长了燃放时间，使表演更具连续性。另外对表演队伍的年龄结构和后续人员的培养都进行了科学的规范，形成了老、中、青演员梯队。

传承人简介

李恩东，黄龙溪火龙灯舞省级代表性传承人。1951 年出生于双流，师从火龙灯舞表演老艺人魏波。后在黄龙溪火龙队舞火龙并从事龙队管理。2005 年，李恩东带领黄龙溪龙狮队在四川省旅游发展大会上获金奖；2006 年，在“蓉城之秋·成都风情节”上，带领黄龙溪龙队参加“双流龙队”，在龙王争霸赛上获“龙王”称号。在他的不懈努力下，培育出了一批批优秀的“龙子”、“龙孙”，使火龙队组不断壮大。

（整理：秦羽）

大邑狮灯

项目名称：大邑狮灯
2008 年入选成都市第二批非物质文化遗产名录。项目保护责任单位为大邑县文化馆。

舞狮，在旧时称“太平乐”，现在称“狮舞”、“耍狮”、“狮灯”，是我国民间优秀传统舞蹈形式之一。

舞狮起源众说不一，目前比较受认可的说法是：中国本身没有狮子。在中华文化中，“狮”本来是和“龙”、“麒麟”一样都只是神话中的动物。到了汉朝时，由于国外交流扩大，才首次有少量真狮子从西域传入。当时的人模仿其外貌、动作作戏，至三国时扩大发展成舞狮；南北朝时随佛教兴起而开始盛行。《汉书·礼乐志》中提到“象人”，据三国时的解释，就是扮演“鱼、虾、狮”的艺人。到了唐朝，舞狮成为大型宫廷舞蹈表演的一种。白居易的诗中描述狮子舞：“假面胡人假面狮，刻木为头丝作尾。金镀眼睛银作齿，奋迅毛衣摆双耳。”可见当时的舞狮跟今天我们所见的已十分相似。

狮子体型威武，被誉为百兽之王，而中国一般不受狮患所害，因此民间对狮子有了亲切感，把它当成威勇与吉祥的象征，并希望用狮子威猛的形象驱魔赶邪。中国社会历来以农为本，配合节气变更与农事生活，各种节日或迎神喜典应运而生。在这些节庆中，人们为了祈求生活平安和谐，以神或瑞兽来驱鬼娱神，这一传统逐渐演变下来，后来这种形式便渐渐具有了娱乐的意义。随着人们对狮子的喜爱，再不满足于立门墩、屋檐、石栏、印章、年画上静止的狮子艺术形象，他们要让狮子活起来，于是便创造了模拟狮子行为的舞蹈，再加

1. 猴与狮逗趣
2. 猴倒立

以改进和发展，最后成为了中华民族的一门独特艺术。

在乾隆年间，大邑狮灯就已流传全县，广泛分布于全县丘陵、坝区农村，以坝区更为流行，其中以银屏青家狮灯和苏场熊家狮灯最具影响力。在这两家狮灯的影响下，现在每逢元宵佳节，狮灯普及全县三十四个乡、二十多个场镇，成为全县广大群众喜闻乐见的节庆文化活动。

狮灯表演前，灯队派出一人，白天敲着锣到农户家送灯帖。灯帖用32开的大红纸印上“今夜青狮奉贺”六个大字。民间亦有接灯布阵习俗，接灯被视为喜庆吉祥之事：今年我家耍狮灯，人间平安百事兴；狮灯请来我家耍，辟邪驱魔除鬼灵。狮灯表演后主家以“喜封”酬谢，或将“喜封”藏于阵内，由舞狮人破阵获取。

狮灯表演一般需要15人，如果中途换手则需增加五六人，则需二十余人。即：灯头一人（负责联系）；舞狮二人（一人舞狮头，一人舞狮身）；一人穿黄色彩衣，头戴纸壳大头和尚，手持蚊帚扮和尚；一人反穿毛皮短衫，戴纸壳猴象面具，饰孙猴子；民间打击乐伴奏四人（敲打锣、钵、鼓、马锣各一人）；提马灯二人（途中照明用）；掌大红纱灯四人（耍灯时，放在四角以示表演范围）。晚间出灯时，由白天送灯帖的人领路。

大邑狮灯有五种基本舞法。第一种是三步左右摇头，行进或后退：耍狮头的人身体直立，双手从额上方往前伸直，交替向内小弯伸，狮头左右摇摆，起左脚向前行三小步，右脚后退一大步，与左脚形成弓箭步，身体向前倾90度，双手抖动狮头，反时针转一圈。然后起身，同时右脚向前一大步，继续行进。后退时，双手的动作与前进一样，只是步伐相反。

第二种是上下左右转头行进：先出左脚与右脚开成弓箭步，同时双手抖动狮头反时针转一圈；然后，挺直身体的同时，右脚上前一大步，手抖狮头顺时针转一圈。如此交替行进。

第三种是狮滚翻：半蹲快走后，突然全蹲，狮头右脚原地重踏一下，（预令）随时反时针翻滚一转。

第四种是狮梭尾舔脚全身蹲下，狮头右脚直伸出，狮嘴从腿舔至脚尖，换舔梭尾。

第五种是立狮咆哮：耍狮身者，身体直立，双手抱起耍狮头的腰身，舞狮头者双脚分开，头上下左右抖动（舞狮头者也可坐于舞狮身者肩上，双脚分开）。

大邑狮灯以演绎破阵法为特色，一共有三十六阵。在传承过程中有部分失传，

1、2. 诙谐的猴
3. 开心的狮
4. 舞狮绝活
5. 狮追猴
6. 跳跃的狮子

4

5

6

现在留存的有二十四阵。这些阵式分别是：盗灵芝、五台山、围架、天鹅抱蛋、开关四门、麦里藏针、鲤鱼跳龙门、三拉出洞、偷扇、猴子撮蜂包、钻火圈、钻刀圈、狮子滚绣球、二郎担山撵太阳、点炮挂彩、紫微擒兽、花果山、金鸡独立、走六子虫、水淹金山寺、赶花船、九老洞会神仙、双狮解带、五谷丰收。

大邑狮灯的每一种阵式都不相同。围架阵式：将五张方桌重叠，喜封放在上层倒立的方桌中央，摆好阵式。猴子先出场绕场一周，招呼和尚上场后耳语（示意和尚上桌），和尚不愿上方桌，被调皮的猴子拽着耳朵至方桌前。憨厚的和尚上桌后，坐在桌边招猴子上去。猴子站在一旁诙谐地跳跃鼓掌，然后翻身上桌，与和尚对穿翻上桌面，每翻上一层，和尚、猴子在桌脚的对角上做“倒挂金钩”。上顶桌后，和尚在倒立的桌脚上搭天桥，猴子在桥上倒立；和尚盘腿手捧佛尘，坐在桌框中，猴子在和尚的左右肩上倒立；随后和尚双手撑住桌子的前脚，双脚站在方桌的后脚上，面向下，猴子双脚钩住和尚的腰而戏耍。接着，猴子骑在和尚的身上逗狮子上桌。狮子爬上桌后，和尚、猴子分头睡在桌框内逗狮，狮子巧走四脚桩后，取喜封揭面具亮相为破阵。

点炮挂彩：使用方桌一张，晒席一铺，红绸三尺，鞭炮一挂，竹竿、麻索各一根作为道具。把晒席筒、红绸、鞭炮、竹竿、麻索都放在方桌上，摆开阵式。猴子、和尚同时出场，倒立走上方桌。和尚把晒席筒立在桌上，同时把红绸、鞭炮、喜封、麻索均放入晒席筒内，双手护住席筒。猴子踩着和尚肩膀，从席筒顶口钻进去，将喜封衔在口内，鞭炮、红绸、竹竿用麻索拴在身上，再从席筒内往上爬出，将鞭炮、红绸拴在竹竿上，倒挂金钩下。和尚将鞭炮点燃，从下方桌牵出狮子，逗引狮子走圆场，寻着主家做恭喜状为破阵。

三拉出洞：使用的道具是长凳一条、绳索一根。将绳索放在长凳上，长凳安放在院子中央。和尚牵着狮子出场，猴子跟在狮子后，绕场一周。和尚、猴子想与狮戏耍，狮子左、右摇头，退至一旁卧睡。和尚无奈盘脚坐下，猴子发现凳子上的绳索，倒立至长凳前，用脚夹起绳索，又倒立至和尚面前。和尚取下绳索套住狮子大牙，猴子在狮尾边推掀，将狮子拉至凳上。狮子猛地站立起来，摆脱绳索，和尚跌了一跤，狮子退回原处卧睡。如此接连拉三次，第三次终于将狮子拉出洞（即狮子被和尚拉着飞越过长凳）为破阵。

大邑狮灯风格大方朴实，诙谐活泼，节奏明快，动作细腻，显示出民舞强大的生命力，是民舞中一颗闪亮的明珠。她反映了大邑深厚的文化底蕴和浓郁的文化氛围，丰富了当地人民群众的精神生活，提高了人们的审美境界，是当地文化的重要组成部分。

近年来，大邑狮灯得到了有力的保护。县文化馆确定了专职干部长期抓此项工作；组织人员为狮灯建立详细的档案，将历年来的图文资料、音像资料进行整理，做好各方面的详细记载，用现代影像技术记录狮灯技艺；对现有的艺人进行帮扶，关心、关注他们的生活和项目传承情况；到学校、社区举办狮灯培训班，招收热爱这项舞蹈的学员进行培训，宣传、弘扬、传承大邑狮灯。（整理：王晓敏）

城厢过街连箫

小档案
项目名称：城厢过街连箫
2008年入选成都市第二批非物质文化遗产名录。项目保护责任单位为青白江区文化馆。

城厢过街连箫是一种在街道或大庭广众由群体行进表演的民间艺术。是清初移民过程中，由陕西、湖北等地移民带入四川，再与巴蜀大地固有的民间文化相融合，后经四川连箫艺人的传承和发展，成为独具本地特色的连箫艺术。

打连箫最初常见于乞丐行乞中，是很多女乞丐在行乞时边走边唱的一种底层艺术。如清道光年间成都人钱廉成有诗云：“连箫三尺长，此处更何有。行乞且长歌，柳啊柳连柳。”表现出乞丐们一边行乞，一边以连箫的形式载歌载舞的独特世风民俗。

清人陆箕水《锦州竹枝词》也记载说：“窄袖宽衣裤褶长，绿云窕娘妆。筵前唱彻《回波曲》，乞取青蚨作打厢。”从这首竹枝词的记述来看，打连箫的女艺人并不尽是彻底沦为乞丐的贫苦人，而是把打连箫作为一种演唱职业和乞讨手段来谋生。打连箫的女艺人通常会装扮得桃红柳绿，花枝招展，穿着袖管很窄的宽大衣服，裤脚上的褶子一层一层。她们常常在富贵人家操办红白喜事的时候出现，一边打连箫，一边演唱吉祥喜庆或悲哀的民间小调舞蹈，以此来博得主人的高兴或同情，从而给予施舍。

四川自贡三秦会馆中，至今保留着一尊清代贫女打连箫的木雕，是那个时代连箫艺人热爱民间音乐并乐观生存的真实写照。

后来又有男艺人加入到打连箫的行业中，表演时，女艺人身穿彩服，脚踏彩鞋，头上戴着大红大绿的纸花，脸上涂满胭脂；男艺人则身穿长袖彩服，脚踏朝阳鞋，有一种民间大众艺术的夸张和热烈。过去连箫艺人一般以泊漂行乞谋生，后来则成为一种民间曲艺表演形式，活跃于街头、茶馆和庙会等人群集中的地方。连箫表演后来发展为群体连箫，成为普及度很高的民间群众文化活动。

关于连箫的产生，还流传着这样一个有趣的故事。有一个名叫莲香的童养媳，经常受到公婆虐待，被责骂和殴打。她在向人们讲述自己痛苦的经历时，常常用晒衣服的竹棍比划挨打情景，一会儿拍打肩膀、一会儿拍打腰部、一会儿跳起来拍打腿部。渐渐地，当地人就把这比划挨打的情景演变成了一种娱乐表演形式，在辗转传说、娱乐嬉戏中，“打莲香”演化为“打连箫”。

项目所在地青白江区城厢镇是老金堂县城旧址。过街连箫在全镇普及，县城中尤以槐树街连箫活动最为盛行，影响辐射到周边地区。城厢镇是具有千年以上历史的文化古镇。过去的岁月，城厢人村村组组建连箫队，喜庆祭祀、逢年过节打连箫的历史，佐证了这个千年古镇曾经一百多年“连箫之乡”的盛况和辉煌。这是其特殊历史人文环境使然。

清同治、光绪、宣统年间，古镇的民间文艺活动十分繁荣。每年农历六月初二的“城隍老爷出驾”活动，周边地区的民间歌舞技艺汇集于城厢镇，举行隆重盛大的街头游行表演。由少年、青年和老年三支队伍组成的“过街连箫”表演，是古镇城厢最耀眼的传统节目之一。过街连箫在以后的上百年进程中，打法花样越来越多，唱曲也因民歌民谣的发展而日益充实，成为古镇城厢最具影响的民间民俗活动之一，常年性过街连箫活动十分繁荣和普及。居住在城厢镇槐树街的王家大院是该镇世代名门望族，有喜好民间文艺的传统门风。从道光年间到新中国成立前夕，每代都有几个民间文艺的领军人物。王家常年组织连箫爱好者在庭院训练、表演和娱乐。以后形成规模，王家成为城厢过街连箫的统领者，年年“城隍老爷出驾”都有庞大的过街连箫队参加表演。演出时的街道，成了欢乐的海洋。古镇城厢成为远近闻名当之无愧的“连箫之乡”。

城厢过街连箫表演时，常由一人或几人领舞领唱小调，众人齐声跟唱。唱词多为表现生产、生活中的欢乐情趣和男女爱情、婚嫁的民歌、民谣和戏文。20世纪三四十年代演唱宣传打鬼子的民谣；50年代，城厢镇的中小学和各村、组都成立有连箫队，演唱欢迎解放军、宣传土地改革和参加农业互助组、初级合作社、高级合作社的民歌民谣。这些曲调有十多种。唱曲多系四句为一节，每节单句唱毕以衬词“柳呀得儿柳连柳哇”结尾。所以，“打连箫”又被人们称之为“打柳连柳”。双句唱毕以衬词“荷花一朵莲得儿海棠花”或“荷花闹海棠得儿海棠花”结尾。无论单句还是双句衬词，都以表演者放腔或众人帮腔的形式演唱。表演者边唱边跳，舞动连箫棍，用碰、点、踢、拍、转、抖等手法与身法击打身体肩、胸、腰、背、腿、脚等各个部位，使连箫棍发出“哗哗”的声响，吸引观众注意，渲染气氛。

连箫表演所用的道具非常简单，就是一根连箫棍，亦称钱棍。这种道具最初具有打击乐和打狗棍的双重功能，因为它是行乞女艺人谋生和防身的随身器物。

1. 精神抖擞的表演队伍
2、3. 城厢过街连箫表演

1. 连箫演员
2. 指导连箫艺人表演
3. 连箫表演

连箫的制作方法，是选一根二至三尺的竹子，然后在竹棍上挖八个孔，每个孔嵌入四枚铜钱，共使用三十二枚铜钱，两端系上扎成蝴蝶结的彩绸装饰。表演者用连箫棍的两端击打肩、臂、腰、腿等身体部位，发出节奏明快的铜钱碰击声。城厢过街连箫表演的代表性曲目是《访问高级社》。

城厢过街连箫是具有鲜明蜀文化特色的民间艺术，是城厢古镇的传统，是一项颇具规模和影响的民间舞蹈，是人民群众广泛参与的文化活动，是人民群众的一种精神寄托。连箫道具取材容易，制作方法简单，表演灵活方便，舞蹈动作可繁可简，易于在群众中普及和推广。舞台表演时，以壮观的场面与一唱众和的艺术表现调动观众情绪，激发大众共鸣，达到台上台下同欢共乐的艺术境界，因而最能在大众场合营造欢快热闹的气氛。逢年过节、婚娶庆喜打连箫，是人民群众的一种生活方式，是青白江区一张独具魅力的文化名片。

城厢过街连箫经历了几百年，新中国成立后十年一直很兴盛。后来，它在成都平原上销声匿迹三四十年。“文革”后期，有人重启连箫表演，但再也不是演唱连箫曲目，而是以革命歌曲取而代之。90年代末，广场和社区文化活动兴起，群众自发参加文娱健身活动。在连箫艺术的启发下，跳起了所谓的《花棍舞》。为满足人民群众对文化生活的需求，弘扬民间艺术，2005年，青白江区文化部门组织城厢过街连箫传承人王永焯重新传授“过街连箫”，组建了一支连箫队，抢救性地排练出节目《连箫是一根竹棒棒》，参加了首届国际“非遗”节。之后又在成都万达广场演出，在社会产生了轰动效应。

目前，城厢过街连箫正得到各方有力的保护。青白江区文化馆对该项目建立了详细的档案，将历年来的图文资料进行整理，把各方面的内容详细记载，并妥善保存；聘请老艺人传授此项技艺，培养更多的传承人，让城厢过街连箫得以长久的传承和发展，并进一步打造成该区的特色文化活动；建立和稳定区、乡镇、社区的连箫队伍，招收热爱民间舞蹈人员悉心培养。相信通过各方的努力，城厢过街连箫这朵民间艺术之花将重获灿烂。（整理：王晓敏）

牛 灯

小档案

项目名称：牛灯

2008年入选成都市第二批非物质文化遗产名录。项目保护责任单位为温江区文化馆。现有市级代表性传承人黄建。

永盛镇位于成都市温江区西部，南通双流县，西接崇州，是温江、崇州、双流三地结合部的重要交通枢纽。永盛牛灯曾在石磊村、尚合村、金鸡村和崇州江源广泛流行，尤以石磊村最盛。由于历史原因，现在绝大多数地区牛灯表演已经灭绝，仅仅剩下石磊社区牛灯，牛灯演艺范围大大缩小。石磊社区地势平坦，土地肥沃，人们勤劳朴实、能歌善舞，耕牛是一种勤劳与忠实的家畜。村民们就通过舞牛灯来展现丰收的喜悦和对美好生活的向往。

牛灯有着悠久的历史，动人的传说。唐朝时，牛害瘟疫无法治疗，很多耕牛因此死去，没有耕牛犁地，农民种不上庄稼，土地荒芜，颗粒无收，饿死了很多农民。当时唐王李世民就向神灵许愿，如能幸免民间瘟疫，就每年耍牛灯感恩牛王菩萨，之后，瘟疫渐渐消除，人民也兑现诺言，开始耍牛灯。乾隆壬申年间，曾有人作词："弯角篱边取道来，农官腾董牧童催。三时劳苦一句戏，耕法频催诱稚孩。"

永盛镇石磊村的牛灯兴于清代晚期，盛于20世纪50年代，展现农民喜获丰收的好心情，具有地方民俗风味。每逢佳节，牛灯队就会走村入院，进行表演，以庆丰收和来年好运。

永盛牛灯一般由三人扮演，一人扮演牧童，二人头顶道具扮牛。扮牛的两人，

1. 艺人检查道具
2. 精彩的牛灯表演现场

一人在前面抓住牛头左右摇摆，或舞动牛头触碰场边的观众，另一人在后面，双手抓前一个扮演者的腰带，模仿牛做走、跑、跳、翻滚等动作，扮演者要熟悉牛的动作、行为、脾气、习性，而且要会模仿表演。观看欣赏牛灯，主要就是看这三个人的表演，看牛匠是主角，在锣鼓声中模仿日常喂牛、牵牛、与牛嬉戏、玩耍、牛困水、杀牛、盗灵芝等舞蹈动作。最刺激的是牛发狂，不听主人使唤，狂奔乱跳，横冲直撞，急得牧童抓脑搔腮、不知所措，窘态万千的场面，逗得观众开怀大笑。

传统的牛灯表演有许多阵法，有一出叫作“盗灵芝”，用晒谷子的晒席卷成一人能通过的通道，斗墙上悬挂着红布包成的“灵芝”，艺人扮演的耕牛要爬上立起来约三米高的席筒通道，然后取下灵芝。这出戏需要扮演耕牛的两个人默契配合，才能爬得上去。

耍牛灯还要敲锣打鼓，其中乐器有大钵、锣、马锣、鼓，烘托热闹气氛，为牛灯舞蹈伴奏。永盛牛灯最大的特色还在于有民歌伴唱，唱词通俗易懂，语言生动朴实，有固定和即兴创作两种。固定唱词一般是山歌清唱，唱腔流畅质朴，悠扬婉转，展现农民喜获丰收的好心情。即兴则内容丰富，可以叙述农事艰辛，以吐露农民的辛苦，歌颂农民的勤劳智慧等；也可以说教社会伦理，反映乡村时代变化；还可以讲述民间故事；也可以高念几句顺口溜，说些吉祥话，讨观众开心。

耕牛是农家一宝，过去，农民由爱惜耕牛，盼望自己有头耕牛，到崇拜耕牛，视牛为神，一些庙里就供有牛王菩萨，有的地方还专修了牛王庙。民间称农历十月初一为牛王菩萨的生日，这一天要做牛王会，养有耕牛的农户要用新米舂糍粑，把糍粑挂在牛角上，祈求牛王菩萨保佑风调雨顺，六畜兴旺。过年耍牛灯，不仅是一种群众性的民间文化娱乐活动，同时也是一种借敬奉神灵，讨个吉祥，以图来年平安、丰收的传统习俗。

牛灯在20世纪50年代的永盛石磊村盛行，当时牛灯队经常到周边各区市县进行表演，深得群众的喜爱。1960年后，因各种原因停了一段时间，改革开放的春风再一次给牛灯生命，为了满足老百姓更高层次的精神需求，永盛牛灯不断完善创新。以前做牛灯的材料很简单，青竹编成“撮箕”扮牛头，用麻布做牛身，蓑衣草做牛尾，随着社会的进步，牛灯制作也发生了变化。牛头不再用撮箕做了，而用铁丝架扎成牛头的形状，牛头和牛身外面附上驼绒，尾巴用棕绒做成，这样打扮出来的牛，更加美观生动，同时增加了犁头耙子等道具，给观众以更真实的感官享受。除了道具改善外，表演人数和演绎方式也有提高，两人一组扮牛，一人扮主人，一人扮锣鼓手，另一个较小个子的则扮演牧童。增加了牛吃草、反刍、打滚、洗澡、耕作以及与主人和谐相处的画面，观赏性、娱乐性更浓。

永盛牛灯，以民间耕牛舞蹈文艺表演为主，伴有山歌清唱，唱腔流畅质朴，悠扬婉转，展现农民喜获丰收的好心情，富有浓厚的乡土气息和人情味。唱词生动朴实，通俗易懂，表演形式活泼生动，保持着灯彩表演的艺术形态。

牛是一种勤劳与忠实的动物，村民们希望通过牛来展现对追求美好生活的向往。牛灯是一种古老的民间舞蹈艺术形式，距今已经有八百多年的历史，与传统龙灯、狮灯相比，牛灯更显稀少和珍贵，具有浓郁的地方特色，对传承历史文化、了解川西民俗具有极高的鉴赏价值。

现在永盛镇每年都拿出一定资金进行牛灯的日常养护。2007 年对牛灯人员进行了补充，补充了年轻表演人员，并投入资金对其进行恢复。近年来聘请了川内知名雕塑家吴天对牛的造型、服饰等重新进行设计；同时选用年轻人进行牛灯表演培训；还为牛灯队装备了崭新的表演道具，并新增加了犁头、耙子、驾单、横笛等道具。为了让更多的年轻人认识并热爱牛灯，从 2011 年底，永盛镇开始以社区教育形式保护并传承牛灯文化，在学校专门开辟了牛灯课程，并建立了永盛牛灯少年队。目前，少年牛灯队伍已经有 40 名队员，年龄从 11 岁到 13 岁不等。

传承人简介

黄建，牛灯市级代表性传承人。出生于 1974 年， 2004 年从艺，师承牛灯表演老艺人付俊桃。全面掌握牛灯舞表演技艺，能创造性地塑造人物形象，自制表演服和表演道具。创作了“牛情粽意舞端阳”、“五牛闹春”等作品，用牛灯舞的形式展现新时代新农村过节时的热闹情景，多次参加广场、大庙会、运动会等现场演出活动。现以口传心授的方式教授徒弟祝佳鑫、祝佳凯。（整理：秦羽）

夹关高跷

小档案

项目名称：夹关高跷

2008 年入选成都市第二批非物质文化遗产名录，2011 年入选四川省第三批非物质文化遗产名录。项目保护责任单位为邛崃市文化馆，项目传习所为夹关镇综合文化站。现有市级代表性传承人郭加权。

高跷是一种集合了戏剧、歌舞、杂耍等艺术形式的汉族民间传统舞蹈，形式活泼，技艺性强。表演时，舞蹈者的脚上绑有长木跷，在音乐的伴奏下翩翩起舞，舞姿多雄健、惊险。因演员踩上跷高于一般人，故名高跷，又称踩高跷。

高跷具有悠久的历史。《列子·说符》中曾记载春秋时宋国的兰子踩跷扔剑的故事，可见高跷在二千七百多年前的春秋时期便已出现，且已有了比较高的技艺水平。

《山海经》中称高跷为“长跷”，《通典》后魏六年增修杂戏有长跷，到汉魏六朝高跷称为“跷技”。隋唐时，高跷被叫作“长跷伎”。到了南宋，在临安灯节中，“踏跷”和“村田乐”、“扑蝴蝶”一起出现，此时的高跷已成为民间舞蹈。明清的高跷常与秧歌结合扮演戏曲人物，叫作高跷秧歌。

在漫长的历史岁月中，高跷技艺不断得到发展，内容丰富，形式多样。因地域不同，有了山西高跷、津西高跷、亳州高跷、山东乔家高跷等分支。各地高跷，都

1、3. 夹关高跷表演

2. 夹关高跷表演团队

已形成鲜明的地域特色。位于四川邛崃夹关古镇的夹关高跷也以其独特的地方风格成为众多高跷流派中的一枝独秀。

夹关高跷主要集中在邛崃夹关镇的王店村。表演用的高跷采用1–3尺（最高有六尺）长的本地杉木制成，上有木托。表演者将双脚分别绑在木棍上，化装成各种人物，一人或多人来往逗舞，由唢呐、锣、鼓、腰鼓、口哨等伴奏，表演有趣的动作，有的还带有一定的故事情节。

夹关高跷扮演的人物既有渔翁、媒婆、傻公子、小二哥、道姑、和尚等各色人物，又有戏曲和民间故事里的人物形象，如《三国演义》里的刘备、关公、张飞和孔明，《西游记》里的唐僧、孙悟空、猪八戒、沙和尚，还有《八仙过海》里的吕洞宾、何仙姑等八仙。

表演分文跷与武跷。文跷主要表演走唱，有简单的舞蹈动作，重在扮相与扭逗。武跷则表演倒立、跳高桌、叠罗汉、劈叉等高难动作，强调个人的技巧与绝招。还有双跷和单跷之别。双跷多绑扎在小腿上，以便展示技艺。单跷则以双手持木跷的顶端，便于上下，姿态风趣。近年来，夹关高跷还有了新的内容，如《江南style》，将骑马舞与夹关高跷完美融合，巧妙的队形穿插变化，令舞蹈别有一番趣味。《龙抬头》由女队员表演，手持长扇、脚踩高跷，伴随激昂的音乐翩翩起舞。《卓文君》的演出者脚踩高跷身着古装，柔美的舞蹈搭配高跷的步伐，深情并茂地演绎着流传千古的爱情故事。由于表演动作技巧性强，难度大，且优美生动，风趣幽默，因而很受观众的喜爱。

夹关高跷是目前四川地区传承时间最长，表演时间最久的民间舞蹈之一。它是成都地区唯一没有断裂，完整存续并发展至今的高跷项目，这同夹关的地理环境密不可分。

夹关镇地处邛崃市西南山区，天台山旅游环线穿境而过，作为邛崃三大古镇之一，历来享有“一平二固三夹关”的美誉。在镇西观音岩口左右各有一座山势险峻的大山：啄子山和胡大岩。两山对峙如门，一水中流，形成狭谷地带，令人望而生畏，高不可攀，大有“一夫当关，万夫莫开”的雄险气势。因关号夹门，故称夹门关，简称夹关。它是汉代打通南丝路，开发西南夷，出入川西南的要隘，也是川南古蜀道通往康藏的门户，是著名的茶马古道和举世闻名的南方丝绸之路的驿站。因有这样的地理环境，高跷一直伴随着夹关人民的生产生活。在新中国成立初期，仍能看到当地人踩跷出行。

高跷在夹关镇具有广泛的群众基础，形成了独特的地方风格，成为反映本土的民俗风情和乡土文化的民间舞蹈形式。自清以来在迎神赛会、高竿会、平台会、挂生灯（许愿）等民间活动中多有出现。《邛崃县志》记载：夹关高跷表演在清康熙年间，由于佛教盛行，庙宇广兴，常常在高竿会、平台会、挂生灯（许愿）等民俗活动中多以鬼神形象出现。

民国时，夹关兴办“三月二十八日”庙会。是时春耕以备的农民常常合家出动，成群结队赶会。而高跷表演则成为迎神赛会上不可缺少的主要内容。新中国成立后，破旧立新，夹关高跷被赋予了新的内容。1966 年，夹关镇王店村一批艺人对夹关高跷加以革新，原来一尺高的肢脚加高到三尺以上，表演加入现代元素，内容包括《红灯记》、《沙家浜》、《智取威虎山》等剧目中的人物和故事情节。此时的夹关高跷进入鼎盛时期，之后进入冷冻期。

1979 年，当地恢复“三月二十八日”传统庙会，并更名为“三月二十八民间文化艺术节”，夹关王店高跷遇到了新的发展机遇，表演内容和形式有了新的突破。发展到今天，夹关高跷表演人员从少年到青年皆有，且表演阵容庞大、动作难度高、观赏性强，由于表演激情、幽默、滑稽、惊奇，深受群众的青睐。夹关高跷已成为当地最具盛名的民间舞蹈之一，多次参加省、市各类庆祝活动。先后参加了成都市首届、二届民间艺术节，荣获“组织奖”和“表演奖”。参加“中国四川成都 93 国际熊猫节”和“97 国际风筝节”，受到各界领导的好评和中外观众的欢迎。1998 年夹关镇被命名为四川省特色文化之乡——高跷之乡。

夹关镇综合文化站自成立以来，一直积极组织开展各种高跷表演和培训，举办“特色高跷进校园”等活动，让高跷在青年一代中得以进一步普及传承，力争做到夹关人人会走路，人人会踩高跷。2014 年夹关镇综合文化站被评为第二批成都市非物质文化遗产项目传习所。

传承人简介

郭加权，夹关高跷市级代表性传承人。出生于 1954 年，1966 年从艺，师承夹关高跷老艺人陈寿全。他带领的夹关高跷队表演形式多样，内容丰富，近年来还创作了新内容，如：龙抬头、蛇蜕皮、双龙出海、高跷腰鼓表演、高跷打篮球等，形式灵活多样。他带领的高跷表演富有激情、幽默滑稽，充满新奇。参加市级、省级、国家级表演近十次，先后荣获特等奖、组织奖和优秀奖等奖项。现在已经广泛收徒弟，培养新人。

（整理：赵媛媛）

四川客家龙舞

小档案

项目名称：四川客家龙舞

2008 年入选成都市第二批非物质文化遗产名录，2009 年入选四川省第一批非物质文化遗产扩展项目名录。项目保护责任单位为龙泉驿区文化馆。现有省级代表性传承人刘大祥，市级代表性传承人林洪镒。

洛带镇位于成都市东郊，龙泉驿区北部。洛带镇历史文化底蕴深厚，相传汉代即成街，名“万景街”。全镇 86% 以上居民都是客家移民的后裔，主要来自广东、江西、湖北、湖南等省。上千年的悠久历史和多种文化相互交融，留下众多民间传说、历史遗留、古老建筑、客家会馆。保存完好的有千年老街、明清民居、客家会馆建筑群和金龙寺等历史古迹，一年一度的“水龙节”、“火龙节”更是几百年来客家人传承下来的特色民俗活动。洛带镇是省级著名历史文化名镇，也是中国西部唯一的客家古镇，因此又被世人称之为“世界的洛带、永远的客家”。洛带作为世界客属第 20 届恳亲大会的核心分会场之一，确立了洛带在世界的客家文化地位。

1、3. 热闹的客家龙舞表演现场
2. 精彩的表演吸引了很多观众

龙舞，俗称“耍龙灯”或“舞龙灯”，在全国各地和各民族间广泛分布，其形式品种多样。早在商代的甲骨文中，已出现以数人集体祭龙求雨的文字；汉代董仲舒《春秋繁露》的记录中已有明确的各种舞龙求雨的记载；此后历朝历代的诗文中记录宫廷或民间舞龙的文字屡见不鲜。直至现在，龙舞仍是民间喜庆节令场合普遍存在的舞蹈形式之一。

客家人最早因为战乱、天灾等原因从我国中原迁居沿海一带。沿海雨水充沛，物产富饶，客家人过着丰衣足食的生活。传说因此客家人与东海龙王交往甚密。为感谢东海龙王适时下雨，客家人每年夏季皆以舞水龙庆祝丰年，相沿成习。

后来因为四川连年战乱、饥荒、瘟疫，几乎成为无人之地，沿海客家人气较旺，政府强迫大批移填四川。而传说前期来洛带的客家移民备受干旱煎熬，他们在盼雨望水的苦熬中，历尽沧桑。后来得知洛带历史上曾有这样一个传说：三国蜀太子刘阿斗游玩八角井时，不慎将手中玉带滑落井中，阿斗急令太监淘井捞带，不料一淘井便风雨大作，一停止便风平浪静，再一淘又风雨大作，无法将玉带捞起，从此得名洛带。又得知八角井为东海的海眼，其水甘甜，取之不尽。受此启发，客家人便自发地将老祖宗的舞水龙配合以淘井祈雨，既得雨水，龙王又不发怒，甚是灵验。之后即使不再天旱，每年端午节洛带客家人均以舞水龙感谢上苍风调雨顺，元宵节则舞彩龙、火龙，来庆祝丰年。舞火龙随着水龙一起成为洛带客家独特的文化习俗。

无论是火龙，还是水龙，前身都是曾经享誉成都东山的“刘家龙”，源于自江西迁徙至此的刘氏客家人。根据《刘氏家谱》和至今仍镶嵌在刘家祖屋堂屋左侧的《示谕碑》记述，刘家从夏商之时就开始舞龙，始祖刘累是夏御苑专事“豢龙”的官吏，后因祸率家人从河北唐山，经山西太原、江苏沛县，辗转迁移到江西上川。即便如此，刘累仍然在每年春节，与族人扎龙而舞，久而久之，刘氏家族也逐渐成为远近闻名的龙舞之家。清康熙年间，刘氏后裔刘立章率家人随“湖广填四川”的滚滚移民浪潮来到洛带，初入川时，因人手少，且艰于衣食，加之家族人心涣散，一蹶不振，龙舞一度暂停。后来入川先祖毅然决定恢复龙舞，而龙舞凝聚起来的家族力量，也让大家团结一致，奋发图强，刘家逐渐成为当地望族，相继建立了祖屋和祠堂。为警醒后世不要荒废了祖宗传下来的绝技，先祖去世时便遗言在墓碑上刻“豢龙后代”的字样。至今，刘家龙依然严谨尊崇着上承古韵的龙舞传统。刘氏家族人在洛带镇已经居住了14代三百余年之久，刘家吉庆节日在古镇舞龙，

也已有三百多年的历史了。

刘家水龙有完整的一套仪式。首先是龙头们齐聚祖堂祭祖，之后全体舞龙队员持龙祭祀江西客家人所崇拜的“社公”（土地菩萨），到祖屋旁的一个塘堰边“祭拜水”后，龙队穿川过垄，游走入镇，再到江西会馆的大殿杀雄鸡滴血，将龙头、龙角、龙目、龙珠一一点染，以通神祭灵，神附龙体。之后，在水车喷洒和人们倾情泼洒出来的那个水柱、水雾、水花的闪亮世界，条条蛟龙逐日出水，奔放热烈，“金龙盘玉殿”、“龙抱柱”、“波浪浮”、“龙打滚”、“龙摆尾”、“快舞龙”等沿自先祖的各种龙舞套路尽情演绎。

刘家火龙也非常有特色，分为以下几大流程：首先是祭龙仪式。先焚香烧纸钱；然后向刘氏列祖列宗、萨官老爷三叩首；接着开始三献，一献三牲（六武士抬猪牛羊上台分别摆放于祭台前），二献果（三侍女将蜜桃、葡萄、梨呈于祭台上），三献带（三侍女将客家的吉祥物——黄丝带呈于祭台上）；然后开始三祭，一水祭（四侍女呈上四坛吉祥圣水，四武士用柏树枝沾圣水洒向天、地、人三方），二土祭（四侍女呈上吉祥圣土，四武士手捧圣土向四方抛撒），三火祭（四武士手持火把上台绕台三周后将火把投向祭鼎）；此后司仪宣读祭文。最后开始三娱，即广场彩龙舞、广场威风锣鼓、鸡公车广场舞。祭祀仪式后是点睛仪式，由德高望重的地方名人进行点睛，然后开始烧火龙，火龙队赤膊带龙进现场，请刘氏长辈点燃盛火，龙舞表演开始。舞龙者皆赤裸上身，只穿一条短裤，上下腾挪；观赏者用烟花喷龙，前后追堵。烟花是财运的象征，烧得越红，则吉财越旺。火龙舞结束后，还要焚火龙消灾，由司仪宣读消灾文，主要内容为：点燃今天的光明，愿一切黑暗、疾病、灾荒都随着熊熊的烈火而逝。祝愿伟大的祖国国泰民安，五谷丰登，风调雨顺。愿万灵的火神保佑客家人在新的一年里事业正当午，身体壮如虎，金钱不胜数，干活不辛苦，浪漫似乐谱。花香鸟语山村好，雨顺风调鼠岁丰。花随春到东山下，福同岁至满人间。至此，火龙节结束。

刘家龙舞直接从中国古代龙舞发展而来，历史悠久，家族内部传承，且一直没有中断，因此，保存了中国古代舞龙最原始的程序和古朴的仪式。从祖先祭祀、土地祭拜、水敬拜、会馆祭献等仪式中，依稀可见中国古代自然崇拜、图腾崇拜的遗风，其中蕴含了客家人对祖先的崇敬与缅怀之情，凝聚着人们趋吉避凶、追求幸福的美好愿望。

客家人舞龙渊源有达千年之久，同时将洛带的客家文化和三国文化联系得更为紧密，也体现出当时洛带这个地区舞龙的重要性。这对客家人于中原龙文化的传承、研究，具有非常重要的参考价值。

龙为中华民族共尊的神灵。祭龙、舞龙古来有之，具有传承历史的刘家龙，是对龙舞的继承和发展，四川客家龙舞与四川客家一道，成为人们了解洛带、了解客家、了解中国历史的重要窗口。

为了保护和传承客家龙舞这一传统舞蹈，洛带镇每年举办水龙节、火龙节，保护单位也组织相关人员培训和练习客家龙舞。如今，水龙节、火龙节成为洛带镇最吸引游人的民俗活动之一。

传承人简介

刘大祥，四川客家龙舞省级代表性传承人。1965 年出生于洛带镇，从小跟随父辈学习表演客家龙舞。掌握客家龙舞的全部技艺，是刘家龙队的核心人物。

林洪镒，四川客家龙舞市级代表性传承人。出生于 1937 年，师从客家龙舞老艺人白美春。擅长竹编龙，是当地有名的扎龙能手。已经扎了彩龙、水龙、火龙三十余条，水精、水妖十余样。（整理：秦羽）

小金龙龙舞

小档案

项目名称：小金龙龙舞

2010 年入选成都市第三批非物质文化遗产名录，2011 年入选四川省第一批非物质文化遗产扩展项目名录。项目保护责任单位为青白江区文化馆。

中华民族是龙的传人。龙是中华民族的图腾，被视为民族的象征，也是权力的象征，甲骨文中就有“龍”字出现，龙是艺术创造的产物，汇勇猛、灵活、友善、高贵于一体，综合了人民的理想、愿望、智慧和力量，象征吉祥与幸福。

龙舞是汉族的民间舞蹈，因舞蹈者持传说中的龙形道具而得名。人们舞龙以祈求风调雨顺，国泰民安，万事如意，并预示着正能压邪，善能胜恶。

舞龙祈雨始于先秦，汉代形成规模。汉唐时代后，舞龙又成为庆典活动的主要内容。据汉代学者董仲舒的《春秋繁露》记载，当时已经有了形式比较完整的龙舞：在祈雨的祭祀活动中，春季舞青龙，夏季舞赤龙或黄龙，秋季舞白龙，冬季舞墨龙，每次舞二至九条龙，龙可长达数丈。

小金龙龙舞表演

南宋时期发展出龙与灯相结合的龙灯。关于舞龙灯还有一个美丽的传说：有一年，晋阳大地旱情严重，玉帝让金角龙王给晋阳地区播雨，而金角龙王将雨播到南方，淹死了很多百姓。玉帝知讯后，将金角龙王问罪贬斥，老龙王为赎罪，每年新春之际，下凡界拜访百姓，许诺来年定降喜雨，让晋阳大地风调雨顺，五谷丰收，过上美好幸福的日子。吴自牧在《梦粱录》中记载：“元宵之夜……草缚成龙，用青幕遮草上，密置灯烛万盏，望之蜿蜒如双龙之状。”

龙舞，有的地方称之为“舞龙”，有的称之为 “龙灯舞”，是广泛流行于全国各地的一种民间舞蹈形式。一般都在农历正月初一拜年、正月十五闹“元宵”时表演，也有一些地方在农历二月初二的“龙抬头”时表演，其表演时间大都与中国的传统节日紧密地联系在一起。

经过两千多年的传承发展，中国民间龙舞已具相当高的技巧（包括扎制之艺），表演形式也丰富多彩。流传较为广泛的有：龙灯(竹龙)、草龙、布龙、火龙。龙灯（竹龙）是用竹篾和绸布扎成龙头、龙身（三至十节）和龙尾，彩绘龙鳞，每节龙身中都装有烛灯。起舞时，一人手持彩灯（象征宝珠）在前领舞，其他多人持龙头、龙身和龙尾下的木柄随舞，表演“二龙戏珠”、“金龙蟠玉柱”等。龙灯多在节庆之时舞弄，以锣鼓、唢呐伴奏，同时放烟花爆竹，蔚为壮观。

小金龙龙舞是竹龙中的一个品种，宋元年代四川就出现，传播到全川各地已有一千多年的历史。项目所在地青白江区祥福镇，原名康家渡，始建于清朝乾隆壬午（1762），距今已有两百多年的历史，是一个文化古镇。因附近有一寺庙叫祥福寺，取其幸福吉祥之意，更名为祥福镇。祥福镇自清代中期已有小金龙制作和小金龙龙舞表演队伍，其历史和祥福镇同样久远。小金龙舞分布于祥福全镇，并影响辐射到周边地区。全镇的多个村都曾建立舞龙队，专门进行小金龙龙舞表演。过去的岁月，祥福镇在婚嫁祝寿、逢年过节时，都有小金龙龙舞演出。至今，农历正月十五之前都有拜年舞龙表演的习俗。

小金龙龙身长四米半左右，分为四节，一般由两人舞一条龙，一人右手握龙头、左手握龙身的竹柄，另一人右手握龙身、左手握龙尾的竹柄，配以打击乐，金龙随乐曲节奏起舞。表演规模可大可小，可以由两个人舞一条龙，也可以二、四、六、八、十、十二条龙同时舞动表演，不断变换队形（如梅花形、圆形、半圆形、弧形等），渲染喜庆热闹气氛，同时配备适当人数的大头舞（笑和尚）和歌舞伴演。

1. 空中聚会
2. 前呼后应
3. 四龙聚首
4. 上下翻飞

小金龙龙舞经世代传承发展，有如下一些基本动作：1. 两人面对面地舞动金龙，上下翻飞，或龙头退行，龙尾前进，可以顺时针或逆时针方向转动。2. 两人对坐在长凳上舞龙，舞龙头的人站立，舞龙尾的人跪一条腿；舞龙头的人站立，舞龙尾的人双脚夹住龙头人的腰部，两人头向后仰；舞龙头的人站立，舞龙尾的人仰卧地面。3. 舞龙者两人在同一张方桌跃上跳下，小金龙上下翻飞，动作惊险，难度很高。

小金龙龙舞是川西平原上独具特色的民间舞蹈表演形式，其历史悠久，具有很强的群众基础。其规模可大可小，队形变幻多端，道具简单易作，舞蹈动作灵巧，可营造欢乐热烈的气氛，极具艺术感染力。逢年过节、婚娶祝寿、开业庆典舞小金龙，是当地民众的一种生活方式和精神寄托，是祥福镇的特色传统文化活动，是青白江区一张独具魅力的文化名片。

小金龙龙舞表现了劳动人民勤劳进取、乐观幽默的人生态度和追求平安幸福生活的价值观念，具有朴素美学原理，与中华民族审美情趣天然契合。它不但可以满足人民群众的文化需求，而且富有维系中华民族“文化链”、保护民族传统文化的重要作用。

祥福小金龙龙舞经历了辉煌，也经历了曲折。清末至20世纪60年代是小金龙龙舞的兴盛时期，“文化大革命”后，在成都平原上几乎销声匿迹了二三十年。2005年，青白江区文化部门和祥福镇人民政府组建了彩霞艺术团，邀请小金龙龙舞老艺人——71岁的周富伦向艺术团成员传授“小金龙龙舞”。抢救性地排练出“金龙迎春”、“龙腾盛世”、“金龙拜寿”、“九龙祈福”等节目。近年来，祥福镇小金龙龙舞队多次参加青白江区“龙腾狮舞闹新春”等群众文化活动，受到省舞蹈音乐研究所和市、区有关专家的高度评价。项目保护责任单位青白江区文化馆为小金龙龙舞表演者提供训练场地，搭建节日、庆典等演出平台，在群众中广泛宣传并发动群众参与保护；建立祥福中学小金龙龙舞传承基地，让传统民俗文化进入校园，培养非物质文化遗产青少年传承人六十余人；关心、帮扶小金龙唯一掌握制作技艺的老艺人张家松的生产生活，组织工作人员对其制作技艺进行记录、整理并妥善保存；邀请专家指导、深挖小金龙龙舞民俗文化根源，努力争取引入社会资金共同打造小金龙龙舞品牌。（整理：王晓敏）

金华龙灯

小档案

项目名称：金华龙灯

2010 年入选成都市第三批非物质文化遗产名录。项目保护责任单位为新津县文化馆。

新津县位于四川盆地西部、成都南部，古有“南方丝绸古道第一站”之誉，今有“成都南大门”之称。自北周闵帝元年（557）定名，相袭至今，已有一千四百五十年历史。新津四季分明，气候温润，平畴沃野，物产富饶，自然、地理、历史、人文相得益彰，是不可多得的旅游居家休闲胜地。花雪纷飞的梨花溪、“史前文明”宝墩遗址、“九莲胜景”观音寺、“天下第一忠孝儒林”纯阳观、“天社出云”老子庙等风景名胜古迹闻名遐迩。

金华镇位于新津县境东南部，牧马山浅丘中段。东与双流接壤，南和彭山临界，西与本县邓双镇为邻，北与本县花桥、普兴镇相连。金华龙灯重点分布在金华五星村、云峰村、清凉社区等一带。

金华龙灯始传于明清代。金华镇五星村（新中国成立前叫作盐店村）张氏家族是一个大族，家族对龙灯颇为了解。据该家族的后人介绍，逢年过节，大伙儿

金华龙灯参加“非遗”节演出

就自发地扎起了草龙。先用竹篾条编制一些椭圆形的小筐，小筐上严严实实编扎稻草，然后用麻绳把小筐连成一串，每一节相对独立，下面支一根木棍，耍龙灯的人就可以灵活地舞动了。龙身呈现出稻草的金黄色，在阳光下灼灼闪光，龙头的造型比较粗糙，木匠锯出一个简单的头型，辅以适当的颜色。农闲时分，村民们在田间、晒场上舞动起来，给乡村生活带来了不小的乐趣。

新中国成立前新津县民间灯舞组织有狮灯、龙灯、花灯、牛儿灯等，遍及城乡。每到春节临近，由哥老会头目（舵把子）或乡长组织活动，在本乡各户拜年。活动时间从农历腊月十六日“倒牙”就开始训练，正月初五开始“耍灯”，一般持续十天左右。耍灯技术高超的队伍还常被外地邀请去表演，县中龙灯队以金华龙灯耍得最好，历史也最久。

新中国成立后，金华镇的龙灯有所发展，形式也有了变化，出现了用布料扎成的龙灯，龙身上用毛笔画上鳞甲，并涂上一些色彩。20 世纪 50 年代，新津县的民间灯舞组织，城镇中以居民委员会为单位组成，农村中则以村为单位组成，也有两三个村联合组成。这些组织在春节期间表演节目一直持续（“文革”期间舞龙灯中断）。根据《新津县文化志》所收的一份 1980−1983 年民间灯舞组织统计表，新津县当时共有灯队三十六个，其中龙灯两个，以金华龙灯最受欢迎。1980 年春节期间，所有灯队在机场进行表演，观众达五万多人次。

金华龙灯分为耍龙、水龙、火龙和愿龙。春节期间一般是玩耍龙。耍龙的龙头和龙尾是用竹篾扎成，用纸糊成彩绘，龙身用麻布或红布涂以龙甲，按头部大小配制龙身，一般是五至九节。耍龙时，舞龙队员各执一节舞动，犹如飞龙腾空，一人手执龙宝，在龙头戏龙。龙宝是龙灯队伍的核心，舞龙宝的人就相当于船上的舵手。现在的龙宝普遍是绣球状的，配以各种饰物，甚至采取高科技手段，用声、光、电、烟火等现代化形式，制造出令人惊叹的效果。新中国成立前，龙宝用一根较粗的木杈充当，杈上面挂一块红布，再串上几块铁片，舞起来红影飘飘、铿锵作声。水龙是夏天久旱不雨时为求雨而耍。耍水龙时，要求各户门前备水，水龙耍至门前以水泼龙，意为求龙王降雨。火龙是晚上点上蜡烛耍龙，两旁扎配一些水族鱼灯。愿龙是家里小孩生病时，求神许愿耍的，此多为新中国成立前有钱人家的活动，为数较少。

节奏鲜明的快板、喜庆的锣鼓、欢快的舞龙表演，在节庆和丰收时，都是农民群众用以抒发喜悦心情最好的表达方式。金华龙灯起源于民间，是深受广大群

1. 金华龙灯在新津金华故事讲堂会上的表演
2. 金华龙灯在 2010 年水城新津民俗文化节表演
3. 金华龙灯在新津“非遗”保护活动上的表演
4. 金华龙灯在春节活动上的表演

1

3

2

4

众喜爱的一项民间竞技活动，极大地丰富了群众的文化生活，具有浓郁的民俗特色和地方特色。此外，金华龙灯对于增加城市文化内涵，发展文化旅游事业，弘扬中华民族精神，开发和保护传统的民俗、民间文化活动有着不可估量的作用。

20 世纪 90 年代以来，由于外来文化的影响，本土文化习俗逐渐消弱，加上资金短缺，专职人员日益减少，金华龙灯队演出急剧减少。就在金华龙灯濒临消失之际，金华镇退休老师张绍春扮演了一个拯救者的角色。由于他祖上就是舞龙灯的爱好者，加上他本人负责五星村文宣队的工作，他暗暗下定决心：一定要把龙灯队伍恢复并发展起来。2001 年，五星村第一支女子龙灯队成立了，龙灯队伍取名“帼龙”，意谓“巾帼不让须眉”。最初的龙灯并不长，只有 7 个人耍；没有宽阔的场地，就选择了村上的一条机耕道。在继承传统套路的基础上，张绍春还自己创作了一些动作。经过不断的发展，帼龙队有队员 56 名，有大小龙 9 只。最长的龙 20 米，龙身 13 节，由 14 人表演（共两条）；中龙长 10 米，龙身 7 节，8 人表演（共两条）；还有 1 人或 2 人表演的小龙。龙灯的制作也很有特色，这些龙全由龙灯队心灵手巧的老人自己设计和制作，涵盖了木刻、竹编和民间艺术的智慧，集文学、绘画、雕刻、剪纸、刺绣于一体，把各种艺术元素融会在长龙之中。龙灯表演队伍由一群热爱艺术的农家妇女组成，年龄从 30 岁到 60 岁不等，她们平日在地里务农、在工厂做工，每到闲暇时就聚集在一起进行舞龙训练。表演时，演员们身着色彩鲜艳的演出服，伴着欢快的音乐，几条五彩飞龙一起上台，场面极为壮观。

女子龙灯队经过几年的磨炼，多次参加省、市、县重大演出，屡获殊荣：2003 年荣获成都市第二届广场艺术大赛三等奖，成都市第二届老年艺术节一等奖。2006 年在“成都风情节”、“国际美食旅游节”、“龙王争霸赛”上获银奖。2007 年参加首届中国成都国际非物质文化遗产节开幕式大巡游演出，获文化部颁发的“文化遗产日奖”。2009 年 5 月，参加省全民健身运动，获舞龙比赛一等奖。

（整理：秦羽）

蛾蛾灯

小档案

项目名称：蛾蛾灯

2010 年入选成都市第三批非物质文化遗产名录，2011 年入选四川省第三批非物质文化遗产名录。项目保护责任单位为温江区公平街道办事处文化中心。现有省级代表性传承人何章。

蛾蛾灯已有上百年的历史，是流传于四川省成都市温江区、郫县，德阳市一带独特的民间舞蹈形式。历代蛾蛾灯艺人大多居住在温江区。温江区位于成都市西郊，距成都市 15 公里，北与郫县、西北与都江堰市、西与崇州市、南与双流县接壤。项目保护地公平街道办事处位于成都平原腹地的温江区东部，东接成都市郊青羊区文家乡、西靠柳城镇、南隔江安河与涌泉乡相望，北与万春镇和永宁乡为邻。这里历史悠久，有建于宋朝、毁于明朝、复于清朝的大乘院（原名新庙子）。还有明代合都御使梁祖龄所建的鸡鸣桥，清代奋威将军、川陕总督岳钟琪别墅，清代四川路总爵际将军龙观翼点将台遗址等名胜古迹。公平场原为雍家渡口，清代中期，河两岸都有经商摊点，需要摆渡过河来往交易，由于摆渡者收费公平合理而得名。这里自然条件优越、物产丰富，人民勤劳智慧、诙谐幽默、充满生活情趣，很多民间艺人聚居在此地。这为蛾蛾灯的产生奠定了坚实的文化基础。

过去的川西一带， 狭窄而弯曲的乡间小路上，可带人带物的鸡公车是群众运送生产、生活资料的主要交通工具。鸡公车主要由车身、车轮（独轮）组成。车身是由坚硬、质韧的木材如楸、橡、椴、槠、樟等树木劈凿刨制而成。

每逢赶场日,人们就会推上鸡公车,把自己生产或者制作的东西拿到集市上卖,换取生活所需要的其他物品。传说有一年三月时节，有一对爷孙俩也去赶集。田里金灿灿的油菜花盛开了，引来群群蛾蛾（蝴蝶）在花丛中飞来飞去，有时就在爷孙俩的脑壳（头）上打旋旋（转）。孙女坐在车上，用手扑来扑去和蝴蝶嬉戏。爷爷看到孙女玩得这么开心，他也感到高兴。赶集路上撒满了欢歌笑语。十冬腊月时,爷孙俩又去赶集。年幼的孙女想起上次赶集路上的欢乐,吵着要蛾蛾(蝴蝶)。可这个时间段，哪来的蝴蝶呀？老人爱孙女心切，一直把这件事记在心上。

有一次，爷爷看到四川围鼓的演员把锣绑在竹竿上击打。他灵机一动：何不用纸粘贴一个蛾蛾（蝴蝶）系在竹竿上？蛾蛾（蝴蝶）就会随鸡公车的车身晃动，孙女就有玩的了。他把挂着蝴蝶的竹竿插在独轮车的靠背上，由于位置太矮， 蛾蛾（蝴蝶）没法在他们头上旋（转）。后来，爷爷把竹竿插在腰上，让蛾蛾（蝴蝶）随着自己的步伐晃动。这样既不妨碍推车，又能逗孙女。看着翻飞的蝴蝶，孙女果然开心起来。爷爷又仿照花船的样子扎了个鸡公车，逢年过节就跳起蛾蛾灯逗孙女开心。爷爷跳舞逗孙女开心的故事一传十，十传百，方圆几十里的村民都来请爷爷表演，蛾蛾灯舞便由此产生。

蛾蛾灯的基本表演形式是由两人饰演，一人饰演爷爷(推车人)，他的基本体态为“大八字步半蹲”， 双手推车；一人饰演孙女(坐车人)，站在道具车内，将车身上的四根带子捆在腰部，车前装上穿着彩裤、布鞋的假腿，接在孙女的腰前，连接处用上衣遮盖。推车人以腰为着力点，突出“踢”和“颤”，用腿的屈和伸、脚的踢与颤、胯的扭动来表现鸡公车在田间小道上崎岖前进的情景和“蛾绕圈”、“蛾上下翻飞”、“蛾前后飞”等情态；坐车的孙女舞动手中的彩巾和折扇，用“观景”、“扑蝶”等情节来表现她活泼天真的性格。

据艺人曾昌秀(女，1942年生，曾扮演过孙女)说：“我见到过老艺人杨廷旺(已故)表演蛾蛾灯，他推鸡公车，表演蛾蛾的是另一个人。他说，人老了，腰部没有力气，只好另外加了一个人表演蛾蛾。”可见当时蛾蛾灯也有三个人表演的，但双人表演是基础形式。

新中国成立以后，蛾蛾灯根据时代发展的需要，大多加进了新郎、蝶童等人物，取代了推鸡公车人背上的竹竿，变成了三人舞蹈。双人表演形式，仅在极少地区流行。

舞蹈比较特别的是对蛾蛾颇具匠心的表现。蛾蛾是用纸糊的彩画，系在一根长长的富有弹性的竹篾上，竹篾捆扎在推车人的背上，蛾蛾从其前方(可根据需要调整竹篾长度)垂吊下来。通过推车人腰的涮动和头部的点、摇等动作，让蛾蛾坐在车人的头上，左右盘旋，上下翻飞，和坐车人逗趣。

老艺人在表演实践中，总结出许多耍蝶的艺诀：“想要蛾蛾团团转，颈项(脖子)硬起腰要涮；要使蛾蛾打飘飘，脑壳(头)颈项左右抛；想要蛾蛾停又站，颈项脑壳轻轻颤。”这些艺诀概括了耍蝶的方法、要领，既言简意赅，又通俗易懂。

蛾蛾灯由一支小唢呐和打击乐器击打川剧曲牌伴奏，采用当地民歌小调，曲调短小规整，明快活泼，富有生活情趣。由于舞蹈的需要，演员情绪变化丰富，跌宕起伏，要求乐手在演奏过程中，紧密配合演员情绪起伏变化，即兴击出丰富多样的点子，并以强烈的音响对比，烘托舞蹈的情趣。

1. 娥娥灯表演形式之一——观景
2、4、5. 扑蝶
3. 专家指导艺人表演

蛾蛾灯把现实生活作为自己的主要表现内容，其产生和发展带有鲜明的川西特色，并根据时代的发展不断变化。蛾蛾灯是四川特有的民间舞蹈形式，更是川西平原珍贵的艺术资源，它充分展现和刻画了勤劳智慧的川西坝子人民丰富的生活情趣与诙谐幽默的性格特点。从舞蹈本身来看，蛾蛾别具一格的表现形式，展示了民间艺人头、颈、腰的高超技艺；精美的道具，展示出民间制作工艺水平的高超。蛾蛾灯又可谓是具有浓郁川西平原风味的非物质文化遗产。

近三四十年，由于生活条件、环境与观念意识的转变，这种舞蹈形式在民间已基本看不到。所能看到的已非传统意义上的蛾蛾灯，其内容和形式都发生了很大的变化。目前，项目保护责任单位温江区公平街道办事处正在不断努力，组织工作人员建立蛾蛾灯资料数据库；已经成功组建蛾蛾灯艺术团和广场舞舞蹈队，在群众中普及蛾蛾灯舞蹈。力争让蛾蛾灯既有传统特色，又有现代韵味，为保护、发展、传承蛾蛾灯艺术探索出一条行之有效的途径。

传承人简介

何章，蛾蛾灯省级代表性传承人。1958 年出生于蛾蛾灯表演世家，从小跟随父辈们学习、表演，直到现在。他把蛾蛾灯舞蹈的表演与时代相结合，让其更容易被现在的年轻人接受和喜欢，更有利于舞蹈的传承。他的表演技艺娴熟，扮演的爷爷角色形象逼真，惟妙惟肖。由他创编和参与表演的大型广场舞《蛾蛾飞》，获得专家和观众们一致好评。目前正悉心把自己的技艺传授给徒弟何莎和李琴。

（整理：王晓敏）

成都牛儿灯

小档案

项目名称：成都牛儿灯

2010 年入选成都市第三批非物质文化遗产名录，2011 年入选四川省第二批非物质文化遗产扩展项目名录。项目保护责任单位为大邑县文化馆。现有省级代表性传承人王同林。

牛儿灯街头表演

新场古镇地处四川省成都市所辖大邑境内西南部，群峦环抱，四周环山，是一个空气清新、山清水秀的平坦绿色小盆地，万亩的良田更是一道靓丽的风景线。新场古镇是南方丝绸之路第二驿站、茶马古道上的历史文化名镇之一，客商云集、商贸兴旺，素有“一新，二唐，三灌口”之美誉。目前古镇有保存完好的清朝古院建筑群，分别有刘元勋公馆、广东会馆、李氏古宅、集客栈、福临社等6个公馆建筑群。新场镇历史文化丰富，民俗文化种类繁多，于2008年被国家建设部、文物局命名为“中国历史文化名镇”。

新场牛儿灯是新场山区农民秋冬农闲时节，以塑造耕牛形象为娱乐的一种活动，通过舞耍“牛灯”赞颂农民与牛的劳动生活乐趣。据《新场乡志》（1810年嘉庆年间编撰）记载：新场镇的潘茂山因被冤枉坐牢，在牢狱中想念家中的妻儿。在梦境中一位白胡子神仙带着一头牛儿在翩翩起舞，他也随着起舞，当他醒来后就赶忙用笔把整套动作画在衣服上。第二年腊月下旬，潘茂山出狱返家，约友人周平山一起创办牛儿灯。之后周平山将牛儿灯传教于子周泽云。由此，每年春节，牛儿灯就在新场镇和邻乡耍开了。七十多年后，上安也办起了牛儿灯。抗日战争时期这两处牛儿灯先后停办。新中国成立初，元兴乡艺人陈志远，农村文艺积极分子陈子茂、陈柏常等，在周家牛儿灯的影响下，于1952年又开始耍牛儿灯，每逢过年他们都活动于元兴邻近的乡村。后来随着农村经济的衰退，牛儿灯也随之停办了。直到1980年农村实行责任制后，新场镇周家牛儿灯又相继恢复起来了。近十年，唐场春分会、苏家鸭子会、三岔高竿会等节会期间，牛儿灯都会在现场进行表演。

牛儿灯用到的主要道具为“牛”。其“牛”用篾编成牛头型，画上牛的眼睛、鼻子、嘴巴，插上真牛角，打上英雄结，活灵活现的牛头便做成了。再用七尺左右黄色浅布做牛身，一端连接牛头，另一端逢上牛尾。

牛儿灯采用铜锣、锣鼓、马郎子等打击乐器，演奏多为“单梅花”、“梅花”、“上天梯”等欢庆调式，牛儿灯边舞边唱，唱腔唱词为新场地方山歌一类。

牛儿灯由四人表演，一人饰使牛匠，一人舞牛头，一人舞牛尾，一人饰赶牛幺妹。使牛匠在前引导，忽而引导前进，忽而与牛逗乐，灵活多变，变换节奏，使场面丰富多彩。在多年的积累中，牛儿灯形成了多种基本舞步。在打击乐前奏中出场，使牛匠左手叉腰，右手持使牛鞭，手弯曲向上举过头，以“碎步”走圆场。使牛匠牵牛出场，排足走大花脸步，即前进三、五步，后退一步。使牛匠

1. 扣人心弦的牛儿灯演出现场
2、3、4. 群众观看牛儿灯表演

1

2

3

4

蹲下、半蹲下走排排脚和丁丁脚，排排脚即双脚跟向内，脚尖向外，相隔一尺左右行进；丁丁脚即双脚尖触地，小跳进退。又或者使牛匠手心向后，双手弯曲下垂，前后小摆，走小碎步左手抱左足膝盖，右手举在耳边，手心向左前方，手腕前后扇动，走单跳步双手反于背，身全蹲或半蹲，走双跳步。舞步还能表现一定的情绪和情境，比如人不弯腰，走碎步，表示欢乐；一字步表示过桥或耕田。赶牛幺妹也有一些舞步，比如碎步乌龟挣滩，即双脚交叉进退；背手走花脸步，即左脚尖从右脚侧划30度斜伸出去，右脚反之，如此交换进行。牛儿走交叉步、踢踏步、快碎步。

使牛匠、赶牛幺妹、牛运用自己的基本舞步，四人足踩音乐节奏，相互呼应，形成极为丰富的舞法。如三步左右摇头行进或后退，即耍牛头的人身直立，双手从额前直伸，交替向内小弯伸，牛头左右摇摆，起左脚向前行三小步，右脚后退一大步，与左脚成弓箭形，身向前弯90度，双手抖动牛头，反时针转一圈；然后起身，同时右脚向前一大步，继续行进；后退时，双手的动作与前进一样，只是步伐相反。又如上下左右转头行进，即先出左脚，与右脚开成弓箭步，同时双手抖动牛头反时针转一圈；然后，直身同时右脚上前一大步，手抖牛头顺时针转一圈，如此交替行进。还有牛儿滚翻的舞法，即半蹲快走后，突然全蹲，牛头右脚原地重踏一下，随时反时针翻滚一转。以及牛梭尾舔脚的舞法，即全蹲下，牛头右脚直伸出，牛嘴从腿舔至脚尖，然后换舔梭尾，蹲步向右或左移一大步，牛头向左右弯曲牛尾双脚可变弯曲迎头用嘴梭尾。

除了常见的舞法，牛儿灯还模仿牛的日常活动，或者结合神话故事等，借助其他常用的道具，形成了许多具有情境性和故事性的舞蹈阵势，包括耕田、过桥吃草、敬牛王、老君牵牛过玄关、过五台山等。“耕田”阵势取材于耕地劳作，使牛匠一手执牵牛索、牛鞭，一手扶犁，生动地表现耕地场面。“过桥吃草”阵势中，使牛匠骑牛走圆场之后，下牛背，牵牛走一字步过桥，然后作割草喂牛状，边割边唱。表演“敬牛王”时，使牛匠牵牛在院坝中走圆场后，至堂房门前，牛卧下，点头、舔脚，使牛匠演唱恭贺心传的灯调，在演唱过程中牵牛转圆场，穿线耙，演唱完后，在音乐声中出场。“老君牵牛过玄关”取材于道教传说，两个梯子棚在桌子上，形成玄关，使牛匠口中唱莲花词，和着伴唱，手牵牛儿，翻过玄关，表现老君弘道的坎坷之路。“过五台山”阵势取材于《西游记》传说，五条长板凳重叠，搭成五台山，使牛匠模仿孙悟空，前滚翻出场，见五台山即从底层第一条板凳脚

牛儿灯街头表演

下钻过，并依次接连从下至上钻翻五条长凳，在第五条凳上倒立，接着幺妹逗牛儿跑圆场，跑至五条长凳脚下，使牛匠乘机跌落牛背，幺妹逗引牛儿走圆场后至主家面前三磕头为破阵。

牛儿灯的舞蹈动作模仿牛的生活形态，表现粗犷，表演动作有：用嘴搔全身有关部位、低头吃草、用牛尾驱赶身上的蚊虫、或卧或滚、从使牛匠背篓里抢草吃、或用角顶撞使牛匠及观众、嬉戏取闹等，表演中以各种滚、卧姿势为高技。使牛匠、幺妹的动作灵活机动，与“牛”相互配合，随机应变，表演逼真，活泼滑稽，其乐无穷，深受劳动群众的欢迎。牛儿灯灵活自如、风格大方朴实，诙谐活泼，在民间舞蹈中显示出了强大的生命力，是民舞中一颗闪光的明珠。

过去，新场流传着这样的谚语：“新年来耍牛儿灯，六畜兴旺满园春。”新场牛儿灯集造型、伴奏、伴唱、舞蹈为一体，地方特色浓郁，是当地群众喜闻乐见的民间艺术形式。牛儿灯以耕牛为载体，内容以传统文化为主，形式喜悦吉祥，是农耕文化和牛文化的生动表现形式。

随着社会的飞速发展，现代人对牛儿灯的了解越来越少，舞耍牛儿灯的艺人年事日高，能表演牛儿灯的人也越来越少，以前的牛儿灯套路丰富，现在只能表演 10 个阵势。

为了保护牛儿灯这种当地特殊的艺术形式，新场古镇制定了一系列保护措施，首先成立了新场牛儿灯文化保护小组，收集新场牛儿灯的资料，进行录音录像，建立资料数据库，建立保护新场牛儿灯培训专项基金，对现有艺人做好稳定工作，并招收舞蹈人员进行培训，使牛儿灯能够得到保护和传承。2013 年 2 月 10 日至 16 日，由新场镇人民政府、新场古镇管委会主办，以“川西民俗文化年”为主题的“新年赶新场”活动在新场古镇举行，牛儿灯作为新场独特的民俗文化活动，为当地的群众及外地的游客，带去古老的春节味道。

传承人简介

王同林，成都牛儿灯省级代表性传承人。出生于 1943 年，师从牛儿灯表演名家周善之、周绍成。秉承师傅文武兼修的特点，擅长高架中牛抱柱、老君牵牛过险关、过桥吃草、牛耕田、敬牛王等阵势。他的表演造型生动，诙谐活泼，转换巧妙，动作间的衔接和递进十分紧凑。多次参加县、乡比赛获奖。现教授徒弟三十多人。

（整理：秦羽）

第四章

传统戏剧

传统戏剧主要指中国的古典戏曲，是我国传统文化的重要组成部分，植根于中华大地，钟灵毓秀，璀璨夺目，乃是中华传统文化的艺术奇葩。中国幅员辽阔，戏曲也因各地社会文化风俗之不同，各有千秋。

成都传统戏剧历史悠久，其发展脉络与中国传统戏剧的演进大致相同，但在发展阶段中，却体现出独有的艺术特色。以代言体扮演故事的戏剧雏形，在三国蜀汉初年就出现于成都。到了唐代，已有“蜀戏冠天下”之说。明清以来，四川戏曲艺人广泛汲取南北戏曲的声腔艺术，并加以改造，于清代中叶形成了独具艺术魅力的戏曲剧种——川剧。

具有悠久历史，被成都人称为“木肘肘”和“皮灯影儿”的木偶戏、皮影戏，亦独具魅力。

（撰写：赵媛媛）

成都木偶戏

小档案

项目名称：成都木偶戏

2006 年入选成都市第一批非物质文化遗产名录，2007 年入选四川省第一批非物质文化遗产名录。2013 年，经省文化厅批准，项目保护责任单位由成都艺术剧院调整为成都市非物质文化遗产保护中心。项目传习所为成都市非物质文化遗产艺术研究院木偶皮影团。曾有和现有省级代表性传承人李正发、曾繁金，市级代表性传承人赖道惠、吴文惠、罗兴康、魏作春、雷涛。

《马可·波罗与大熊猫》剧照

中国木偶戏，古称傀儡戏，是一种由人操弄傀儡扮演故事的特殊的传统戏曲样式。木偶戏是一个拥有庞杂技艺、众多种类的庞大家族。根据其不同操纵方式，可分为提线木偶、杖头木偶、布袋戏、铁枝木偶、药发木偶等。

四川木偶戏包括杖头木偶、提线木偶和布袋戏，其历史悠久，是深受人们喜爱的传统艺术样式。据有关史料记载早在唐代天宝年间，四川就出现了木偶表演。北宋初的孙光宪撰《北梦琐言》记载，唐崔安潜之镇西川，“频于使宅堂前弄傀儡子，军人百姓穿宅观看，一无禁止”。文中所说“傀儡子”即木偶的古称。至清代中后期，木偶戏班曾经遍布四川各地。清末，傅崇矩在《成都通览》

中图文并茂地介绍："木肘肘，俗称棒棒戏也。有名京肘肘者，甚妙。即木偶人也。"

四川木偶戏传统的创作和表演，与四川民间通俗艺术有着深厚的血脉关系，尤其是对川剧表演艺术的模仿吸收，使其成为四川老百姓喜闻乐见的重要民间艺术。

四川木偶戏演出曾经以家班形式遍布四川各地，成都、南充、仪陇、资中、安岳、绵竹、金堂、犍为等地的民间木偶戏演出都非常活跃。新中国成立以后，文化主管部门召集散失民间的老艺人，组建全民所有制和集体所有制性质的专业木偶演出剧团。此时，四川木偶戏的发展呈现出专业演出团体与民间演出团体共存的繁荣景象。1985年后，由于全省专业表演团体的布局调整，原有的一些木偶剧团被撤销，至2005年，仅存成都木偶皮影艺术剧院、四川省大木偶剧院和资中县木偶剧团三个专业表演团体。

历史上的成都木偶戏是四川木偶戏的重要代表，主要分布在以成都为中心的川西平原各县。

成都市木偶皮影艺术剧院先后经历了1949年的成都市木人组、皮影组，1957年的成都市木偶剧团、成都市西城区大众木偶剧团和成都市西城区皮影队，1959年的成都市木偶皮影剧团，"文化大革命"期间的成都市文艺宣传队木偶剧组，1978年恢复成都市木偶皮影剧团建制，1989年改为成都市木偶皮影艺术剧院的历史发展过程。

成都市木偶皮影艺术剧院是中国西南地区规模最大、艺术品种最全、知名度最高，具有代表性、示范性的木偶皮影艺术表演团体，拥有大中小杖头木偶、布袋木偶、提线木偶、皮影戏等艺术门类。

成都市木偶皮影艺术剧院在20世纪80年代以来，平均每年演出三百场以上，观众人次每年达到三十万人以上。20世纪80年代后，成都木偶皮影艺术剧团制作的木偶先后在"四川省美术工艺品展览"、"建国以来四川经济文化成果展览"、"全国首届民间美术佳品及名艺人作品展"中获奖。20世纪90年代初，与日本影法师剧团联合制作大型木偶剧《三国志》，连续演出五年以上，演出区域除日本各地外，还在美国、加拿大、韩国、墨西哥以及中国香港、澳门地区巡演，观众以成人为主。新创剧目《红地球蓝地球》获得"文华新剧目奖"、"中国人口文化奖银奖"、"全国优秀儿童剧"优秀作品展演奖；《三星金沙之谜》在2003年举行的"金狮奖"第二届全国木偶皮影比赛中获得金奖和四个单项奖；《哪吒》获得第

1. 《马可·波罗与大熊猫》剧照
2. 《熊猫咪咪》剧照
3. 《游园惊梦》剧照
4. 《格桑花》剧照

1

六届文华新剧目奖。

成都木偶戏的表演艺术，在继承“川派”木偶艺术传统的基础上，借鉴地方戏曲、民间歌舞等姊妹艺术的表演技法，广采南北各派木偶艺术之精华为己所用，形成了“阿堵传神”的成都木偶特色。借鉴川剧艺术的表演技巧，独创了木偶变脸、吐火、摘花、转帕、长绸、耍帽翅、翎子功等表演绝技，形成了华丽优美、细腻古朴的艺术风格。成都木偶戏以其技艺精湛、剧目丰富、历史悠久而享誉海内外，被国外主流媒体誉为“世界木偶皮影艺术的佼佼者，高质量，第一流国际水平”、“真正的艺术佳品”。

成都木偶品类齐全，包括杖头、提线、布袋等形式，杖头木偶又分为大、中、小（京木偶）三类。传统成都木偶戏以身长四十厘米的京木偶为主，手签是内手签，安装在木偶衣服里面。提手（木偶操纵者）左手托“命棍”，右手操纵“手签子”。京木偶短小精巧，操纵灵活，善于巧妙地运用小木偶的肢体活动，准确地刻画出木偶角色内在的思想感情，既能演武戏又善演文戏，是成都地区特有品种。

成都木偶戏的人物造型，在设计上追求符合人物的年龄、身份和性格。采用传统剧目的造型设计并吸收了川剧人物化妆模式。新编木偶戏的人物造型，力求突破传统模式，强调角色的个性特征。脸谱是人物造型中不可缺少的部分。木偶戏的脸谱沿用川剧脸谱发展而来，由造型者（美工）用各种颜色在面部勾画图案，以显示剧中人物性格的基本特征，均有一定的寓意，并具图案美。

成都木偶所穿服装，包括盔、帽、蟒、靠、官衣、褶子、披风等，按不同剧目和角色的身份、年龄的不同而有所区别。官衣、褶子、纱帽翅子、翎子、口条（胡须）、水袖、飘带等都根据木偶表演的需要设计。

成都木偶戏的演出舞台分为上下两层，且上下均为空台。木偶人物可以恣意腾挪，上天入地，便于表演富有想象的神话、童话剧目，再加上独特的人物造型和操纵技巧，使木偶人物、动物在舞台上活灵活现，周身动弹，栩栩如生。

木偶操纵者称“提手”，是因古时提线木偶盛行而得名。提手除具备戏剧、舞蹈演员的基本功外，还必须掌握“手指功”、“硬举功”等技能。表演过程中，演员的意图通过两手贯注到木偶身上，做到“上跟下、下随上、上下结合”，同时根据剧情配合音乐节奏在下面走台步、扯式口、跑圆场等。

成都木偶戏的音乐也多彩纷呈。传统剧目基本上都是沿用川剧的唱腔和乐器完成其演唱，在吸收川剧高腔、昆腔、灯戏等声腔曲牌基础上，融入唢呐、扬琴、二胡、三弦、笛子等音乐元素。新创童话剧、寓言剧、歌舞剧等，大多数由剧团音乐工作者，根据剧情和儿童审美心理而创作音乐，如《老公公种红苕》、《调皮的小白兔》、《龟兔赛跑》等。

传统成都木偶戏主要演出川剧剧目，尤以三国戏为盛。代表剧目有《别洞观景》、《秋江》、《情探》、《火烧濮阳》、《小放牛》、《幽王回宫》、《花果山》、《山王岗》、《古城会》、《斩经堂》、《烽火台》、《双张飞》、《战黄忠》、《跪门吃草》、《杀奢》、《下游庵》、《沉香救母》等。新中国成立后，成都木偶剧团在继承传统剧目基础上，发挥地方文化优势，新创了大量反映现代题材的木偶剧目，代表剧目有《小放牛》、《熊猫咪咪》、《兄弟打虎》、《老公公种红苕》《调皮的小白兔》、《森林音乐会》、《欢乐的节日》、《转碟》、《斗鸡》、《耍猴少年》、《孙悟空三调芭蕉扇》、《哪吒》、《三星金沙之谜》、《红地球蓝地球》、《玉莲花》、《美人鱼》、《红宝石》、《孙悟空三打白骨精》、《脸谱乐》、《卖汤圆》、《四川狮子舞》等。

丰富的演出剧目，使成都木偶戏无论在传统剧目还是新创剧目中，都产生了众多的经典舞台形象。《杀奢》中，木偶娴熟形象地演绎曹操不同式口（姿态）的亮相、抽宝剑、吹胡子、脱衣穿衣等高难度动作。《别洞观景》中，演员运用川剧的慢步、快步、磨步、梭步、下腰嗅花、投石戏水、双手扳翎、抛巾舞巾等一系列技巧动作，将白鳝仙姑来到人间的喜悦心情表现得栩栩如生。1955年，著名木偶戏表演艺术家吴耀光率成都市木偶剧团赴北京中南海参加全国木偶观摩会演，演出剧目《小放牛》，剧中的牧童与村姑通过“捉迷藏”的优美身段，两人追逐嬉戏，翻筋斗，扯倒退，将乡村小儿女天真活泼的性格表现得淋漓尽致。《熊猫咪咪》中，演员们通过高超的技艺表现熊猫憨态可掬的形象，熊猫作画的表演更是令人称绝。

中国木偶戏源远流长，派别众多，成都木偶戏深受华夏民族文化哺育和四川地域文化熏陶，凝结了蜀地先辈们勤劳善良的品质和追求美好生活的愿望，历经一千多年的传承和发展，形成了独特的审美特征和艺术风貌，具有不可替代的戏剧艺术价值，是中国木偶戏的重要分支，反映了川地戏剧发展乃至中国戏剧发展的历史。传统成都木偶戏班献艺于庙会、祭祀、农事等各种民俗活动场合，在民间社会中还发挥着娱乐休闲的文化功能、祈福迎祥的民俗功能、移风易俗的教化功能、人际和谐的社会功能，增加了川地人民的文化认同感和凝聚力。

近年来文化体制改革后，成都市木偶皮影艺术剧院并入成都市非物质文化遗产保护中心（成都市非物质文化遗产艺术研究院），在成都木偶戏的保护、传承、研究和展演方面做了大量工作，搜集整理了成都木偶戏档案及实物资料；恢复编排了大批传统经典剧目，创作编演了许多新剧目；走进学校和社区，为社会提供公共文化服务；参加各级各类专业比赛和“非遗”展演活动，开展对外文化交流；建立了活态传承机制、培养传承人。2014年成都市非物质文化遗产艺术研究院木偶皮影团被评为第二批成都市非物质文化遗产项目传习所。

传承人简介

李正发（1938年12月–2013年1月），成都木偶戏省级代表性传承人。先后师承川西平原木偶名师吴耀光、著名艺人刘万华学艺。在传承的基础上，他创作了木偶变脸吐火绝技，其表演擅长杖头木偶传统戏。

曾繁金，成都木偶戏省级代表性传承人。1944出生，拜温立生为师学习唱腔石鼓木偶表演，后又拜刘忠林为师。其木偶翻转金箍棒、孙悟空翻跟斗的技艺更是堪称一绝。

赖道惠，成都木偶戏市级代表性传承人。生于1953年，师从木偶表演艺术家曾繁金。代表剧目有《沉香救母》、《别洞观景》、《三调芭蕉扇》等。

1. 《我的朋友是外星人》剧照
2. 成都木偶戏绝活之一——摘花
3. 成都传统古装木偶

吴文惠，成都木偶戏市级代表性传承人。生于1956年，师从木偶表演大师梁开通、李正发、曾繁金。代表剧目有《嫦娥奔月》、《沉香救母》、《别洞观景》等十多部。

罗兴康，成都木偶戏市级代表性传承人。生于1954年，师承木偶戏表演大师李正发。在传统平面脸谱上创新发明了立体脸谱，创新了在卡通木偶上的变脸。

魏作春，成都木偶戏市级代表性传承人。生于1947年，师承吴跃光、刘万华、沈幕银。参演的代表剧目有《成都精木偶》、《火焰山》、《三打白骨精》等几十部。

雷涛，成都木偶戏市级代表性传承人。生于1974年，师承木偶表演大师罗兴康、杨露群、吴文惠。创新了一批新的木偶节目《熊猫咪咪》、《炫》、《格桑花》、《魔镜》等。（整理：秦羽）

成都皮影戏

小档案

项目名称：成都皮影戏

2006年入选成都市第一批非物质文化遗产名录，2007年入选四川省第一批非物质文化遗产名录。2013年，经省文化厅批准，项目保护责任单位由成都艺术剧院调整为成都市非物质文化遗产保护中心。项目传习所为成都市非物质文化遗产艺术研究院木偶皮影团。现有省级代表性传承人梁开通、谢乃梅，市级代表性传承人叶牧天、杨露群、常媛、潘祎、周军。

皮影戏是一种用蜡烛或燃烧的酒精等光源照射兽皮或纸板做成的人物剪影以表演故事的民间戏剧。表演时，艺人们在白色幕布后面，一边操纵戏曲人物，配以打击乐器和弦乐，一边用当地流行的曲调（有时使用方言）唱述故事过程。

皮影戏中的平面人偶以及场面景物，通常是民间艺人用手工刀雕绘而成的皮制品。皮影的制作极为讲究，“经过千刀万剐，皮影人才会出世”。皮影不仅可供屏幕表演，本身也是一件十分精美的工艺品。

中国皮影戏是集绘画、雕刻、音乐、歌唱、表演于一体的传统综合性民俗艺术，其起源有周代说、汉代说、唐五代说和宋代说等，宋、元、明、清发展繁荣，延续至今，已有上千年历史。18世纪传入欧洲，法国电影史家乔治·萨杜尔在《世界电影史》中，将中国皮影戏视为启蒙现代电影的先驱。

据四川大学江玉祥教授的研究，“全国影戏，按大的文化背景划分，可分为南北两派，北派影戏以黍稷文化为背景，南派影戏以稻作文化为背景”。北派以滦州影戏为代表，南派以四川皮影戏为魁首。

作为南方影戏的魁首，四川皮影戏在全国皮影艺术界有辉煌的历史和深厚的历史渊源，主要有“成都灯影”和“川北灯影”两种类型。“成都灯影”俗称“演

1、2、3. 成都皮影戏剧照

1

2

3

灯影儿”或“提灯影儿”，成都灯影即是成都皮影戏，长期流传于以成都为中心的川西平原，因此，也叫川西皮影。其造型和道具均模仿川剧，并吸取蜀绣、蓝印花布、四川年画和剪纸等民间艺术的图案特点，具有浓郁的川西风味，是四川皮影的典型代表。清代周询《芙蓉话旧录》记载：“灯影戏各省多有，然无如成都之精备者。”可见成都皮影戏极高的艺术品质及在全国皮影中的重要地位。

成都皮影戏的形成发展，与四川的历史变迁密不可分，表现为一种大碰撞与大融合。从形成到成熟，大致经历了这样一个过程，明末清初，张献忠、刘文秀等农民起义军把湖北皮影带到川北地区。清朝康熙年间，云南皮影随着吴三桂的军队传到四川。入川的外省皮影，与四川原有的皮影碰撞融合，在贫穷的川北山乡形成了一种老艺人口耳相传的川北“土灯影”。清朝乾隆初年，陕西“渭南影子”传入川北。川北“土灯影”和“渭南影子”在清朝嘉庆年间传入川西。咸丰年间，川西民间艺人以川北“土灯影”为基础，吸取了陕西“渭南影子”精雕细刻的优点，创作了被外国人赞誉为“最复杂的皮影”。由于生存在农耕时代富庶的川西平原，长期与中国传统戏曲代表性剧种川剧艺术相互影响、相互渗透，并受到文化底蕴深厚的四川年画影响，成都皮影戏成为了戏剧化发展程度最高、最成熟的中国皮影戏艺术。

成都皮影戏的复杂性与成熟性体现在以下三个方面：

第一，是结构复杂、比例匀称、操作灵活、表演生动。结构复杂与制作工艺有关，成都皮影的制作工艺极其考究，一般以黄牛皮为原料，经过多道工序，制作成半透明的皮影雕绘材料（俗称亮皮子）。成都皮影体大皮厚，制作时很少用刀刻镂，而是用四十多种铁工具錾（据说全套工具共三百余种），四川人称之“錾灯影”。錾成后，通过平涂、晕染、勾线等多种技法上色。为将颜色牢固地敷于皮上，上色后要用烛火把颜色和皮胶烤化，融合在一起。最后将肢体各活动关节部位精心连缀装订、安上操作杆，皮影的制作才算完成。

影偶分为大、中、小三型，以大中型影偶为主。大灯影身高60-80厘米，个别大影人高达1米，皮厚达0.2厘米；中灯影身高40-60厘米，皮厚0.1厘米。与北方皮影相比，成都皮影的关节和分段更多，全身包括头、帽、胸、腹、双肢、双上臂、双前臂、双手掌、双手指等14个关节，由于关节众多，成都皮影能做出较多的表情姿势，故表演更加灵活自然。

此外，成都皮影的头帽分离，演出时可以通过更换头茬、衣帽，自由转换出

成都木偶可以头帽分离进行表演

不同的角色；手掌与手指分离，增加了活动关节；脸部的胡须也改为软须发，这些都为影人操纵技巧的发挥提供了更大的空间。影偶的先天优势经由艺人之手，活灵活现，颇具立体感。至今成都还有一句歇后语叫“灯影把子——扯浑（kún）了”，其来源就是那些把影人提得活生生的名手。

正是精细的工艺和艺人娴熟技艺的完美结合，成都皮影戏无论是文场的起卧坐立、俯仰顾盼、捋须撩袍、端带弹尘，还是武场的打斗杀伐、飞檐走壁、腾云驾雾，无不神情入画，丝丝入扣，令人叫绝。清朝成都诗人王克昌《春游竹枝词》称赞成都皮影戏：“一帘灯影唱高楼，婉转歌喉度曲悠。阿堵传来神毕肖，果然皮里有春秋。”

第二，人物的雕刻设计模仿川剧，图案装饰简练精细。成都皮影戏的角色脸谱、口条、摆设、道具均按川剧行当设计。生旦净末丑的造型按照角色塑造需要，进行夸张化、艺术化的呈现，或镂空、或雕镞、或渲染，雕工精美，线条圆

1. 成都皮影三国人物
2、3. 成都皮影戏坐唱表演

②

1

3

润，细腻传神。头像总体特征是大额头，蒜头鼻，丹凤眼，大弯眉，上唇微翘，下颚曲圆，既展现了智慧和才学，又不失含蓄典雅。

皮影的服饰雕刻设计仿川剧服饰的同时，还吸取了蜀锦刺绣、蓝印花布、四川年画等民间工艺美术的艺术手法，做工精致，花样繁多，常见的有龙纹、凤纹、狮纹、水纹、鱼纹、云纹、菊花纹、雪花纹、豹头纹、虎头纹等等。

皮影的色彩基本以红黄绿黑白为主，色彩悦目，简洁大方，而红、黑大色块的使用，使整个影人变得极其沉稳，经过几百年的时光，仍能显现出独特的魅力。

除此之外，皮影的布景道具刻制特别讲究，精当凝练。与北方影戏相比，因追求清爽淡雅，避免了过多的图景装饰及繁缛的道具陈列，给人留有想象空间。

第三，表演人数较多，分工协作，自提自唱，唱做结合。一般来说，成都皮影班的人数较多，有“七紧八慢九消停”之说，实际上一个普通的皮影班多有十二三人。不过，很多灯影艺人都是多面手，提手能自提自唱，打锣鼓的人也会帮腔演唱。自提自唱，唱做结合，更能细致准确地表现角色，传达感情。

成都皮影戏作为四川皮影戏的代表，受川剧影响很深，在音乐方面以唱川剧高腔、胡琴、昆腔为主，演出时的演奏乐器有锣、鼓、二胡、三弦、唢呐和梆子等，文武兼备，剧目丰富，尤其擅长演出生旦戏。

成都皮影戏的剧目丰富，各朝历史剧、神话传说、经典名著以及诙谐的地方剧目都在演出之列。皮影艺人自豪地说，凡是川剧能演的戏，皮影戏都能演，川剧不能演的，皮影戏也能演。

旧时候，成都地区一年四季都有各种传统民俗活动，如正月朝石经寺，二月十五朝青羊宫，三月初三娘娘会，四月初八放生会，四月二十八日药王会，七月初七土地会，七月十五盂兰会等等，成都皮影戏与川剧、四川木偶戏等传统舞台艺术都积极地参与各种民俗活动的演出，根据不同的民俗活动主题，演出与活动相关的节目，充分展现其祭祀酬神的功能。如观音会演《双莲花》、《碧玉簪》，娘娘会演《仙姬送子》、《降天星》，放生会演《凌云渡》、《收红蛇》，土地会演《山王岗》、《槐荫会》，财神会演《收黑虎》、《搬洞打珠》等。在长期的民俗演出活动中，形成了以《群英会》、《借东风》、《打黄盖》、《长坂坡》等剧目为代表的“三国戏”，以《封神演义》、《西游记》、《白蛇传》、《宝莲灯》、《朱紫国》、《碧游宫》、《雷峰塔》、《反冀州》、《游泾河》、《五柳园》等剧目为代表的“神怪戏”，还有以《双莲花》、《碧玉簪》、《仙姬送子》、《降天星》、《山王岗》、《槐荫会》等为代表的来源于川剧的传统剧目。近年来还精心打造了《龟与鹤》、《鸡斗》、《飞天》、《孙悟空戏斗蟠桃会》等一批将传统技法与现代戏剧艺术相结合的皮影剧目。这些新创作的剧目不仅以童话剧、寓言剧、音乐剧等多种表现形式一改传统皮影戏只唱川剧的老面孔，而且，在雕刻造型上，借鉴了中国画、敦煌壁画等绘画艺术的风格和特点。

自清代中叶开始，成都皮影戏风靡一时。在鼎盛时期，全城皮影戏班多达四十余个，集中演出在今天成都东大街、署袜街一带，并广泛活跃于全城的会馆、会所、庙会等场所。清代后期至民国年间，四川皮影戏班大量涌现，到光绪三十年左右，成都皮影戏已成为一种成熟而影响力大的民间艺术，并辐射至周边少数民族地区。宣统年间，成都有皮影班社十六个。据傅崇矩《成都通览》记载，清末民初，成都流传"午看木肘肘，晚看皮灯影儿"。看皮影是旧时老成都主要的艺术观赏和民俗活动，婚丧嫁娶、寿诞宴请，都要办堂会，请皮影戏班。至20世纪三四十年代以后，四川皮影戏开始走向衰落，成都皮影戏也伴随着四川皮影戏的兴衰而经历着曲折的命运。

1949年12月，成都刚刚解放，文化部门便相继组建了成都市皮影组和西城区皮影队，1959年与成都市木偶剧团、西城区大众木偶剧团合并，成立成都市木偶皮影剧团。1950年，南充成立南充市木偶皮影剧团。1951年，据川北地区的统计，在川北行署所辖的36个市县，就有民间皮影戏班社145个。但到了80年代，皮影剧团开始锐减， 仅巴中地区的皮影剧团就由1949年的68个减少到1982年的19个，现仅存3个。而四川的国有专业皮影剧团由原来的3家撤销为1家。至2005年，只有成都市木偶皮影艺术剧院还在专业从事皮影戏的创作演出。

成都皮影戏的保护责任单位成都市木偶皮影团（2013年改制后划入成都非物质文化遗产保护中心）长期开展成都皮影的抢救、保护和传承工作，收集修复老皮影，整理传统剧目，邀请老艺人到剧团教授演出。剧团先后应邀赴美国、加拿大、德国、比利时、丹麦、荷兰、芬兰、新加坡等地演出，广受赞誉。2014年，成都市非物质文化遗产艺术研究院木偶皮影团被评为第二批成都市非物质文化遗产项目传习所。

成都市木偶皮影团运用多种表现形式，将传统皮影表演技法与现代戏剧结合，既有传统特色，又有现代感觉，为保护、传承、发展成都皮影艺术探索出一条行之有效的路径。

1、2、3、4. 成都皮影戏剧照

在成都博物院、四川大学博物馆、四川博物馆、四川省群众艺术馆、绵阳市博物馆以及一些县文化馆中，都藏有数量不等的清代和民国年间的成都皮影戏影偶，在当地聚集了一批皮影收藏者与研究学者，形成了一定的皮影艺术保护与研究氛围。

尤其是成都博物院，广泛收集了成都以及全国各省市地区皮影共二十余万件，为研究和保护皮影戏作出了巨大贡献。

传承人简介

梁开通，成都皮影戏省级代表性传承人。1948年出生，拜陈继虞为师学习皮影戏，同时拜吴耀光、刘万华为师学习木偶戏。擅长自提自唱，在长期的演出活动中，形成了打、唱、念、提于一体的表演方式。代表作品有《猴王出世》、《飞天》、《龟与鹤》等。

谢乃梅，成都皮影戏省级代表性传承人。出生于1946年， 1959年到成都市戏剧学校学习。师从皮影艺术家陈继于、高淑芳、虞哲先。擅长刻画角色内心世界。代表作品有《龟与鹤》、《孙悟空戏斗蟠桃宴》、《鸡斗》、《飞天》等。

叶牧天，成都皮影戏市级代表性传承人。出生于1944年，师从成都“春乐图”皮影戏班老艺人陈继虞先生。参演的代表剧目有《梁祝》、《孔雀舞》、《双龙戏珠》、《欢乐的大熊猫》等。

杨露群，成都皮影戏市级代表性传承人。出生于1953年，师承皮影表演大师梁开通、谢乃梅老师，在成都皮影独有的九分面皮影《飞天》一剧的表演中，创造性地塑造了“反弹琵琶”这一角色。

常媛，成都皮影戏市级代表性传承人。出生于1957年，师承皮影表演大师梁开通、谢乃梅老师。能通过细腻传神的表演，展示人物性格。以川剧的表演程式为主。

潘祎，成都皮影戏市级代表性传承人。出生于1975年，师承皮影表演大师李正发、梁开通、谢乃梅。创新皮影节目《猫和老鼠》。

周军，成都皮影戏市级代表性传承人。1972年出生于皮影表演制作世家，师从阆中王皮影、王彪、王访和成都皮影名师梁开通老师。创编剧目有《龟与鹤》、《大闹天空》、《哪吒闹海》、《皮影style》等。 （整理：赵媛媛）

川剧

小档案

项目名称：川剧

2008 年入选成都市第二批非物质文化遗产名录，2007 年入选四川省第一批非物质文化遗产名录，2006 年入选第一批国家级非物质文化遗产名录。项目保护责任单位为成都市川剧院，项目传承基地为成都市川剧院。现有国家级代表性传承人晓艇、陈巧茹，曾有省级代表性传承人孙普协，现有市级代表性传承人蔡少波、王玉梅、王超。

据相关史料记载，早在商末周初，四川地区就有歌舞演出活动。历经汉唐宋明各朝，四川的演剧活动与中国传统戏曲的形成发展同步，逐渐走向成熟。明末清初的战乱之后，伴随湖广填四川的历史进程，弋阳、梆子、皮黄等诸声腔随人口迁移入川并迅速完成演变而形成多声腔并存的系统，在清代咸丰同治年间，完成昆、高、胡、弹、灯相融合的多声腔体制。晚清到民国初年，成都市著名川剧班社

川剧《红梅记》剧照

“三庆会”的崛起，将川剧艺术推向了崭新的历史高度，川剧艺术呈现出繁荣景象。同时，由于各地班社的兴起和交流，沿岷江水系和沱江水系以及嘉陵江、长江水系，逐渐形成川剧的川西坝、资阳河、川北河、下川东四条河道，河道之间由于演出剧目和声腔的侧重不同，形成各具特色的表演艺术。

伴随川剧的形成发展，从晚清到中华民国时期，大批表演艺术家得以涌现并成熟，如魏长生、岳春、傅三乾、李琴生、黄金凤、康子林、萧楷成、曹俊臣、魏香庭、张德成、贾培之、周海滨、天籁、杨素兰、浣花仙、周慕莲、阳友鹤、袁玉堃、曾荣华等，直至新中国成立前后，川剧的“四大名旦”陈书舫、竞华、杨淑英、许倩云，“四大名丑”周裕祥、刘成基、周企何、陈全波，当代的晓艇、蓝光临、刘芸、沈铁梅、陈巧茹、陈智林等川剧表演艺术家的出现，使川剧艺术星光闪耀，在传统中国戏曲艺术界产生巨大影响，与京剧、豫剧、越剧、黄梅戏并称中国的五大戏曲剧种。

在川剧逐步走向成熟的过程中，大批蜀中文化名人与落魄秀才参与川剧剧本创作以及艺人的集体创作，使川剧艺术形成了丰富多彩、囊括古今的演出剧目。其中包括历代笔记小说、元杂剧、南戏、明清传奇、明清小说、史籍典载、民间传说及中华民族早期神话等。

川剧剧本极其丰富，素有“唐三千，宋八百，演不完的三列国”之称。据《川剧剧目辞典》统计，有四千多个传统剧目。

川剧传统剧目主要包括：

五袍：《红袍记》、《黄袍记》、《青袍记》、《绿袍记》、《白袍记》。

四柱：《撞天柱》、《水晶柱》、《五行柱》、《九龙柱》。

江湖十八本：《彩楼记》、《汉贞烈》、《白鹦鹉》、《青萍剑》、《葵花井》、《龙凤剑》、《三孝记》、《渡蓝关》、《四块玉》、《铁冠图》、《荆轲墓》、《中三元》、《玉簪记》、《白蛇传》、《木荆钗》、《放白蛇》、《三天香》、《五桂联芳》。

高腔四大本：《金印记》、《琵琶记》、《红梅阁》、《班超》。

弹戏四大本：《春秋配》、《梅绛亵》、《花田错》、《苦节传》。

根据中国传统文学作品改编创作的大量历史故事剧有以下内容：如，根据《封神演义》搬演形成的“封神戏”；根据《史记》、《东周列国志》改编的“列国戏”；根据《三国志》、《三国演义》和民间传说改变的“三国戏”，故事戏大幕一百四十余个，折子戏一百二十个左右；根据《隋唐演义》改编的“隋唐戏”；根

①

②

③

④

1、2、4、5、6、7、9. 川剧剧照
3. 演员上妆
8. 川剧《红梅记》剧照
10. 成都市川剧院演出公告

据《水浒传》改编的“水浒戏”；根据《聊斋志异》改编的“聊斋戏”；根据《说岳全传》改编的“东窗戏”和“岳飞戏”；根据《施公案》、《包公案》、《七侠五义》等改编的“公案戏”；根据上古神话改编的神话戏；根据元杂剧和明清传奇改编的“传奇剧”；根据目连救母故事搬演的“目连戏”；根据道教传说改编的，以“八仙戏”为代表的“神仙道化戏”；等等。

20世纪三四十年代，围绕抗日战争和当时四川人生活创作有“时装戏”。

新中国成立以后，根据社会主义建设进程创作了大量“跃进戏”、“大炼钢铁戏”，根据《红岩》改编了“红岩戏”等革命现代戏和结合普法、禁毒等政治宣传创作的现代戏。

在川剧剧目的形成过程中，大批剧作家的参与创作，使川剧剧目的文学性得到极大提高。从20世纪初期的黄吉安开始，晚清的翰林院编修赵熙、进士尹仲锡，民国时期的社会贤达冉樵子、刘师亮，30–40年代的刘怀叙、王治安，50年代的徐文耀、吴伯祺、赵循伯、李净伯、何序等，60年代的李明璋，80年代的魏明伦、徐棻、隆学义、谭愫等，这些剧作家的创作，使川剧的大批优秀剧目在中国戏曲界产生重大影响，奠定了川剧艺术在中国戏曲中的大剧种地位。

川剧艺术作为国家级非物质文化遗产，由于其剧目来源和剧作家群的出现，不仅传承了中国传统文学，诗经、汉乐府、唐诗、宋词、元曲等优秀文学，都渗透在众多作品中，而且，与中国传统文化精神紧密结合，《论语》、《孟子》、《大学》、《中庸》、《诗》、《书》、《礼》、《易》、《春秋》、《老子》、《庄子》、《千字文》、《三字经》、《弟子规》等传统国学经典内容，都在川剧剧目中得到很好的呈现。“仁义礼智信，温良恭俭让”、“忠孝节义”的中国传统美德，通过众多川剧舞台人物形象和命运，在川剧艺术的流播过程中，为四川文化作出了巨大贡献。

川剧的表演艺术与中国戏曲的发展同步，在发展过程中，形成了完善的行当分工。中国戏曲的行当分工主要包括生、旦、净、末、丑等。根据不同的年龄、地位及生活背景，川剧对行当分为生、旦、花脸、丑角等。生角：文小生、武小生、正生、红生、老生、帕帕生等。旦角：青衣旦、闺门旦、正旦、花旦、奴旦、武旦、刀马旦、摇旦、老旦、仙狐旦（又称鬼狐旦）、泼辣旦等。花脸：靠甲花脸、袍带花脸、草鞋花脸、猫儿花脸等。丑角：袍带丑、官衣丑、龙箭丑、褶子丑、方巾丑、烟子丑、襟襟丑、婆子丑、武丑等。

川剧舞台表演细腻规范，以“四功”（唱、做、念、打）、“五法”（手、眼、身、发、步）为基础，在表演中融入特技，帮助刻画人物性格，烘托戏剧气氛，形成了众多精绝独到的表演技艺。主要包括变脸（扯脸、抹脸、吹脸、气功变脸）、变髯口、飞袍变须、滚地换装、吐火、藏刀、魔烛（即耍火）、踢慧眼、水袖功、绫子功、翎子功、椅子功、耍帽翅、耍口条、耍斗笠、耍朝靴、水发功、褶子功、耍官衣、扇子功、耍手巾、倒硬桩、抢背、踩高跷、大刀走路、空虚点佛灯、吃火、软绳套银壶、顶灯、飞耳帐、钻火圈、灯影身法、木偶身法、打叉、打出手、打粉火，以及个别表演艺术家的“绝活”、“绝招”等等。

川剧传统舞台美术包括演出场所万年台、川剧脸谱等。传统川剧与中国其他地方戏曲剧种的发展一样，在未进入城市的戏园、剧场舞台之前，一般是在市镇庙宇、祠堂、会馆的万年台上演出。无论万年台的结构或地理位置的差异如何，都具有一个共同的特点：绘制有作为传统川剧的传统舞台美术代表的万年台上的“三星壁”。任何形式的万年台，均以三星壁这样的原始舞台美术样式作为舞台演出背景，并用一桌二椅等道具的多种组合形式，以改变或转换剧情所需的环境和景物。

据戴德源《话说古今万年台》记述：台顶的天花板上，亦多绘有彩色图案，画面常为灵禽瑞兽、花卉石木或道佛仙人、戏曲故事。台面后方横设一堵板壁，上绘福星、禄星、寿星三尊仙人组合或其他祥瑞图案。但均称三星壁。

三星壁所绘制的三星分为“明三星”和“暗三星”。“明三星”为福星、禄星、寿星；“暗三星”为蝙蝠、鹿、仙鹤，蝙蝠通“福”，鹿通“禄”，仙鹤乃长寿飞禽，其意表示长寿，具有突出的道教文化象征意义。

川剧脸谱极具人物个性，依据人物性格特点，均有严格规范，不仅通过色彩和线条显示人物的忠奸善恶，也为观众提供了识别人物的依据，同时，也使人物的面部化妆与人物服饰形成统一风格，增强人物的外在造型美感，具有独特的文化象征意义。脸谱色彩的一般象征意义是：红色表示忠正刚烈，黄色表示貌弱实勇，白色表示奸诈阴险，黑色表示刚直坦诚，紫色、绿色表示绿林好汉，金银二色表示佛道尊者、上界仙人。色彩与不同线条配合，表达人物不同的复杂的性格特征。川剧比较著名的脸谱包括包公脸、霸王脸、关公脸、财神脸、灵官脸、魁星脸、张松脸、豆腐干脸、粉脸、三块瓦等。

川剧服饰具有完备而极富装饰美的系统，分别归入大衣箱、二衣箱和饰扎头，能够适应装备各种古代人物的需要。剧中人的性别、年龄、性格、身份地位等，

都能从服饰上加以区别。川剧头帽有“七十二顶半”之说，囊括了男女各类人物。

川剧的道具又称切末，是川剧舞台上各种用具的总称。从大到小，分为四类：一、环境标志性道具，如桌子、椅子、耳帐等；二、排场展示道具，如銮驾、威武架、帅旗等；三、装饰把玩性道具，如折扇、团扇、云帚、宝剑等；四、表演实用性道具，如圣旨、文房四宝、马鞭、云牌等。川剧道具具有一物多用的功能，某些道具随剧情发展而改变用途，使观众有身临其境之感。

川剧音乐的五种声腔，以源于江西弋阳腔，曲牌体的高腔为代表。唱腔自由、抒情、高昂，具有“一唱众和”的徒歌特色，为“帮腔、打击乐、演唱”有机结合的音乐结构形式。不但具有南方音乐悠扬婉转的特点，也具有北方音乐激昂慷慨的气质。在长期发展过程中，不仅受到青阳腔、辰河高腔的影响，还吸收了川江号子、民间秧歌、曲艺等元素。

成都市川剧院于2001年成立，是国内最久负盛名的专业艺术院团之一，与20世纪最著名的川剧班社“三庆会剧社”一脉相承。以晓艇、刘芸、陈巧茹、孙普协等“梅花奖”演员为代表的表演艺术家，以蔡少波、王玉梅、王超、马丽等优秀演员为骨干的成都市川剧院体现出的整体艺术水准受到各界高度评价。徐棻、谭愫等剧作家创作硕果累累，剧院上演的剧目精品迭出，荣获中宣部“五个一工程”奖、文化部“文华大奖”、“文华新剧目奖”、“文华表演奖”以及中国戏剧节优秀剧目奖、表演奖、音乐奖。2010年被评为第一批成都市非物质文化遗产项目传承基地。

传承人简介

晓艇，川剧国家级代表性传承人。1938年出生，四川成都人，原名文华章。1948年入彭县聚丰剧社，师从川剧花脸王登福，1950年入成都蜀声剧社，拜师川剧名丑王国仁，1951年入成都市大众戏院，1953年入四川省川剧团，1956年拜川剧著名表演艺术家曾荣华为师，曾得到刘成基、周裕祥、袁玉堃、彭海清等前辈川剧大师的悉心指教。专工文武小生兼演花脸与官衣丑、褶子丑。唱腔声音深厚高亢、字正腔圆，特别擅长表情、眉目传神、喜怒哀乐等，表情丰富细腻。代表剧目有《酒楼晒衣》、《问病逼宫》、《逼侄赴科》、《摘红梅》、《装盒盘宫》、《归舟投江》等。1984年获得首届中国戏剧梅花奖，被誉为20世纪80年代中国第一小生。现收徒若干，在川剧界较有影响力的徒弟有孙勇波、王力等。

陈巧茹，川剧国家级代表性传承人。1967年出生，四川叙永人，原名陈巧缘。

1. 川剧《红梅记》剧照

2、3、4、5、6. 川剧《欲海狂潮》剧照

师承著名川剧表演艺术家张光茹，工花旦、武旦、青衣。扮相精美、功底扎实、唱腔悠扬委婉、身段潇洒。1992 年凭借《打饼》、《劈棺》、《四川好人》（片段）的出色表演，荣获第九届中国戏剧梅花奖，2011 年，以饰演《欲海狂潮》中的蒲兰获得中国戏剧梅花奖二度梅奖。在川剧艺术的传承方面，对著名青年演员虞佳、林雨佳、李琳玲等人的舞台表演有较大影响。

孙普协（1959 年 5 月 -2014 年 11 月），四川郫县人，川剧省级代表性传承人。1974 年进入郫县川剧团，师承著名川剧花脸表演艺术家何伯杰，1984 年入成都市川剧院三团。工袍带花脸、靠架花脸，兼演老生。其音域宽广、雄浑高亢、音色独特。尤其善演“包公戏”“红生戏”，是 30 年来川剧花脸行当的代表人物。2005 年，以《问病逼宫》、《五台会兄》、《灰阑记》（选段）和现代戏《山杠爷》荣获第二十二届中国戏剧梅花奖。学生有赵邦杰、杨宗桔等人。

蔡少波，川剧市级代表性传承人。1964 年出生，四川营山县人。师承其父蔡建国，后拜师川剧著名表演艺术家杨昌林。工正生，兼演老生、丑角。擅长演慷慨激昂之士，戏路宽广，饰演各种不同阶层的人物角色游刃有余。代表剧目有《扫松》、《卖画拍门》、《二进宫》、《杀奢》等。学生有薛川、康勇等人。

王玉梅，川剧市级代表性传承人。1974 年出生，四川泸州人。先后师从著名表演艺术家王世泽、许倩云、筱舫、任庭芳、朱国琳、徐金梅、李兴忠、侯诚芝、赵师华、朱美琼等人。工花旦、闺门旦、奴旦，兼习武旦。2011 年，主演《燕燕》获得第二十五届中国戏剧梅花奖。学生有任慧琳、魏榕、李吉妮、黄凌喧、杨茗可、曾好、张秋怡等。

王超，川剧市级代表性传承人。1970 年出生，四川成都人。拜师著名川剧表演艺术家蓝光临，受到著名川剧表演艺术家晓艇、王世泽悉心指教，工文武小生。人物塑造个性鲜明，唱腔高亢多情，其《梅花绝句》影响甚广。2013 年以《装盒盘宫》、《逼侄赴科》、《越王回国》获得第二十六届中国戏剧梅花奖。

（整理：饶苏）

被单戏

小档案

项目名称：被单戏

2008 年入选成都市第二批非物质文化遗产名录，2009 年入选四川省第二批非物质文化遗产名录。项目保护责任单位为青羊区文化馆。现有省级代表性传承人沈晓。

被单戏，是木偶戏的一个分支，因其帷幕像一床被单一样遮住表演者而得名。其具体发源的时间可追溯到数千年前，早在唐代就有关于木偶戏演出的记载，宋人孙邦宪笔记《北梦琐言》卷三称：“唐崔待中安潜镇西川，频于使宅堂前弄傀儡子，军人百姓，穿宅观看，一无禁止。”清道光丙午年，民间画师钱廉成所绘成都市井人物绢画《尘间之艺》，有一幅为被单戏在小巷演出。清宣统年间，傅崇矩主编的《成都通览》中刊有被单戏演出图，注文：“每演必有一段《打老虎》，小儿多乐观之。”清末民国初极盛，老成都街头常有围观被单戏的情景。

被单戏是四川本土的一项民间传统戏剧，在老成都的街头小巷，到处都能见到民间艺人表演被单戏，吸引人们驻足围观。被单戏作为单人木偶戏，又叫背担戏，由一个人表演故事情节。表演者藏身于幕后，只让木偶和观众见面，表演者的双手可不停地变换木偶角色，足下还打锣鼓音乐，嘴里含着一个口哨，不停地

1. 沈晓老师表演传统被单戏《兄弟卖艺》
2. 沈晓老师表演传统被单戏
3. 沈晓老师“嘉年华”演出后和小观众合影

变换声调为每个木偶角色配音，表演被单戏的木偶包括布袋木偶和成都精木偶。被单戏以一人成为一个戏班，又称“一人班”。人们非常喜欢这种木偶戏，尤其是孩子们，他们熟悉剧中的每一个人物。发展至今，流传下来许许多多耳熟能详的节目，如《哥哥打老虎》、《猪八戒拜堂》、《景阳冈》等。这种十足的街头艺术走到哪里，哪里便是一片欢声笑语。被单戏自始至终由一个人操作演出，夸张且滑稽有趣，生旦净末丑都是一个人双手舞出并说唱出，木偶舞刀弄枪，观众看得聚精会神。

被单戏有着自身独具特色的唱腔，表现力极强，质朴自然，具有原始艺术风貌，其表演形式独特，由一人包揽所有的演出，自始至终都由一人操纵，甚至可表现千军万马，造型动作夸张，滑稽有趣，舞刀弄枪，更胜似真人或别的木偶种类。被单戏远近闻名，在国外也有着深远的影响，其独特的艺术表现形式得到了中外专家学者的一致肯定，曾出访德国、美国、瑞典、荷兰、马来西亚等几十个国家和地区，曾应境外的民间社团之邀，到瑞士、加拿大、新加坡、马来西亚等地作文化交流，中外多家重要的电视台拍摄了专题片，国内外多家报刊数十次介绍被单戏。

被单戏这种表现形式的戏剧表演流传至今，虽然表演形式独到，艺术观赏价值极高，但由于市场经济的冲击、没有合适的传承人传承此项技艺等方面原因，已经濒临灭绝，被单戏的许多特点技巧已经失传。目前，表演被单戏的民间艺人已经不能以此为生，随着许多艺人纷纷去世或转行，现仅有被单戏项目代表性传承人沈晓老师仍在表演和研究这一民间绝技。

传承人简介

沈晓，被单戏省级代表性传承人。其父亲是成都著名木偶表演大师沈幕垠老先生。沈晓师从沈幕垠老先生，是四川沈家影偶艺术第三代传人。自幼随父学习被单戏表演技术，1970年开始继承被单戏独特技艺，保留了被单戏独特的历史风貌，将被单戏这一传统戏剧传承运用于实践并不断发展，分别参加或组建四川民间艺术队、四川民间艺术团木偶皮影队、成都市民协木偶艺术团，将被单戏发扬光大并带到世界各地，曾出访并演出到达法国、荷兰、比利时、德国、马来西亚、美国以及中国港澳台地区，让世界各地了解了中国的传统戏剧艺术并获得一致好评。

（整理：吴穹）

川剧围鼓

小档案

项目名称：川剧围鼓

2010 年入选成都市第三批非物质文化遗产名录。项目保护责任单位为彭州市文化馆。现有市级代表性传承人陈景素。

川剧围鼓是广泛流播于四川、重庆地区和贵州、云南、湖北部分地区的一种与川剧相生相伴的民间文艺样式。一般来说，是十多个川剧戏迷和业余爱好者围坐在茶馆里，有的打鼓、有的敲锣、有的吹笛、有的拉琴，演唱着生、旦、净、丑、末，一应俱全，唱的是川剧，但只唱不表演，所以又叫“唱玩友儿”或“川剧座唱”。川剧围鼓是川剧生存发展的土壤和摇篮，不仅为川剧艺术培养了一代代忠实观众，也为川剧舞台输送过众多杰出人才。

清代《成都通览》中有对川剧围鼓的介绍，“唱而不出脚（角色），锣鼓均备，坐以唱说者也。一名围鼓”。围鼓其实是川剧鼎盛时期的产物。清朝末年，由于川剧极其繁荣，涌现出大批的戏迷，那些业余爱好者均被称为“玩友”。他们不需

川剧围鼓剧照

演员剧照

要谁发“票”（能够化妆演出粉墨登场的业余爱好者叫“票友”）批准，也不讲资格，只要爱好，就可以参加，可以“玩”。玩友们聚在一起，打响锣鼓唱起来，就称为“打玩友”，一不用化妆，二不穿戏服，三不走台步，无须表演，一切以乐队为中心，演唱者、听众都围着鼓师，所以又叫“打围鼓”。因为是坐在板凳上清唱，不化妆，所以又名“板凳戏”。

与川剧的舞台表演艺术不同，玩友的特点是靠唱腔、讲口来传达剧情，刻画人物，因此特别强调演唱者在行腔吐字时要善于表达人物的思想情感，要能使听众明显地感到“腔中有戏”、“讲中有戏”，这就很自然地促使玩友必须对剧词、唱腔、讲白进行认真研究。还有一种特殊的玩友，既不会唱，又不会打锣鼓，就是爱听，只要打玩友，就会积极邀约听众、背锣鼓板凳。唱的人全情投入，听的人津津有味，过足川剧瘾。

清末到民国年间，围鼓曾在四川风靡一时。喜爱这一文艺活动的人上自军阀官僚、文人雅士，下至车夫力行、文盲商贾，各界都有。新中国成立前的四川军阀范绍增、王瓒绪、杨森等乱世枭雄，都以能哼得几句川剧而自诩。据说有一次范绍增捉到一群土匪，责令通通枪毙，一匪首临刑前吼了两声“恨只恨自家太糊涂，枉却了一颗好头颅”的川剧，范绍增一听大喜，不仅将匪徒们全部赦免，还将那“好头颅”擢升为连长。

除去军阀，在四川文人、艺术家中，围鼓爱好者更是比比皆是，赵熙、包弼臣、郭沫若、张大千等，都痴迷于围鼓。赵熙亲自编写剧本，他改写的《情探》字词典雅，音谐调正，令人百唱不衰，被艺人们奉为川剧范本；川剧作家冉樵子自幼喜欢川剧，并因为学会“打围鼓”而逐渐能唱能编，后来创作出川剧经典剧目《刀笔误》；从玩友开始而成为著名川剧作家的黄吉安，为川剧留下了大量经典剧本，被川剧艺人奉为“黄本”；郭沫若则是“十处打锣九处有”，一见到围鼓场合便“技”痒难忍，坐下就唱，他嗓子尖细，专唱旦角，那圆润柔酣的婉转音喉，要是只闻其声，不见其人，听的人还会真以为是位二八佳人。

从喜好川剧围鼓而成长为川剧表演艺术家，在川剧历史上更是不乏其人。清末民初的著名川剧小生王荣光，幼时随父打围鼓，后成为专业川剧演员。著名川剧表演艺术家贾培之、周慕莲、天籁、陈淡然等，即是玩友出身。其中的一些人因其造诣，先后加入川剧著名班社“三庆会”，成为川剧声腔表演艺术的代表人物。著名川剧表演艺术家曾荣华，幼时随叔父为乡间红白喜事打围鼓，学得一些川剧

1、2、3. 川剧围鼓剧照

唱段，后来成为一代名家，并培养出晓艇、蓝光临等当代著名川剧表演艺术家。川剧历史上著名旦角浣花仙也是因为听玩友清唱川剧而逐渐嗜戏成癖，后搭班坐唱旦角，因其对川剧胡琴腔的改革创新，形成驰誉全川的“坝调”。

川剧表演艺术家们对川剧围鼓，历来都表现出极大的尊重。从历史上的张德成、周慕莲、吴晓雷等人，到现当代的许倩云、晓艇、蓝光临等表演艺术家，都经常参与到川剧围鼓的群体中来，令川剧与川剧围鼓形成了水乳交融的相互依存关系。

新中国成立以来，川剧的兴盛使得川剧围鼓遍地开花，规模不同的玩友组织遍布四川、重庆、贵州等地，方兴未艾、各具特色的玩友组织之间的演出、交流活动，为川剧艺术的传播、振兴作出了巨大贡献。在四川，成都、达州、广安、巴中、南充、乐山、自贡等地都涌现出具有代表性的川剧围鼓组织。

成都地区的彭州市濛阳镇川剧围鼓不仅具有优良传统，在当前更是产生了较大影响。

濛阳镇位于四川省彭州市东南部，距成都市区 26 公里，距广汉三星堆遗址仅 3 公里。濛阳历史悠久，文化底蕴丰厚，素有“濛州左都、天彭重镇”之称。隋朝初年置为濛州，唐朝高宗仪凤二年，为益州下属的濛县，天宝元年改为濛阳郡，后来划入彭州辖区，明朝洪武十年设为濛阳镇。

濛阳气候温润，物产丰富，交通也颇为便利，在一千四百年的岁月中，濛阳一直是当地重要的商业物资集散地。许是如此，濛阳境内名胜古迹众多，濛阳镇青龙村境内的商周文化遗址，距今有三千余年。而濛阳歌谣“东塔南桥西石头，北街有个魁星楼”即是指濛东塔、南桥、西石头、魁星楼四大主要古迹。

这个其貌不扬的小镇，不但历史久远，还称得上人文荟萃。这里不仅有过医药宗师唐宗海、抗日名将李宗舫，还走出一位川剧大师——阳友鹤，阳友鹤的出现与濛阳的川剧土壤有着密不可分的联系。

早在清朝，川剧就在濛阳民间流行。戏班常来镇上演出，深受当地百姓欢迎，镇上的大户人家还在自家庭院修建了戏台子，逢年过节和红白喜事都要请戏班到家里演戏，百姓看戏、学戏蔚然成风，川剧在濛阳扎下了根。

据《彭县志》记载：1922 年，镇上的袍哥首领王吉成，组建了本地的川剧剧社——金兰科社，濛阳的川剧活动得到了进一步发展。金兰科社也成为川剧大师阳友鹤艺术生涯的摇篮。在濛阳土生土长的阳友鹤，8 岁进入金兰科社学习川

1. 演员化妆
2. 川剧围鼓道具
3. 演出前的排练
4. 演员倾情演出

剧，此后，一生致力于川剧旦角表演艺术，在继承传统和改革创新上独树一帜，自成一家，为川剧艺术的发展作出了杰出的贡献，也为濛阳川剧的兴起，起到了重要的作用。

实际上，濛阳人不仅把川剧作为一种艺术来欣赏，更把它作为一种文化和生活来参与。嘉庆十一年，濛阳成立了一个由 38 人组成的国友玩友协会，这是濛阳历史上第一个川剧玩友协会。从此，濛阳的川剧活动形成了戏班表演和民间坐唱并行发展的局面。观赏川剧、学唱川剧一度成为人们主要的精神文化生活。当时，镇上的川剧演出场地就有万寿宫、川王宫、太平寺和福建会馆、湖广会馆等 8 处之多，围鼓坐唱更是遍及镇上所有茶馆。

这种根植于民间的川剧文化，给濛阳的广大百姓带来了无数欢乐和享受，对他们的审美情趣、生活习俗，乃至精神面貌和思想意识都起到了积极的影响作用。在浓厚的川剧文化氛围里，濛阳的人们通过川剧的欣赏和演唱来满足娱乐需求，倾泻自己的情感，展示自身的才华，享受在人生舞台上无法得到的一些精神满足，从而在心灵上达到人与社会的和谐共鸣。

濛阳围鼓将正统的川剧舞台表演艺术，延伸为民间文化活动，为川剧艺术的普及和发展贡献不小。对于研究戏曲艺术对民间文化活动的影响，也有着重要的文化价值。在濛阳，围鼓没有昙花一现，而是代代延续。

改革开放以后，红红火火、有声有色的濛阳围鼓不仅拥有一大批观众，同时还吸引了许多周边地区的川剧爱好者前来参与，濛阳的女子川剧队和女子变脸表演更是独树一帜，别有魅力，并产生了陈景素这样具有代表性的川剧围鼓人才。

传承人简介

陈景素，川剧围鼓市级代表性传承人。生于 1966 年，20 岁从艺至今，有着扎实的川剧基本功，熟练掌握传统川剧生、旦、丑的唱、念、作、打，塑造的角色栩栩如生，形象逼真。演出的代表节目有《诓尤》、《金殿审判》、《别洞观景》、《拾玉镯》、《访友》、《踏伞》、《营门斩子》、《花仙剑》、《打雁》等，曾获得彭州市级川剧座唱比赛优秀奖。经常开展川剧传承活动，向众多徒弟和川剧爱好者传授川剧唱腔、舞台表演技艺，同时作为濛阳川剧玩友协会会长，积极组织协会开展川剧公益性演出。

（整理：赵媛媛）

第五章

曲艺

曲艺是以口头语言进行“说唱”的表演艺术，曲种丰富。分为说书、唱曲、谐谑等。这些丰富多彩的曲艺文化遗产，历史悠久、传统深厚、流布广泛、价值独特，不仅是各族民众十分重要的精神生活养料，而且是各民族历史文化的特殊传承载体。

成都的曲艺艺术历史悠久，在成都汉墓出土的各种造型生动、形态逼真的说唱俑，形象地表明东汉时期成都地区民间说唱艺术的普及和成熟。四川民间说唱艺术与外省传入的说唱艺术相融合，在语言、曲调、题材等方面得到进一步发展，形成了曲种多样又有浓厚的四川乡土气息的曲艺。在城乡的茶馆、书场等地随处都可以欣赏到艺人的表演。嘉庆年间的《锦城竹枝词》描写了这时成都曲艺发展的盛况：“清唱扬琴赛出名，新年杂耍遍蓉城。淮书一阵莲花落，都爱廖儿‘哭五更’。”成都曲艺曲种主要有扬琴、评书、清音、竹琴、相书、金钱板、车灯、花鼓、盘子等，其演出形式灵巧，演唱风格活泼清新，独具四川风味，既是成都优秀的传统表演艺术，又被誉为文艺的轻骑兵。　　（撰写：彭云思）

四川竹琴

小档案

项目名称：四川竹琴

2006年入选成都市第一批非物质文化遗产名录，2007年入选四川省第一批非物质文化遗产名录，2008年入选第二批国家级非物质文化遗产名录。项目保护责任单位为成都市非物质文化遗产保护中心，项目传习所为成都市非物质文化遗产艺术研究院曲艺团。现有国家级代表性传承人张永贵，省级代表性传承人谢惠仁、罗大春，市级代表性传承人谢赤非。

四川竹琴又称“道情”、“渔鼓”、“竹琴”（艺人行话为“杠子”）。民间则称这种形式为“打道筒”、“唱道筒”、“打呗嗙嗙”，是道士宣道募化时所唱歌曲。“道情”一词来源于“三教所唱，各有所尚。道家唱情，僧家唱性，儒家唱理”中“道家唱情”所成（元代燕南芝庵《唱论》）。四川竹琴的由来还有一段故事，那是在清宣统二年由蔡觉之、邓青山、应敬臣、吴青云、李纯山等五人正式在竹林巷口清音阁茶园用扬琴调演唱，首演即引起轰动。这一出现即引起扬琴艺人的不满，上告至巡警道，经巡警道台周孝怀调解，命将“道情”改为“竹琴”才平息了风波，从此“道情”就被称为“竹琴”了。因演唱时所用语言是四川语调故为“四川竹琴”。竹琴道具由渔鼓、简板（上系碰铃一对）构成。渔鼓（长约3尺、直径约2.2寸、底部筒口蒙以猪膀胱皮的一段竹筒构成）、简板（两支长约2.5尺、宽约0.8寸、厚约0.2寸的竹片上系一对铜铃）。表演时表演者有坐、站、走姿势，拍、打、弹、捂、勾等敲击法。

四川竹琴大致分布于成渝两地，乐山、雅安、绵阳、遂宁、广元、南充、达州、涪陵、万县、宜宾、泸州、自贡、内江等老四川的广大地区，主要是汉人居住区域。因四川的地理位置较为特殊，整体走势西高东低，群山连绵，巍峨壮观，森林葱郁，有丰富的资源；岷江、涪江、渠江、金沙江等汇于长江，多江水系穿插于盆地之中，亚热带湿润季风气候及西部高原气候造就出富饶的天府之国。以成都为中心的川西坝子更是富甲天下，从而造就出深厚灿烂的巴蜀历史文化，四川竹琴即是极具特色的民族民间艺术品种之一。

四川竹琴最早出现有据可证是在宋代，四川南江县发掘的宋代古墓群浮雕中，就有张果老倒骑毛驴，手拿渔鼓简板唱道情的形象。“倒骑毛驴把凡下，渔鼓简板手中拿，来在凡尘把缘化，特来超化众善家”之词不外乎是宣道劝善的“仙谕”诗文。康熙十年广汉陕西会馆建成，馆内后殿玉皇楼有彩绘十六幅，内容全是刘老道与黄娥（杨慎之夫人）听、唱道情之事。清代中叶川陕湖等地的白莲教农民起义的军营里“备置渔鼓、简板，夜间自行敲击，说唱好话”（时任嘉庆帝参赞大臣那彦成奏疏中言），用“道情”来宣扬起义以鼓舞斗志。清末至新中国成立前，常见的游方道人唱道情以募化，实际上是大多为民间艺人赖以生活而为之。后来道情单一宣道的内容和唱腔已很难引起听众兴趣了，于是艺人们开始另觅途径而求发展。艺人们即用曲目丰富优美动听，而唱腔和唱法相近的板腔体——扬琴移植到道情来表演，即宣统二年由蔡觉之、邓青山、应敬巨、吴青云、李纯山等正式在成都竹林巷口清音阁茶园演唱，首场即引起轰动。

蔡觉之、邓青山于民国十年先后去世，又涌现出吴青山、贾树三、赵麻酱、秦绍武、戴云青等一批竹琴名优，但最为成功的是贾树三先生，他创造性改进发展的丰富多变的“彩腔”，开创了“贾派竹琴”，名扬全川。他家境贫寒，自幼父母双亡，三岁失明，十四岁学竹琴，先后拜师李草药、马三国（马少成）、蔡须须（蔡觉之），历尽坎坷，浪迹江湖。他学艺刻苦，钻研好学，博学多艺，将扬琴、清音、金钱板、川剧及民间小调大胆、有机地糅合到竹琴的唱腔中，自创出丰富多变的“彩腔”；在节奏上用定板，使活眼，用不同的语言、语音、语调和语势去生动细致地刻画出不同个性人物的内心世界。在渔鼓简板的运用上，细心揣摩，用轻重快慢各种不同音响来描绘场景、烘托气氛。他能演唱曲目数以百计。1940年冯玉祥观演后评价“北方的刘宝全（号称鼓王）同四川的贾瞎子，可称独唱双绝”，由此可见他的竹琴演唱技巧确实高超。他及他的团队在中山公园（劳动人民文化宫）每日上、下午演唱各一场，连续八年座无虚席。后因公园整顿，停演后即一蹶不振，再也没恢复起来。

四川扬琴的艺人在唱法上大体相近，但风格自成体系。因此出现两个流派，即成都调（又称省调、坝调、扬琴调）、中和调（自贡、泸州、重庆、下川东一带）。成都调以上已说过不再多讲了。中和调（又称综合调）的竹琴发展兴盛，不仅艺人多，像自贡的万品三、梁伯鑫、赵瑶生等，内江的王俊斋、王风凌、王清明等十多位，泸州的刘九城、张海云、李松柏等，重庆的吴玉堂、吴金安、邓梓乔等，万县刘宝山、胡新成、杨裕国等以及合川的杜承辉等，众多艺人近百位，并涌现出众多的玩友及组织，像南音会、清音会、荣县竹琴俱乐部、子虚社等十多个组织。川东地区的四川竹琴演出最为盛行。民国三年，在梁平县举行规模较大的全省性的比赛，参赛艺人及玩友一百多人，可说是竹琴史上空前绝

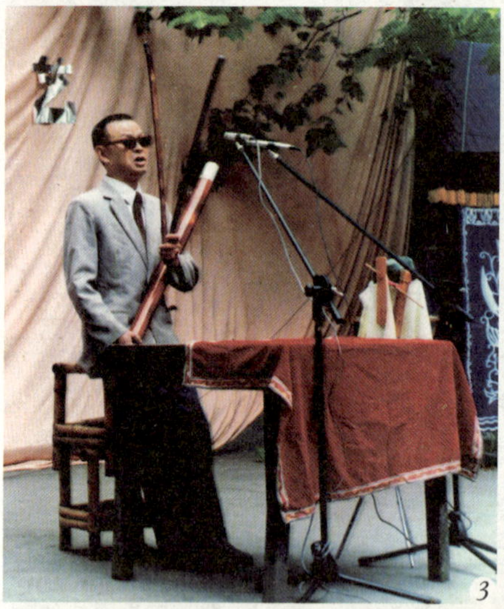

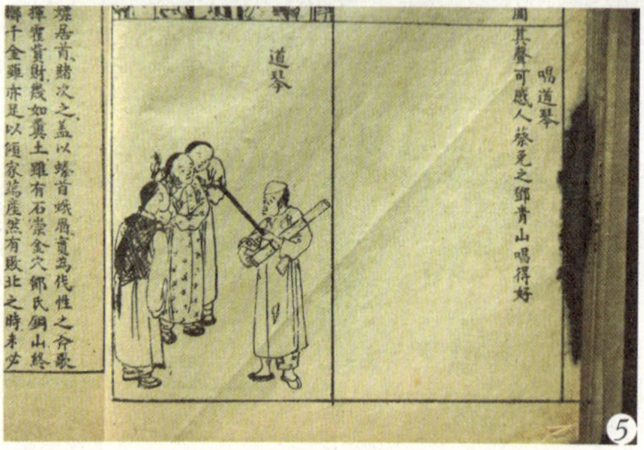

1. 竹琴艺人在排练
2. 谢惠仁老师的演出
3. 张永贵（四川竹琴贾派传人）
4. 杨庆文（四川竹琴杨派创始人）
5. 《成都通览》记载四川竹琴（道琴）演出图

后的盛会。评出评词、评腔、评击打三根半杠子（艺人称渔鼓为杠子）共四人，即赵高峰（重庆）、杜承辉（合川）、孙盛成（广安）各算一根杠子，梁佩然（遂宁）稍逊一筹只算半根杠子，当时川东民谣用“梁山英雄三根半，沿江听唱呎唠唠”来赞誉此次竹琴大赛的情况。抗日战争期间，重庆中和派竹琴名家吴金安来到成都与贾树三同台献艺，在曲目和唱腔方面两人相互切磋交流，取长补短。中和派荣昌竹琴艺人杨庆文于民国三十五年定居成都，他经过钻研学习贾派唱腔后，形成了自己独特的唱腔风格。新中国成立后，随着省、市、县各级曲艺团、队相继成立后，四川竹琴由书场进入到舞台，演唱的题材及演出场所发生了新的变化，同时给表演形式及表演风格也带来了变化，由坐唱发展到站唱兼走唱，借助身段、面部表情、手指动作等使演唱更为形象生动；在唱腔上也进行了大胆的革新，在传统唱腔的基础上，根据曲目内容和人物性格设计唱腔，使其更为鲜明突出，从而更彰显出时代特征。在伴奏方面也有较大的突破，采用民乐队进行伴奏，使其所要表达的内涵更为丰富深刻。

四川竹琴通常由表演者一人演唱，自击渔鼓、简板，可坐唱站唱亦可走动演唱，场地不受限制，但现今一般均在舞台上表演。根据演唱者的表演风格形成两派：成都调（又称省调、坝调、扬琴调）、中和调（又称综合调）；又根据江河流域不同而形为三个流派：成都（上河）调、中河调（川东、川南、川北一带）、下河调（重庆、下川东一带）。但笔者认为根据表演风格的分法较为合理。以扬琴调为主的成都调仅流行于成都及川西地区，其唱腔委婉流畅，分男腔、女腔（小嗓），以单档为主进行演唱，而扬琴调竹琴曾发展过多档演唱，后来又回到单档表演。中和调是由玄门调、老南音调、南音调发展而成的，因其涉及地域广，艺人演唱风格各异又形成了不同派别。扬琴调与中和调的唱腔都为板腔体，唱腔有一字、二流、三板、摇板、大腔或扫腔；辅助唱腔有垛子、数板。而一字、二流都有苦腔，也称“苦平”腔。

四川竹琴经典传统曲目有《华容档曹》、《三英战吕布》、《水漫金山》、《铡美案》、《何立回话》、《疯僧扫秦》等；新中国成立后，竹琴艺人在演唱优秀传统曲目的同时，编演了《买公债》、《黄继光》、《王贵与李香香》、《枪毙黄光辉》、《雷锋参军》、《情深似海》、《华子良传奇》等一大批讴歌时代的新曲目。

四川竹琴的社会价值主要体现在以下几个方面：

第一，是巴蜀历史文化传承载体。即从它存在的曲目中我们可以了解到巴蜀地区的风土民情、历史事件及风云人物等。这是四川竹琴用它的特殊方式记载和传承巴蜀历史文化，因此这种特殊的历史文化价值是值得我们后人去认真研究和传承的。

第二，艺术价值。因四川竹琴是在由道教音乐流入市井而成为民间说唱艺术的过程中吸纳融合了四川扬琴和多剧种曲种以及民间小调的唱腔调式，形成的独特而委婉流畅的艺术风格，这种风格不仅发展了竹琴艺术的本身，重要的是丰富了曲坛的百花苑，为曲坛增添了一道不可多得的靓丽风景线。

第三，在继承的基础上研究和传承四川竹琴艺术，是持续发展曲艺事业所需要的价值体现。贾派传人张永贵现已八十多岁，很少出演，杨庆文传人谢惠仁及罗大春渐或在演，只有市“非遗”研究院（市曲艺团）的谢赤非还在正式演出，属杨派传人，现已是成都市市级传承人。

文化体制改革后，成都市曲艺团并入成都市非物质文化遗产保护中心，成为“非遗”中心指导下的传习所，在四川竹琴的保护、传承、研究和展演方面做了大量的工作，并投入资金进行专项保护，对该项目及传承人资料进行收集整理，对竹琴传承人录制音像资料等，供以后的教学和传承研究之用。同时在大中小学中进行传承讲课和表演活动，以重新唤起人们对竹琴艺术的热情和关注。2014年，成都市非物质文化遗产艺术研究院曲艺团被评为第二批成都市非物质文化遗产项目传习所。

传承人简介

张永贵，四川竹琴国家级代表性传承人。1933出生，1945年跟随“贾派”竹琴传承人赵幼成学习竹琴艺术。其高音处慷慨激越，低音处韵味醇厚，善演唱曲目众多。在长期的艺术实践中，将川剧、四川扬琴、四川清音、四川荷叶、民歌等戏曲、曲艺和歌唱形式融入到四川竹琴声腔艺术中。其善言曲目有短篇的《浔阳江》、《渔夫辞剑》、《铡美案》等，长篇的《三国》、《列国》等。

谢惠仁，四川竹琴省级代表性传承人。1945年出生，1964年进入成都市曲艺队，跟随四川竹琴中和调开创人杨庆文学习四川竹琴，尽得杨老师全部四川竹琴艺术的精髓。代表曲目有《水漫金山》、《包公案》、《成都美》等。

罗大春，四川竹琴省级代表性传承人。1955年出生，1970年拜竹琴老艺人杨庆文为师，打造出音乐竹琴《麻林晨曲》、《两把菜刀》等优秀作品；编写了《四川竹琴练习敲打曲谱》。代表作品有《三英战吕布》、《断桥》、《鸡和蛋》等。

谢赤非，四川竹琴市级代表性传承人。1974年出生，2006年从艺，师承四川竹琴名师谢惠仁。代表曲目有《水漫金山》、《成都美》等。徒弟雷波已能单独上台表演竹琴。

（整理：陆德馨）

荷 叶

小档案

项目名称：荷叶

2006年入选成都市第一批非物质文化遗产名录。项目保护责任单位为成都市非物质文化遗产保护中心。

四川荷叶主要分布于老四川汉民族居住区域，如成都、重庆、自贡、内江、泸州、宜宾、万县、涪陵、遂宁、绵阳、德阳等地区。

荷叶的主要伴奏乐器是苏镲，因其状若荷叶，其柄部系以红绿绸带而飘然下垂，形同荷茎托叶，故名“荷叶”。荷叶形成于清朝中期，与金钱板组成了四川曲坛的姐妹花，其多数荷叶演唱者同时也是金钱板的表演者，如已故大师邹忠新。其唱腔均来自于川剧，击打节奏也是按川剧锣鼓点子来敲击。荷叶形成晚于川剧。传说是跑摊的川剧班散伙时，一位艺人只抢得一面苏镲，因生活所迫，就用苏镲沿街敲打的同时，用川剧的腔调演唱，从而形成荷叶这一曲目。

清道光、咸丰年间（1821–1861）荷叶较为流行。到光绪年间则出现众多的荷叶演唱高手，如刘宝山、杨永昌、万年宽、闵贵庭、董仲良等。清末至民国期间，四川荷叶在发展过程中，不再完全依赖川剧演唱，发展为以说唱故事为主；形式上也有所改进，可多人同台表演；同时在调式上也融合四川民歌曲调，从而使表演形式和曲调多样化了。

抗日战争期间最为兴盛，艺人们演唱十分活跃，出现了大量的宣传抗日战争题材的曲目，如《士兵之声》（施谊作，见1937年9月2日《四川日报》）、《王将军勇战》（周敬承作），因此也涌现出像何克纯、邹忠新、王德成、王安福、杨裕国、陶明成、段云程、杨青云、李永德等一批优秀的荷叶演唱艺人。

新中国成立后，荷叶得到了很大的发展，在表演艺术上逐渐成熟，风格上简约明快，不拘一格，雅俗兼 备；形式上可歌可舞，且易于表演；内容上题材广泛，为自编自演提供了广阔的空间。在百花齐放、百家争鸣的发展过程中成为了不可多得的一种表演民间艺术，受到广大群众的青睐，是四川曲坛的一朵奇葩。

四川荷叶最初是一人演唱。开演时，表演者先打一段前奏，称为闹台，后再说正书即正式表演。荷叶与金钱板的表演很相近，多为川剧唱腔表演，只是荷叶唱的多些，动作少一些，因此有“文荷叶武金钱”之说。所以可表演荷叶的就打

1. 邹忠新老师清唱
2、3. 荷叶演出道具
4. 成都故事之邹忠新专场

得来金钱板；表演金钱板的也可唱荷叶。荷叶与金钱板同板腔体。有一字、二流、快二流、三板等板式。每个唱板都有“起腔”、“行腔”和“尾腔”三个部分。起腔用于唱段开始，有放腔、放帽子两种说法。放腔用散唱（无板），放帽子则用韵白（只念不唱）。行腔是唱段的主体，尾腔是唱段的结束腔。荷叶后来发展到二人、三人对唱等形式。有长篇、短篇小段之分，长篇多为历史故事，如《罗成修书》、《南阳关》、《空城计》等，每部可说唱数十天甚至数月之久。短篇则二三十分钟或几小时不等，如《耗子告猫》、《小菜打仗》、《打虎》、《除霸》等。

荷叶伴奏乐器有铜制苏镲一面（圆形中间凸一托直径约六寸）；檀板一副（艺人称提手，由两块长约七寸、宽约一寸六分、厚约三分的檀木板组成）；竹筷一根，用于击打苏镲。

四川荷叶在唱腔上最初沿袭川剧的高腔曲牌，后吸收昆曲、胡琴、弹戏、灯戏及四川民歌的曲调，从而形成独特的唱腔、调式。在表演时用竹签击打铜制苏镲和木制的檀板，发出的不同响度、节奏以控制演唱节奏、烘托场景气氛，从而起到调动演员与观众情绪的作用。由于荷叶在发展过程中不断求新求变，一度与川剧形成了竞争对手，这不仅促进了川剧和自身的发展，也为川剧的发展作出了巨大的贡献。

四川荷叶在这一百多年兴衰过程中，以其特有的艺术魅力活跃于曲坛的舞台，为我们广大人民群众提供了文化服务和精神上的享受。近年来文化体制改革，2012年底成都市曲艺团并入成都市非物质文化遗产保护中心（成都市非物质文化遗产研究院），因此该项目的保护责任单位也随之变更为成都市非物质文化遗产保护中心。

四川荷叶鼎盛过，也辉煌过，在我们中华民族文化艺术中占有一席之地，是中国曲坛中的瑰宝。它曾经也深受广大人民群众的欢迎和青睐，若就这样断传的话，将是四川曲坛、也是中国曲坛的损失。（整理：陆德馨）

四川清音

小档案

项目名称：四川清音

2006 年入选成都市第一批非物质文化遗产名录，2007 年入选四川省第一批非物质文化遗产名录，2008 年入选第二批国家级非物质文化遗产名录。项目保护责任单位为成都市非物质文化遗产保护中心，项目传习所为成都市非物质文化遗产艺术研究院曲艺团。现有国家级代表性传承人程永玲，省级代表性传承人沈桂蓉、田临平，市级代表性传承人任平、李文玉、钟淑芸。

四川清音是四川汉族地区说唱音乐的代表曲种，起源于城市小调，曾称“唱小曲”；因演唱时多用月琴或琵琶伴奏，又被称作“唱月琴”、“唱琵琶”。

清代吴好山在《成都竹枝词》中写道：“名都真个极繁华，不仅炊烟廿万家。四百余条街整饬，吹弹夜夜乱如麻。”这里描述的夜夜吹弹，指的就是四川清音。

事实上，四川清音的产生发展与明末清初四川地区特殊的历史环境有着密不可分的关系。明代末年，时局动荡，战乱频繁，四川深受其害，伴随战争而来的又是严重的灾荒与瘟疫，经此浩劫，四川人口锐减。到了康熙、雍正、乾隆年间（1662—1795），朝廷开始有计划地向四川大量移民，“招两湖、两粤、闽、黔之民实东西川，耕于野；集江南北、关内外、陕东西、山左右之民藏于市”（《清圣祖实录》），这就是历史上的“湖广填四川”。各地移民进入四川，不但使凋敝的四川经济得到复苏，还带来各自家乡的乡音小曲，渐渐地，来自南北各地的时调小曲、戏曲音乐被四川唱曲艺人吸收，与四川民歌融合碰撞，丰富了四川清音的唱腔和表演。

除去“湖广填四川”，在乾隆、嘉庆年间（1736—1820），随着商贸活动的日趋频繁，长江中下游一带的唱曲艺人跟随商船溯江入川行艺，沿江商埠如万县、重庆、泸州等地唱曲卖艺尤为流行，这也从另一方面促进了四川清音的发展。

在吸收各地唱曲并与本地方言相融合后，至嘉庆、道光年间，四川清音已发展得比较成熟，除单曲体外，也有如《月调》、《背工调》、《马头调》等联曲体唱腔。此后，皮簧腔传入四川，清音艺人也将之消化吸收，形成板式变化体的《汉调》和《反西皮》。至此，四川清音进入了繁荣时期，卖唱的艺人很多，出现了“大街小巷唱月琴，茶楼旅店客盈门”的繁盛景象。

然而，清道光二十四年（1844）和同治七年（1868），官方曾以禁演淫秽之曲为由，两次查禁小调，四川清音一度衰落，一直到清光绪年间（1875–1908），四川清音演唱才再度兴旺。

民国初期，外国列强的侵略和军阀割据，致使民不聊生。破产的农民进入城市后，有的以卖唱为生；此外，还有一些前清贵族中的清音玩友，为了生存糊口也多下海从艺。他们或以家为班，或自由结合，或“抱姑娘”（收养女童）、“请老师”组成唱班，称“海湖班”或“海湖帮”（浪迹江湖、四海为家之意）。这些班子少则三五人，多则七八人。至20世纪二三十年代，四川各地有很多这样的班社，如成都“刁家班”、“柯家班”，重庆“廖家班”、“文家班”等。

1. 李月秋（四川清音大师）
2. 程永玲老师演出

民国十九年（1930）前后，重庆、成都相继成立了“清音歌曲改进会”、“清音职业工会”等艺人的行会组织，行会把这一曲种统称作“清音”，新中国成立后，它就约定俗成地被称为“四川清音”了。

新中国成立后，四川清音得到长足发展，出现了有代表性的表演艺人，如李月秋、黄德君等，他们在“百花齐放、推陈出新”的文艺方针指引下，焕发了艺术青春。1957年，成都市曲艺团的李月秋及其琴师熊青云被选往苏联首都莫斯科参加第六届世界青年学生联欢节，表演了《小放风筝》、《青杠叶》、《忆我郎》等曲目，荣获金质奖章。在演新创新高潮中，还涌现出一批优秀的清音曲目，如《布谷鸟儿咕咕叫》、《积肥谣》、《八点钟》、《赶花会》、《小会计》、《黄继光》、《丁佑君》、《江姐上华蓥》、《绣红旗》等。一些作家和音乐工作者如黄伯亨、竹亦青、老沈、戈壁舟、蒋斧、严西秀、包德宾、黄志、熊青云、温见龙、曹正礼、车向前等与艺人一起致力于创作反映现实生活的新曲目，同时，一批音乐工作者开始对四川清音理论开展研究，从此四川清音进入了较自觉发展的时代。

"文革"期间，四川清音一度停止演出，直到1977年四川省报送的四川清音《江姐上华蓥》、《布谷鸟儿咕咕叫》等作品获文化部批准恢复演出，四川清音又回到观众之中。

四川清音以唱为主，艺人表演时，一手执檀板（由两块长约七寸、宽约两寸的打板和背板组成；前者厚约两分半，后者厚约五分，二者为一副）；一手执竹筷（长约一尺，前细后粗）击节（"竹鼓"由楠竹竹节部制成），站立演唱，旁有琴师或小乐队伴奏，伴奏乐器为月琴、琵琶、二胡、高胡、中胡、中阮，伴奏者有时兼作帮腔。

四川清音唱腔结构可以分为曲牌体和板腔体。

曲牌体含单曲体和联曲体。单曲体是一个唱段只用一个曲牌，可以反复接唱。如《勾调》、《荡调》、《滩簧调》等。联曲体曲牌又分基本曲牌和插用曲牌。基本曲牌有《越调》、《背工调》、《寄生调》、《马头调》、《满江红》五支。这五支曲牌可以自成段落作为单曲演唱，也可以在联曲体中起头、尾作用，中间根据需要插入其他曲牌。联曲体中的插用曲牌，如《夺子》、《未调》、《数板》等，只能与其他曲牌联套，不能单独使用。

板腔体曲牌只有《汉调》和《反西皮》两类。

清音艺人传统习惯将清音曲牌分为"大调"和"小调"。"大调"即《勾调》、《马头调》、《寄生调》、《荡调》、《背工调》、《越（月）调》、《反西皮调》、《摊簧调》，艺人习惯称之为"八大调"。大调曲牌多用于情节曲折，情感丰富，既浓郁抒情又流畅叙事的段子；它们或柔美扩展，或荡气回肠，或伤感压抑，或低吟浅唱，或响遏行云，撞击心扉，产生强烈的艺术感染力，如《昭君出塞》、《法门寺》。小调即时调小曲，有一百二十多支。小调则以一个曲牌（或民歌）多次反复，直至曲终，长于表现轻柔瑰丽、清脆明快、欢跃跳荡的题材，如《青杠叶》、《喜送粮》。

四川清音从民歌小调发展而来，它不仅吸收了如《数蛤蟆》、《青杠叶》、《十把扇子》等四川本土民歌的唱腔，从四川清音曲牌中，还能看出它与省外许多地方民歌小调密不可分的血缘关系，如《无锡景》、《麻城歌》、《武昌调》、《边关调》、《凤阳调》、《陕五更》、《北调》、《摊簧调》、《泗州调》、《东北风》等。此外，四川清音还与四川扬琴和川剧相互影响，如它与四川扬琴的同名曲牌《月调》、《半边月》、《平板》、《垛子》、《未调》，与川剧的同名曲牌

《反西皮》、《七句半》等，在曲调结构上都十分相近。

最为独特的是，四川清音有极具特色的“哈哈腔”和“舌尖弹音”，能带给人以“大珠小珠落玉盘”的感受。“哈哈腔”因演唱有如“哈哈”笑声的效果而得名，具有圆润灵活、细腻生动、音色多变等特性。最初，“哈哈腔”是清音艺人在需要强调唱词的尾腔部分使用连续的跳颤音，发出“呵”或“哈”的声音，后来著名的清音表演艺术家李月秋老师将之发扬开来，把“哈哈腔”融入到清音歌曲里，根据不同的唱段感情需要，生动地运用“哈哈腔”，取得很好的艺术效果。“哈哈腔”这一独特的润腔手段与西洋美声唱法“花腔”颇为类似，既是考验唱功的“珠穆朗玛峰”，也是四川清音的代表性声腔，四川清音因此被国外媒体誉为东方歌剧。

四川清音取材广泛，注重从中国几千年的传统文化和博大精深的民间文化宝库中吸取养分。目前留存的传统代表曲目有《贵妃游园》、《尼姑下山》、《悲秋》、《昭君出塞》、《关王庙》、《断桥》、《思凡》、《花木兰》、《断桥》、《六月六》、《忆我郎》、《绣荷包》、《活捉三郎》、《青杠叶》、《布谷鸟儿咕咕叫》、《小放风筝》、《积肥谣》、《赶花会》等。

今天，四川清音不但是供人们欣赏的曲艺品种，也是四川地区宝贵的文化遗产。它不仅是四川本地原生态的艺术形式，带有典型的地域音乐特点和独特的巴蜀韵味，还传承了巴蜀传统历史文化，从一个特殊的视角凸显了民族民间艺术发展过程。正因如此，保护好这一传统曲艺形式，对于保护其蕴涵的历史文化和民间艺术，具有十分重要的意义。

成都市非物质文化遗产艺术研究院曲艺团开展了大量的保护工作，搜集整理和出版老艺人演唱的传统曲目，并制作了《李月秋清音经典选段》光碟（由田临平演唱），培养了一批演唱四川清音的青年人。2014年成都市非物质文化遗产艺术研究院曲艺团被评为第二批成都市非物质文化遗产项目传习所。

传承人简介

程永玲，四川清音国家级代表性传承人。1947年生，1958年就读成都市戏剧学校曲艺班，师承著名四川清音大师李月秋。声色甜美，擅长演唱小调曲目，吸纳民歌演唱艺术和其他演唱艺术的技巧和方法，形成了自己清新俏丽、真情四溢的演唱特色。代表曲目有《小放风筝》、《蜀绣姑娘》、《布谷鸟儿咕咕叫》等。她还将从前“口传心授”的教学方法和现在照乐谱学唱的方法结合起来，培养了

1. 四川清音演出剧照
2. 田临平老师演出
3. 任平老师演出

许多清音演唱者。

沈桂蓉，四川清音省级代表性传承人。1947年生，1956年起，先后师从清音老艺人张开泰、李月秋、熊青云、邹发祥、邓汉青、向素君、刘坤一，系统学习了四川清音的演唱技巧。主要演唱的大调曲目有《断桥》、《尼姑下山》、《昭君出塞》等；小调曲目有《赶花会》、《喜送粮》等十多首。其唱腔优美，深受广大专家的肯定和群众喜爱。曾获得省级、市级多项荣誉。培养了白家蓉、尹奕琴等学员。

田临平，四川清音省级代表性传承人。1961年生，先后在成都市戏剧学校（曲艺班）、成都市艺术剧院曲艺团学习。师从清音老艺人李月秋。在唱腔和曲调方面，既有大调的雅丽婉约，又有各种小调的俏皮清新，深受广大观众的喜爱。主要作品有《成都的传说》、《兵车行》、《懒汉和鸡蛋》、《蜀风情韵》、《青桐叶》、《小放风筝》等，作品多次获奖，2003年获得中国曲协颁发的“2003中国曲艺荟萃《南方片》曲唱雅集”一等奖；2004年获中国文联、中国曲协颁发的“第三届中国曲艺牡丹奖表演奖”。

任平，四川清音市级代表性传承人。1975年出生，师承著名清音表演艺术家程永玲。擅长演唱小调曲目，音色甜美清脆，清新亮丽，在保留传统曲目典型唱腔的同时融入现代的音乐元素及表演，逐渐形成了自己独特的演唱特色。主要代表作品有《锦水吟》、《蜀都吟》、《赶花会》、《陌上桑》、《金陵塔》等。曾获得全国古曲大赛“金奖”、全国群星奖“银奖”等奖项。

李文玉，四川清音市级代表性传承人。1942年生，1955年从艺，1958年保送到成都市戏剧学校学习，先后师承清音表演艺术家李月秋、熊青云、肖顺玉老师，形成了自己清新秀丽、音色甜美、情真意切的艺术风格。代表曲目有《尼姑下山》、《王昭君》、《昭君怨》、《法门寺》等。曾获得四川清音表演一等奖。多年来，先后培养了数十名学生，目前有九名学生活跃在曲艺舞台上，并坚持参加每届“非遗”节的各项演出活动。

钟淑芸，四川清音市级代表性传承人。出生于1944年，1960年毕业于成都市戏剧学校，师从李月秋老师。不仅熟练掌握四川清音的演唱技巧，更是深得李月秋老师润腔方法“哈哈腔”之精髓和真传。无论演唱大调、小调曲目，都能原汁原味地展现出四川清音传统风格和特点。创作了获得四川省创作曲目三等奖的《泪珠吟》等优秀作品。多年来培养了向小英、刘春乔、李素云等一批优秀的清音演员。

（整理：赵媛媛）

金钱板

小档案

项目名称：金钱板

2006年入选成都市第一批非物质文化遗产名录，2007年入选四川省第一批非物质文化遗产名录，2008年入选第二批国家级非物质文化遗产名录。项目保护责任单位为成都市非物质文化遗产保护中心，项目传习所为成都市非物质文化遗产艺术研究院曲艺团。曾有和现有国家级代表性传承人邹忠新、张徐，省级代表性传承人李国仲、罗世忠。

古来虽说“蜀道难，难于上青天”，但这却使四川成为历史上少有的偏安乱世的富庶之乡，在这富饶的土地上也形成和造就了灿烂的蜀文化艺术，四川金钱板（以下简称“金钱板”）就是其中极具特色的民族民间艺术品种。金钱板形成于清代，清宣统年间的《成都通览》上刊印的金钱板图，题名为“打连三”。“金钱板”由最初称为“玉子板”的两块金属板而演变成四块相连的竹板，称之为“莲花板”，以后又在“刮子板”（竹板一侧制成锯齿状的打板，演奏时可发出弹音）基础上才定型为三块竹板，传说三块竹板寓“天、地、人”“三才”之意，故称“三才板”。随着“三才板”的定型和打板技巧的进步，艺人们在竹板上雕出空格，嵌上铜钱或金属片，打板时既有竹板声又有金属声，民国初期才被定名为“金钱板”，民国时期还有“金签板”等名称，艺人行话称为“夹夹”。

张徐老师排练金钱板传统曲目《武松闹庙》

金钱板的表演有说有唱，最初，艺人只能简单地唱诵“劝世文”以求生活。后经历代艺人不断发展改进，逐渐成为独立曲种。清道光末年至同治末年（1850–1874），金钱板艺人中出现了刘宝山（涪陵人）等名家。到光绪年间（1875–1908），又出现了川南的杨永昌（原籍涪陵，行艺川南）、川西的童仲良、川北的吴云峰等名家。他们都各有一套自己的独特打法、唱法和演法。艺人们在演出中不断改进提高技艺，如杨永昌引入川剧曲牌《江头桂》；张兴武、张相如、叶青山等，把武术拳脚功夫"打遍马"、"踢尖子"等姿势引进金钱板的表演中。金钱板曲目内容也逐渐由唱短篇劝世文，发展到说唱中长篇故事。清末民初，一部分金钱板艺人已由街头巷尾逐渐进入了茶馆书场。民国元年（1912）《成都时事通俗画报》刊有题名为"警察驱逐金钱板"的时事漫画，可知当时金钱板盛行。其时金钱板从业人员增多，艺人成立了行会组织"金音乐（读luo）贤会"。每年农历十月一日办会，在演唱中，各显其才，形成了不同的风格和流派。比如花派板式打得花，打得闹热，善于撕"花口"（近似相声的抖"包袱"），逗人发笑，另外还有清派、杂派等。

新中国成立后，各地成立的专业曲艺演出团队中，均有金钱板这一曲种。金钱板艺人们积极编演了许多有鲜明时代特色并深受群众欢迎的新节目，如《双枪老太婆》、《许云峰》、《断头山》、《冷枪战》、《焦裕禄》、《赣南烽火》等，此外对传统唱词也进行了去芜存菁的发掘整理改编，如《岳飞传》、《武松传》等。20世纪五六十年代，金钱板这一曲种人才济济，其中最为出色者是成都的邹忠新，他不但唱得好、打得好，尤其善于表演，而且总结出了一套有关金钱板的理论，还出版了《四川金钱板艺术》，是四川曲艺界艺人中第一个有著述的人。他把打板进行规范形成了板谱。他创作的作品数以百计，《两相帮》、《激浪丹心》、《双枪老太婆》、《大红马和西里亚》、《断头山》等很多都是脍炙人口的段子。《断头山》被收入《第一届全国曲艺会演作品选集》。

但在十年"文革"期间，金钱板艺术不可避免地受到摧残。金钱板名老艺人受到迫害；金钱板因"金钱"二字"犯忌"而被迫改称"革命板"，广受群众喜爱的金钱板传统唱段被列入封建糟粕而被禁演禁唱；许多有关金钱板艺术的珍贵资料被毁损。直到20世纪70年代末，曲艺开始复苏，金钱板艺术又焕发了艺术青春，在之后的约十年时间里形成了新的创作、演出高潮。至今，成都仍有邹氏门十余人，每周二、周日都在新华公园以"邹忠新金钱板研究会"名义进行工艺表演，时至今日，已是第八个年头。他们坚持演出，保护了这一优秀的传统艺术，也使自己的技艺更加走向纯熟。

金钱板是由长为九寸、宽一寸、厚约五分的楠竹或斑竹头制成的，三块为一副，其中有两块嵌有铜钱或金属片，三块竹板又分面板、底板与打板。金钱板是单个演唱者表演的说唱艺术，在其形成和发展过程中，金钱板艺人创造性地移植了川剧高腔部分曲牌如《红鸾袄》、《富贵花》、《江头桂》、《满堂红》，以及川戏中的灯戏、弹戏、胡琴的某些曲牌，同时兼收并蓄一些四川民歌和山歌、小曲、号子等等，从而形成了金钱板鲜明而又独特的唱腔和调式。金钱板艺人杨永昌把金钱板唱腔定上曲牌名称，并归纳出主要板式及打法，对金钱板的发展起了重要作用。金钱板的唱词通俗易懂，说唱并举，常在段末一句略有拖腔，句型变化节奏鲜明，每句字数不限，全篇多一韵到底，偶有转韵。传统唱词以历史故事居多。口传心授是金钱板得以传承的主要方式。前辈艺人口传心授的为百姓所喜爱的传统作品，最著名的要数“三打五配”，即《打董家庙》（即《武松传》）、《打洞庭》（又名《打铁山》）、《打毗芦荡》（即《乾隆访江南》）和《胭脂配》、《芙蓉配》、《龙凤配》、《金婵配》、《节孝配》，以及《闹雅安》、《嫌贫传》、《蓝大顺起义》、《瓦岗寨》、《包公案》、《说岳传》等。这些作品中《打董家庙》是最有名的，也最完整，在全川各地的唱词和唱法也大体一致，艺人们称之为“通江书”（即通行江湖社会的书）。十分可惜的是“五配”（除《节孝配》外）及其他很多书目现已失传。

金钱板艺人们为了生存闯江湖跑码头，在四方各地的演唱过程中，通过互相交流和融通，使金钱板艺术得以日臻完善和成熟，在此基础上逐渐形成了各种流派，其中影响较大的有以闵贵廷为代表的“花派”（板式打得花，演唱腔调花），以万年宽为代表的“杂派”（唱词长短自如，说唱间杂，打板变化多端十分传神），以刘宝山为代表的“清派”（唱腔动人，字正腔圆，动作细腻准确）等。

金钱板艺人们对金钱板艺术进行了系统的总结和深入的探索，以金钱板艺术家邹忠新为代表，他总结了前辈金钱板艺人的经验，集各金钱板流派之长，形成了风格独具的“邹派”金钱板打、唱、演的表演程式，成为新时期金钱板艺术最具影响力的领军人物。通过总结交流和提高，金钱板艺术获得空前的繁荣和发展。

诞生和成长在有着悠久历史文化土地上的金钱板艺术是巴蜀历史文化的传承载体。窥一斑而知全豹，从现存不多的金钱板著作和唱词资料，我们可以了解到巴蜀大地的风土民情、历史事件和风云人物等。可以说金钱板以它特有的方式记载和传承了巴蜀历史文化，这体现了它特殊的历史文化价值和学术研究价值；金

1、2、3. 王炘老师演出剧照
4. 金钱板排练现场
5、6. 邹忠新老师演出剧照
7. 张徐老师带领徒弟及曲艺团学生排练新创四川金钱板剧《车耀先》

钱板自成体系，是典型的“俗文化”的代表。金钱板虽“俗”却不媚俗，它能将看似高不可攀的“雅文化”的文化内涵通俗地演绎给平民百姓，因而在相当长的历史时期里满足了人民群众的审美需要，成为民众所喜爱的艺术品种，这也是它的艺术价值之所在。在目前曲艺人才奇缺、资料流失严重、曲艺艺术面临消亡威胁时，通过教学金钱板不但可以有效地形成其传承渠道，解决后继之忧，而且这对于在继承的基础上研究、传承和持续发展曲艺事业有着极高的价值。同时，普及金钱板这一传统艺术，也是弘扬中华民族优秀文化和保护民族民间文化遗产最好的方式之一。

为保护和传承这门民间艺术，由金钱板艺人发起并组织了旨在传承弘扬民族民间艺术的“四川金钱板联谊会”，多方面扩大金钱板艺术的社会影响。成都市曲艺团通过积极招收、培养新人以解决传承上的后顾之忧，并通过积极协助、参与政府组织的艺术节和各种大赛以及各类演出活动，定期定点为社会各界演出，以期重新唤起人们对金钱板艺术的热情和关注。2014年，成都市非物质文化遗产艺术研究院曲艺团被评为第二批成都市非物质文化遗产项目传习所。

传承人简介

邹忠新（1924年4月–2013年5月），金钱板国家级代表性传承人。先后师从名噪川南的金钱板艺人杨永昌和孙洪云。在长期的艺术实践中，融会贯通了四川金钱板艺术各流派之所长，形成了一整套独特的“邹派”金钱板打、唱、演表演程式和风格，创作和改编了金钱板作品达两千多个，代表作品有《秀才过沟》、《双枪老太婆》、《四川白毛女》等。其徒弟张徐，现已是金钱板表演的大家。

张徐，金钱板国家级代表性传承人。1957年出生，1977年进入成都市曲艺团，师从金钱板大师邹忠新，学习长篇曲目《武松传》及传统与现代曲目若干。在继承前辈艺人的基础上，在唱腔设计和表演手法上吸纳了其他艺术门类的精华，形成了唱腔方面且戏且歌的特点，创作了一批贴近时代、贴近人民群众的作品。代表作品有《怪哪个》、《两个小伙子》、《人人有颗公德心》。多年来坚持授徒，培养金钱板继承者。

李国仲，金钱板省级代表性传承人。1945年出生，1963年拜四川金钱板艺人邹忠新为师，学习金钱板的表演和创作。精通四川金钱板打、唱、演的技艺，同时也擅长故事、四川方言诗朗诵、口技、方言相声、双簧、方言小品等的表演。代表曲目有获得成都市调演二等奖的《断层夺煤》，获四川省首届“剑南春”杯群众曲艺大赛银奖的《打工妹》等。自编自演的《学赖宁》、《自食其果》、《两顶头盔》等，获得业界和观众一致好评。

罗世忠，金钱板省级代表性传承人。1944年出生于重庆市，师承金钱板老艺人王德成、邹忠新，专攻传统唱腔和表演。在继承的基础上推陈出新，用流行唱腔加传统唱腔表演，同时又在传统评书和现代评书中加入即兴演唱。代表作品有《学徒泪》、《白泪控新》、《杨广观花》、《数县》、《白猫黑猫》、《母亲》、《她为什么疯了》等。曾获成都市第一届民间艺术节二等奖。2004年12月开始，在锦江剧场悦来茶园用金钱板说唱传统评书。（整理：方雨馨）

四川扬琴

小档案

项目名称：四川扬琴

2006 年入选成都市第一批非物质文化遗产名录，2007 年入选四川省第一批非物质文化遗产名录，2008 年入选第二批国家级非物质文化遗产名录。项目保护责任单位为成都市非物质文化遗产保护中心，项目传习所为成都市非物质文化遗产艺术研究院曲艺团。现有省级代表性传承人付兵、曾克蓉，市级代表性传承人林同清、刘明辉、魏玲玲、陈莉、黄荣华。

四川传统扬琴“五方”坐唱

四川扬琴又称四川琴书，因其主要伴奏乐器为扬琴而得名。据老艺人口传，清代乾隆年间（1736—1795）已有扬琴伴奏自打自唱、一人多角、以说为主、以唱为辅的说唱表演，到嘉庆年间（1796—1820）才由多人分行当演唱，用荷叶（一面苏镲）击节伴奏，以渔鼓和檀板击拍，称之为“清唱扬琴”或“扬琴清唱”，俗称“渔鼓扬琴”。道光年间（1821—1850），艺人谢海楼首先将鱼鼓改为盆鼓，俗称“大鼓扬琴”。到光绪年间（1875—1908），艺人谢兆松又将扬琴的梯形桥改为锥堞形，使其上弦方便。

清嘉庆杨燮所写《竹枝词》谓“清唱扬琴赛出名”，描写了艺人之间演唱扬琴比赛之事。道光年间，成都的四川扬琴艺人行会组织“三皇会”，每年聚会两次：

农历九月九日议论会务和选举更换会首；农历三月三日，举行仪式祭拜“百寿图”（已过世的先辈艺人班辈图）。

民国十四年，成都慈惠堂瞽童教养所的盲童全部改学扬琴，使该处成为成都最早的曲艺专业学校。该专业三年为届，每届二十人，每年都招收盲童，共办了九届。慈惠堂出来的学生，人称“堂派”，人数众多，分散在全省各地行艺，对四川扬琴的传播发展起了很大的作用。

民国时期，成都的扬琴票友邱荅荪、李鉴堂首先将扬琴传至巴中县、邻水县，并组织琴社自娱。20 世纪 20 年代，成都的扬琴艺人李连生被邀请到遂宁、渠县传艺。30 年代，成都的扬琴艺人陈云中、邓天然、李德才被邀到南充演出并传艺。沈念慈被聘到广汉救济院传艺。其时，各地还相继成立了票友组织。成都各界几乎都有四川扬琴票友组织（琴社）。泸州有“律音琴社”、“蓝田琴社”，自贡有“釜溪琴社”。

四川扬琴由五个演员（即行话“五方人”）分为生、旦、净、末、丑等行当演唱，演出时一般以坐唱为主，也可站立表演。乐器有五种：京胡、二胡、三弦、扬琴、盆鼓（包括小竹鼓、檀板由一人操作），以扬琴为主，高、中、低音配合，不喧不躁。

扬琴的演唱与川剧清唱（群众称“打围鼓”）极其相似。其区别在于：“围鼓”是川剧舞台戏的照搬；而扬琴则是从编写脚本起就没有考虑化装表演，它只是采用了分角色却没有形体动作演唱的方式，这就给放腔、拖腔、耍腔保留了一定的空间，让声腔来表达传递感情，这就是“坐地传情”。

故事中人物形形色色，单人说书（或唱书）全仗“跳进跳出” 地扮演人物，人物感情的发挥因此受到制约。扬琴的分角色演唱，解决了这一矛盾，使节目完整、生动。扬琴的办法是：一般选用（或创作）只有三四个人物的段子。五方人中有一人来专门负责第三人称的叙述并兼演杂角。段子中人物多时，除主角外，其他演员也可以一人多角。

总之，扬琴是曲艺，是通过说、唱来完成故事和表现人物的。它不是戏曲表演，而是长期在“坐地传情”的演唱实践中，形成自己以说、唱为主的艺术体系和风格。

新中国成立后，各市县相继成立曲艺团队，多无扬琴曲种，故有许多市县团队派人到成都学习扬琴，使四川扬琴有了更大的发展。其中，最有代表性的是李德才先生创立的“德派”唱腔艺术。四川扬琴是一种坐唱艺术，通常演唱整本的曲目，像我国多数戏曲一样，在唱腔方面是按行当划分为“男腔”和“女腔”的。

1. 四川扬琴走进校园
2. 四川扬琴演出
3. 刘明辉老师演出

由于李德才先生担任的是演唱“女腔”的角色，因此，从这个意义上来说，“德派”唱腔艺术实质上是专指四川扬琴演唱中女腔的演唱艺术流派。由李德才先生创立的“哈哈腔”演唱法，在德派演唱艺术中占有重要的地位，与他创立的“懒弯弯”、“铁门槛”并称为三大绝技。

在党的“百花齐放、推陈出新”文艺方针指引下，许多老艺人焕发了艺术青春，积极参与演出和教学工作。他们对整理传统曲目、改进音乐，尤其对接班人的培养倾注了心血。在李德才、雷子云、刘松柏、李明清、涂少全、叶南章、洪凤慈、张大章、卓琴痴、黄如初等一批老艺人的精心培育下，造就了近百名扬琴专业演员。如四川省曲艺团的徐述、刘时燕、万泓、李友梅，成都市曲艺团的王铁军、傅兵、邓俊如、柳素华等等。除传统曲目外，一些专业、业余作家如碎石、竹亦青、黄伯亨和赤叶、蒋守文等还创编了大批新曲目，如《红梅斗雪开》、《黄河夜渡》、《洪湖青松》、《焦裕禄》、《铁窗训子》、《凤求凰》、《浣花夫人保成都》等。

“文化大革命”期间，四川扬琴艺术同其他姊妹艺术一样，受到摧残。直到1978年党的第十一届三中全会以后，四川扬琴艺人又重新活跃在艺坛，并得到长足发展。其中值得一提的是成都市锦江区曲艺团（原东城区曲艺队）。由于该团扬琴演员较多，在扬琴这一形式上独占优势。多年来，他们以行当齐全、功底扎实、演员阵容整齐享誉蓉城。1980年后，随着整个戏剧、曲艺的滑坡，面对剧场停演、书场改业、演员改行、演出场所缺乏、经费严重不足的局势，康先洪、江维芳、李卷怡、雷蕾、尹斌、沈桂蓉、向承志等老演员仍然邀请来黄世涛、唐玉曼等名家，坚持在大慈寺社区书场演出。无论寒冬酷暑，从未间断（每周两场），甚至无偿地在灵堂为仙逝的老听众（票友）骆仲良、沈永年演唱。另一支由付兵、徐述、刘时燕、刘明辉、吴瑕等艺术家组成的“蜀声琴社” 则坚守在琴台路书场演出。扬琴家们的艰苦奋斗，既感动了听众也震撼了成都演艺界。1980年以来，他们先后接待了法国、美国、日本等外国友人及港澳台同胞的来访数百人次。1986年，成都市锦江曲艺术团（原东城区曲艺队）还应邀到法国演出四川扬琴，把这一古老的东方艺术推向了世界。

《中华人民共和国非物质文化遗产法》实施以来，大慈寺社区成了省级四川扬琴传承基地。省市区新老艺术家络绎不绝来此献艺，向新老听众传播着这——古老民间艺术。成都市曲艺团在以付兵为主的努力下，通过搜集整理传统曲目，积极筹集出版了《四川扬琴传统音乐》和《建国六十周年——四川扬琴现代曲目精选》，同时培养了大批年轻人。2014年，成都市非物质文化遗产艺术研究院曲艺团被评为第二批成都市非物质文化遗产项目传习所。我们深信，四川扬琴的春天正在孕育并即将到来。

传承人简介

付兵，四川扬琴省级代表性传承人。1945年出生， 1956年入成都市戏剧学校学习，拜师四川扬琴演奏家雷子云先生。在继承基础上，扩展了现代扬琴的演奏技巧，开拓了新的演奏、伴奏模式。主要曲目有《府河放鸭船》、《浣花夫人保成都》、《好多年》、《绣荷包》、《巴蜀乡土歌》、《坐茶馆》、《麻林晨曲》、《天府游》等。2006年退休后，仍然坚持参加民间自发组织的“蜀声琴社”的演出活动和其他各类演出活动、教学活动。

曾克蓉，四川扬琴省级代表性传承人。1942年出生，1958年入成都市戏剧学校学习四川扬琴，师承四川扬琴名家刘松柏先生，专攻四川扬琴旦角演唱。继承了刘派唱腔细腻柔美的特长，并广采博收其他扬琴前辈的优美唱腔和其他曲种的表演技巧，形成了唱白传神、手法娴熟、声情并茂的艺术特点。代表曲目有《拷红》、《活捉三郎》、《三祭江》等。带有徒弟雷常琼、尹斌等人。

林同清，四川扬琴市级代表性传承人。1945 年出生，1957 从艺，先后师承扬琴表演大师刘松柏、洪凤慈老师学习唱腔及操琴技巧。在表演中，主唱文武小生及老旦，完美把握唱腔和角色情感表现。操琴时，能掌握每个演员的唱腔和音律，根据剧情需要和其他演员默契配合。代表剧目有《活捉三郎》、《北海祭祖》、《祭塔》、《雷报》等。

刘明辉，四川扬琴市级代表性传承人。1976 年出生，1991 年进入成都市文化艺术学校曲艺班学习扬琴，师承扬琴表演大师付兵。掌握了四川扬琴的大调板腔体和月调联曲体的基本演唱规律和技巧，掌握了三弦、鼓板、琵琶等乐器的演奏技艺。擅长演唱抒情、轻快的大小调唱段。代表作品有《秋江》、《船会》、《成都》、《凤求凰》等。

魏玲玲，四川扬琴市级代表性传承人。1958 年出生，师从扬琴大师刘松柏。掌握了四川扬琴的大调板腔体和月调联曲体的基本演唱规律和技巧，在演奏技术上掌握了三弦、鼓板、琵琶等乐器。主要擅长老旦、反串男腔的演唱。代表作品有《秋江》、《船会》、《三罪世美》、《踏伞》、《碧莲夜课》等。曾获得省级二等奖、四川扬琴新秀演员奖等多个奖项。在平时的工作、生活中，通过口传心授等方式，指导很多人。

陈莉，四川扬琴市级代表性传承人。1959 年出生， 1976 年入成都市戏剧学校曲艺班学习四川扬琴，师从扬琴大师刘松柏、付兵。掌握了四川扬琴的大调板腔体和月调联曲体的基本演唱规律和技巧，在演奏技术上掌握了三弦、鼓板、琵琶等乐器。主要擅长演唱女角青衣唱腔。代表作品有《花木兰》、《秋江》、《船会》、《三罪世美》等。曾获得中国曲艺节最高奖“牡丹奖”等重大奖项。

黄荣华，四川扬琴市级代表性传承人。1947 年出生，先后师承四川扬琴演唱艺术家刘松柏老师，四川扬琴著名演唱艺术家、“堂派”开派人张大章老师，学习演唱艺术。功生角，习鼓板，兼习三胡、小胡琴、三弦。在四川扬琴演唱中，主演生角的红生、老生、小生等。从艺五十多年来，演出五千多场。在工作过程中，不断给年轻演员以指导。现已经将扬琴技艺传授给女儿黄静。　（整理：方雨馨）

四川连箫

小档案

项目名称：四川连箫

2006 年入选成都市第一批非物质文化遗产名录，2011 年入选四川省第三批非物质文化遗产名录。项目的保护单位为成都市青羊区文化馆。现有省级代表性传承人牟庆云。

连箫亦称连宵、连枪、连厢、连香、花棍、金钱棍、霸王鞭、柳连柳等。由于流行地域广，因而别名甚多。连箫是流行于我国南北各省的一种跨门类的民间艺术形式，含有民间舞蹈与民间说唱的成分，两者各有侧重。表演时，几百上千人的大型喜庆活动的则偏重于舞蹈，此种活动唱的成分很少，甚至没有唱，即使有一点唱也不具说唱文学的主要特征。另一部分多为一人表演，则偏重于说唱故事，虽有舞蹈但只是处于从属地位。

“连箫”与“霸王鞭”并非互为称谓，而是两种不同的民间艺术形式；“金钱棍”、“花棍”是对“霸王鞭”所使用的舞具的别称；“连枪”、“连香”则是对“连厢”之音讹而出现的代替字；“柳连柳”则是帮腔的衬中语，被作为这一形式的俗称。在过年期间，通宵达旦打连箫，故又称为“年宵”。

四川连箫是在清朝康熙年间大移民时，由陕西、湖北等地传到四川，后来经艺人们传播，逐渐形成为具有四川民间艺术特色的以文学、音乐、舞蹈相结合的曲艺演唱形式的表演。新中国成立前就已遍及四川各地沿长江流域：成都、德阳、绵阳、广元、乐山、宜宾、雅安、西昌、南坪县、南充、遂宁、内江、自贡、重庆、涪陵、达州、万县等地区，可说遍布四川大江南北各区县，范围之广，深受群众欢迎和喜爱。早在清道光年间成都人钱廉成在竹枝词中说：“连箫三尺长，此处更何有。行乞且长歌，柳啊柳连柳。”清人陆箕水《锦州竹枝间》云：“窄袖宽衣裤褶长，绿云新样窈娘妆。筵前唱彻《回波曲》，乞取青蚨作打厢。”清人李振声《百戏竹枝词》有《霸王鞭》一首，云：“窄样春山称细腰，蔚蓝首帕髻云飘。鞯王鞭舞金钱落，恼乱徐州《叠断桥》。”这些记载当时打连箫时的情景“以竹鞭缀金钱，击之节歌”的表演形式，四川自贡建于清乾隆十六年（1757）的关帝庙，其檐下撑弓有一帧圆雕女艺人手持竹竿，竹竿两端所嵌铜钱清晰可辨，这便是连箫在四川发现最早之塑像依据了。另周芷颖也说：“至柳连柳……一人手持五尺长竹

1、2、3、4. 牟老师表演四川连箫
5. 道具——连箫棍

竿一根，内掏空嵌大清铜钱若干，唱时，用此竿向通身击打，但亦有节拍，所唱均俚语流词……街面、茶社均可听。”对连箫的表演用具、唱词及场所均予以说明。由此可见连箫在四川已于清初就有了这一演唱活动。新中国成立初期这种民间艺术在四川就已广为流行，因此连箫的形成、发展至今已有三百多年的历史了。

成都的四川连箫历史悠久，地方特色浓郁，唱腔优美动听，舞蹈性很强，演出形式多样，有单人和群体表演，是十分珍贵边打边唱边舞、群众喜闻乐见并易于参与的民间艺术的曲艺种类。表演所用道具的连箫棍，亦称钱棍，该乐器用白加子、竹子一根（3 尺），竹子挖 8 个孔，每个孔嵌 4 枚铜钱，共用 32 枚铜钱，亦可用铜板替代。连箫棍的两头用彩色丝绸栓成蝴蝶结系在钱棍两端。演员女的戴头花、穿彩服彩鞋；男的需穿中式背心或长袖服装、软阳鞋。笛子、二胡、琵琶及阮以伴奏，大型表演需加唢呐。表演者手持一根连箫棍，边唱边舞，同时用棍击打通身，合着节拍进行歌舞。唱词分上下两句，上句帮腔衬词为“柳啊柳连柳”，下句是“荷花柳灯儿莲，海棠花”。表演人数不限，一般为单人或多人，也可多到几十、百人达千人进行表演；场地不受限制，大街小巷、田头、院落、舞台、广场均可进行，根据表演的需要而定。新中国成立前艺人大都是因生计而为。刘师亮在《成都竹枝词》中说：“贫女谋生亦可怜，竹竿凿眼贯青钱。逢人高唱湖南调，柳柳连来柳柳连。”这就是艺人为生活所迫而打连箫的凄凉情景的一个缩写。新中国成立后，群众的连箫活动很多，特别是每逢节日欢庆活动，打连箫人数众多，甚为壮观，围观的群众随声附和、帮腔助兴。后经文艺工作者对其进行改革，打破了上下句式的界限，使连箫别开生面，从而赋予了新的生命。如《石工歌》，以连箫棍作为钢钎、扛子、雷管等道具，表现爆石、打石、抬石等动作，有时还加入石工号子。20 世纪 60 年代萧顺瑜演唱的《保护耕牛》配以民乐伴奏，在四川广播台进行播出；1990 年西城区民间艺术团牟庆云还组织了大型连箫队参加金牛区民间艺术节，气势壮观，并获演出一等奖。

四川连箫这种以文学、音乐与舞蹈相结合，载歌载舞、地方特色浓郁的民间艺术，是曲艺种类的以说唱乐舞融为一体的、较为独特的一种艺术形式，在四川各地广为流行，深受群众的喜爱，并易于群众参与。它有单人表演单棍连箫和双棍连箫之分，一人领唱，众人帮腔独具的艺术特色。如遇盛大的传统节日，众多演员身着彩服，手持连箫棍边走、边唱、边舞，悦耳的音乐，动听的唱腔、优美的舞姿，以及壮观的场面给观众带来美的享受，并使大家感觉到节日欢快的气氛。

为保护四川连箫这门独特的艺术，保护单位采取了措施并成立了保护小组，建立了保护机制，定期对该项目状况进行调查，建立传承培训班。青羊区文旅局拟投入经费，由保护单位文化馆具体实施，致力于连箫的传承与发展工作。

传承人简介

牟庆云，四川连箫省级代表性传承人。1943 年出生于成都，师从艺人朱健珍。其表演汇集文学、音乐、舞蹈为一体，一唱众和，独具四川地方特色。她在继承的基础上不断创新，加入多种元素，使四川连箫的打、唱、演技更加丰富多彩，具有强烈的艺术感染力。表演连箫五十多年来，参加各种义演，各级曲艺（绝技、绝艺）比赛，多次获得奖励。她的优秀传统曲目《十二月》，演出场次最多，国内外电视台多次播放。多年来，培养学徒约百人。（整理：陆德馨）

飞刀花鼓

小档案

项目名称：飞刀花鼓

2006 入选成都市第一批非物质文化遗产名录，2007 年入选四川省第一批非物质文化遗产名录。

项目保护责任单位为青羊区文化馆。现有省级代表性传承人刘陶。

飞刀花鼓表演

飞刀花鼓亦称“三棒鼓”，是杂耍和曲艺组合而成的一种曲艺表演形式。上手在演唱同时还要抛掷数个刀、叉、棒等物，下手则打锣鼓伴奏，并辅以伴唱，用微小的舞姿把歌舞合为一体，成为一种独特而完美的艺术表演形式。相关演出器具有 锣、鼓、木棍、钱棍、叉、刀、鼓架、彩服等。

飞刀花鼓主要分布于成都、绵阳、自贡、内江、泸州、重庆、涪陵、达州、万县等地。远在北宋年间就享有盛名，在 20 世纪 50 年代以前常在河坝、码头、广场及街头巷尾进行表演。

飞刀花鼓发源于四川中江，远在北宋年间就享誉全国。据司马光《涑水记闻》记载：“章献刘后本蜀人，善播鼗。蜀人龚美携之入京。美纳后于太子。太子即帝位，立刘氏为后。”鼗指带长柄的播鼓，俗称拨浪鼓。播鼗就是演唱时摇拨浪鼓，是最早打花鼓的一种形式。周密在《癸辛杂识续集》“鼗鼓”条中载，“真宗刘后，蜀郡华阳人，襁褓中父丧，随母归玄武外祖母家，聪资善鼗鼓。”即是说刘皇后是四川华阳人，幼时在中江县学成“鼗鼓”。这说明飞刀花鼓在唐宋年间就已出现，直到清民年间才逐渐流行，并作为民间艺人卖艺糊口的一种手段，至此已有一千三百多年的历史。20 世纪五六十年代飞刀花鼓有了大的突破，由四句延长到六至八句，唱腔曲调也丰富了起来，由“老调门”又加入“戏腔”调等四种，由“独脚花鼓”变为双人或多人表演。内容也有新的注入，出现了《妇女翻身》、《婚姻自由》、《抗美援朝》等曲目。当时涌现出了多家著名艺人，如吉先秀、刁玉文、何玉秀、陶明成等。但首推还是“陶家班”的老艺人陶明成。他 1922 年出身于成都花鼓世家，五岁随母杨西花学艺，八岁出演，十四岁与妹陶学兰搭档正式演出。他音好、悟性极高，能唱川东川西各路腔调，行腔细腻动听；抛掷刀叉技尤为高超，擅长“枯树盘根”、“麻雀闹林”、“苏秦背剑”等许多种招式。在四川各地及云南、贵州、广西等地较有名气。1992 年应法国中友协的邀请，陶明成与刘陶随中国民间艺术团，参加了法国蒙彼利埃第六届演员之春艺术节和阿温尼翁国际艺术节，出演二十余场，受到好评，《世界日报》对此专题报道，赞其是“带着乡土气息，同时又极其精妙的艺术”。1995 年陶、刘二人在“95 成都民间艺术三绝”展演中获“绝艺”奖。

飞刀花鼓对演出场地要求不高，不择场所，在街头巷尾、码头、河坝、广场等地，只要人多的地方都可进行表演。一般两人结伴而行。上手一般身背大红带拴着花鼓、手提铜锣，下手搭着蓝布搭裢，袋中放有六根细竹做成的鼓架和刀、叉等道具。上手一边演唱一边抛掷刀、叉、棒等物，下手打锣鼓伴奏并辅以伴唱。他们一边行走一边敲打锣鼓，人们听到“得儿砰、得儿砰当”就知是打花鼓的来了。飞刀花鼓中抛掷刀、叉、棍的杂耍表演艺术是飞刀花鼓艺术的重要组成部分，有三十六种招式，分三类：一是按抛掷线路分，如“平线”、“高线”、“单绞线”、“双绞线”、“穿花”、“过桥”等；二是按其抛掷的方位分，如“开四门”、“内四门”、“外四门”、“左夹”、“右夹”、“冲天炮”、“枯树盘根”、“麻雀闹林”等；三是按其抛掷时的身段形体分类，如“苏秦背剑”、“大鹏展翅”、“魁星点斗”、“纺棉花”、“双合印”等。

飞刀花鼓的分类，可按演唱风格和唱腔艺术特点来分。演唱风格是以四川曲艺艺人惯用“河道”来分，即上、中、下河来分。上河是指宜宾以北以成都平原为中心的岷江流域一带（含绵阳、广元等川北部分地区）；中河是指宜宾、自贡、内江、泸州的川中、川南一带；下河指重庆、涪陵、达州、万县的川东一带（含川北部分地区）。上、中、下三河道因地域语言、习俗和文化不同而在演唱风格上体现出

1、2. 飞刀花鼓表演

不同差异。按唱腔艺术特点分，可分为“老调门”、“端公调”、“成都腔”、“戏腔”四种。“老调门”比较普遍，流行四川各地，曲目量大。“端公调”主要流行于川东、川北部分地区，唱腔旋律与民歌中的端公腔及川东薅草锣鼓中的“四句歌”相仿。“成都腔”主要流行于川西平原及邻近地区，特点是华丽而细腻，多用8/8、6/8的节拍形式（或复合拍子），演唱中常用提眼连眼等以求节拍的变化。“戏腔”是吸收川剧高腔曲牌发展变化而来，有的则是川剧唱腔，它们的四句腔结构和尾腔旋律的走向大都相似。

据不完全统计，飞刀花鼓传统曲目有近70个，其中以《柳荫记》最完整，共12段，其余多为自成首尾的单段曲目。这些曲目有的取材于民间传说，如《白蛇传断桥》、《孟姜女哭长城》、《三十四孝》、《十怒》、《十二月烧火》、《拜码头》、《八段锦》等；有的取材于传奇故事、演义，如《三巧挂画》、《陈姑赶潘》、《下游庵》、《秦仲抱瓶》、《雪梅观画》、《五娘剪发》等；有的取材于民间小调，这种曲目最多，有40个。此外，在各个时期还有说唱时事的曲目，如歌颂成都保路死难烈士唱词及禁烟、抗日的唱词；妇女解放的《妇女翻身》、《婚姻自由》等曲目；抗美援朝曲目《抗美援朝》等。

飞刀花鼓的保护单位成都市青羊区文化馆已成功将这门艺术作为曲艺艺术种类项目申报为省级代表性保护项目名录。现已对其做了全方位的保护措施，并落实了保护责任人和专项资金收集资料建立档案，对这门艺术进行研究开发，使其能够良好地传承发展下去。

传承人简介

刘陶，飞刀花鼓省级代表性传承人。1966 年出生于中江，师从表演艺术大师陶明成。多次应邀参加国内外的相关演出和电视节目录制，并获得很多荣誉。如 1991 年 1 月参加四川省国际电视节群众献技献艺，飞刀花鼓《孟姜女出关》获三等奖，1992 年应邀参加法国国际戏剧艺术节，1994 年电视台对其四川飞刀花鼓作了专题报道，1998 年 3 月随中国民间艺术团赴日演出，2006 年 7 月获“成都故事我来讲”三等奖。

（整理：陆德馨）

幺妹灯

小档案

项目名称：幺妹灯

2006年入选第一批成都市非物质文化遗产名录。项目保护责任单位为蒲江县文化馆，项目传习所为蒲江县大塘镇综合文化站。曾有市级代表性传承人慕文学。

蒲江幺妹灯的历史起源已无确凿证据可考。在《蒲江县志》中有这样的记述："龙灯、狮灯为庆典的文娱活动得到继承和发扬。除此之外还有牛儿灯、幺妹灯、踩旱船等。"长久以来，川西一带逢年过节，特别是春节期间，在民间娱乐活动中幺妹灯都占有重要的地位。有不少大户人家会请幺妹灯到家里演出，并邀请左右邻居同乐同赏。

幺妹灯目前主要流行于蒲江县大塘镇东岳村、李坝村、洪福村，大兴镇九尖村、沙椤村、妙音村。

幺妹灯是古代劳动人民智慧的结晶。老百姓在劳作之余，创作了这种精彩的艺术形式以丰富自己的生活。其内容丰富，大多是反映农民生活的故事，如《娃子打草鞋》、《请长工》、《小放牛》等。其唱词通俗易懂，表演风趣幽默，全用蒲江方言说唱，充满浓郁的生活气息，如把"吃饭"说成"吃牤牤"，把一事无成又爱扯谎的人叫"日白将"。幺妹灯的剧目还多有劝人孝敬长辈、戒赌戒烟、勤俭持家和勤劳致富等带有"正能量"的情节。这些节目短小精悍，一般十几分钟即可完成一段。

幺妹灯主要演员一般有四个，一个幺妹、一个"花鼻子"、一个媒婆和一个机动配角，有四个锣鼓将（锣、鼓、钹、罄）和一个胡琴师。如果加上花轿、配上伴娘、

1. 幺妹灯街头表演
2. 观众兴致勃勃地观看幺妹灯表演
3. 央视记者采访幺妹灯艺人

1、2、3. 幺妹灯进校园

4. 精彩的表演吸引了很多观众

新娘等，演员可达二十多人。表演常以扮相滑稽的“花鼻子”挑逗打扮妖娆的幺妹，媒婆和其他人则以帮腔的方式歌颂真善美或揭露假恶丑。其中具有代表性的“谐星”花鼻子，是搞笑的主角，自始至终扮演诙谐的角色，其夸张的动作和幽默的语言，常令观众捧腹大笑。

表演幺妹灯的道具有丰收锣鼓、二胡、笛子、桌子、椅子、锄头、扁担、马鞭、布娃、捞草耙、高板凳、红绸、猪八戒面具、剪刀等。

在传承与发展过程中，蒲江幺妹灯不乏优秀作品，如《幺妹摘花》、《龚老二帮人》、《驼子回门》、《偷布》、《金讨口》、《劝夫》、《嫁妈》、《路遇》、《周二送婶》、《王大娘补缸》、《观灯》、《看桃》、《放牛》、《背媳妇》、《十不改》。

蒲江幺妹灯具有以下三个方面的特点：

第一，群众性。幺妹灯源于民间，被老百姓称为“我们自己的戏”。从表演形式来看，是群体参与，一般都是普通老百姓和民间艺人参与表演。从内容来看，说的都是老百姓生活中的平凡小事，表现的都是民众的劳作和生活。从其受众看，观看幺妹灯的大多数是普通老百姓。另外，它还有表演不受时间、场地限制的曲艺优势。

第二，文化性。幺妹灯具有雅俗共赏的特点，以大众喜闻乐见的形式和通俗易懂的内容赢得观众的喜爱。它的唱词涉及历史、历史人物、民间传说、时事新闻等，涵盖生活的方方面面，是中国传统文化不可或缺的部分。

第三，艺术性。幺妹灯唱腔优美，其表演形式轻快活泼，风趣幽默，寓教于乐。表演内容故事性强，节目短小精悍，与其他民间艺术形式如狮灯、龙灯既有联系又自成一体。

幺妹灯的传承和发展既经历了辉煌也经历了曲折。1949 后十多年间，是蒲江幺妹灯的兴盛时期。山野村庄到处歌声不断，常见幺妹灯表演。20 世纪六七十年代，遭受批判，几近消失。

十一届三中全会后，随着改革开放和人们物质生活和文化生活水平不断提高，全社会对传统文化更加重视，幺妹灯在一部分老同志和热心人的关心下逐步恢复，并引起人们的关注和参与。

蒲江当地文化主管部门已专门成立了“幺妹灯”保护小组，组织工作人员对健在的幺妹灯艺人进行采访、录音、录像，收集、整理相关资料，建立数据库；在大塘镇建立了“幺妹灯”培训基地；邀请和组织一批曲艺专家和音乐专家，对幺妹灯艺术进行分析、研究。2011 年 11 月在镇综合文化站专门设立“非遗”传习所，由市级“非遗”传承人慕文学老师亲自组织培训村民，使这一传统民间艺术后继有人。每逢重大节日，幺妹灯都会参加县上演出，以提升幺妹灯知名度和影响力。2014 年蒲江县大塘镇综合文化站被评为第二批成都市非物质文化遗产项目传习所。

传承人简介

慕文学（1952 年 2 月 –2013 年 3 月），幺妹灯市级代表性传承人。生于蒲江，师从万明清。唱腔质朴、婉转，唱词内容丰富，形式灵活多样，化装艳丽，表演富于激情，亦庄亦谐。曾收过一名徒弟。其代表作有《幺妹摘花》、《龚老二帮人》、《驼子回门》等。

（整理：王晓敏）

四川车灯

小档案

项目名称：四川车灯
2008年入选成都市第二批非物质文化遗产名录，2009年入选四川省第二批非物质文化遗产名录。项目保护责任单位为金牛区文化馆。现有省级代表性传承人夏曼云。

四川车灯是四川民间曲艺品种之一，流行于中国西南各省。车灯起源于七百年前的元曲，前身为民间流行的车车灯，又叫“车幺妹”、“划旱船”、“逗妹”。车车灯历史悠久，文献中有不少记载。宋代范成大在他的《上元节物诗》中有“旱船遥似泛”之句，其夹注中说：“吏道陆引为竞渡之乐，谓之划旱船。”这就是说范成大曾在成都看到过划旱船。清代宣统元年（1909）出版的《成都通览》记载：“‘车车灯’，一男子作妇女装，乘假车步引，口唱词曲。”书中还配有车车灯的图片。民国时期，在四川汉族地区，每逢春节，许多地方都有“灯班”的演出活动。

车灯与传统生活联系紧密。古代的劳动人民，逢年过节做生摆酒、进行各种农事活动、举办各种庆祝活动，都用唱车灯这种形式表现群众的欢乐情绪。演唱车灯的演员划着彩篷船向观众走来，彩篷船用五颜六色的彩绸扎成，彩船内的车幺姑两手紧握栏杆，口中唱着欢乐的民间小调；彩船前头，一小伙子身着古装，眉开眼笑地与车幺姑对唱，他手持一木桨，木桨轻轻摇动，配合彩船起伏摇荡。两人喜笑颜开，边划边唱，一唱一和。车幺姑是演员的中心，或由女性担任，或男扮女装，进退有一定的步伐，很像戏剧舞台上旦角的走法。男主角就像戏台上的丑角，引导“车幺姑”进退，是车灯的演技导演，多由熟手担任。他俩或将身边发生的新鲜事儿即兴创作演出，或见啥看啥、说啥唱啥，或演唱当时的名歌名谣，或演唱节日拜年的祝贺之词。唱词可以将一个故事编为一段整书，也可以编几段，由事情本身而定，顺畅自然。在演唱时用载歌载舞的形式，配以舞蹈动作，给人

1、2. 夏曼云老师深情表演四川车灯

行动活泼的美的享受。

1951年重庆艺人唐心林对民间“车车灯”加以改革，去掉彩船，不用帮腔锣鼓，改以二胡伴奏，演员两手各持一对15厘米长的竹板（四块瓦）边舞边唱边打，形成出场、亮相、台步、身段等表演程式，使车灯的唱腔方式及伴奏基本定型。1958年四川省首届曲艺会演中，唐心林改编的《歌唱重庆大跃进》被正式命名为“四川车灯”。四川车灯由重庆流传到成都，流传到全川乃至云南、贵州。1962年四川省举办大型的车灯培训班，各地派出文艺骨干来蓉学习，参加学习的人员共计两百多人，曲艺音乐家熊青云、傅万才和车灯表演艺术家夏曼云执教。成都地区的成都军区、成都第一人民医院、川棉一厂、成都市房管局、成都汽车修理厂等单位均派人来学习。云南、贵州的曲艺团也先后派人来蓉学习，取得了优异的成绩，车灯之花开遍了大西南。四川车灯的艺术形式也得到迅速发展，帮腔由原来单一的“金钱梅花落，荷花闹海棠”，发展到十多种；其表演形式也有了单人、双人、三人群唱等。迄今为止，四川车灯仍是四川各地曲艺演出团体上演的曲种，也是群众业余演唱活动中常见的演唱形式。

车灯唱本多为全韵文，善于抒情叙事，幽默风趣，唱词中插有对白数句，每段首句末尾有衬词“哟喂、啰喂”，每段句末都有非常精彩的衬词帮腔，如“枝枝花儿茉莉花儿喷香舍，瓦莲花哟石榴花儿红”。根据唱本词意的需要，可用多种类的衬词帮腔。帮腔衬词的多姿多彩，更加强和表现了车灯的艺术特征和欢快活泼的情趣。经常演出的车灯曲目有《懒汉和鸡蛋》、《四娘家》、《秀才过沟》、《红色专家张德元》、《巫峡哨兵》、《两头牛》、《我来当个解说员》、《雷锋的童年》、《姐妹观灯》等。

车灯唱腔具有四川民族风味，旋律高亢优美。每段唱腔由起（起腔）、平（平腔）、落（丢腔和帮腔）三个部分组成。起腔：每段首句唱词，腔格多为高起低落，首句末尾引出典型特征的衬词“哟喂，啰嗬喂”。平腔：唱腔可抒情，有数名或带说带唱的敬板，唱腔的灵活性较大。丢腔和帮腔：丢腔和帮腔是展示车灯唱腔特色的关键腔句，丢腔是每段末句唱腔，它是对帮腔的提示，是整个唱腔中最精彩之处。

车灯还有出场、亮相、台步、身段等表演程式，演唱时常常脚踏十字步，步伐为扭秧歌的步伐，加以简单的肢体语言演唱由三部曲式构成的叙述性曲目。

车灯伴奏的常用乐器有四块瓦、锣鼓、二胡、琵琶、扬琴等，没有固定的乐队编制，但四块瓦、锣鼓是其必不可少的打击乐器。车灯四块瓦的基本打法有三种：打板，两块板拉开后合拢，发出“打”的清脆声；摇板，两块板连续撞击发出一连串的“嘚嘚”声；碰板，双手相碰，四块板相碰，发出“夸”声。通过代代车灯表演者的智慧，这三种沿用至今的打法，加上不同力度速度的变化，可以敲打出各式各样的花样，丰富了车灯的表现力。

进入21世纪以来，车灯艺术也一直在发展创新。传统四川车灯的题材绝大部分都是演唱的农村或乡镇人们的农务、生活、趣事，或者古代传说、故事等。21世纪以来，车灯的题材内容有了极大的拓展，如四川省曲艺研究院编排的《踏青都江堰》、《好吃嘴》，以及其他院团创作的《岳池米粉》、《欢迎到山城》等，城市、乡村、叙事、抒情、写人、描景等题材和主题被创作者自由选择。唱腔上，也不再拘泥于传统，借鉴融合四川民歌、川剧等艺术形式，吸收现代音乐的段落反复的曲式结构。

四川车灯具有浓厚的乡土气息，用民间语言表现历史事实，表现人民群众的喜怒哀乐，因而获得了人民的喜爱，甚至多数不识字的男女老少都会传唱，具有很强的生命力，是传统民间文化的典型代表。同时，四川车灯是集文学、音乐、表演、打板于一体的民间说唱艺术，它独具地方特色，唱腔优美，易唱易传，表演、打板欢快活泼，舞蹈性强，善于抒情叙事，极富表现力，有很大的创新空间和较高的审美价值。

在当前经济全球化和生活现代化等多种因素冲击下，四川车灯的听众越来越少，加之车灯学习周期长，乐队、录碟等费用高，学习四川车灯艺术的人也越来越少。2009年，四川车灯被列入四川省省级非物质文化遗产名录，作为保护单位的金牛区文化馆先后投入资金制作车灯表演的DVD及相关资料，同时开展传承人队伍、技艺传承等培训，使“四川车灯”这门民间艺术重新焕发生机。

传承人简介

夏曼云，四川车灯省级代表性传承人。1947年出生，1959年进入成都市戏剧学校，随重庆著名曲艺艺人唐心林学习。夏曼云的嗓音条件极佳，集甜、润、清、脆于一体，节奏感极强。除了继承传统的四川车灯艺术，还在此基础上创立了摇板、花板等新的击打方式，丰富了四川车灯的表演形式，经过长期的刻苦训练和舞台实践，在业内外享有“车灯王”的盛誉。多年来坚持收徒，传承车灯艺术。

（整理：秦羽）

四川相书

小档案

项目名称：四川相书
2010 年入选成都市第三批非物质文化遗产名录，2011 年入选四川省第三批非物质文化遗产名录。项目责任保护单位为武侯区文化馆。现有省级代表性传承人鲁国华。

四川相书是由口技发展衍变而来的，以说人物故事为主，由一个人表演。分明春和暗春两种表演形式。多为喜剧，其风格是诙谐、幽默中带讽刺，使其达到浓郁的喜剧效果。四川相书分布区域主要在成渝两地，但兴盛还是在成都平原。四川相书形成于清中期，由上海、江苏、浙江一带的口技传入四川演变为相书，清宣统年间出版的《成都通览》游玩杂技中记有相书演出图。在 20 世纪 30 年代成都已有八九人在说相书，后成名的是李相成，时称李相书，其传承人有曾炳昆。曾炳昆对四川相书的发展作出了巨大贡献，在传统技艺上发扬光大，并且还将原曲目中不健康的东西除去，并从语言艺术和主题内容进行打磨，使其演出来的段子清新健康，主题鲜明，语言生动，诙谐幽默，滑稽中不乏讽刺，使其真实地反映现实生活。新中国成立初期，在曾炳昆的家门口挂有“文明相声、堂彩把戏”的招牌美誉。曾炳昆是地道成都人，生于 1898 年，家庭贫寒，四岁丧父。幼时卖过油糕，补过碗，当过琢玉徒，二十岁时才拜李相成为师学相书，为生活到重庆、自贡、川中、川北一带演出，后回成都 即成就了他的相书艺术。群众赞誉他是“口技大王”。

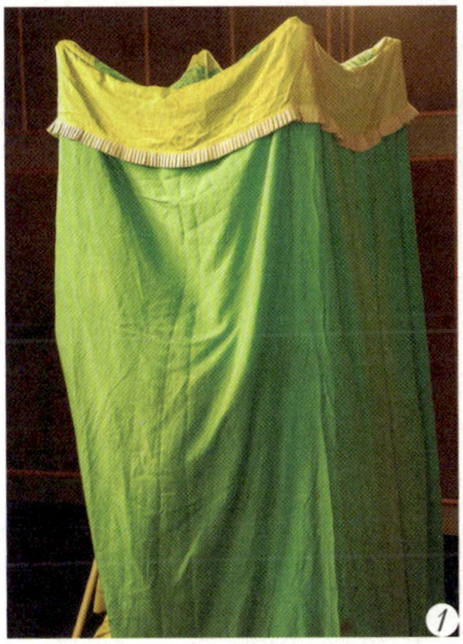

1. 四川相书表演用的布帐
2. 鲁国华老师准备进入布帐表演
3. 鲁国华老师模仿各种动物的叫声

他与竹琴艺人贾树三、扬琴艺人李德才被称为“蓉城三绝”。他的弟子有刘玉清（女）、罗俊林、曾小昆等。新中国成立后，曾小昆到了成都市曲艺队，而罗俊林则到了成都市西城区曲艺队。现四川相书艺人仅有罗俊林的弟子鲁国华还可演出，但现已 70 有余，体弱多病。

四川相书的表演方式为艺人隐身于一个高约两米、宽约一米见方的布帐里进行。用口（有时借助物）发出各种人和畜禽（物）的声音，在观众的听觉中营造环境，使各种声音在特定的环境中去完成一个故事情节。让观众通过听觉和联想而进入表演者所创造的艺术境界里。因观众看不到艺人的身形，像是从隔壁听来的，所以又叫“隔壁戏”。在单人叙述一个故事时，可模仿出许多人的声音——男女老幼及飞禽走兽，甚至飞机、大炮、车、船等器物发出的声音。用铜铃表示人物进出开关门声，用扇子表现鸡、鸭、鸟的翅膀扑打和风吹声，用木盆及碗转动表现出推磨，用木瓢表现马蹄声等。用口发声描绘环境、渲染气氛。用喉部表现雄鸡叫声，用口鼻喉发音时可模仿猪狗牛马等嘶叫声。在表演各种不同人的声音、方位、区域时，艺人在帐中时左时右，时俯时仰，时而背对观众，时而捂鼻蒙口。四川相书分明相和暗相（也叫明春、暗春）。在帐中表演的叫暗春（这是相书的主要表演形式），出帐表演一段笑话以调节气氛则叫明春。四川相书是喜剧，不论是明春也好，暗春也罢，都充满了浓郁的喜剧风格色彩。

四川相书内容主要是反映老百姓生活中的一些事情。如揭示时政黑暗、官僚腐败和人民痛苦的《滑大稽》、《八音车铃》、《冲壳子》等；介绍成都的风土人情与社会生活《逗酒》、《逗街》、《逗招牌》等；讽刺和抨击世间的自私、贪婪、虚伪、拐骗等丑恶现象的《财迷》、《两亲家》、《打保符》等，让人们在笑声中明白真善美与假丑恶；《丑挂画》、《丑游庵》、《丑断挤》等唱段，故意用黄腔顶板走调来唱，滑稽搞笑，使人听后忍俊不禁。相书段子有明春五十多个，暗春四十多个，滑稽唱段十多个。后经罗俊林、肖斧整理出版了《骗总爷》（十四个暗春段子），曾小昆、肖斧整理出版了《曾炳昆笑话集》（四十个明春段子）。

四川相书具有幽默、诙谐、风趣、讽刺的喜剧风格，喜剧效果主要用谐音、吟诗、作对、打油诗等手法，通过听觉联想，使观众进入艺人创造的艺术境界里去，从而达到喜剧效果。四川相书主要是说人物和故事。用口技的模仿声来服务于人物和故事情节的发展需要，这是区别于其他地区口技的主要特点。在舞台上表演时由一个演员完成，一人一台戏，一个人完成多种角色及飞禽走兽、动态物的声响。通过艺人的深厚功底，在布帐中将观众带入到千变万化的大千世界里。

四川相书是四川曲艺中的瑰宝，是巴蜀文化的宝贵遗产，同时也是中华民族的宝贵遗产和财富。它真实地反映了现实社会劳动人民的生活和民俗民风。它既可在舞台上表演，同时也可在车间、院落为大众服务，当年在京汇演时，陈毅说其“便于上山下乡”，能起到文艺尖兵和轻骑兵作用。因此这种表演艺术深受广大人民群众喜爱。它虽是在评书、口技基础上发展而来，但从技艺功底来讲比前二者更胜一筹。

该项目的保护单位武侯区文化馆对其建立了保护机制，对项目建立了档案，对图文资料进行整理并妥善保存，让其能传承发展。

传承人简介

鲁国华，四川相书省级代表性传承人。出生于1943年，1963年12月从艺，师从相书老艺人罗俊林。他不仅全面掌握了四川相书表演艺术，还拥有丰富的相书资料；而且功底扎实，经验丰富。除一般的口技技巧外，他还能“多音齐发”地表现复杂场面，令人“听为观止”（《华西都市报》评语）；其代表作品有《杀猪过年》、《骗总爷》、《找鸡作对》、《算命》等。20世纪90年代至今，多次荣获省市级金奖、银奖、“绝艺奖”等奖项。2004年至今陆续带有杨青龙（入围第三届“巴蜀笑星”擂台赛决赛）等五位弟子。（整理：陆德馨）

四川评书

小档案

项目名称：四川评书

2013 年入选成都市第四批非物质文化遗产名录。2014 年入选四川省第三批非物质文化遗产扩展项目名录。项目保护责任单位为成华区文化馆。现有市级代表性传承人罗世忠。

评书，也叫说书、评话，它是传统的专业讲故事的说讲形式。在全国汉民族地区广为流行。评书的历史可追溯至先秦时期的《韩非子·说林》和汉代刘向的《说苑》（两者均是故事集），到隋唐和两宋时期便十分发达成熟。四川评书是评书在四川发展的地域性表现，主要盛行于成都、重庆两地，由于语音相近，也流传到云南、贵州两省部分地区。四川评书的发展和全国一样，它来自民间讲故事，逐渐由短篇、中篇发展到长篇。四川在汉、唐以及以后的明、清都有用口语说、唱故事的艺人存在。

清代，太宗皇帝喜欢听《三国演义》，并把书中所讲的策略运用到军事和外交上，

市级代表性传承人罗世忠老师

获得了一连串的成功。由于皇帝的喜欢，这段时间评书的发展就比较顺利，说书行业相对比较繁荣兴盛。清代评书，在继承宋、元传统的基础上，有了长足的发展。元、明时评书已开始有了中长篇，到清代则已经是以长篇为主了。清代长篇拟话本和白话小说的兴起，给说书艺人提供了丰富的说讲资源。光绪年间成都邢锦生在一首竹枝词里写道："萧条市井上灯初，取次停门顾客疏。生意数它茶馆好，满堂人听说评书。"足可见当时民众对评书的喜爱程度。

清末至新中国成立前的五十年间，是四川评书发展的鼎盛时期，"满堂人听说评书"的盛况，不只是在成都的几十个书场，在四川的大中城市里、小城镇里，同样是座无虚席。这五十年间，四川评书界可以说人才济济，高手辈出，各创流派，异彩纷呈。成都在这段时间，有资料表明评书艺人一直保持在百名左右，并有一些高手。被群众称为成都评书界书状元的钟晓帆，博闻强记，好文学，通经史，乃至三教九流阴阳杂家之学亦多有涉猎，且善言辞，谈吐儒雅。钟晓帆的徒弟林三阳（也是其忘年交），吐词清晰，语言生动，谈笑风生，除面部表情外，少有表演动作，被称为"清棚"，他善于说人物内心世界，对细节刻画细致入微，常讲的书目有《三国演义》、《水浒传》、《文武榜》，自编的有《青萍剑》（述杨玉环逸事）、《青城剑》（述四川总督骆秉章逸事）。

戴全如，天资聪颖，博闻强记，又有武术底子。善于厮杀吼喊，并辅以手势身段等体态语言，给人以亲临战场，筋响骨炸之感，世谓之"擂棚"。他善讲将帅交锋、擒拿格斗之类的故事。常讲的书目有《七侠五义》、《水浒传》、《银鹤图》、《大清传》等，被群众称为成都评书界的武状元。

20世纪20–40年代，与钟晓帆、戴全如同时说书的，还有白超脱（满族）。他善于诙谐逗趣，常讲《济公传》，被群众称为"活济公"。杨少卿善于说儿女情长，他所讲的《红楼梦》是许多艺人不敢问津的书目。当时的人们把钟、戴、白、杨称为清、擂、嘻、艳四派。唯钟、戴两派发展最盛，他们的徒弟遍布川西各县。

评书有曲折生动的故事情节，单人徒口说讲，不需要其他人配合演出。更不需要化妆、布景，不受时间和场地的限制。其道具有醒木、折扇、手帕三样小道具，被称为"评书三宝"，但也有不用道具或者选用其他小道具的。因评书轻便、灵活、简易、节约的特点，所以它能广泛流行于各地。

评书讲究"评"，叙述故事而有所评议，称为评书。评书"评"的内涵较广，它包括说书人对书中人物、事件的看法，解释书义，介绍相关知识，说明故事中

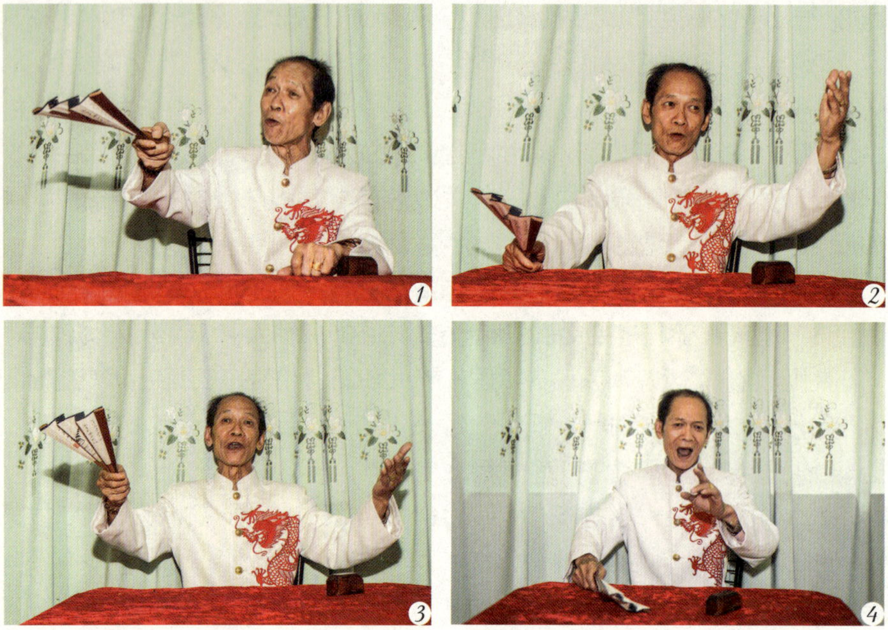

1、2、3、4. 罗世忠老师倾情演出

当时当地的风土人情等等。通过“评”可以引出和书中故事相关的人、事、物等，以丰富听众见闻，提高听众欣赏水平，增强听众对书情的理解。讲传统书目时，还可以通过“评”来与现实接轨，使之古为今用。

四川评书的形式具有口头性、单人叙述性的特点；内容具有故事性、知识性的特点；作用具有宣传性、娱乐性等特点。四川评书是四川曲艺五大种类（即四川扬琴 、四川竹琴 、四川清音 、四川评书 、四川相书）之一，也是四川最具代表性和最具群众基础的传统曲艺形式之一。它代表了巴蜀文化的区域特点，受众面广，易于传播，对于传承四川文化、丰富人民群众的文化生活、传播人文情感和社会价值观，都具有极其重要的价值。

四川评书用四川方言说讲，体现了它的地方性。因其特定的演出场所（茶馆）而形成特定的演出习俗，因师承关系的不同而形成各自的讲演风格和流派。由于其历史悠久积累了很多书目。如《三国演义》、《水浒传》、《包公案》、《济公传》、

《聊斋》、《说岳传》、《文武榜》(据弹词《再生缘》改编)、《王三槐反达州》、《金鸡芙蓉图》、《铁侠记》、《重庆掌故》等等。经过历代艺人的艺术实践和总结，在讲演技巧和故事的编排上，都积累了丰富的、宝贵的经验。

新中国成立后，当时的四川评书艺人们积极学习、努力工作。他们对四川评书事业起着承前启后的作用。他们的书目和技艺大都有徒弟得以继承。但到目前为止，大多数当时的评书艺人都已经去世，有些书目随着老艺人的辞世被带走了。

1955–1965 年是大力说新书的时期，有《太白拗考》、《快活林》、《武松打虎》、《过汉江》、《新儿女英雄传》、《红岩》等。接下来的十年，四川评书基本停演。

1976 年至 80 年代后期，在四川大大小小的茶馆里，又形成了"满堂人听说评书"的红火场面。1981 年，全省"评书·故事调讲"大会于峨眉市举行，各地赴会选手几近千人。评书的书目也多样化起来，如《天龙八部》、《书剑恩仇记》等。在这段时期里，部分老艺人除了讲书以外，还开始整理他们的部分书目和讲演经验。形成了《重庆掌故》、《玉观音》、《评书的三忘、四诀、五喻、六笔、八法》等书籍，有效地推动了四川评书的发展。这段时间，是新中国成立后，四川评书最为兴盛的时期。

后来，在电视的迅速普及、各种娱乐方式的空前冲击下，四川评书的说书文化日渐衰落。

为保护传统文化，项目保护责任单位成华区文化馆为四川评书建立了详细的档案，将历年来的图文资料进行整理、记载，并妥善保存；为现有的传承人提供交流平台，辅助招收评书爱好者进行培训，培养更多的传承人。

传承人简介

罗世忠，四川评书市级代表性传承人。1944 年出生，1961 年师从著名艺人王德成老师。1978 年开始登台表演，以"雷棚"表演风格为主，长期坚持在成都中心城区说书。除说传统武侠书目外，还评说金庸武侠(《神雕侠侣》、《射雕英雄传》、《倚天屠龙记》等等)小说，自创了《陈妈妈的故事》、《所长》、《母亲》等故事。2004–2010 年，他在川剧艺术中心(锦江剧场)茶馆，连续说书六年，每天坚持不间断；2010–2012 年，在宽窄巷子《成都印象》茶馆连续说书两年，深受群众欢迎。从 2006 年至今，每周二、周日下午和一些艺人朋友坚持在新华公园进行公益演出。其两名徒弟林晓冬和吴穹，已经基本掌握四川评书讲说技巧，并能登台进行评书表演。

(整理：王晓敏)

编委会名单

主　　编：李丹阳　刘　洪

执行主编：郭德刚　龚　键

图片摄影（以姓氏笔画为序）：

于兴万　王　灵　王晓东　毛　蒂　甘　霖　朱大勇

任丽芳　向立民　全本宁　刘江友　刘晓跃　李　劲

李　勍　李振宁　李熙腾　李震宇　吴元成　吴玉斌

何　震　余震亚　闵昭渝　张　勇　罗成洋　周　勇

郑兴明　孟　无　赵万春　姜　曦　袁行娜　袁蓉荪

俸秋萍　倪　伟　徐　蓓　高明鑫　唐跃武　陶　冶

黄　莉　黄洪石　崔建蜀　崔晋川　康中明　彭宗林

蒋薇薇　鲜宗丽　熊志恒　樊大华　潘慧兴

·成都市非物质文化遗产丛书·

根·脉

成都市非物质文化遗产代表性项目名录图文集【第二卷】

成都市文化局　成都市非物质文化遗产保护中心　编

巴蜀書社

目 录

第六章
传统体育、游艺与杂技 005
006 高台狮子
009 青城武术
014 张三丰道家养生太极拳
018 古彩戏法箩圈三变化

第七章 传统美术 023
024 蜀 绣
036 成都面人
040 成都糖画

048　川派盆景制作技艺
053　川派盆景盘扎技艺
057　瓷胎竹编
063　柏合草编
068　新繁棕编
076　怀远藤编
081　道明竹编
085　剪 纸

第八章 传统技艺(上)　**091**
092　蜀锦织造技艺
103　成都漆艺
109　水井坊酒传统酿造技艺
115　郫县豆瓣传统制作技艺

120 孔明灯制作技艺
122 邛陶烧造技艺
126 桂花土陶制作技艺
131 成都银花丝制作技艺
136 川剧服饰制作技艺
142 崇阳大曲酒酿造技艺
144 茉莉花茶传统窨制技艺
149 怀远三绝制作技艺
154 金鸡风筝扎制技艺
156 彭县肥酒酿造技艺
160 古城棕编
168 袭衣制作工艺
172 汤长发麻饼制作技艺
176 温江酥糖制作技艺
180 花楸贡茶手工制作技艺
184 平乐古法造纸技艺

五洞天

第六章

传统体育、游艺与杂技

传统体育、游艺与杂技历史悠久，源远流长。远古时代，它们往往与民间信仰活动、音乐、舞蹈、戏曲、诗歌密不可分。许多传统体育、游艺和杂技活动，至今不仅蕴涵有丰富的民俗文化元素，还保留着原始艺术活动的淳朴古拙之遗风。这些兼有文化艺术、娱乐健身效果的集体活动，增进了各民族的团结，调节了民族的感情，促使悠久的民族文化得以发展壮大。

成都的传统体育、游艺和杂技，内容丰富，传播久远。成都羊子山汉墓出土的画像石《宴乐百戏图》中，杂技表演“寻橦”、“下腰”、“跳丸”、“跳剑”等令人目不暇接，可见成都民间杂技艺术的悠久历史。属于传统体育的武术，在成都更具广泛的群众基础。至清末，在成都青羊宫设擂台“打金章”的比武活动，吸引了众多武林高手的参与，观者如潮。逢端午，赛龙舟、“抢鸭子”的传统竞技活动，热闹非凡。每年正月十六，全家扶老携幼登城墙“游百病”，不仅表达了成都百姓祈求健康幸福的愿望，更是一项民众自发的“全民健身”活动。

成都的鹤鸣山和青城山分别是中国道教的发源地和发祥地。受此文化影响而产生的“张三丰养身太极拳”与“青城武术”在民间得到广泛传播。（撰写：彭云思）

高台狮子

小档案

项目名称：高台狮子

2006 年入选成都市第一批非物质文化遗产名录，2007 年入选四川省第一批非物质文化遗产名录。项目责任保护单位为金堂县文化馆。曾有省级代表性传承人周乐茂。

金堂县土桥镇位于成都、中江、简阳、乐至交界处，水、陆交通运输便捷，历代为商贾云集、文化繁盛之地，是远近闻名的金堂县四大历史文化古镇之一。

高台狮子主要集中于成都市金堂县土桥镇金壶村。清末民初时盛行，在民间广为流传，是当地人们喜闻乐见的民间技艺。

高台狮子的故事题材来源于南宋宫廷故事。当时皇子们为了争夺帝位发生内讧，一名皇子为了躲避劫难假装精神错乱，披头散发逃出宫廷，躲进深山的寺庙做了和尚。高台狮子的故事描述的就是这名皇子剃度以后，在山顶与猴子相互嬉戏的场面。

高台狮子民间杂技的第一代传人是土桥镇金壶村的周玉新，他于 1844 年学艺回乡，带回了这门独特的民间杂技功夫，后来又通过家族传授的方式先后传给周后享、周乐茂和周英凡等家族成员，使这一民间绝技代代相传，发扬光大。

据高台狮子第四代传人周乐茂介绍，高台狮子在表演时，一般将 5 张八仙桌重叠在一起，然后由艺人登高竞技和表演。道具的安装过程如下：第 1 张八仙桌

1、2. 高台狮子艺人 2007 年在首届非遗节金堂分会场表演

四脚朝下，桌面向上；第 2 张八仙桌桌面向下与第 1 张八仙桌重合，形成四脚朝上的态势；第 3、4、5 张八仙桌均采取桌面朝下、四脚朝上的态势依次叠放，形成一个高约 5 米的台子。也有一些表演者，可以重叠 7–11 张八仙桌进行高台表演。

表演的艺人一共有 3 个，一个装扮成胖和尚，一个装扮成灵巧精瘦的猴子，一个扮演狮子。扮演胖和尚和猴子的艺人分别面戴和尚面具和猴头面具。演出开始时，先由和尚和瘦猴攀上高台表演各种挑逗、嬉戏和高难度的惊险动作，两人手脚灵活，一边表演，一边向高台顶端攀爬、正上、倒上、翻滚、倒立等，如燕子翻天、冲天倒等程式。最后，再由身披狮皮的艺人爬上高台“封顶”，形成由胖和尚、瘦猴和狮子童同时盘踞在台顶的惊险造型。并在不足一平方米面积的桌面上表演各种惊险的杂技动作，令下面的观众鼓掌叫好。

由于高台狮子表演具有相当大的危险性，为了避免失误，保证高台上艺人的安全和增加演出的观赏性，剧团一般会安排两个人“吊桌子”，使重叠的八仙桌保持垂直、平稳，从而对艺人起到有效保护；同时，有 4 名伴奏人员根据表演的进程有节奏地敲击乐器，营造紧张或欢快的气氛，吸引观众。

高台狮子整个表演诙谐、紧张、惊险，杂技动作难度极高。据《金堂文史》记载，1929 年当地驻军旅长杨秀春有幸观看了高台狮子，看完后激动万分，伸出大拇指夸赞说：“这么精彩的节目真是生平所未见！”

从高台狮子的表演程式来看，所需道具为：八仙桌 5–11 张，狮皮、猴与和尚面具各一套，大锣、钹、二鼓、马锣子各一个，拂尘一柄，高台狮子对演出场地的要求也不高，适合流动演出。而且参加演出的艺人也不多，极易在民间推广。

但高台狮子对八仙桌的要求较高，为了保障演员的安全，其使用材料必须结实；又因表演动作难度较高，很考验艺人的体力，故表演人员的年龄也是至关重要，一般都是年轻力壮的小伙，故而还是有一定的局限性。

高台狮子这项独特的民间技艺，有自己独特的文化背景和文化内涵，拥有较好的群众基础，为群众喜闻乐见，是春节、花会、庙会等民俗节日活动必不可少的表演项目，是当地民众劳动之余、茶余饭后的休闲娱乐方式。

20 世纪 70 年代末，由于现代文化的繁兴和外来文化的引入等，这项民间传统文化受到前所未有的冲击。

但是，几代艺人们没有放弃这门祖先留下来的高超技艺，通过自身的坚持和政府的关注，2006 年，成功申报了成都市非物质文化遗产保护名录，2007 年进入四川省第一批非物质文化遗产保护名录。这些不懈努力终于使这门宝贵艺术得到充分肯定。

为了使高台狮子这项极具地方特色的非物质文化项目得到发扬光大，当地政府已经在人才培养、项目开发等方面做了很多工作，期望在不久的将来，高台狮子能够像过去一样，活跃于川西平原的乡村和集市，为老百姓带去传统文化的乐趣和享受。

传承人简介

周乐茂（1944年11月-2012年11月），金堂县人，高台狮子省级代表性传承人。1970年师从本家周后享开始学习高台狮子的表演技艺。其表演以诙谐著称。

（整理：陈爱蓉）

青城武术

小档案

项目名称：青城武术

2008 年入选成都市第二批非物质文化遗产名录，2009 年入选四川省第二批非物质文化遗产名录。项目保护责任单位为都江堰市文化馆，项目传习所为都江堰市青城道君精武馆。现有省级代表性传承人刘绥滨、何道君。

1. 青城太极拳集体展示
2. 青城武术内功演练

青城武术发源于都江堰市青城山一带，东汉张陵在青城山创道教正一派，留下雌雄龙虎剑、降魔功，形成青城派武术雏形，至今青城剑术仍是青城武术绝技之一。后经唐代长于技击的杜光庭，宋代曾率众起义建立大蜀政权的武林高手王小波、李顺大力发展，最终形成具有完整体系和独特风格的青城派武术。明末因张献忠剿杀，青城派武术高手伤亡很大，少数高手远遁他乡。直到清初，青城武术重新掀起振武高潮，但因歧见，分为拥清与反清两大派系。清代是青城武术发展十分兴旺的时期，出现了许多武林高手，其中有一位著名的冷道人(又称洪道人)，在清光绪年间十分活跃，不但经常在武当山和青城山之间往返传授武术，而且长住青城山习武，并收大量徒弟传承青城派武术。其中重要的有两支：一支是原川东开县黄开才为首的青城派，传授“青城六合神功”、“玄门九式”、“二路洪拳”、“青龙刀”等；一支是青城山宋尧山等人。宋尧山又传其侄宋德炤。民国初，宋尧山叔侄均为川军武术教官，一时成都流行青城派武术。

青城武术是中国古代武术的四大门派之一，历史悠久，风格独特。包括擒拿、点穴、断骨、震脉、药功、剑法、刀棍、太极等，表现出长短兼施，踢打摔拿，能攻善守，刚柔并济，变化无穷的韵味，犹以功法、剑术和拳术见长，为中

1. 道君武馆众弟子演练青城清风剑
2. 青城推手演示
3. 青城坐功演示
4. 青城刀术
5. 青城八仙剑
6. 2013 峨眉金顶论剑——青城武术代表性传承人何道君演练现场

青城武术展示

国武林一支奇葩。历代众多高僧、高道、名家高手都借青城山一席之地修炼，皇宫大内高手借随皇帝出巡之机而到青城山切磋拳艺或传授武术。因此，青城山在武林中有“回水沱”之称。甚至失传武功，都可在此地寻获，故武谚有云：“南武当，北少林，峨眉宏佛法，探本上青城。”青城武术不是单个门派或单个技艺，而是以青城山为中心的各门派武术的总称。从古至今，青城武术有十余种流派，最为代表性的有“青城派”、“绿林派”、“黄林派”三个流派。其尤以拳术为主的青城派已继承37代，以功法为主的龙门派已传17代。

青城派武术是在实战中发展起来的，关于黄帝在青城山拜宁封子为师，学习龙跻飞腾之术(即后来的轻功)之事，汉代道教创始人张陵在青城山与“鬼国”争战，并留下雌雄龙虎剑之事，曲折地反映了拳术和冷兵器时代青城山惊心动魄的争战情况。青城武术的发展演变也建立在古代方士、巫术等文化基础上。由于青城山佛教和道教文化都十分发达，其中就包含强身健体的武术内功和外功，也有大量器械、拳术套路。青城武术作为民间文化的重要组成部分，深刻地展示出青城山宗教文化的博大精深。青城武术能自成派系，并流传数千年，其丰富的文化内涵，甚至成为一些文学作品的题材。精妙奇绝的武术招式和套路，武林中传奇人物的传奇故事，使青城派武术成为独具地域特色的文化瑰宝，使人们能领略到青城山源远流长的人类文化丰采。

青城武术涵盖的内容包括：1. 内外功法：静功、十三太保功、健身十八法、玄门太极长生功、盘功、太子劲、混元气功、铁汉碑、筋经内丹功、六合内功、七盘功、健身延寿功。2. 掌法：铁砂掌、朱砂掌、毒药掌、毒砂掌、劈空掌、绵掌、八卦掌等。3. 拳术：龙拳、虎拳、豹拳、蛇拳、鹤拳、火龙滚、梅花拳、七星拳、天罡拳、洪拳、二路洪拳、五虎下西川、绿林小手、绿林豹拳、太子游四门、猴拳、青龙拳、醉八仙、二十八宿、小神拳、太极拳、六通拳等。4. 搏斗技击：太极散手、缠手、太极翻花拳、十二时辰点穴术、十二残手、十二死手、串子十八手、三十六路大擒拿、三十六绝手、六十点穴术、空手入白刃、朴刀对棍等。5. 枪击剑术：八母枪、梅花点石枪、紫虹剑、龙虎剑、鸾凤剑、七星剑、清风剑、八仙剑、飞剑、十三剑、二十四剑、一百零八串剑、阴把八方剑、无极剑、雌雄剑等。青城武术剑术名扬天下，被誉为中华四大剑派之一。所用之练功和械斗器械包括有：双卡、双刀、双锤、双斧、双钺、凤凰轮、背箭、足箭、伞、筷子、铁针、拂尘、麻圈、枕头包、三角包、吊包、手包、砂桶、五轮桩、草龙桩、梅花桩、单鞭劲、天地滑子、石牛、石袋、沙筒、太极球、九宫桩等。

近代以来，青城武术界在1913年便成立了“武士会”，1930年成立“国术馆”，直到20世纪50年代，仅青城两河乡就有多达二十多家“武棚子”收徒授艺。20世纪80年代，武术作为传统文化，被重新受到重视。1983年成立都江堰市武术协会，1985年筹建青城武馆，1995年经有关部门严格审查，由省体委认定陈生一、周烈光、余国雄为青城派武术代表人物，并被收入四川科技出版社出版的《四川武术大全》。1999年青城派青城武术学会成立；2003年在四川68个武术门派中青城武术派首家载入中华武术展现工程，并被四川省列入重点发展的两大拳种之一，标志着青城武术进入了一个新的发展时期。经过多年发展，现有青城武术中心（青城武术馆）、青城功夫协会（道君精武馆）等民间武馆开馆授徒，青城派武术习练弟子除遍布国内许多省市外，也传播到中国台湾、香港，东南亚及欧美二十余个地区和国家，单在都江堰市就有万人以上习青城武术或以其作为强身健体的群众性活动，影响颇大，国内外先后有四百多家报刊及电视台频频采访宣传。2010年，都江堰市青城道君精武馆被评为第一批成都市非物质文化遗产项目传习所。

传承人简介

刘绥滨，青城武术省级代表性传承人。生于1965年，都江堰市人，道号信玄，青城武术馆馆长。刘绥滨自幼习武，曾先后师从宋德炤、陈述礼、祁玉祥、王庆余、余国雄等武林高手，广采博长，精通青城派武术、道家药功和道教文化。2009年荣获台湾文化薪传奖。近年来，刘绥滨及其弟子主要致力于青城玄门太极及青城道家养生理念在民间的宣传普及，同时也致力于青城武术文化及养生文化在海外的推广，个人出版有专著《青城太极》、《跟掌门学养生》等著作，尤其在中国香港、台湾和法国等地区和国家，影响力较大。

何道君，青城武术省级代表性传承人。生于1963年，都江堰市人，道号至君，精武馆馆主。早年游历大江南北，精研各流派内外功夫，艺成百家，圆融各派，精通散手技击、内外气功、药功，青城道教养生术，并多次率队参加国内国际武术大赛。2013年何道君参加中国峨眉（金顶）国际武术比赛，一举夺得“金剑”称号。开办青城道君精武馆，传承弘扬青城功夫及道教养生文化；创办有青城山功夫表演团、青城武学研究会，现在主要致力于青城功夫的传授、推广与弘扬。

（整理：黄莉）

张三丰道家养生太极拳

小档案

项目名称：张三丰道家养生太极拳

2008 年入选成都市第二批非物质文化遗产名录。项目保护责任单位为成都市恩威集团。现有市级代表性传承人梅应生。

鹤鸣山，亦作鹄鸣山，位于四川省成都市大邑县鹤鸣山张三丰村境内。据史书记载：东汉顺帝时，张道陵客于蜀，遂学道于鹤鸣山中，著有道书二十四篇，并于山间创立了五斗米道，从此鹤鸣山遂成为道教圣地。宋朝朱熹派其弟子千里入川花重金在老道处购得周敦颐所画之阴阳鱼太极图，将其破译为描述道教炼丹图。宋朝张伯端入四川赴成都，拜吕洞宾之弟子刘海蟾为师而得道，著成《悟真篇》，历史上奉为“内丹之王”。宋张三丰由宝鸡金台观经成都青羊宫来鹤鸣山，创立太极拳，著有《张三丰太极炼丹秘诀》而载入道教经典，为传世之瑰宝。从道教炼丹之阴阳鱼太极图到炼内丹之《悟真篇》，以及张三丰祖师所创立的道家养生太极拳，皆与成都市有密切的历史渊源，张三丰道家养生太极拳正是植根于这片具有悠久道家养身文化和浓厚道教养身氛围的土地上。

张三丰道家养生太极拳之核心内容为“炼丹”。古代道家炼丹有“外丹”与“内丹”之分。外丹者将铅、汞类矿物质，置于炼丹炉内烧炼成丹丸内服，企求长生，其结果中毒者多多。后经唐朝名道汉钟离、吕洞宾师徒二人奠定“内丹”理论基础，宋朝名道张伯端著有传世巨著《悟真篇》，张三丰道家养生太极拳修炼术。此内丹是以人体为炉鼎、“精、炁”为药物，以“神”为火候，以双手掌“劳宫穴”及十指尖之“十宣穴”为导引，创立内丹修炼于太极拳架之中，使其凝聚而成“丹”。历代修炼内丹道士者，高寿老人层出不穷，经长期实践，确能起长生久视、延年益寿之奇效。

张三丰道家养生太极拳一套长拳108式，由37个拳架组成，每一式拳架必须显现八卦五行说、太极图说、技击格斗术而实现内丹修炼术。三丰祖师所传之太极剑套路，由50个不同的架势组成54式。每一式均由道家历史故事或自然景观而展现。在演练中，以意向为宗的运动，方寸之内移天缩地、千变万化，使身心升华到轻松自如的境界，这种高洁静穆的情感活动，为我中华传统哲学中的养生观所特有。太极刀古称“玄玄刀”，因张三丰道号“玄玄子”而得名。太极刀威武雄

1. 梅应生老师参加蓉城太极启动仪式
2. 梅应生老师给学生讲授拳理拳法
3. 众弟子晨练

壮，具有变幻莫测的刀法，势不可挡的刀锋，勇猛剽悍的气势，端庄肃穆的大将风度，显示出大无畏的英雄气概，折射出蓬勃奋发的民族精神。太极推手是检验拳架掤劲与触觉的练功方法，并非对抗项目，正是三丰祖师遗训：“愿天下豪杰延年益寿，不徒作技艺之末也。”

张三丰道家养生太极拳是建立在道家审美基础之上独特的形体艺术，是道

定势照

家养生文化之精华。它不仅是一种功法，还是一套完整的世界观，在潜移默化中改造修炼者的人生观，引导其建立新的行为模式，树立道家“上善若水，厚德载物”的人性品格，立身处世之高士，对社会尚可起到改善人际关系、和谐社会的良好作用。

太极拳的健身作用在世界范围已达共识，而张三丰道家养生太极拳对当今流行的文明病，如心脑血管病、高血压病、糖尿病、神经衰弱等，对世界各地占有数亿人口的非传染性慢性疾病，确有奇特的医疗健身效果。

张三丰道家养生太极拳以各种不同的流派和形式在民间广泛传播，自20世纪70年代起，张三丰道家养生太极拳人梅应生定期举办培训班，教授张三丰道家养生太极拳，开始在乐山市区，继而到眉山县、井研县、犍为县、五通区等，然后深入到苏稽区、安谷区传艺于农民。近年来，道源圣城鹤鸣山上建成道家养生文化的教育基地，建立道源圣城张三丰道家养生太极拳教修院，广泛招收国内外学员，并为每一位学员建立健康档案，培养了多名熟习张三丰道家养生太极拳的青年人，为推广道家养生文化和公众强生健体事业作出了积极贡献。

传承人简介

梅应生，张三丰道家养生太极拳市级代表性传承人。出生于1933年，在练原有简化太极拳基础之上，拜杨式太极拳第四代传人傅钟文为师，发掘、整理和完善了张三丰道家养生太极拳。撰写学术论文三十余篇，在中外太极拳杂志上发表，并受聘《太极》专刊编委。录制有“张三丰道家养生太极拳”、“张三丰道家养生太极剑”、“张三丰太极玄玄刀”及推手VCD光盘千余张，供学员内部学习使用，此光盘已传至全国各地及美国、英国、挪威等国。在大学、文殊坊国学馆、社区、家中免费举办上千次培训班。（整理：张晶明）

古彩戏法箩圈三变化

小档案

项目名称：古彩戏法箩圈三变化

2010年入选成都市第三批非物质文化遗产名录。项目保护责任单位为成都艺术剧院杂技团。

中国的古彩戏法历史久远，丰富多彩，是中华民族艺术之林中的瑰宝。早在汉代就有男子穿长袍大褂演变火盆、鱼缸等什物的记载，南北朝时有“蹈刃履火，种瓜移井”之绝妙技艺，秦、汉、晋、唐皆称“幻术”。宋代，随着市民阶层的兴起，杂技艺术在民间蓬勃发展，瓦舍勾栏、街头以及喜庆堂会都有演出，古彩戏法在当时就被称为“藏挟技”。表演时，表演者将所要变的物件藏在身上或道具内，随变随取，令人感到变幻莫测。明清时期，杂技艺术中传统的幻术技艺被称为戏法。清《鹅幻汇编》中就总结了民间各类魔术三百二十多套，分为彩法门、手法门、丝法门、搬运门、药法门、符咒门六大门类，古彩戏法就是彩法门类中独具特色的戏法之一。

箩圈变化是古彩戏法中的一种，因其表演主要道具为箩圈而得名。这种戏法历史悠久，两千年前宴乐百戏图中就有桶状箩圈出现，分为内外两圈（桶），从中变出各色物件。明朝时就有确切记载，在当时被称作筒子。筒子是明代出现的一套有趣的民间戏法，道具是两只没有底的空套筒。幻术家将其套来套去，立刻就会从筒中变出诸如蔬菜、水果、杯碟等物件，甚至一桌筵席，有的还变出一坛美酒。明代刘桐在《帝京景物略》一书中曾描述过艺人在清明节踏青时所进行的筒子戏法表演：“三筒在案，诸物戒藏，示以空空，发藏满案，有鸽飞，有猴跃焉，已复藏于空。”明人绘《明宪宗元宵行乐图》卷中，有一局部是描绘筒子戏法的图，图中艺人将三筒套在一起，上面盖了一块手巾，欲从里面取出物体。以手巾盖住筒的上口，是为了防止观众居高临下看出其中奥秘。

清代，筒子戏法被成为“箩圈当当”，三筒已改为两筒，且变幻更加丰富。蒲松龄在《聊斋志异》一书中描写过当时艺人表演的“万米归仓”的戏法：“康熙时，有作桶戏于山东淄川之市者，桶可容升，无底而中空。术人以二席置于街，持一升入桶，即有白米满升，倾注席上，又取又倾，顷刻两席皆满，然后一一量入，毕而举之，犹空桶也。”这里描述的即是用筒子变出数倍于筒子所能容纳

1、2、3、4. 古彩戏法箩圈三变化表演

白米的戏法。箩圈戏法还受到皇族的青睐，常在宫廷演出，艺人表演的《箩圈献彩，一席全飞》最为皇亲国戚、达官贵人所喜欢，此种表演不仅从箩圈中变出一桌酒席，还将变出的酒席变回箩圈中，因此又称为“一席全飞”，可见其技艺的精湛。另外，文献《鹅幻汇编》中《双龙入海》也是对“箩圈变化”的历史记载。

古彩戏法在四川各地早有流传，于何时传入已不可考。20世纪20—30年代，成都民间艺人高把戏就以表演古彩法闻名，经常在达官贵人的堂会上表演戏法绝技。高把戏能在众目睽睽之下神不知鬼不觉地变化出水、火、杯、盆、钵、瓶、碗等18件器物，故有“十八件”之说。抗日战争时期，上海著名魔术师傅天正、傅天奇入住成都，经常请高把戏到家中表演古彩戏法，并相互切磋交流演技。后来高把戏把他的绝技传给了成都杂技团的魔术师周明德。周明德表演的古彩戏法“三坐”享誉杂坛，堪称一绝。20世纪60年代，周明德先生又把古彩戏法的精髓传给了成都杂技团魔术演员王智忠。经过多年的表演实践，王智忠在继承传统精髓的基础上又加以改革创新，由原来的两圈变一坛创新发展为两圈变三坛，使古彩戏法箩圈三变化这个传统技艺成为民族民间艺术传承发展的典范。

1986年在全国第二届杂技比赛西南预选赛中古彩戏法荣获一等奖，在其他全国性的比赛中也屡屡获奖。1984年古彩戏法被文化部选为参加在美国洛杉矶举行的第二十三届奥运会艺术节节目并代表我国政府访问南美七国，此后又被中国外联局派往英国伦敦参加十一届世界杂技锦标赛并一举获得金奖。

所谓“箩圈变化”，比如箩圈献彩、箩圈上寿、箩圈献酒等，内容繁多变化无穷，但都以两圈变一大坛而结束。经过多年的改革创新，由原来的两圈变一坛发展成了两圈变三坛、两桌酒席、两个大白兔。此外古彩戏法表演者根据演出需要，还可以随时变化出水、火、杯、盆、钵、瓶、碗等许多器物乃至活体动物。

箩圈变化的主要道具为箩圈，即两个中空的竹筒，尺寸略有不同，内圈小外圈大，内圈约30公分，外圈约35公分。表演时，艺人先分别展示两个箩圈，以此表示箩圈内空无一物。然后艺人用方巾覆盖箩圈，从中分别变出桃、梨、葡萄等，摆盘成案，形成两桌酒席。然后又变出一坛美酒和一个酒杯，用酒杯舀出坛子中的酒，向主人致敬，同时也向观众展示变出的不仅是坛子，坛子里还有美酒，由于是两桌酒席，艺人又从箩圈内变出一坛美酒。小小箩圈竟然可以容纳比它直径还大的两个酒坛，观众疑惑之际，艺人又从箩圈中变出两只活蹦乱跳的兔子，让人称绝。当观众认为小小的箩圈不可能再变出任何东西时，艺人最后又从箩圈中变出一坛美酒，令人叹为观止。

古彩戏法中，看一个艺人的功夫，实物变出的多少是一大标志。艺人要在眨眼之间，在上千观众注目之下做到一抖一搭、毯到物出，其难度是可想而知的。不露破绽，出手利落，不拖泥带水，不仅要手疾眼快，还要有深厚的桩子功力，即一定的负重能力。除此之外，“门子”机关的巧妙也是至关重要的。机关制作精愈，物件出场顺序的精心设计，保证了表演的流畅性。藏得隐蔽，带得牢靠，取之快捷顺手，这对古彩戏法艺人来说是最为重要的。

古彩戏法箩圈变化从明朝有明确文献记载以来，一直深受宫廷和百姓的喜爱。原因在于：首先，它随变随取，且变出的物体几倍于箩圈，变幻莫测，具有极强的神秘性和魔幻性，极大地满足了观众的好奇心；第二，箩圈变化节目的编排多以箩圈献彩、箩圈上寿、箩圈献酒等内容为主，变出的东西也是民间可取的具有吉祥寓意的物体，如寓意长寿的桃、寓意平安的苹果、寓意多子多孙的葡萄等，在婚庆活动、祝寿活动、堂会等民俗活动场所起到了吉祥庆贺的效果。

古彩戏法享有“袍里乾坤”的美誉，艺人们在继承传统古彩戏法精髓的基础上又加以改革创新，由原来的两圈变一坛创新发展为两圈变三坛，使古彩戏法箩圈三变化这个传统技艺成为民族民间艺术传承发展的典范。古彩戏法在民间大多出现在各种民俗活动场所，戏法艺术根植于人民之中，反映了人民的生活，成为民俗活动的重要组成部分。古彩戏法在历史上不仅为平民百姓所喜爱，也曾经深受皇亲贵族、达官贵人的欢迎，因而古彩戏法对研究历史进程中社会上层与平民百姓的审美心理有不可忽略的研究价值。

古彩戏法作为一种杂技，一直有技术保密的规则。以前，杂技界的行话被称为“春典”，老艺人们将春典视为性命攸关之事，所谓“宁帮十吊钱，不把艺来传；宁给一锭金，不给一句春”。艺人们都是依靠口传心授来传承这门技艺，加之古彩戏法学习时间长，要求的功夫多样，这些都增加了传承的难度。改革开放以来，各种现代艺术形式大量出现，古彩戏法等传统艺术形式普遍受到冲击。近年来，成都艺术剧院杂技团以“出人出戏”为宗旨，组织演员对优秀传统剧目进行保护性抢救并复排演出，成都地区“两圈变三坛”的传承人和活载体王智忠也收授多名徒弟，传承古彩戏法。

（整理：秦羽）

第七章

传统美术

传统美术是民众创造的各种视觉造型艺术，贴近生活，根植民间。流传于各民族、各地域的绘画、雕塑、工艺和建筑中，广泛反映了民众的社会生活和审美理想，体现了中华民族文化精神和审美意识的最普遍的表现形态，也是中华民族美术生存发展的最广泛的社会基础。

成都历史悠久，蜀地文化与中原等多地文化的交融，远在三千多年前，已出现了精美绝伦的造型艺术，金沙遗址出土的"太阳神鸟"金箔及大量的古代艺术品便是明证。成都也是西南地区工艺美术品的集中产区，种类甚多，技艺精湛，多以本地物产为材质，有以针代笔、以线代墨的蜀绣艺术，有美轮美奂、古朴典雅的瓷胎竹编、棕编、面人、竹雕，还有观之若画、食之有味的糖画艺术。它们构成了一幅幅具有浓郁成都味道的优美画卷。川派山水盆景高、悬、陡、深的造型艺术风格，则典型地表现了巴山蜀水的自然风貌。这些传统美术蕴含着蜀人的智慧，以其生动的神韵蜚声国内外。（撰写：彭云思）

蜀绣

小档案

项目名称：蜀绣

2006年入选成都市第一批非物质文化遗产名录，2007年入选四川省第一批非物质文化遗产名录，2006年入选第一批国家级非物质文化遗产名录。项目保护责任单位为成都市非物质文化遗产保护中心。项目传习所为成都蜀绣文化发展有限责任公司、成都郝淑萍蜀绣工艺美术大师工作室、四川皇汉绣庄有限责任公司、成都梦苑蜀绣工艺品有限责任公司、四川天府蜀绣股份有限公司、郫县工商联蜀绣产业商会。现有国家级代表性传承人郝淑萍，省级代表性传承人杨德全、孟德芝、吴光英、吴玉英、姬金全、李佳蓉，市级代表性传承人郭定菊、袁伟、邬学强、柳明友、辜秀群、肖德全、肖梅、彭世平、李红霞、陈德兵、叶显俊、陈晓亚、杨培林、易起明、陶小凤、易敏。

绣娘精心绣制作品

自远古时期的“先蚕娘娘”嫘祖发现栽桑养蚕、教会人们缫丝织绸以来，这一惊天动地的创举很快就传遍了神州大地，人类开始进入锦衣绣服的文明社会初期。而三千多年前的川西坝子温和的气候、充沛的雨量蕴养成的优越地理条件特别适合栽桑养蚕，因而蜀地的先民们便用针线在蚕丝织成的绢帛上绣出鱼、虫、花、鸟等图案，用以装饰和祭祀，从此便开始有了“蜀绣”。

西汉时，蜀绣就具有一定的民间基础，题材多为吉庆寓意；汉末三国时，蜀绣与蜀锦一道，被用来换马以应作战之需并补财政之不足，可见其特有的经济价值；西晋时，常璩所著《华阳国志》把蜀绣与金、银、珠、碧、锦并称“蜀中之宝”；尤在宋代，盛极一时，据《皇朝通鉴》长编记事本末卷第十三载：蜀土富饶，丝帛所产，民制作冰、纨、绮、绣等物，号为“冠天下”，足见当时蜀地丝织品及刺绣的发展水平。

随着蜀地丝织业的发达，蜀绣有了雄厚的基础。刺绣基础在民间，而形成行业是在清朝中叶以后的道光年间（1830年），民间组织的“三皇神会”成立，这是一个由铺（店主）、料（领工）、师（工人）组成的刺绣业专门（专业）行会，表明那时蜀绣已从家庭进入市场；成都发展了八九十家绣花铺，尤以成都科甲巷、九龙巷一带的蜀绣最为著名；之后，光绪二十九年成立了四川省劝工总局，各县官府设刺绣科，蜀绣业愈加兴盛。日益增加的需求量促进了刺绣工艺的提高，蜀绣名声大噪。《成都通览》云：“劝工局所出之品为天下无双之品，以东洋之绣工较之，出于东洋十倍矣。”蜀绣再掀辉煌灿烂高潮。

新中国成立后，为保护、发掘、发展民间工艺，党和政府大力扶持蜀绣生产，1951年成立了公私合营的刺绣工厂；1956年合作化高潮中，转为了集体所有制的蜀光、蜀群、蜀蓉三个合作社；1961年几个刺绣组织合并为成都蜀绣厂；“文革”中，蜀绣受到了严重的摧残和破坏；1971年开始恢复发展蜀绣生产，古老的蜀绣重新焕发了青春，先后参加了“全国工艺美术展览”、英国举办的国际博览会、广交会等，参展作品均获好评；1981年蜀绣作品参加了“四川省出口商品赴美国费城展览”，颇受外界友人称颂，同年为重新布置人民大会堂，绣制了“芙蓉鲤鱼”、“金丝猴”、“熊猫”等大型作品，这些作品，充分体现了蜀绣的技艺和风格特点，蜀绣再次焕发活力。

蜀绣以其纯熟的工艺和细腻的线条跻于中国的四大名绣之列，逐渐形成了严谨细腻、光亮平整、浑厚圆润的独特风格；用线设色典雅，且施针严谨、掺针柔

合，其针脚整齐，车拧自如、劲气生动、虚实得体的技术特点和形神兼备、气韵生动的艺术特色使其五彩缤纷的衣锦纹满绣、绣画合一的线条绣、构图疏朗有致的双面绣等技法更为独特、精湛；不同的针法和丰富的丝线色彩表达了多姿多彩的画意。近年来的三异绣绣品，艺人们在一张张薄如蝉翼的透明底料上刺绣出精心设计的不同色彩和针法的图案，正反两面迥异观赏效果的绣品，精美绝伦，令人叹为观止。

蜀绣广义概念是蜀绣艺人们通过自己所掌握的蜀绣技艺、蜀绣针法而创作的蜀绣产品，是这项传统民间手工艺的总称。经过无数代古蜀祖先们的流传、发展后，成为具有鲜明地域特征的灿烂文明产物，其产地主要集中于川东、川西、川北等地。三千多年来，蜀绣从民间传到皇室、由简单日臻成熟、从普通到精细、从实用品上升至艺术品、从单面绣到三异绣不断传承发展，形成了今天的12大类共120余种丰富多变的针法技艺，是“四大名绣”之最丰富者。以针代笔，以线代墨，造就了栩栩如生的传统“动物绣”、“人物绣”、“花鸟绣”等各自独特的表现技法，成为中国刺绣界独树一帜的名品名艺；真实、生动地展现各种艺术形象，可实用可观赏，被誉为“东方的艺术明珠”。

20世纪80年代，原成都蜀绣厂通过对先辈们遗留下来的所有针法进行搜集、整理，对艺人们所掌握的针法进行归类，梳理出了132种针法并制作成标样；这以后，蜀绣艺人们对针法，特别是锦文针针法有所创新，还增加了一些标样，但很多针法都在不断发生变化，总的可以归纳为三大类：第一类为常用的基本针法，有运针、铺针、盖针、椒针、滚针、乱针、沙针、接针、切针、掺针、偷针、施毛针等；第二类为锦文针，刺绣衣锦文使用，刺绣出来的效果如织锦一般，这类针法有近百种；第三类为别针，在刺绣双面绣和三异绣时使用。

蜀绣绣制所需材料和工具：1. 绣花针；2. 线（花线、金线、银线、散线等）；3. 面料；4. 绷子；5. 剪刀；6. 靠手板；7. 三脚凳或长凳。

蜀绣制作过程：绣品稿的设计、选择，上绷，上料，配线，劈丝，刺绣，装屏。

蜀绣产品分类：一、实用品：被面、枕套、桌布、围巾、手巾、绣衣、浴衣、绣鞋等，具有量大面广、美观实用的特点。二、工艺品：1. 单面绣：即只有绣品的正面可供欣赏；2. 双面绣：双面绣分为：（1）同色同型绣：绣品为正反两面具有同样的观赏效果；（2）异色绣：绣品的两面内容一样，颜色各异，如一面为红色鲤鱼，一面为黑色鲤鱼；3. 三异绣：异形、异色、异针法，即同一绣品的正反两面图案、色彩、针法完全不同，如正面是一位古代仕女，背面是两只大熊猫。

蜀绣代表作：

1. “北宋蜀绣双冠图片”（现藏于西南大学），绫地，修片高44厘米，宽30.7厘米，绣有二株鸡冠花、孤屿、水草水波纹、一雄鸡头上昂首振翼催晓，上端钤“明昌御览”玉玺一方（明昌是金章宗皇帝年号，可能是宋朝廷赠给金国的）。

2. 清代时刺绣艺人张洪兴、王草廷、陈文胜、罗文胜四人绣制的动物四联屏。1915年参加在旧金山举办的巴拿马太平洋万国博览会获金质奖章。

3. 清代艺人张洪兴绣制的“狮子滚绣球”挂屏获清王朝嘉奖，因此，张洪兴被授予“五品军功”。

4. 20世纪80年代北京人民大会堂四川厅所挂的巨幅双面绣“芙蓉鲤鱼”座屏和“蜀宫乐女演乐图”挂屏。

5. 21世纪人民大会堂常委会会议厅的大幅巨制“高原秋色”。

6. 大型双面绣“九寨熊猫”、双面绣“龙凤”、“文君熊猫”、“文君听琴”、异色鱼系列、“九子熊猫”、大型单面绣“老成都地图”、“红楼群芳图”、“唐卡”等。

7. 2005年10月，蜀绣单面绣“太阳神鸟”（2001年2月25日出土于成都金沙遗址村的一张金箔，属商代晚期作品；2005年8月16日“太阳神鸟”金饰正式成为“中国文化遗产标志”）搭乘“神六”飞船遨游太空，后被国家文物局收藏。

蜀绣不仅是人们广为喜爱的艺术精品，更成为和平的使者，除作为外事礼品赠送外，蜀绣艺人在对外文化交流活动中充分展示自己的技艺和才华，向世界人民传播了中华优秀传统文化精髓，他们先后赴瑞士、德国、法国、英国、美国、西班牙、新加坡、马来西亚、文莱、日本等国家，获得了当地民众的高度赞赏，特别是赴中国香港、台湾、澳门参加的各类文化交流活动，凝聚了两岸四地间中华传统文化的纽带，加深了民族认同感和自豪感。蜀绣带给人们的不仅是美的享受，也是深厚历史文化底蕴的讯息，更是对四川这方人文和水土的赞叹、喜爱。作为友谊的桥梁，为我国的文化艺术传播、世界文化的交流作出了重大贡献，具有杰出的历史地位和艺术价值。

2006年，蜀绣被国务院公布为第一批国家级非物质文化遗产保护名录，相关保护工作步入正轨。2010年，为了对成都蜀绣文化发展有限责任公司、成都郝淑

1

1. 双面龙凤
2. 蜀江锦院收藏的蜀绣作品
3. 单面绣“蜀宫乐伎”
4. 艺人绣制蜀绣作品

萍蜀绣工艺美术大师工作室、四川皇汉绣庄有限责任公司、成都梦苑蜀绣工艺品有限责任公司、四川天府蜀绣股份有限公司、郫县工商联蜀绣产业商会共6家实体给予鼓励和扶持，将这些从事蜀绣传承、发展、保护和生产的大师工作室、企业等实体纳到成都市文化局公布的“成都市第一批非物质文化遗产传习所”。这样有利于对其实施保护和管理，争取各级政府财政扶持，让传承人安心从事蜀绣的传承和发展。被各级文化主管部门命名的各级传承人除了在各自的传习所里承担着传承的责任和义务，还通过其他方式传播和传承，如整理出版各类书籍，进入大中小学课堂进行授课、传艺，参与各类公益性宣传活动，毫无保留传播自己所掌握技艺等等，力所能及发扬光大先辈们传下来的蜀绣这项优秀传统文化。

传承人简介

郝淑萍，蜀绣国家级代表性传承人。1945年出生，1959年进入成都市工艺美术技校蜀绣班学习，专职从事蜀绣艺术生涯40余年。其作品绣针洒脱灵活、线条自如、整体感强，具有独特的艺术风格，多幅作品被美、英、日、法、西班牙以及中国香港等国家和地区博物馆收藏，代表作有“双面芙蓉鲤鱼”、“双面异色水草鱼”、“乱针九寨大熊猫”。2001年创办“大师工作室”，潜心带徒授艺。

杨德全，蜀绣省级代表性传承人。1955年出生，1975年进入成都蜀绣厂，师从全国工艺美术大师彭永兴学习刺绣。擅长绣制人物、山水、动物、鱼类等，尤其对色彩的理解与运用有独特的绣艺风格，代表作品有单面绣制抽象精美现代作品“火把节”、双面绣“荷花鸳鸯”、复制绣品“金沙太阳神鸟”。长期从事刺绣的传承，至今在三圣花乡传授刺绣技艺。

孟德芝，蜀绣省级代表性传承人。1961年出生于刺绣世家，1979 年进入蜀绣厂后，师从工艺美术大师肖福兴学习刺绣技艺，并接受过中国工艺美术大师彭永兴的技术指导。从事刺绣技术创作研究三十余年，参加、领衔、指导和独立刺绣了数百幅蜀绣精品，代表作有异色绣“荷花鲤鱼”、异形绣“九子熊猫图”、“龙凤”等。创立了蜀绣公司和传习所，先后招收了 100 多名学生，培养蜀绣青年绣工。

吴光英，蜀绣省级代表性传承人。1964年出生于蜀绣世家，先后师承蜀绣大师陈洪寿、彭永兴、郝淑萍。擅长绣制花鸟。其作品色彩搭配得当、针法严谨、层次分明、栩栩如生。代表作品有单面绣“仙鹤兰草”、双面绣“芙蓉鲤鱼图”、“牡丹鲤鱼图”等。多年来，培养了刘德蓉、冯春等十多名徒弟。

吴玉英，蜀绣省级代表性传承人。出生于1964年，先后从师于蜀绣老艺人魏光建、中国工艺美术大师彭永兴、中国工艺美术大师郝淑萍。擅长设计、绣人物的衣锦纹针、车拧针、乱针等。代表作品有“双面芙蓉鲤鱼”、“三只大熊猫”、“仕女熊猫”、“乐山大佛”等。从艺27年来，先后指导和培养了十余名学生。

姬金全，蜀绣省级代表性传承人。生于1955年，师从赵蕴玉、郭汝愚。擅长花鸟、动物、山水、装饰绘画创作，代表作品有“九寨沟熊猫”、“八扇芙蓉鲤鱼屏风”、“五环熊猫”、“和谐图”等。在搞好蜀绣的设计创新的同时，在三圣乡、市残联、青羊区残联、特殊学校等地进行教学培训工作。

李佳蓉，蜀绣省级代表性传承人。出生于1956年，师从唐建章。坚持继承传统针法，研制推陈出新针法，创制出双面异色、异样、异形绣“金丝猴、大熊猫”等作品，为蜀绣史再创新编章。现在成都市残联、市特殊学校教学绣艺。

郭定菊，蜀绣市级代表性传承人。生于1963年，师从曾怀玉、郝淑萍，学习和研究蜀绣针法和技术。针法丰富，技艺娴熟，表现力强，尤其擅长绣制动物。代表作品有双面绣“九寨沟大熊猫”、双面绣“天伦之乐三只大熊猫”、单面乱针绣“九寨沟大熊猫”、双面绣“竹石熊猫”、双面绣“竹子熊猫”、单双面绣“熊猫、鲤鱼及花鸟”等。现在正潜心培养刘琼、吴守玉等10余名学生。

袁伟，蜀绣市级代表性传承人。1971年出生，师从彭永兴、肖福兴。无论是单面绣、双面绣，还是双面异色异形绣、双面立体绣，她都能协调搭配，作品立体感强。代表作品有单面绣“金沙太阳神鸟”、双面绣“芙蓉鲤鱼”、单面绣“牡丹彩孔雀”、双面异色异型“绣母子熊猫”等。

邬学强，蜀绣市级代表性传承人。出生于1963年，先后师从养母姜云先（成都蜀绣厂高级绣工）和中国工艺美术大师彭永兴。代表作有“大熊猫”、“芙蓉鲤鱼”、“太阳神鸟”、“老成都地图”、“牡丹鲤鱼”、“群仙祝寿”和“虎溪三笑”等。作品“芙蓉鲤鱼”现存人民大会堂四川厅，多幅作品被各级博物馆收藏。所带徒弟鲁丽、周惠芳、李小蓉等已经成为公司中级绣工。

柳明友，蜀绣市级代表性传承人。出生于1967年，师承蜀绣大师胡良俊、四川省工艺美术大师肖福兴。擅长异色绣、三异绣、乱针绣，并能熟练运用蜀绣针法刻画动物、人物、花鸟，作品生动形象，栩栩如生。代表作有单面绣“戏剧脸谱”、双面绣“九寨熊猫”、双面绣“芙蓉鲤鱼”、三异绣“芙蓉仙女与熊猫”、异色绣“睡莲鱼”等。曾在三圣乡、成都市残疾人职业培训中心、成都市特殊学校、都江堰职业中学、新华职业学院授课。

辜秀群，蜀绣市级代表性传承人。出生于1963年，师从蜀绣老艺人父亲辜光元。代表作品有单面绣“芙蓉鱼”、“牡丹鱼”、“九寨沟金丝猴”，其中“九寨沟金丝猴”被日本人收藏，双面绣有各种规格的“芙蓉鱼”、“金鱼”，其中“芙蓉鱼”现存人民大会堂四川厅；双面异色异样异针法绣“母子熊猫”、“九节猫”。

肖德全，蜀绣市级代表性传承人。出生于1963年，跟随父亲肖福兴于蜀绣厂学习刺绣。其作品针法严谨、色彩淡雅，擅长绣制鲤鱼、熊猫等富有地方特色的虫鱼、花鸟、山水、人物等精品。代表作品有异色异样异针法“哈巴狗”、立体“宝钗扑蝶图”、“精品单面鹰”、“九寨沟熊猫”、“五只金丝猴”、“太阳神鸟”、“科泽尔壁画”。从2007年开始，开设十五期刺绣培训班，共培养了90名学员，主要学习花卉、拉绵纹和传统针法。

肖梅，蜀绣市级代表性传承人。出生于1961年，跟随父亲肖福兴于蜀绣厂学习刺绣。代表作品有双面绣“芙蓉鲤鱼”，单面绣作品“蜀宫乐女”、“三异鹰猴”、“九寨沟熊猫”、“五只金丝猴”、“太阳神鸟”、“科泽尔壁画”等。在传承的基础上大胆创新，采用铜麻、头发等新型材料进行创作，开发出独特的发绣作品，如“牡丹痔鸡”。从2007年开始，开设十五期刺绣培训班，共培养了90名学员，主要学习花卉、拉绵纹和传统针法。

彭世平，蜀绣市级代表性传承人。出生于1961年，师从父亲彭永兴。全面掌握蜀绣针法、技法，专攻画面多变、针法绣技难度大的作品，如“麻姑献寿”（单面绣）、“卓文君与司马相如”（立体绣）、“文君熊猫”（双面异色异形绣）。20世纪80年代初，首创异色异形针法，至今蜀绣还在沿用此针法。所带徒弟有李红霞、张有华、彭玲、蒋梅、肖菊明、向美亚等人。部分徒弟已经出师并成为重要技术骨干。

李红霞，蜀绣市级代表性传承人。出生于1975年，师承四川省工艺美术大师彭世平。现已基本掌握了蜀绣的各种针法和技法，并在运用过程中不断创新。在她的绣品中，无论是花鸟、人物、走兽、虫鱼，都施针严谨、虚实得体、栩栩如生。代表作品有 “荷花麦鸡图”、“熊猫”、“芙蓉鲤鱼”、“牡丹鲤鱼”、“樱花鱼”等。现已收向美亚为徒，悉心传授其蜀绣传统技艺。

陈德兵，蜀绣市级代表性传承人。1965年出生于蜀绣世家，自幼随父学艺。师

蜀绣作品

从蜀绣大师魏光建，学习蜀绣针法、技法和色彩运用。擅长绣制人物、花鸟、走兽等。代表作品“五百罗汉”百尺长卷是他带领16位绣师一起制作，创造了中国刺绣史上人物最多、针法技法最全面、色彩最丰富、用工量最大、绣卷最长的纪录。多次到成都市文联、成都市妇联、龙泉驿区残联授课，多次参加各种交流和现场演示活动。现已收授徒弟近二十人。

叶显俊，蜀绣市级代表性传承人。1967年出生于蜀绣世家，1985年随母亲学习刺绣技艺。后拜师著名工艺大师肖福兴学习多种蜀绣针法和技艺；到苏州拜师蔡梅英老师学习动物乱针绣；到扬州拜陈小平学习人物乱针绣。代表作品有“芙蓉锦鲤”、“牡丹鲤鱼”、“国宝图”、“雄鹰”等。曾举办两期蜀绣技能培训班，共培训学员三百多人。在工作中，以口传心授的方式带徒四十多人。

陈晓亚，蜀绣市级代表性传承人。出生于1964年，师承蜀绣大师彭永兴、魏光建等。代表作品有双面三异绣“麻姑献寿”、“异形龙凤”等。多年来，把蜀绣技艺传授给了很多学员。特别是2008年汶川地震后，在都江堰向灾区上百名蜀绣学员传授绣技一年多，这一事迹被中央、省、市各级新闻媒体广泛报道。

杨培林，蜀绣市级代表性传承人。1969年出生于蜀绣世家，先后师从蜀绣大师肖福兴、郝淑萍、邬学强。代表作品有“芙蓉鲤鱼”、“牡丹鲤鱼”、“牡丹”、“山水”、“蚕”等。2011年开办“尊享艺乐”绣坊，已先后招收代树英、吴映旭、张英等学员近百名。

易起明，蜀绣市级代表性传承人。出生于1956年，师承蜀绣大师彭永兴。代表作品有荣获全国优秀工艺美术作品百花奖和旅游产品一等奖的“文君熊猫”、获得工艺美术精品蜀绣精品优秀作品奖的三异绣“龙凤呈祥”等。2008年地震后到都江堰灾区进行蜀绣教学工作，辅导学员78人。目前在成都残联和成都五十二中进行蜀绣教学工作。

陶小凤，蜀绣市级代表性传承人。出生于1968年，先后师从蜀绣大师彭永兴、肖福兴、胡良俊，全面掌握了蜀绣的针法和技法。其作品针法细腻严谨，色线精美光亮。代表作品有双面绣“九寨沟熊猫”、“芙蓉鲤鱼”等。在实践过程中，将蜀绣技艺与藏族的唐卡相结合，对蜀绣的针法和藏族的唐卡进行了新的诠释。

易敏，蜀绣市级代表性传承人。出生于1965年，师承蜀绣大师胡良俊。代表作品有 “芙蓉鲤鱼”、“九寨沟熊猫”。现已收易学、王启慧、童萍十多名徒弟。曾在成都黄忠社区、都江堰、绵竹地震灾区教授蜀绣技艺。 (整理：陈爱蓉)

成都面人

项目名称：成都面人

2010年入选成都市第三批非物质文化遗产名录，2011年入选四川省第三批非物质文化遗产名录。项目保护责任单位为成都市成华区文化馆。现有市级代表性传承人熊家全。

面人，又称面塑，是中国特有的一门民间艺术，起源于汉代，至今已有两千多年历史了。南宋《东京梦华录》中对捏面人也有记载："以油画糖蜜造如笑宠儿。"而民间对捏面人还有一段传说，相传三国孔明征伐南蛮，在波芦江时忽遇狂风大作，机智的孔明随即以面料制成人头与牲礼模样来祭拜江神，说也奇怪，部队安然渡江并顺利平定南蛮，因而从此凡执业者均供奉孔明为祖师爷。面塑首先出现在以面食为主的北方，在北方农村的各种名目繁多的大小节日以及婚丧嫁娶、婴儿满月、孩子生日、老人寿辰等都要蒸制面食。聪明、勤劳的农村妇女用面团做出各种自己喜爱的样式，像石榴、荷花、蝙蝠、蝴蝶、龙、凤、虎、羊等，蒸熟以后显得更加浑厚朴拙，再点染一些颜色，便成了一件件非常生

面人作品

动的艺术品，既可食用又可供观赏。经过不断地流传、演化，独立的面塑艺术从食品中分离出来，自成体系，面团不再经过发酵，并采取了初期的防腐防裂的措施，颜色也不再是点染，而是揉进面团里，这时的面塑，观赏性更强了，就捏制风格来说，黄河流域古朴、粗犷、豪放、深厚，长江流域却是细致、优美、精巧。正是由于面塑的观赏价值增强，它有了独立的经济价值。有人开始以面塑作为谋生手段，他们带着彩色面团和简单的工具，到比较繁华的场所边做边卖，吸引了很多观众和买主。随着时间的推移，这门古老技艺流传到了祖国大江南北。

成都是中国历史文化古城，距今已有两千多年的历史，面人在古老的成都地区流传不衰，因为它有深厚的文化内涵、底蕴，人们喜欢面人的细致、优美、精巧。又因成都是天府之国，物产丰富，盛产小麦、糯米，有了做面人的材料，面人这个民间艺术文化就绽放得更加光彩夺目。在以前，成都的大街小巷，都可以见到民间面人艺人的身影，特别是在逢年过节等重大节日，如灯会、庙会。古老的成都面人艺人随手捏制出各种造型的人物、动物、花鸟等，通过自己勤劳的双手捏出生活的喜悦，捏出吉祥如意，捏出对美好生活的向往。艺人的现场表演也赢得了小朋友的叫买声和大人的阵阵喝彩声。面人深受老百姓和儿童的喜爱，在人们心中扎下了牢牢的根，生命力极富顽强，成都人亲切地称之为“面娃娃”。

面人历史悠久，是我国最古老的民间艺术之一。材料以面粉为主，配以色素等辅料，其制作过程有几十道工序。现对几个主要程序加以介绍：首先是原料制作工序，精选上等面粉，按一定比例加入糯米粉、盐、热水、蜂蜜等，不断搅拌至均匀后，将生面反复揉制成团，然后将制好的生面团上锅煮或蒸约半小时至熟，取出熟面团。将冷却后的熟面团，用手再进行反复揉搓一小时左右，使面团达到一定的柔韧度，然后分成数小块备用。然后是原料上色制作工序，将制好的熟面团，按一定比例加入适量所需颜色的食用色素，再次反复揉搓，直至色彩均匀，达到制作面人时的使用标准为止。最后是面人制作工序，取出制作作品所需相应颜色的面团待用，在制作作品过程中，再次揉搓面团达到使用的柔韧度后，在手中几经捏、压、剪、挑、粘接等手法塑形，再用刀、木梳、拨子等工具灵巧地点、切、刻、划进行细致雕琢。

面人制作的主要器具为锅、铲、刀、剪刀、滚签、拨子、木梳、竹签、线、纸、润滑油等。成都面人的造型借鉴了川剧、民间传说和神话。与其他地方面人相比，素材不同，比较生活化，有瓜果蔬菜、昆虫类的，还有历史人物，尤其是川

1. 熊家全老师展示面人作品
2. 熊家全老师精修面人作品
3. 栩栩如生的面人作品

剧中的人物，比如《驼子回门》、《时迁偷鸡》里的人物，另外，还把一些笑话里的动作放入面人造型中，比如滚灯、吐火。

做面人要求艺人有一定的文化水平，要对历史人物、历史事件、历史典故都有了解，这样创作出来的面人才会受到大家认可。还要求艺人有一套基本功：耐坐、耐饿、不怕麻烦，要过目不忘。面人还讲创作，因没有统一的模板，外形、神态、动作都要根据戏剧和故事里的人物形象来创作。由于戏剧和故事里的人一般都是虚构的，所以需要艺人要有一定的想象力和创作力，同时还需要把想象的东西付之于手，真真地捏出符合想象中的面人。比如要做好孙悟空，就必须了解孙悟空的个性，以及它最典型的神态和动作。孙悟空最具代表性的一个造型就是单腿站地，一只手反举着望远方，因这个造型最符合它灵巧多动的个性。

面人是世代相传的民俗艺术，流行在我国黄河内外、大江上下的很多地方，各地风俗习惯不同，也使得面人的品种丰富。“礼从宜、事从俗”，民俗活动的需要直接促进了面人的发展，面人成为了一道亮丽的民俗文化景观。面人艺术的特点是造型完整饱满，略有夸张，手法简练、注重神气，淳朴敦厚、色彩艳丽，让人觉得亲切自然。面人之美，美在其自然的材料、自然的工艺、质朴的心境。它塑造的形象是符合民俗文化心理的，是老百姓喜闻乐见的，具有很高的审美价值和收藏价值。成都面人是经过几代艺人苦心钻研所形成的具有独特天府文化的当地文化艺术精髓，是一份宝贵的民间文化遗产。

为了保护和传承成都面人，2009年12月，成都面人保护单位组织该项目传承人熊家全师傅，在成华区龙潭街道同乐社区广场、北湖公园，参与了由区文化馆组织的成华区非遗项目展示活动；协助熊家全师傅招收弟子，并组织“非遗”进校园活动，宣传和教授面人艺术。

传承人简介

熊家全，成都面人市级代表性传承人。1965年出生，1973年跟随谢德芳先生学艺，从事面塑技艺至今已有30余年。其面人造型完整饱满，略有夸张，手法简练，注重神气，淳朴敦厚，色彩艳丽，让人觉得亲切自然。代表作品有川剧人物系列、西游记人物系列、福娃系列等。2006年接受中央电视台栏目专访，其技艺受到相关领导称赞，即赠予“成都面人熊”之雅号。传授多人面人技艺，现有正式徒弟一名，已掌握所有的面人技巧。

（整理：张晶明）

成都糖画

小档案

项目名称：成都糖画

2006 年入选成都市第一批非物质文化遗产名录，2007 年入选四川省第一批非物质文化遗产名录，2008 年入选第二批国家级非物质文化遗产名录。项目保护责任单位为锦江文化馆，项目传习所为成都市锦江区民间糖画艺术协会。现有国家级代表性传承人樊德然，省级代表性传承人蔡树全、陈昌吉、吴逢全，市级代表性传承人陈良刚、谢丰坤、阳廷贵、徐淑华、陈启林、梁洪江、张道成、陈家弟、蔡美林。

“糖画”即以糖作“画”，四川民间过去又称“倒糖饼儿”、“糖粑粑儿”、“糖灯影儿”等，形成于明万历前后，并流行于北京、天津、山东、淮河流域及江南一带，距今已有四百多年的历史。据考，糖画起源于明代的“糖丞相”。清代小说家褚人获的《坚瓠补集》里载：明俗每新祀神，熔就糖，印铸成各种动物及人物作为祀品，所铸人物“袍笏轩昂”，俨然文臣武将，故时戏称为糖丞相。后来又吸收了中国皮影、民间剪纸等姊妹艺术的造型手法与雕刻技艺，逐渐演变发展为今日的糖画艺术。

明代四川糖画的流传情况，现已无资料可考。进入清代以后，随着大规模的移民入川，糖画也和其他的民间技艺一起传入四川，流行于四川省成都市及新都、双流、金堂、温江、郫县、都江堰、彭州、青白江、龙泉驿、自贡、泸州、乐山、内江及重庆等地，受到群众的喜爱。清末人傅崇矩在《成都通览》“成都之民情风俗·正月过年”条记载：“元旦日街市停贸易，关门闭户，只有小本营业者，专售小儿女之钱，如甘蔗、橘子、面食、凉粉、花炮、响簧、小灯、大头和尚、戏脸壳、灯影、糖饼、花生、升官图、纸牌、骰子之类。”书中“七十二行现相图”条目里，有“糖饼摊子”一图。

四川早期比较知名的糖画艺人有赵糖饼和戴大爷（只留下姓氏，名和生卒年均不详），两人均活跃于清道光年间，具有很高的知名度和诸多传人。在当时，已经存在糖画艺人的行会——太阳会，可见糖画技艺在清代的四川就十分流行。

辛亥革命后，各地糖画相继消失，唯四川以“蔗糖产量历居全国之冠”，“历史上战乱较少，社会相对安稳，因而庙会、集市盛行”等原因形成市景艺术相对能较好发展的“生态”环境，而使“糖画”艺术得以传承发展，并在巴蜀广为流传，成为西蜀市景艺术的代表作品。

绘制糖画，需要一定的工具。经过长期的实践，糖画艺人们总结制造了一套得心应手的糖画工具。熬糖化糖要用铜锅，铜的保温性、导热性较好，既能很快地吸收热量易于化糖，又能保证糖液不容易冷却。画糖画要在大理石板上进行，大理石板平整光洁，易于作画，更重要的是此种材质易于冷却糖液。糖画制作工具主要是铜勺和“起子”，糖画艺人只需一把铜勺，就可以勾勒出各种各样的图案。起子是铜或铁制成的长形薄片，前窄后宽，用来撬起糖画，同时还可以用作肌理纹样等造型。起子手柄顶端有各种形状，如“O”、“L”、“S”，用以在块面上压制各种连续纹样。

绘制糖画前，先要炼制糖片。将水与糖按一定比例，放入铜锅中加热，轻轻搅动，防止粘底。待色泽稍微变黄，大泡变为小泡，糖就达到合适温度了。趁热倒在大理石板上，冷却凝固后，把糖片切碎，收入盘中保存。这样熬制出的糖透明度较高，脆而不粘手，不滴油，不流液，而且在常温下不易溶化。

绘制糖画时，先把准备好的糖块放在铜锅内用小火溶化。完全溶解后，用一柄小铜勺舀出溶解的糖，运用抖、提、顿、放等不同手法在大理石板上倾铸出各种花鸟鱼虫、飞禽走兽及各类戏剧人物，然后用一根竹签粘合支撑，再用起子把糖画“起”起来，一件糖画作品就完成了。

制作糖画跟普通绘画不一样。首先，用糖作画，糖非常容易凝固，因此作糖画的动作要快。其次，作糖画相当于连笔画，所以每笔之间不能间断，这样就出现了画画的笔顺问题。因此，在绘制糖画前，一般要进行笔顺和构图的绘画练

糖画作品

1、4. 艺人制作糖画
2、3. 传承人和其作品

习，从而达到胸有成竹。作糖画时，趁热一气呵成，十二生肖喊来就来，历史人物、飞禽走兽、花草，随着缕缕糖丝的飘洒，糖画便栩栩如生地呈现在你面前。

糖画艺人在长期的实践中，总结了制作糖画的五大要素：一是要画得形象；二是线条要匀称；三是速度必须快；四是要一气呵成，绝对不能改笔；最后，画完要掌握好等待的时间，用“起子”把糖画起起来。

成都糖画的题材广泛，比较常见的如各种花草、飞禽走兽，尤具地方特色的是各种川剧人物。悲壮缠绵的“霸王别姬”，风趣幽默的“陈妮赶潘”，忧国忧民的“貂蝉拜月”，为爱情奋战的“水漫金山”以及“凤仪亭”、“战马超”等等，仿佛是在欣赏一折折无声的川剧折子戏。

成都糖画类别丰富，按照制作难度的不同，可以分为以下一些品种：大货，体型较大、构图复杂的作品，诸如龙、凤、孔雀、狮、虎等；小货，体型偏小、工艺简单的作品，如单个的虫、鸟、水果等；子子货，直接倾倒的一个个圆形糖饼儿，这种技艺要求艺人手腕灵活，动作利索，最能体现糖画艺人的基本功。成都糖画按照具体的表现手法，又分为：丝丝货，用线条来构图，传统造型中的“灯影”人物及“小货”多是采用此手法；板板货，运用块面来造型，戏剧人物的面部、衣纹、铠甲纹样及狮、虎等作品多用此法；填装货，以糖丝勾勒出物象外形，然后倾倒糖液将线条内的面积填满；此外还有拭皮子、按头子等诸多技法。

最常见的“糖画”是平面糖画，除了平面画，手艺好的艺人还会将平面“零件”拼接出风格各异的立体画来。若要做一个花篮，先用糖液做个圆糖饼，再接着倒一个小一点的圆圈，利用两次糖液的冷热不同，一提，立体的花篮筐底就出来了，再加提梁、花卉等，一个立体的花篮就展现在你眼前。1989年，著名糖画艺人蔡树全等人又创造性地将糖画和彩灯艺术巧妙地结合在一起，创作出轰动一时的“糖龙”绝品。

过去，糖画艺人肩挑摆摊，走街串巷，在人群密集处落摊，现做现卖。糖画美观，糖食可口，糖香诱人，男女老少都要为之驻足，围在摊前观看艺人现场制作糖画，以此为赏心乐事。糖画受到群众喜欢的另一大魅力还在于其售卖形式，即转糖饼，顾客付钱后，先在转盘上转动竹箭，转盘上绘有各种图样，箭头停在哪个图样，糖画艺人便做什么图样。人人都希望自己能转到龙或凤这样的“大货”，但又未必如愿，正是这种不确定性，既刺激了顾客的好奇心，又为糖画增加了“游戏”的娱乐性。

1. 成都糖画——生肖
2. 成都糖画——龙
3. 成都糖画——凤

糖画初看起来是民间艺人的雕虫小技，但细究起来却是一门高深的技艺，里面蕴涵了历史、美术、地方民情风俗、蔗糖工艺等复杂的元素。糖画起源于明代的“糖丞相”，主要用于祀神，后逐渐演变成为街头巷尾的民间工艺，又借鉴皮影和剪纸的表现形式最终得以成形，具有相当的历史价值。糖画以线条造型为主，整体上追求神似的艺术风格，极具中国式审美特色，充分体现了中国传统的审美文化。糖画的熬糖工艺，铜锅、铜勺、大理石板等制作器具，绘制糖画的笔顺和构图，都是糖画艺人长期实践的产物，体现了劳动人民的勤劳和智慧。

为了继承和发扬这一独特的民间手工技艺，1986年，成都市锦江区成立了民间糖画艺术协会，对广泛流传于四川民间的糖画艺术进行调查和整理；培养了一批糖画传人；协会艺人蔡树全、徐淑华、樊德然、陈昌吉等还先后赴多个国家和地区献艺，为世界带去“甜”和“美”。2010年成都市锦江区民间糖画艺术协会被评为第一批成都市非物质文化遗产项目传习所。

1993年成都市锦江区被文化部授予“民间糖画艺术之乡”的美誉。现在，无论在庙会、集市还是普通的街巷中，糖画仍是最受欢迎的民间技艺之一。

传承人简介

樊德然，成都糖画国家级代表性传承人。1924年出生，11岁从师谢青云学艺。擅长“板板货”、“填装货”及戏剧人物。代表作品有《水漫金山》、《凤仪亭》、《战长沙》等。

蔡树全，成都糖画省级代表性传承人。1941年出生于四川糖艺世家，父亲蔡建成是20世纪40年代成都糖艺组织“太阳会”会首。将传说的平面糖画发展成立体造型艺术，还将糖画艺术与花灯艺术巧妙结合，创作了糖龙、糖孔雀、糖观音、糖九龙壁等系列糖灯。

陈昌吉，成都糖画省级代表性传承人。1964年出生于青白江区糖画世家，1991年又拜师糖画名老艺人樊德然。代表作品有“花鸟鱼虫”、“戏剧人物”、“白鹤闹松”、“十二生肖”、“龟蛇图”等。

吴逢全，成都糖画省级代表性传承人。1968 年出生于青白江糖画世家，9 岁随父学艺；1988 年拜师糖画艺人樊德然。代表作品有“喜鹊闹梅”、“松鹤延年”等。

陈良刚，成都糖画市级代表性传承人。1958年出生于龙泉驿区糖画世家，从1980年起先后拜糖画老艺人樊德然、黎永成为师学艺深造。作品线条粗犷流畅，极富张力，以铸各种花、鸟、兽造型。其代表作有“龙凤呈祥”、“龟蛇图”、

糖画大型灯组“九龙壁”

“十二生肖”等。现有徒弟近二十人。

谢丰坤，成都糖画市级代表性传承人。生于1974年，1989年拜著名糖画艺人蔡树全为师学习。所制作花草、飞禽走兽等小货精致细腻、惟妙惟肖又不失夸张；龙凤、孔雀、狮虎等大货立体再现，古典戏剧人物栩栩如生。代表作有“龙凤”、“十二生肖”、“花篮”、“车马”等。

阳廷贵，成都糖画市级代表性传承人。生于1956年，先后从师于父亲李方泽和糖画老艺人黄树庭。以“拴皮子”、“丝丝货”为造型手段的“花货”、“小货”见长。作品线条粗旷、豪放，所铸各种鸟、兽造型栩栩如生。其代表作有“青龙回头”、“十二生肖”、“龟蛇图”等。

徐淑华，成都糖画市级代表性传承人。生于1936年， 12岁从父学艺。于1980年在传统操作技艺基础上加以创新，改平面图案为立体组合图案，改单色为多种色彩，能够即兴创作作品。其作品独具一格，千姿百态，栩栩如生。代表作有“狮子滚绣球”、“鲤鱼跳龙门”、“仙女散花”等。

陈启林，成都糖画市级代表性传承人。生于1968年，师从糖画大师蔡树全学习。从事糖画艺术创作至今已二十余年，在创作实践中触类旁通，善于吸取其他民间艺术手法丰富自己，逐渐形成个人的艺术风格及独特的创作方法。成都每年

一届的灯会都是由其主要造型。

梁洪江，成都糖画市级代表性传承人。生于1952年，师承糖画老艺人廖海清。代表作品有“白鹤闹松”、“十二生肖”、“龟蛇图”等。多次参加国内外交流、比赛和现场表演活动，曾获得国家级金奖等多个重大奖项。现带徒弟高富良、梁英、辜起兵等12人。

张道成，成都糖画市级代表性传承人。生于1964年，拜著名糖画大师廖海清为师。代表作品有“麒麟”、“九龙壁”、“白鹤闹松”、“十二生肖”、“龟蛇图”等。现带徒弟付群芳、张强、江世红等5人。

陈家弟，成都糖画市级代表性传承人。生于1960年，拜糖画大师陈道生学艺。多次参加交流、比赛和现场表演活动，曾获得国家级金奖等多个重大奖项。现带徒弟蓝玉芬、陈小庆、黄国勇3人。

蔡美林，成都糖画市级代表性传承人。生于1960年，自幼随糖画老艺人母亲徐淑华学习糖画技艺。参加过3次温江区承办的成都国际非物质文化遗产节交流活动并作现场糖画技艺表演。授徒蔡继红、吴朝忠、韩晓红、孙学兵、吴阳、陈万彬、陈俊芳等6人。

（整理：秦羽）

川派盆景制作技艺

小档案

项目名称：川派盆景制作技艺

2006年入选成都市第一批非物质文化遗产名录，2009年入选四川省第二批非物质文化遗产名录，2011年入选第三批国家级非物质文化遗产名录。项目保护责任单位为四川省盆景协会。现有省级代表性传承人张重民、周厚西，市级代表性传承人陈凡、赖胜东、何成有、李祥林。

历史悠久的川派盆景，包括以成都地区为代表的川西盆景和以重庆地区为代表的川东盆景。巴山蜀水经过漫长的历史流程，孕育出了独特的巴蜀文化，文化和地域的独立，相对安稳的社会环境，为四川园林、盆景的发展、成型造就了较好的基础和氛围。相传在五代时，后蜀孟知祥帐下有一位梅姓官员隐居于成都西郊，遍植梅树，并依画意蟠扎，作多种姿态的梅桩，后他的儿子及亲友也继而植梅造型。唐宋间，盆景有了一定的发展，在一些宗教题材的石刻、石窟中，至今仍有遗留。至宋，则有苏东坡、陆游、梅尧臣等诗人在蜀期间玩赏并制作了一些山石盆景于庭园中、厅堂内，在他们的诗作中，更是对盆景的描绘咏吟有声。苏轼在其《格物初谈》一书中，论及树石盆景做法："芭蕉初发分种，油簪横穿其根二眼，则不长大，可作盆景。"陆游诗云："叠石成小山，埋盆成深潭。傍为负薪径，中开钓鱼庵。谷声应钟鼓， 被影倒松楠……"其后元、明、清时期，川派盆景技艺都得到长足发展。

至清代，树桩蟠扎技艺在民间花农中兴起并迅速发展，四川树桩盆景技法突进，盆景技艺形式也逐渐偏重于树桩造型的程式化、规则型，川派盆景走向繁荣的景象。清末民初时，每年农历正月二十五日成都青羊宫都举办花会，各地的花农和盆艺者都把自已制作成型的各类身法树桩送到花会展示、销售、品评，从现在遗留下来的树桩看，不仅身法多式，而且都已基本具备了三式五型的枝法造型技艺。现藏于北京故宫博物院"储秀宫"、"养心斋"的珠宝玉石树桩盆景造型，是当时的四川官员送给皇帝、皇族的祝寿贡品，这些盆景就含有川派盆景造型技艺中的几种特有的身法和技法，所表现的树种也是四川地区常见的。

直到20世纪20年代起，一批成都的玩家开始对山石、树石组合盆景进行制作，把山石、树石盆景的技艺推向了一个新的高潮。40年代中期以后，成都的盆景爱好者中涌现出了收藏盆景数十种乃至上百件的佼佼者，号称"成都盆景十大玩家”，有黄希成、黄晴岩、陈益庭等，他们提倡“以景会友”，对以后川派山石、树石组合类盆景、自然类树桩盆景的继承、创新、发展提供了学习、借鉴的范本，建立了良好的基础。特别是50年代已故盆景艺术大师李忠玉和国画家冯灌父合作，将画意与山石、树石盆景结合起来，极大地丰富了川派盆景的创作意境。60年代，陈毅同志在品赏川派盆景后，欣然题词“高等艺术，美化自然”。

川派盆景的植物素材，一般选用金弹子、六月雪、罗汉松、银杏、紫薇、贴梗海棠、梅花、火棘、茶花、杜鹃等；比如金弹子，不仅因其在四川地区，特别是在川西地区生长良好，还因川派盆艺家们对金黄的果实和开花时的清香情有独钟，加上其叶长绿，易开掘老态的树坯，成形快，萌发力强，枝叶细小，具有制作大、中、小型树桩种种优势；而六月雪为落叶或半落叶树种，但因根干古朴，枝叶细小，成型快，易蟠扎，耐修剪，能用其制作多种不同的单株或多株组合造型景观，亦为川派树桩特色树种之一。

川派树桩是用棕丝蟠扎造型，在树干和分枝上蟠出连续渐变的半圆形弯子并施以修剪而成。川派树桩盆景一般是剪扎结合，初造型时，以蟠扎为主，成型后则施以补蟠，轻扎重剪，完备枝盘。川派盆景的造型主要包括规律类和自然类两种，具体分为规律类树桩盆景蟠扎技艺、自然类树桩造型、山石盆景造型技艺、树石组合类盆景。规律类树桩的造型，包括身法和枝法的造型。身法指树干的造型及蟠扎方法，主要有十种，即掉拐法、对拐法、接弯掉拐法、滚龙抱柱法、三弯九倒拐法、方拐法、老妇梳妆法、直身加冕法、大弯垂枝法、巧借法。其中掉拐法是川派规律类树桩盆景中，特别是川西平原最为广泛的一种造型方法，适合多类树种的制作，其形成年代久远。枝法指骨骼枝和分枝造型及蟠扎方法，主要有三式五型，即平枝式，包括规则型、花枝型；滚枝式，包括大滚枝型、小滚枝型；半平半滚式。

川派盆景的自然类树桩造型，真正兴起发展应当是在50年代中期，特别是70年代末80年代初一批青年的盆景艺术家的成长，使自然类盆景树桩的制作得到很大的提高，现已成为树桩制作的最主要方式之一。自然类树桩造型包括多干式、双干式、一株多干式、斜飘式、仰卧式、过河松式、大悬崖式、小悬崖式、丛林式、附石式。

山石盆景是山草树石在盆盎中的排列、组合，这种组合有一定的规律，总的来说是讲求一种山势或结构的组合。造型技艺包括开合式、一角式、散点石、高

1. 童晓波老师作品：清溪对吟图
2. 周厚西老师作品：翠盖秋韵
3. 四川盆景艺术家张重民（右一）教授现场指导

1

2

3

远式、平远式、深远式、势的起承转合法。

树石组合类盆景是用多株树桩进行组合造景，并配之以山石、草类、亭台楼船、人物鸟兽，形成千姿百态，极富诗情画意的盆景景观。树石组合类盆景的景观式样是极丰富的，但就造型组合技法来说，一般分为“水旱式”和“旱式”两种。

四川盆景风格独特，有着强烈的地域特色和造型特点。四川盆景的发展也经历了造型风格上的由简到繁、由繁到简的过程，同其他流派一样，根据“树姿近画”的造型原理，先有自然姿态类型的盆景，后来不断提炼造型，确定造型规律和技法，通过历代盆艺家不断总结和完善，最后归纳为三式五型枝法和十大身法。陈思甫曾在其《桩头蟠扎技艺》一书中写道，“若以规律类平枝式桩头论，成都和川西地区的主干弯曲、枝丫下倾的造型，乃是仿照岷山高寒之地长期被雪积压的松柏的低矮老态，雪融以后，树梢直立，枝丫由垂转平，或略带倾斜状。故而平枝式规则型桩头，枝垂渐至盘端下斜而平整，或枝盘基部下倾，盘略下斜而平整”。因此被称为“规律类”或“格律类”或“定式古桩”盆景。同时不论自然类或规律类树桩，均以展示虬曲苍古、悬根露爪、状若大树的精神内涵，讲求造型制作上的节奏和韵律感。

川派盆景历史悠久、造型多样，极具美感，被誉为“立体画、无声诗”，“高等艺术、美化自然”，以小小的盆盎展现大自然精神，其艺术最本质特征为“以小见大、缩龙成寸”，“参天覆地于盈握之中”。以有限的景观表达无限的精神意境。川派盆景从来就是以诗情画意、高山流水展示博大的技艺体系而闻名于世，是深扎于四川大山险水和文化中的回归自然的具形表现，其完整技法的格律化、程式化，是一种哲理性思考和诗意的结晶。

近年来园林系统、文化系统、省市盆协都投入了大量资金，弘扬这一民族文化结晶，如举办至今有十七届的成都市盆景展览，园林局参加国际、全国、各地盆景展览，成绩卓越。四川省盆景协会，在对广泛流传于四川、重庆地区的川派盆景制作技艺进行调查和整理后，出版了《四川盆景精品集》、《四川盆景》。建立传承基地，在都江堰安龙建立了川派盆景传承基地。并提出“传承技艺，振兴盆景，无愧后人”的口号，目的是继承和发扬这一独特、传统的制作技艺。

传承人简介

张重民，川派盆景制作技艺省级代表性传承人。生于1956年，拜盆景艺术大师陈思甫、何子元、陈古清为师。代表作品有“牧歌”、“高山流水”、“相依”。

周厚西，川派盆景制作技艺省级代表性传承人。生于1959年，师从全国盆景大师邹秋华老师。代表作有“玄孤千仞”、“松风留云”、“群峰叠嶂”等。

陈凡，川派盆景制作技艺市级代表性传承人。生于1959年，自幼跟随父亲陈思甫学习。盆景代表作有“不舍乡情（掉拐）”、“六月雪”、“接弯掉拐”等。

赖胜东，川派盆景制作技艺市级代表性传承人。生于1970年，随父赖金龙学艺。代表作品有“沧桑”、“风山流清”、“飘韵”、“飞流直下三千尺”等。

何成有，川派盆景制作技艺市级代表性传承人。生于1942年，师承盆景制作老艺人晋华山。代表作有“春水”、“青龙摆尾”、“秋山雨后”、“柏韵”等。

李祥林，川派盆景制作技艺市级代表性传承人。生于1968年，师承川派盆景大师周厚西老师，代表作品有“月照青林”、“疏林清流”、“鹤鸣山村柳色新”等。

（整理：张重民）

川派盆景盘扎技艺

小档案
项目名称：川派盆景盘扎技艺
2006 年入选成都市第一批非物质文化遗产名录。项目保护责任单位为温江区文化馆。现有市级代表性传承人陈开钦、胡世勋。

川派盆景盘扎技艺作品

温江，位于成都平原腹地，距西南最大的城市成都市仅十公里，气候宜人，地势平坦，土地肥沃，全年气候温和，温差小，是国家级生态区的核心区域，地理位置产生的生态优势明显，金马河、江安河、杨柳河从境内穿过，三万余亩的花卉苗木，形成了四水川流、花木繁茂的天然氧吧。温江有着较为深厚的历史文化底蕴，自古以来，就享有物华天宝、人杰地灵的美誉，无数的文人墨客留下了赞美的美丽诗篇。

在温江的万春镇、寿安镇，家家栽树，户户种花，四季花香，奇花异树，争奇斗艳，到处飘逸着自然的气息，花、生态和人居和谐相融。鱼凫村遗址、陈家桅杆、汪家湾、乌龙岛等历史文化遗产和自然生态景观，形成温江生态休闲旅游走廊，将园林生态、美食文化、清代民居、亲水文化、历史人文、休闲居住、娱乐趣味等特色发挥得淋漓尽致。

温江的川派盆景盘扎技术起源于清朝末年。清朝末年，寿安镇百花村就已形成川西花木盆景，是川西盆景的发源地之一。“川西花王”陈开钦为代表的陈氏家族种植花木的历史可追溯到清代，到目前已有一百五十余年的历史。陈开钦是闻名全国的十大盆景大师之一，精通川派盆景创作技艺，并培养了很多盆景界和园艺界的优秀弟子，把川派盆景发扬光大。其技艺超群，将川西花卉的生产、培植、造型与清代园艺融为一体，享有盛名。

20世纪70年代以来，温江川西花木盆景多年来在温江发展壮大的同时，积极带动周边农民从事盆景花卉苗木种植、川派盆景的制作和花木流通。花木品种有罗汉松、贴梗海棠、桂花、玉兰、紫薇、银杏、金弹子桩头等。温江盆景在陈开钦、叶瑞金、李明福、王永弟等一大批技艺精湛盆景艺术大师的带动下，形成了为数众多的盆景盘扎专业队伍和寿安百花村、黄碾村、玉石金马村等盆景专业村。

作为有一百五十年发展历史的温江特色花卉之一的川派盆景，有着悠久的影响，同其他盆景流派一样，源远流长，是川派盆景的干支，川西盆景艺术的佼佼者。温江盆景是以树木、山石等为素材，经过艺术处理和精心培养，在盆中集中再现大自然神貌的艺术品，以鲜明的民族特色和古雅的艺术风格而驰誉全国。

由于自然条件、材料、气候的不同，温江盆景在传承发展过程中产生了多种造型技法。它师法先贤，力显自然，技法精湛，大巧藏中坚，正所谓“规律古桩，承继先朝；自然树桩，独运匠心”。

温江盆景具有独特魅力，以“十大身法”为技术核心，即掉拐法、接弯掉拐法、滚龙抱柱法、三弯九倒拐法、方拐法、对拐法、大弯垂枝法、直身加冕法、立身照足法、巧借法，常以金弹子、六月雪、罗汉松、银杏、紫薇、贴梗海棠、梅花等为素材，利用人工的各种手法进行创作，形成规律类和寓意于形、挥洒自如的自然类，以古雅奇特、虬曲多姿、悬根露爪为特色一方面再现大自然，另一方面又主动地表现人对自然的审美理想。在艺术形式上，温江盆景以严谨的格律作为基本的结构原则，它是盆景中的“格律诗”。正因为具有很高的审美价值，所以受到广大群众喜爱。如虬龙跃虹霓；直干挺拔，现绿云染空翠；虬干曲枝，见柯干露精微；单干寓独木之林；多干见丛林之态。自然之景，藏于盈握。山石盆景，精雕细琢，咫尺盆盎，隐现苍穹。一石之山，则显太华；一勺之水，寓满江河。高、悬、陡、深体自然雄奇；清、秀、奇、雅还生境本意。脉理一枝，纹相通，情景交融，意蕴深浓。温江盆景还注重立体空间的构图，四面可赏，步移景换，寓意于形、挥洒自如的自然类，以古雅奇特、虬曲多姿、悬根露爪为特色。

作为温江特色花卉之一的川派盆景，有着悠久的历史和重要的影响，反映了

1. 代表性传承人胡世勋及其作品
2. 川派盆景盘扎技艺展示
3. 川派盆景盘扎技艺作品

温江人民源远流长的对美的追求，具有浓郁的地方特色，是中华民间文化的瑰宝，对传承优秀民间文化，具有不可估量的价值。

温江的川派盆景盘扎技术虽然有一批传承人，且在温江的花木产业中占有一席之地，在地方经济中有着较为重要的位置和作用，但是，在现代化日益加快的步伐中，在经济大潮的推动下，川派盆景的盘扎由于技术要求较高、生长周期长，大多数花木公司更愿意去做见效快的大规模绿化工程，真正热爱传统艺术、精于技艺的人已是凤毛麟角，盆景盘扎技术的追随者越来越少。不过，令人欣慰的是温江盆景在陈开钦、叶瑞金、李明福、王永弟等一大批技艺精湛盆景艺术大师的带动下，形成了一批盆景盘扎专业队伍和寿安百花村、黄碾村、玉石金马村等盆景专业村。

目前温江区正在筹建万亩川派盆景基地，建成后年产各类盆景将达100万盆以上，年销售额将达1亿元以上，主要品种有乌柿、梅花、贴梗海棠、罗汉松、紫薇、银杏、六月雪等，对温江花卉产业的发展带来积极影响。另外，民间投入资金建立“西部花木交易中心”，为花农搭建销售平台和渠道；温江区政府现已投入资金对川派盆景盘扎技术项目进行调查。

传承人简介

陈开钦（1927年11月-2014年3月），川派盆景盘扎技艺市级代表性传承人。出生于温江区花木种植世家，1942年从艺，作品以鲜明的民族特色和古雅的艺术风格而驰誉。培养了很多盆景界和园艺界的优秀弟子。多次获得国际、国家、省、市盆景大奖，代表作有《浩然正气》、《冰姿玉态》、《沧浪古木图》、《暗香浮动花满枝》等。

胡世勋，川派盆景盘扎技艺市级代表性传承人。生于1943年，1966年从艺，师承中国盆景大师陈开钦。作品刚柔并济，以形传神。首创罗汉松树桩大树造型、换根、换头、换天棚及无根嫁接、海棠梅花等蟹爪枝的造型革新技术及斧劈石盆景盘扎加工技法，在国内同行中处于领先水平。公开发表《罗汉松桩景盆景快速成型法》等论文多篇，主编《邑园盆景艺术》一书。培养了鄢久长、胡开奎、杨勇、王发全、吴仕能、陈义全、杨华彬、周树成等十多名徒弟。（整理：张晶明）

瓷胎竹编

小档案

项目名称：瓷胎竹编

2006 年入选成都市第一批非物质文化遗产名录，2007 年入选四川省第一批非物质文化遗产名录，2008 年入选第一批国家级非物质文化遗产扩展项目名录。项目保护责任单位为邛崃市瓷胎竹编协会，项目传习所为邛崃市群众艺术馆。现有省级代表性传承人谭代明、李万东，市级代表性传承人李家琼、游伟、张光香、杨兴全。

瓷胎竹编，又称“竹丝扣瓷”，即以瓷器为胎，用纤细柔软的竹丝紧扣瓷器编织成各种精美的器物，为四川特有，主要流传在成都地区，尤以邛崃平乐镇为甚，在达州的渠县、宜宾的江安、眉山的青神等地也有流传。

四川素有“竹乡”美誉，其竹编最早起源于汉代，在成都凤凰山西汉木椁墓曾发现用竹编制的器皿。到了清代，在巴蜀地区的竹编艺人们开始在锡壶上编竹编，后来，由于锡壶原材料紧缺，竹编艺人们又改用瓷器作为胎体进行编织，这样编织出来的成品较锡壶更美观，也更受欢迎。

邛崃平乐镇水源充沛，竹资源丰富，尤其盛产慈竹，逐渐成为整个四川瓷胎

瓷胎竹编作品

竹编最大的原料产地，如今更是传统瓷胎竹编技艺保留较为完整的地方之一。平乐镇的瓷胎竹编发展历史大致可分为初兴、发展、昌盛、衰落等阶段。据《邛州志》载：清代光绪年间，平乐兴起竹编工艺。初期以编织生产、生活用品为主，到20世纪70年代末已初具规模，至90年代达到高峰，先后涌现了“万家”、“红星”、“江西”等十多家瓷胎竹编企业，仅万家竹编厂的工人就达到三四百人。后来在市场经济的冲击下，技艺要求严格而附加值不高的瓷胎竹编传承逐渐陷入困境，能全面掌握全套技艺流程的传承人数量骤减。

瓷胎竹编采用白瓷为胎体，紧扣胎体进行编织，这样一方面可对易碎的瓷器起到保护作用，另一方面也对瓷器起到装饰作用，且这种装饰不同于其他釉料的绘画，具有很强的立体感。传统瓷胎竹编具有“精选料、特细丝、紧贴胎、密藏头、五彩丝”的技艺特色，被誉为“东方艺术之花”。它在选料上要求十分严格，瓷胎一般选用的是景德镇的白瓷，竹子则只用生长在邛崃山脉的慈竹，要求竹子水性要好，过老过嫩都不行，生长期为2–3年、节距65厘米左右、无划伤斑迹。选竹后，通过刮青、破节、晒色将竹子制作成竹片，然后再通过烤色、锯节、启薄、定色、刮片、冲头、柔丝、抽匀、染色等十几道工序将竹片加工成细如发丝、薄如蝉翼、不腐不蛀、光滑柔软、永不褪色的五彩竹丝。50公斤的慈竹经反复挑选加工，最后只得成品竹丝500克左右。每根竹丝在厚薄粗细上都有严格要求，厚度仅为一两根头发丝厚，宽度也只有四五根发丝宽，根根竹丝都通过匀刀，达到厚薄均匀，粗细一致，观者无不赞叹其难。准备好竹丝，选好茶具、酒具、花瓶等瓷胎后，就进入编制环节了，整个编制过程全凭一双巧手将根根竹丝紧扣瓷器编织出各种精美图案。瓷胎竹编的编制技艺要求很高，难度大，采用抬一压一、抬三压三、抬一压六的细密编织法，辅以无心起花、弧形锁花、条花、别花、格花、链花、浪花、穿花、贴花、漏花等十多种工艺，且不能出现竹丝接头、绞丝、叠丝等技术差错，要始终保持经篾维丝比例匀称，给人一气呵成之感，从而制作出既有观赏性又有实用性且极富地方特色的工艺精品。

瓷胎竹编传承至今，具有较高的历史价值、艺术价值和科学价值。在湖南长沙马王堆和成都凤凰山西汉木椁墓中出土的竹编器皿，证实了竹编历史的久远，到清朝发展而成的瓷胎竹编正是先民们在历史长河中对早前竹编的继承与发展，是劳动人民勤劳与智慧的结晶，而发展到今天的瓷胎竹编更是中华民族源远流长的历史和文化的见证。

1、2、3、4. 瓷胎竹编作品展

1、2、3、4. 瓷胎竹编过程展示

瓷胎竹编采用景德镇的白瓷，在白瓷外以经纬的竹丝把它编制成各种图案，有山水、人物、花鸟等，图案千姿百态，可谓一幅美丽的画卷，富有浓郁的生活气息，具有独特的地方特色，有极高的艺术价值和珍藏价值。

瓷胎竹编具有“精选料、特细丝、紧贴胎、密藏头、五彩丝”的技艺特点，使素有“竹乡”之称的四川更发挥出竹编的魅力，它既是传统竹编手工艺的承载体，也掺杂了一些现代化的元素，极具开发和研究价值。

随着时间的推移和社会经济的发展，瓷胎竹编有所变化和创新，但在核心环节和技艺上继承了传统瓷胎竹编的精髓。瓷胎竹编的学习周期较长，一般为1-2年，在制作过程中，50斤慈竹仅仅可以拉出500克符合要求的丝，这个过程却需要工作50-60个小时，且制作技术要求极高，这样算下来花费时间长收益却不高，所以很多年轻人不愿意学。

随着近年来非物质文化遗产保护工作的开展，邛崃市也越来越重视对瓷胎竹编的保护和传承，成立了专门的瓷胎竹编协会。该协会在积极推动瓷胎竹编申报各级非物质文化遗产代表性项目，帮助传承人申报各级非遗代表性传承人的同时，积极履行保护责任单位的职责，做了大量工作推动瓷胎竹编重新焕发生命活力。例如：依托当地优质的竹资源和旅游优势，专门开辟了集竹编技艺展示、传承和产品展销为一体的瓷胎竹编一条街，让分散的瓷胎竹编从业人员和商户集中起来形成特色优势；与平乐九年制义务教育学校合作，将瓷胎竹编引入课堂，在青年学生中培养传承人。

邛崃市群众艺术馆，1950年成立，拥有多名瓷胎竹编代表性传承人和多件珍贵实物，2010年被评为第一批成都市非物质文化遗产项目传习所。

传承人简介

谭代明，瓷胎竹编省级代表性传承人。1957年出生，师从叶桂珍，2003年竹编厂破产后自创成都竹编有限责任公司，继续从事瓷胎竹编的传承工作。在成都送仙桥艺术城常年设有竹编招生办公室和培训生产销售点，共同与省内外竹编专家教授和海内外旅游嘉宾共叙竹编发展，共谋传承思路。2003年7月起开始带徒弟，其中大学生2人、高中生2人、初中生3人，均已掌握瓷胎竹编所有的技能，产品也已进入旅游销售市场。

李万东，瓷胎竹编省级代表性传承人。1954年出生， 1973年随师傅林绍清学习瓷胎竹编制作技艺，从选竹到编织全部过程均能熟练操作。先后将技术传给郭家桂、庞洪茹、刘琴等人，并在平乐带动成立“红星”、“万家”、“新美”等十多家竹编厂。其瓷胎竹编作品曾获“四川省特色旅游商品”称号。

李家琼，瓷胎竹编市级代表性传承人。1954年出生于工艺美术世家，1980年到成都竹编厂工作，先后跟随丁惠邦师傅和全国工艺美术大师林绍清师傅学习。全面掌握了瓷胎竹编的造型技巧和纺织方法。在传承的基础上不断创新，独创“瓶口内翻编织法”、“瓷盘双面编织法”，使工艺过程中的难点问题得以解决。作品多次获各级奖项，代表作有“傣族舞茶具”、“马字双面编瓷盘”、“福禄寿喜茶具”等。已招收指导徒弟多名。

游伟，瓷胎竹编市级代表性传承人。出生于1974年， 21岁时跟随瓷胎竹编老艺人李万东学习制作技艺。其作品茶具、酒具、花瓶等不仅实用，而且精美的图案让瓷胎竹编具有较高的艺术收藏价值。2008年向政府提出将竹编一条街进行打造，得到认同并成功实施。2009年6月，组织率队参加了第二届成都国际非物质文化遗产节，展示瓷胎竹编制作过程，获得与会专家和游客的一致好评。2009年5月，接受央视“欢乐中国行”栏目外景采访，将瓷胎竹编工艺搬上央视大舞台。现在工厂培养出了一大批新人。

张光香，瓷胎竹编市级代表性传承人。生于1973年，20岁时跟随瓷胎竹编老艺人李万东学习。创造了许多新的编织技法，品种花样不断翻新。其作品不但方便实用，而且精美的图案让这些瓷胎竹编作品具有较高的艺术收藏价值。

杨兴全，瓷胎竹编市级代表性传承人。出生于1945年，12岁师从老艺人罗洪学，从事竹编工作已经五十多年。招收周志轩、周鸿英等学徒，传授竹编技艺。曾受邀往北京、新疆、哈尔滨和台湾参展献艺。曾接受中央二套、中央四套采访，宣传瓷胎竹编。作品曾获得“熊猫奖”等多个奖项。（整理：王燕梅）

柏合草编

小档案

项目名称：柏合草编

2006 年入选成都市第一批非物质文化遗产名录，2009 年入选四川省第二批非物质文化遗产名录。项目保护责任单位为龙泉驿区文化馆。现有市级代表性传承人魏宗惠。

草编是中国民间广泛流行的一种手工艺品，人们就地取材，利用蒲草、玉米皮、麦秸秆、树条等野生资源编织各种生活用品，如提篮、果盒、杯套、盆垫、帽子、拖鞋、枕、席等。它不仅具有经济价值，还具有较高的审美鉴赏功能，有着丰厚的文化底蕴和文化积淀，堪称中华民族民间历史文化的瑰宝之一。

草编历史久远，传说上古时期伏羲氏“师蜘蛛结网教渔猎”。目前可考的中国最早草编出自七千多年前的河姆渡人之手。据说商周之前的夏代，人们已经学会用稻草编织草鞋。春秋战国时期的王公贵族也时兴穿此鞋。庄子不仅自己能织，还穿着破草鞋去见过魏王。此鞋价廉物美、走路轻快，鞋底穿破，多弃之，故又名“不惜”，东汉后，一落魄文人曾以草鞋自喻，作草鞋词曰：“少日青青老

柏合草编帽

来黄，十抠万结结成双。甫能打就同心结，又怕旁人说短长。云雨事，我承当，可惜不能进兰房；有朝一日肚肠断，弃旧恋新撇道旁。”读之使人凄然。

《礼记》有记载说周代已有莞（蒲草）编制的莞席，而且当时已有专业的“草工”、“作萑苇之器”。到了秦汉时期，草编已在民间广泛使用，品种有草鞋、草席、草麻、草帘及僧侣信徒打坐的蒲团等。汉至盛唐，草编亦较发达，除了蒲草编制蒲衣蒲鞋等，还有其他蒲制品。

草编在中国分布很广，河北、河南、山东、广东、湖南等地草编无不以坚实耐磨、轻便舒适闻名。有大名鼎鼎的河北、河南、山东的麦草编；上海嘉定，广东高要、东莞的黄草编；浙江的金丝草编；湖南的龙须草编等。在这些草编制品中，四川草编毫不逊色，尤以成都柏合镇的草编为最。

柏合镇位于川西平原东部，东界简阳市老君井，西南与双流县太平镇、白沙坡镇接壤，西北邻龙泉驿区大面镇。明代当地有座千年古刹叫延寿寺，寺中有连龙柏、凤柏连理合枝，更其名为柏合寺。两百多年前，柏合寺建场。柏合的兴起，除去它曾为古时南出成都的官道枢纽外，更大的因素在于湖广填四川后，客家人带来的草编兴盛，客商云集。

明末清初，四川经过连年战乱，人口急剧减少。为此，从中央到地方的各级官府采取了一系列措施吸引外地移民，其中以湖广人口最多，客家人也随之进入四川。柏合草编就与湖广地区的草编有着密不可分的联系。

相传柏合草编的创始人即是定居在柏合的客家人景氏，一日，她带着娃娃在树底下乘凉，没有什么东西混手，就拿着细麦草随意摆弄。孩子看见沟里的水面上有树叶浮起来，就叫妈妈做只船，她就用细麦折了一尺来长两寸来宽的船给娃娃。景氏的公公戴着斗篷从田间扛着锄头回家，一进门就见孙子头上顶着一只草船，样子很是好看，他便把斗篷取下来，看一下草船，又看了一下斗篷。公公受到启发，就吩咐景氏把细麦草掐成辫子，编成了轻巧又遮太阳的草帽。

附近的居民看见景氏的草帽，觉得既美观又实用，大家都来请景氏编草帽。后来，家家户户都跟着学编草帽，有些人还拿到市场上去卖，这样柏合寺的草帽生意慢慢兴盛，专门编草帽卖的人家也多了起来。

草帽看似朴实无华，实际上对工艺制作要求极高。一顶柏合草帽的出炉，需要经过选草熏漂、剖草织辫、煮晒增白、缝制磨压等八道工序，每道工序都十分讲究。选料以“光头儿”麦为最佳，柔韧性好，适于编织，草帽不易折损。麦草收

1、2. 柏合草编作品

3、4、5. 艺人制作柏合草编

割以八九成熟为宜，若麦子“勾头”，则太熟，麦色黄，麦质脆，影响草帽质量。设计不同规格的漏眼竹筛，用作麦秆的筛选分类。用硫黄熏制草辫和草帽，且要注意火候，使麦草色泽一致，发出银白色光彩。掐辫子要力道均匀，不急不火，草编纹路才均匀，厚薄、大小一致。缝制磨压，需精心细致。

清朝时，柏合地区的草帽经营已初具规模，不但在乾隆年间柏合草帽成为宫廷贡品，还远销欧洲。清光绪二十三年（1897），法国人马尼爱就在其游历成都的记述中写道：“此物发往欧洲，每年约数千余包也。”

到民国初年，柏合寺的草帽业已十分兴盛，当地设立了草帽买卖市场，成都等地的商家每年坐镇收购转销外地，其火暴程度决不亚于今日的商品展销会。《简阳县志》就记载说：“草帽，女工以小麦草编制。柏合寺有市，贩运至隆昌、安乐、乐至等县。”

抗战时期，十万川军将士出川作战，个个头戴柏合草帽、脚穿柏合草鞋。新中国成立后，国家领导人出国访问，多次将柏合草帽作为国礼送给受访国的元首和政府首脑。1958年毛泽东主席视察四川郫县红光公社，曾亲自接受并戴上原简阳县领导送来的柏合草帽。新中国成立20周年时，柏合草帽作为“国庆献礼”产品乘飞机进京，献给毛主席，深受主席喜爱并随身携带。

多年以来，成都地区流传有“到柏合寺取草帽子”的俗谚。柏合人把亲手编织草帽看作是自已最真诚的情谊表达，并因此演化出一个独特的名俗现象：端午佳节，新出嫁的女儿领着新郎回娘家看望父母，父母接受女婿奉上的皮蛋、挂面等礼品之后，回赠的礼物便是一对早已备好的草帽。

“一搭一，一搭二，一搭三，一搭四……”在柏合，常能在街头、田间、院坝看见三五成群的农妇用灵巧的指尖掐着，捻着，翻折腾挪，麻利地做着草编活。草辫子更是人人会编。当年的客家人以草编为副业谋生，经过四百多年的发展，无心插柳柳成阴的草编演变成柏合镇最古老的传统技艺，几乎家家都会编，人人都会穿，柏合镇也因此有了“草编之乡”、“指尖上的小镇”的美名。

清初到20世纪90年代是柏合草帽及草编工艺发展的鼎盛时期，产品从一般草帽发展到工艺草帽、草编工艺制品，当时有大小草编企业100余家，年产草帽和工艺草编制品300万件以上，产值1000万元以上，产品远销至新加坡、马来西亚等东南亚国家，草帽生产工艺也传到周边乡镇如双流、简阳、龙泉镇周围。

2003年、2004年柏合镇党委政府组织了两届草编文化节，柏合草编工艺产品在成都首届大庙会上亮相，使该技艺的名声进一步唱响，并扩大了影响。

其后，随着社会的发展，柏合镇生产草编制品的原材料日益匮乏，大多需要到外地收购，现在该镇只有近20家中小型家庭式作坊的草帽生产场地及1家草编工艺品小作坊，产量维持在80万件240万元左右。

2009年，柏合草编成为四川省级非物质文化遗产代表性项目。为保护和传承该项目，柏合镇党委政府投入资金对草编工艺的相关资料进行了收集、整理、归档；对草编工艺流程用影像资料记录下来，并进行了录音，制作成光碟加以保护；筹办“草编编艺”学校进行教学，创新技艺和产品，培养更多的传承人。同时订定了保护计划，从培养草编技艺传承人、加大宣传力度、重视草编产品深加工、创新技艺和产品等方面加强保护和传承工作。

传承人简介

魏宗惠，草编技艺市级代表性传承人。出生于1935年，将编制技艺传承发展至今，并形成了颇具影响的工艺饰品、纪念品等。将麦草掐成草辫（手工），将草辫用硫黄熏，再用缝纫机、棉线、模具将其制成半成品，再经染、漂，锅炉烘干后，精心设计制作成品。其作品多次参加展览并多次获奖，部分被成都市民间文艺家协会收藏。

（整理：赵媛媛）

新繁棕编

小档案

项目名称：新繁棕编

2006 年入选成都市第一批非物质文化遗产名录，2009 年入选四川省第二批非物质文化遗产名录，2011 年入选第三批国家级非物质文化遗产名录；项目保护责任单位为成都市新都区文化馆。现有省级代表性传承人朱木兰、高崇洋，市级代表性传承人阙爱军、潘福东。

早在战国时期，编织农具和各种编织用品就是劳动和生活中不可或缺的东西；我国的棕编艺术最早起源于距今一千七百多年的三国时代，而新繁出现棕编的历史是在清代嘉庆末年，并且在两百多年前就已走出国门，远销东南亚。据《新都县志》记载：新繁外西有妇女"析嫩棕叶为丝，编织凉鞋"的传统，锦水河沿线一带，也就是今天新繁镇辖区内高宁、清白、龙安及龙桥一线，妇女多从事棕编，从业人员上千人。自此逐渐发展，品类增多。

艺人介绍新繁棕编作品

新繁棕编技艺主要流行于成都市所辖新都区新繁镇，该镇为四川省历史文化名镇，拥有丰厚的历史文化底蕴和民俗文化基础，民间棕编工艺即是其中最绚丽的一朵奇葩。新繁镇位于成都市正北，新都区域西部，全镇地势平坦、土地肥沃、环境优良、水源丰富、四季分明，平均海拔536米，属亚热带湿润季风气候，平均气温16.2摄氏度，西高东低，主要风向为东北风。优良的地理环境和丰厚的文化底蕴孕育了新繁棕编，使其技艺繁盛、传播至今。

每年四月，是艺人们采集嫩棕叶的最佳时节。新繁棕编主要采用灌县（今都江堰市）、彭县（今彭州市）、大邑、邛崃等县山区嫩棕叶为原料，先用针刺篦梳，划制成丝，变成一条条形似绿色挂面的棕丝，经过浸泡、硫熏、晒晾、断青，或将部分棕丝染成五颜六色，可作棕编制品的特殊装饰；棕榈树叶经过处理成为棕丝后，编织材料准备就绪，艺人即开始采用撕、拉、绕、穿、刺等方法起头、接头、穿边、扯边、剪边、剃头等十几道工序，根据季节的变化和需求进行编织。

就整个编织流程来看，新繁棕编技艺是比较复杂和讲究的，以编织凉帽为例，一个手工熟练的艺人，一天仅能编织完成两顶凉帽，可见工艺复杂和细腻程度。

新繁棕编的传统手工技法主要有三种：第一种叫胡椒眼技法，即将棕丝等距排列的经线相互交叉形成菱形，再用两根纬线穿于菱形四角，依此类推，编织出窗花般美观、规则的图案；第二种为密编技法，艺人采用疏密相同、距离相等且重复的方法进行细密的编织，这种编织方法通常使用在鞋、扇等产品的编织上；第三种是人字形技法，是棕编中最基本的技法，即以人字图案来设计、控制编织的经纬走向，这种编织方法通常使用在帽、席等生活用品编织上，其特点是美观大方。

新繁棕编的主要特征是坚实耐磨、质地柔韧、体积轻便、造型优美、色泽明快、制作精巧、原生态、无污染。

新繁棕编选材较精，生产季节性强，以棕丝白嫩柔软、精美适用、色彩明快、能负重、不吸潮为上；人们多在春秋季生产工艺提包、首饰盒等，夏季生产鞋、帽、凉席等。最繁盛时期的新繁棕编品种有帽、鞋、枕巾、凉席、桌围、椅垫、扇、包、垫、盒、昆虫、玩具、书包等十几大类。

编制棕编的主要工具有：模型（木制、泥塑、铝合金）、剪刀、各色膏子等。

据老年人回忆，在20世纪二三十年代，一个新繁妇女如果不会棕编，那么她

E

囍

1. 外国友人学习新繁棕编
2、3、4. 新繁棕编作品展
5、6、7、8. 制作新繁棕编作品

嫁到婆家时就会遇到很多困难，甚至嫁不出去，这说明棕编技艺在当地曾一度成为考量一名妇女是否心灵手巧、聪慧能干的重要标准。

新繁的棕编曾有过辉煌的历史。据有关史料记载，清朝后期的同治、光绪、宣统等皇帝都曾戴过新繁人编的棕丝帽；民国时期，在新繁西门外观音阁专门开辟了棕编市场，每年农历二月开市，八月罢市，一年要售三万六七千双凉鞋，除县境内销售五六千双外，其余销往成都、彭县、简阳、广汉、金堂及省外的云南等地；民国三十四年（1945），应中国国际救济委员会邀请送棕丝制品草帽一顶、凉鞋一双、拖鞋两双、书包一个、棕布四包和模型四种交成都参加手工艺座谈会；1953年，从中华人民共和国第一届出口商品交易会开始进入国际市场，由几个品种发展到近百个品种，远销日本、欧、美及东南亚；1958年后，棕编制品直接交四川省外贸出口公司出口；1958年3月，新繁镇的棕编老艺人殷玉华、罗安琼、景玉怀等人共同编织了一套做工考究、颜色鲜艳的棕编工艺品，包括枕巾、拖鞋、提包等敬献给毛泽东主席，得到中央领导的高度赞扬；1962年，为纪念毛泽东同志《在延安文艺座谈会上的讲话》发表20周年，北京国家美术馆举办全国美术工艺品展览，选送棕编制品六十多件参展；1963年，国家主席刘少奇和陈毅元帅出访印尼，以新繁棕编的凉鞋、凉帽、枕巾、坐垫等十多件作为礼品馈赠外国友人；1964年，新中国成立15周年之际，新都县选送棕编制品二十三种共一百二十四件参加北京工艺美术展览，之后赴叙利亚、阿尔及利亚、埃塞俄比亚等十一个亚非国家展出；1965年，景玉怀之女受托为毛主席编织了一双拖鞋，并收到了主席办公室给她汇来的七十元工钱；1974年，国家征集美术品赴美国展出，新都县选送棕编制品三百多件，经评审，选出八类共一百六十五件赴美。曾经一度，由于新繁棕编蜚声海内外，国内其他省市派人到新繁学艺，新繁棕编产品也远销至苏联、东欧及南洋诸群岛等。

透过棕编这项传统技艺，主要能反映三个方面的内容：一是反映当时的一些生产生活方式，二是反映当地的民风民俗，三是反映当时社会的政治状况。这种与群众生产生活密切相关的方式必然成为一种世代相传、生生不息的优秀传统文化，成为对外文化交流的使者。

但是，市场经济对计划经济的强烈冲击使新繁棕编备受冷落。经过一段漫长的坚守，举步维艰之时，一位从郫县嫁到新繁的心灵手巧妇女朱木兰不忍看着这门技艺就此失传，她相信新繁棕编这种受大众喜爱的民间工艺品肯定会有自己的市场。一个偶然的机会，得到信息，棕编产品在成都梨花街、太升路、灌县等地有销路，于是，她做了一个大胆的决定：自己来做新繁棕编生意。她毅然承担起了向省内外宣传和销售新繁棕编产品的任务，开辟了云南和广东等市场，集中收购当地妇女们闲暇之余编制的产品。

天道酬勤，功夫不负有心人，新繁棕编终于迎来了春天。2005年，在新繁镇党委政府的大力支持下，在新都区、新繁镇妇联的关心、指导下，成立了新繁棕编协会，长期对会员，也就是当地农村妇女免费开展技术培训，并收购销售会员产品，带领当地妇女创收、致富；2008年，在成都市妇联等部门的指导下，又成立

1. 棕编大赛
2. 新繁棕编技艺比赛

新繁棕编传承基地

了新繁棕编基地，该基地为成都市四大妇女居家灵活就业基地之一；2010年修建了非物质文化遗产新繁棕编展示中心，常年展示棕编产品和传授棕编技艺，不定期举办各类竞赛，赛出了文明、提高了技艺、更传承了文化。1989年新都县荣龙工艺制品厂成立，1996年发展为成都荣龙帽业有限公司，2014年该公司被评为第二批四川省生产性保护示范基地。这些年来，据不完全统计，当地近三千名妇女制作棕编工艺品，年人均可创收五千余元。

新繁棕编作为四川成都市新繁镇劳动人民智慧的结晶，世代传承，保持了民间手工艺品的原生态特点，凝聚着中华民族自强不息的传统美德和朴素自然的审美情趣。不仅成为了和平的使者，友谊的桥梁，在文化传播和交流中起到了不可替代的作用，而且还促进了区域经济的发展，成为了农民朋友，特别是农村妇女增加收入、改善生活的一种方式，提高了农民朋友的审美情趣，有效地解决了农村剩余劳动力，为农村形成文明乡风起到了积极作用。

传承人简介

朱木兰，新繁棕编省级代表性传承人。1952年出生，婚后在公婆的影响下开始学习棕丝编织，擅长编织各类棕编制品，成为远近闻名的棕编能手。1986年以其多年积累的经验开始了自主创业，从事棕丝产品的生产和销售。1989年开办了自己的工厂——新都县荣龙工艺制品厂，1996年发展为成都荣龙帽业有限公司，从单纯的掌握棕编技艺，成长为棕编制品的制作、销售人员，保护了民间棕编技艺，促进了棕编技艺的发展。

高崇洋，新繁棕编省级代表性传承人。1964年出生于棕编世家，从小跟随祖母学艺。其作品造型逼真、做工考究、风格独特，多次在国内外展销，获得全国金奖等多个重大奖项。个人艺术历程和业绩已经载入《中国民间艺术》、《中华颂》、《中国非物质文化遗产荟萃》、《中国民间艺术家指南》、《四川民间工艺百家》等书中，多家电视台、报刊以新闻写真、专访等形式进行了报道。多次参加为贫困儿童、灾区、残疾人捐赠义卖活动。已经带徒弟四十余人，均已可独立创作。

阙爱军，新繁棕编市级代表性传承人。1956年出生，从小跟随祖辈学习棕编，目前已经收徒弟。家传绝艺手法有：平编法、平编套色法、串编套花法等法。代表作品有“公鸡”、“蝴蝶”、“蝉”、“蜥蜴”。

潘福东，新繁棕编市级代表性传承人。1975年出生于棕编世家，母亲朱木兰是远近闻名的棕编能人。创新色彩和图案，作品深受广大消费者青睐。2010年，修建了新繁棕编展示中心，成立了“居家灵活就业示范基地”，教授、带领当地近三千名妇女在农闲时制作棕编工艺品。同时，长期免费向群众开展棕编技艺培训，为附近职业技术学校提供技能培训，不定期地举行棕编技能比赛。

（整理：陈爱蓉）

怀远藤编

小档案

项目名称：怀远藤编

2006 年入选成都市第一批非物质文化遗产名录，2009 年入选四川省第二批非物质文化遗产名录，项目保护责任单位为崇州市文化馆，项目传习所为崇州市文化馆。现有市级代表性传承人李志辉、李健康、邓春、李正强。

怀远镇位于崇州市西北，是都江堰、崇州、大邑三地的交通枢纽，自古商贸发达，人口稠密，曾以“分州”定名，与“崇庆州（崇州市）”平分秋色。因地处坪坝与山地交界处，怀远镇拥有丰富的野生藤条资源，特殊的地理位置有利于藤编技术的推广和藤编商品的交易。怀远藤编便诞生于此。

怀远藤编始于三国时期，历史悠久。关于怀远藤编的起源，晋代崇州籍史学家常璩在《华阳国志》中有详细记载：三国时，蜀有汉原（怀远镇古称汉原郡）工匠马氏，以山藤泡而亮之，高山翠竹阴干为架，细密绕之成形，以土法熏蒸，色呈金黄，形似龙塌。初为自娱之用，后邻人知之，以为巧，纷纷以钱币货之，随入市为业。这位姓马的工匠，心灵手巧，砍回很多藤条，尝试编织各种各样的器具。经过反复实验，他发现使用晒干的藤条来编织器物效果不佳，于是发明了

怀远藤编家具

水泡藤条法。他手工编织成形的第一件产品，是一件龙榻式坐具，里面的支架使用的是高山翠竹，外面则是细密而缠绕有方的藤条。坐具经熏蒸，颜色变得金黄透亮，看起来跟皇帝用的黄金龙榻差不多。最初，马氏除了用藤条编织坐具外，还编织了篮、筐、篼等生产生活用具。邻居们知道后，因其做工精巧纷纷出钱购买马氏的藤编产品，于是马氏开始以制作藤编为求生之道，其藤编技艺也流传至今。这段记载，明确无误地道出了怀远藤编的制作秘密。首先是要采集野生藤条，再把藤条放进水里浸泡若干时日，然后用竹作为器皿的骨架，再用柔软光洁的藤条进行编织，最后还要使用土法对成形的器物进行熏蒸，使它的颜色变得金黄夺目。

长期以来，怀远藤编一直以农民家庭副业的形式出现，产品多是筐篼、提篮等一些家用小器具，主要满足自用和就近交换，没有形成有规模的产业。在风景秀丽的怀远镇，无论是田间地头，还是农家小院，经常可以见到藤编艺人坐在小板凳上编织的情景，就像陕北窑洞前随时可以看到剪纸的情景一样，怀远镇也因此获得了“中国西部藤编之乡”的美誉。

到民国时期，怀远藤编以单一生产老式藤椅产品为主。新中国成立以后，藤编产区有所扩大，品种也从单一的藤椅发展到5大类180多个品种。

改革开放后特别是进入21世纪以来，怀远藤编开始了飞速的发展。2006年，怀远藤编入选成都市非物质文化遗产名录后，当地政府把怀远藤编列为重要的非物质文化遗产进行保护，斥资打造了藤编一条街。在一批怀远藤编非遗传承人的带动下，怀远镇的藤编已逐渐走向产业化、规模化，截至2010年，全镇有48家4000多人参与藤编产品加工。

2008年“5·12”汶川大地震，崇州受到重创，怀远镇受损严重，全镇多家藤编企业损失巨大，厂房倒塌工人受灾，一度遭遇停产。在灾后重建中，全镇人民积极生产自救，同时在对口援建城市重庆的帮助下，怀远藤编得到了四川美术学院的技术指导，共同开发出了大量样式精美的新产品。2009年，怀远藤编首次实现了出口，产品远销加拿大、美国、韩国等国家，全年的藤编销售年产值达到3亿元。如今，怀远藤编已从传统手工艺发展成为怀远镇致富一方百姓的支柱产业。

怀远藤编的主要特点是原材料取自天然，有环保家具之称。藤材料是一种速生的天然材料，生长周期快，成材早，产量高，且竹子砍伐后可再生，在加工过程中也不会产生有害物质。因此，以藤材为原料生产出来的家具不会对居室环境

1. 艺人编织作品
2、3、4. 精美的怀远藤编作品

产生有害物质，在加工过程中产生的剩余物或使用后的废弃产品也容易处理，可以焚烧或掩埋成有机肥料，不会污染环境。

藤材具有密实、坚固、轻巧和柔韧等特点，饱含水分时极为柔软，干燥后又特别坚韧，所以缠扎有力，富有弹性，可任意弯曲加工、造型。使用藤材作为原材料的怀远藤编以线造型，线条优雅流畅，造型丰富，体现出华贵优雅的藤艺艺术特征。

随着怀远境内土藤资源的逐渐减少以及藤编产品需求量的不断增长，20世纪80年代开始怀远藤编已主要从外地购进优质原料。进口原料全部选用世界上最优质的印度尼西亚天然藤，这种藤材藤杆粗细一致，色泽均匀，柔韧性好，质地牢固，不易折断和磨蚀，不起皱，不扎手，适应环境变化力强。近年来，怀远的藤编企业正在积极与四川省农科院合作试种怀远藤编的主要原材料——广藤，待试种成功便可启动两千亩原料基地，今后不仅不用再从外地进口藤条，还可带动几百人种植增收。

怀远藤编用冬伐百夹竹做骨架，火炙扭曲造型，多竹紧扎成柱，多点落点支撑，多向分力，通体密缠，经久耐用。其技法以经纬编织为主，辅以穿、插、销、缠，多姿多彩，堪称一绝。一般而言，其工艺流程有15个步骤，分别是：采割野青藤；水煮；剥皮；漂白；晾干；依粗细筛选；砍伐方竹；去枝丫；裁切；按比例骨架成型（烧烤扳弯）；编织（拉平、拉紧）；去毛修整；开水杀菌；晾干；上漆。

对原藤的处理和加工，是怀远藤编制作工艺中十分重要的一个环节。原藤经磨光、硫化漂白、干燥和再分级等步骤，加工成可编织的藤条。之后，再经过编织、去毛刺、打磨、底油、再打磨、面漆，辅之还有粗藤开料、成形、组装等共计二十余道工序的精细手工制作流程，才能最终形成一件合格的怀远藤编产品。

怀远藤编具有浓郁的川西地方特色，反映了川西本土的乡土文化，展现了川西地区古蜀文化风采，不仅是目前川西地区保存时间最长的藤编工艺，还成为了当地一项重要产业。其对于传承优秀民族文化，弘扬中华民族精神，妥善保存民族文化遗产，建设社会主义新农村都具有不可估量的价值。

近年来，崇州市文化馆通过多种方式对怀远藤编进行传承与保护：组织一些对四川民间工艺理解较多的资深美术界人士，对怀远藤编资料进行整理、分析、归类、研究；收集和撰写有关怀远藤编艺人劳动、生活的文字资料；收集有关怀远藤编的流程、兴衰等情况；对现有老艺人的音像资料，用先进的科技手段，摄像并刻制成DVD光盘，永久保存；通过各种方式，定期与不定期地培训一批年青艺人。2010年，崇州市文化馆被评为第一批成都市非物质文化遗产项目传习所。

传承人简介

李志辉，怀远藤编市级代表性传承人。从13岁开始，在父亲李茂祥的影响下学习藤编技艺，熟练掌握了选材、制作、编织技法，擅长编织各类藤编制品。1987年开始从事藤编行业，逐步办起了藤编厂，2007年创办了志辉藤器有限公司和怀远藤编合作社。曾获“藤编能手”、“三八红旗手”、“先进个人”等荣誉称号。

李健康，怀远藤编市级代表性传承人。自幼跟随父亲学习藤制家具编织，熟练掌握选材及编织技法。为提高设计能力，曾在乐山师范学校学习美术知识，结合现代家具技艺，设计出了一大批新藤编工艺。1988年在乐山设立建康家具厂，结合对藤制家具的编织经验，把藤编技术结合在木质家具上。2003年创立了成都茂祥竹木藤器工艺有限公司。其作品坚实耐磨，造型优美，制作精巧，广获好评。

邓春，怀远藤编市级代表性传承人。自幼随父学习藤编制作技艺，1990年在成都藤器厂学习管理，2003年回到家乡怀远创办崇州蜀都藤器厂。在不断的生产、实践过程中摸索出了新的制作工艺，创作出许多新式藤制品。所制作的藤器作品曾在全国美术展上获得第二名的好成绩。

李正强，怀远藤编市级代表性传承人。自幼受家庭影响，随父亲学习藤编造型、包角、穿花等技术，1995年独闯广东南海学习现代藤编工艺技术，1996年回到家乡创办蜀藤坊藤器加工厂。根据自身技术优势，对传统工艺进行技术改革，创新出多款畅销产品：藤椅后背无结头、扶手改为粗藤条的藤椅、藤编机麻桌椅、荷叶椅、枕头椅等。其藤编技艺被编入陈大林主编教科书《怀远藤编》中。

（整理：周丽娜）

道明竹编

小档案

项目名称：道明竹编

2006年入选成都市第一批非物质文化遗产名录，2007年入选四川省第一批非物质文化遗产名录，2014年入选第四批国家级非物质文化遗产名录。项目保护责任单位为崇州市文化馆，项目传习所为崇州市文化馆。现有省级代表性传承人丁志云、陶亭革、赵思进。

各式各样的道明竹编作品

道明竹编是指以崇州市道明镇为核心分布区域，辐射周边的济协、东关、白头、公议等乡镇的传统竹编手工技艺。崇州市道明镇地处川西平原，盛产慈竹，且此地的慈竹节长、质细、性柔，富有弹性，是竹编的优质原料。该镇竹编历史悠久，所产的竹编制品造型别致，精巧细腻，经久耐用。有30%的农户从事竹编，素有“竹编之乡”的美誉，镇内“川西第一竹编市场”是川西最大的竹编原料和制品集散地。道明镇已被文化部命名为“中国民间艺术（竹编）之乡”。

道明竹编拥有两千多年的悠久历史，特别是从清代初年至今的三百多年里，道明竹编经历了由粗到精、由简到繁的发展过程。20世纪初的民国《崇庆县志》称：“崇庆之竹编名扬省内外，实赖道明方有所得也。”远在17世纪清朝开国之初，当地农民即以扭篾绳，编鸳篼、撮箕、箩筐、筛筛、笼笆为常事。部分农民还以此为业，编出斗笠、凉席、素篼、花篼、提篼等，到邻近诸县销售。道明竹编日渐成为老百姓购买竹编产品的首选，这一传统技艺也传承下来。据史料记载，清光绪年间，崇庆编制的儿童玩具还获得了四川劝业会一等奖。之后，道明竹编在历代竹编艺人的不断努力下，由单一颜色发展成多种色彩，创新出八百多种竹编工艺制品。民国时期，道明竹编品种进一步丰富，其中主要以各种方篼为代表。新中国成立后，其产品包括各式篼、篮、盘、瓶、灯、扇、盆、椅、画近十五个大类八百多个花色品种。

道明竹编主要采用川西平原盛产的慈竹为原料加工编织而成。竹编艺人精心选择生长三年左右的慈竹，采用中间一段颜色一致又没有斑点、节长质细的部分；然后刮青去节，有的要保持竹子本身自然色泽，有的还需要进行染色加工，用红、蓝、黄、黑等油漆均匀地涂在竹筒表面；再后，把竹筒破成粗细均匀、厚薄一致的竹片和竹丝。竹编工艺大体可分起底、编织、锁口三道工序。在编织过程中，以经纬编织法为主。在经纬编织的基础上，还可以穿插各种技法，如：疏编、插、穿、削、锁、钉、扎、套等，使编出的图案花色变化多样。需要配以其他色彩的制品就用染色的竹片或竹丝互相插扭，形成各种色彩对比强烈、鲜艳明快的花纹。

道明竹编具有结构紧密、结实耐用的特点，采用竹子本色编织的产品雅致大方。竹编富有弹性，能经受一定的压力，各种竹编制品不仅经久耐用，且有滤水的优点，有的还可以盛上物品放锅里，是目前川西地区保存时间最长、最久的竹编工艺。

道明竹编成品，既有百姓日常生活息息相关的日用品，也有被赋予了审美情趣的工艺品。日用竹编有各式篼、篮、盘、瓶、灯、扇、盆、椅、画近十五个大类八百多个花色品种；艺术竹编有壁挂、花插、茶具、凉帽、竹包、仿古家具、竹丝彩绘等，尤其是竹编书画堪称一绝。

道明竹编制品，以其新颖、独特的外形，常常作为馈赠佳品，深受消费者喜爱，享誉全国，甚至远销海外。20世纪80年代，道明镇的赵思进等4名竹编技师曾先后走出国门，到哥伦比亚、牙买加、格林纳达等国家，传授竹编技艺，受到所到国人民的热烈欢迎。

拥有悠久历史的道明竹编是川西人民勤劳和智慧的结晶，是川西独特历史文化的载体，具有浓郁的川西地方特色，反映了川西本土的乡土文化，是展现川西

1、2. 道明竹编作品
3. 制作竹丝

地区古蜀文化风采的一道风景线，对于传承优秀民族文化，弘扬中华民族精神，妥善保存民族文化遗产，建设社会主义新农村都有不可估量的价值。

道明竹编形式多样、款式独特、造型别致、花色多变，其所含的艺术价值同样值得世人细细品味。

道明竹编制品的众多日用品都是川西人民居家生活的必需品，与川西劳动人民的生活息息相关，是真正的劳动人民的艺术品。这些实用品更是川西人民生产生活的见证，是川西劳动生活的活的记忆。至今，道明竹编的许多日用品依然是川西人民所喜爱的生活用品，依然活跃在人们的日常生活中。

随着人们审美观的变化，传统的道明竹编艺术品市场开始萎缩。工艺费时费力，要求严格，愿意从事这项技艺的年轻人越来越少了。

面对这样的现状，道明竹编的项目保护责任单位——崇州市文化馆也切实地采取了一些保护措施。文化馆组织了一些对四川民间工艺理解较多的资深美术界人士，对道明竹编资料进行了整理、分析、归类和研究，并在此基础上撰写了科学、详细的传承教材，定期或不定期地培训一批年轻艺人，同时将道明竹编技艺全流程录制成了视频资料，从传承和保存的角度，双管齐下地推动项目的保护工作。2010年11月至12月，崇州市文化馆还组织道明竹编的3名传承人——陶亭革、丁志云、赵思进到华东地区和广东、海南等地考察、学习，以开阔他们的眼界，丰富他们的知识，从而帮助他们在保持和发展自身优秀传统工艺的基础上，对道明竹编制品进行提档升级，扩大产品的外延，提升产品的销路，重新寻求市场份额，以此来激活项目自身造血功能，使其重新活跃起来。如今，道明竹编还成立了竹编联合社，道明竹编正在焕发出新的生机。2010年，崇州市文化馆被评为第一批成都市非物质文化遗产项目传习所。

传承人简介

丁志云，道明竹编省级代表性传承人。出生于 1964年，从小跟随父辈学习竹编。其作品造型精致，美观实用。2007年，参加“成都市百万职工技能大赛”，他所创制的“鸟巢”被评为二等奖。 2007年四川非物质文化遗产节期间及四川电视节期间，进行了现场表演，其编织产品受到广泛好评。现在正把竹编技艺传授给自己的女儿。

陶亭革，道明竹编省级代表性传承人。 1969年出生于竹编世家，从小跟随祖母、父亲学习，擅长编织各类竹制品，成为远近闻名的竹编能手。能熟练编织花篮、花钵、竹帽、字画、家具、竹编馐盒等，工艺精美，集实用和装饰于一体。其作品多次参加全国、省、市民间艺术展，好评如潮。现场制作的产品被广大参观者一抢而空。2007年7月兴办竹编专业合作社，向附近村民传授竹编技术，保护民间竹编技艺，促进竹编事业的发展。

赵思进，道明竹编省级代表性传承人。出生于1935年， 15岁起跟随竹编老艺人罗一成师傅学习。擅长通过编、纹、锁、插、拉、穿、扣等工艺技法，编制出造型悠美、丰富多彩的竹编制品。其杰出作品有竹编天坛、六角灯笼、坛式花瓶、菠萝花瓶、奥运鸟巢、双层花篮、双层提篼等。1997年在成都市团拜会上现场表演竹编工艺表演。曾以专家身份先后到哥伦比亚和牙买加教授竹编技艺，授徒两百余人。

（整理：王燕梅）

剪纸

小档案

项目名称：剪纸

2013年入选成都市第四批非物质文化遗产名录，项目保护责任单位为青羊区文化馆，项目传习所为成华区剪纸工作室。现有市级代表性传承人龙玲、袁成祥、赵幼兵。

中国民间剪纸源于古人祭祖祈神的活动，后与民间婚丧嫁娶图案剪纸以及日常生活之鞋样、衣饰、窗花等剪纸图形图案相融合，成为独具特色的民间剪纸流派。经过上千年的流传发展，剪纸成为中国老百姓最喜闻乐见的民间艺术之一。迄今为止，我国发现的最早的剪纸作品是1967年我国考古学家在新疆吐鲁番盆地的高昌遗址附近的阿斯塔那古北朝墓群中发现的两张团花剪纸，他们采用的是麻料纸，都是折叠型祭祀剪纸，这次发现为我国的剪纸历史提供了实物佐证。

真正意义上的剪纸，应该是从纸的出现开始，汉代纸的发明促使了剪纸的出现、发展与普及，至南北朝时期民间剪纸已相当成熟，到明清时期达到鼎盛。明清时期民间剪纸的运用范围更为广泛，从民间灯彩上的花饰、扇面上的纹饰到刺绣的花样等等，无一不是利用剪纸作为装饰再加工的。而更多的是中国民间常常将剪纸作为装饰家居的饰物，美化居家环境，如门栈、窗花、柜花、喜花、棚顶花等都是用来装饰门窗、房间的剪纸。除南宋以后出现的纸扎花样工匠外，中国民间剪纸手工艺的最基本的队伍还是那些农村妇女。女红是中国传统女性完美的一个重要标志，作为女红的必修技巧——剪纸，也就成了女孩子从小就要学习的手工艺。她们从前辈或姐妹那里要来学习剪纸的花样，通过临剪、重剪、画剪，描绘自己熟悉而热爱的自然景物，如鱼虫鸟兽、花草树木、亭桥风景，以至最后达到随心所欲的境界，亲手剪出新的花样来。

中国剪纸流派众多，风格迥异，归纳起来可以分为北方和南方两大流派，在南方和北方两个派系里面又根据不同地域各有特色各有代表。整体而言，北方剪纸浑厚、粗犷、天真、质朴；南方剪纸灵秀、秀美、严谨、纤细。正如郭沫若先生所说:“曾见北国之窗花，其味天真而浑厚；今见南方之刻纸，玲珑剔透得未有。一剪之巧夺神功，美在人间永不朽。”川西平原地区的剪纸是中国南派剪纸的重要组成部分，继承了西南地区民间剪纸流派的基本手法，在题材、表现形式、风格韵味等各方面充分体现了川西平原民间艺术的基因，极富原生态与原创性。

民间剪纸在四川及各地城乡间广为流行，以民风民俗与民间绘画相结合，有浓郁的地方特色，深受人民群众的喜爱。其形式多样，有贴于窗门的“窗花”、“门笺”，祭祀神仙祖宗、婚嫁喜庆的“供花”、“喜花”，美化室内的“墙花”、“灯花”，绣花样的“鞋花”、“服饰花”，量身定做的“人物剪影”、“人物形象”……生动有致、美轮美奂的剪纸作品体现了劳动人民丰富的艺术想象力。剪纸的特点主要表现在空间观念的二维性、刀味纸感、线条与装饰、写意与寓意等许多方面。

任何一种艺术形式，都有合适于相应层次的审美情趣和欣赏习惯，对于绝大多数的剪纸艺术来说，物象、情以及抽象的图案都有其自身之外的寓意。作为中国艺术中的一类，托物言志、谐音寓意便是民间剪纸艺术最为常用的表现手法，所谓“托物言志”即指借用某种动植物、器物的有关属性、特性，将其赋予某种美好的意象，如“荷花”寓意“和和美美”、“喜鹊登枝”寓意“喜上眉梢”、“瓶花”寓意“平平安安”等。民间剪纸善于把多种物象组合在一起，并产生出理想中的美好结果。无论用一个或多个形象组合，皆是“以象寓意”、“以意构象”来造型，而不是根据客观的自然形态来造型，同时，又善于用比兴的手法创造出多种吉祥物，把约定成俗的形象组合起来表达自己的心理。追求吉祥的喻意成为意象组合的最终目的之一，这也是民间剪纸得以长久广泛流传的一个重要原因。

剪纸的基本材料是平面纸张，基本单元是线条和块面，基本语言符号是装饰化的点、线、面。剪纸采用平视构图，即将物体和景象由三维空间立体形象变为二维空间平面形象。在这个二维空间里，若干形象被剪纸艺人创造性地组织起来，使之产生连贯、对比、衬托的作用。这种平面化取物的表现手法，增强了剪纸的欣赏性、主观性、时空性、立体性、全面性，使得造型更加完整。

剪纸的常用方法有两种：剪刀剪和刀剪。剪刀剪是借助于剪刀，剪完后再把几张（一般不超过8张）剪纸粘贴起来，最后再用锋利的剪刀对图案进行加工；刀剪则是先把纸张折成数叠，放在由灰和动物脂肪组成的松软的混和体上，然后用小刀慢慢刻画。剪纸艺人一般是竖直握刀，根据一定的模型将纸加工成所要的图案。和剪刀剪相比，刀剪的一个优势就是一次可以加工成多个剪纸图案。剪纸的刻法一般有三种，阳刻、阴刻和阴阳刻。阳刻以线为主，把造型的线留住，其他部分剪去，并且线线相连，还要把形留住，形以外的剪去，称为正形；阴刻以块为

1

2

1. 锦水醉芙蓉
2. 菊花
3. 熊猫

3

主，把图形的线剪去，线线相断，并且把形剪空，称为负形；阴阳刻即为阳刻与阴刻的结合。

因剪纸艺术使用的是最普遍、最简单的材料和工具，成本低廉，一把剪刀、一张纸，瞬息之间效果立见，人人可学，适应面广，因而受到广泛欢迎。其作品既可作为实用物，又可美化生活，多在乡间使用流传，大都出自农家妇女之手，属于一种剪刻剔镂艺术形式。其造型丰富多彩，趣味浑朴天然，为平面“镂花艺术”。剪纸的图案造型虽历经千百年的演变，现代的剪纸图案依然保留原貌，可见剪纸图案的传承结构具有较高的稳定性。民间剪纸图案之所以能够长久流传，而不失其质朴的特征，与中国农村稳固的社会结构和文化结构有着密切的关系。民间剪纸图案大多是集体传承，通过口、耳、手的运用，世代相传，往往找不到明确的作者。这项民间艺术的存在与传承，与宫廷艺术、文人艺术拉开了距离。民间剪纸是符合民间习俗的必不可少的一种艺术形式，它的存在从艺术的角度反映出了民间特定的文化背景与生活环境。

民间剪纸具有较高的美学价值和应用价值，从美学价值看，它体现了题材美、寓意美、构图美、色彩美和工艺美；从应用价值讲，民间剪纸充分体现劳动人民对美好事物的愿望和追求，充分反映丰富多彩的民风民俗，在喜庆、祈福及实用装饰上具有不可替代的作用和艺术价值。中国的剪纸根植于博大精深的中国传统文化之中，成为了观察中华民族的民俗民风文化传承的窗口，是人类非物质文化遗产的重要组成部分，是传统信仰与人伦道德的缩影。

剪纸艺术是汉族传统的民间工艺，它源远流长，经久不衰，是中国民间艺术中的瑰宝，已成为世界艺术宝库中的一种珍藏。剪纸的质朴、生动有趣的艺术造型，有着独特的艺术魅力。

剪纸是一种镂空艺术，其在视觉上给人以透空的感觉和艺术享受。其载体可以是纸张、金银箔、树皮、树叶、布、皮、革等片状材料 。剪纸在中国农村是历史悠久、流传很广的一种民间艺术形式。这种民俗艺术的产生和流传与中国农村的节日风俗有着密切关系，逢年过节或新婚喜庆，人们把美丽鲜艳的剪纸贴在雪白的墙上或明亮的玻璃窗上、门上、灯笼上等，节日的气氛便被渲染得非常浓郁喜庆。

2004年，成华区剪纸工作室成立，工作室以授课、培训、展演、完成商家订货为主要工作内容。九年来培训成人和中小学生共近万人次，熟练剪纸艺人50多人，参展20多次，获奖的有100多人（名单略）；义卖十几次，参与促销、展演和区政府组织的活动近百次。2014年，成华区剪纸工作室被评为第二批成都市非物质文化遗产项目传习所。

传承人简介

龙玲，剪纸市级代表性传承人。1960年出生于剪纸世家，得外婆、母亲及父亲剪纸技艺真传，既继承了西南地区民间剪纸流派的基本手法，又传承了少数民族民间艺术的基因。广泛吸取蜡染、扎染、刺绣、钩编等民间工艺的特色和技法，使作品更具装饰性和实用性；在工艺上，自创专用刀具，改进工艺流程，使作品更加细腻、传神和精致。其剪纸艺术题材丰富、形象生动；剪（刻）工精细，气韵流畅，既有浓郁的乡土气息，又洋溢着强烈的现代韵味。代表作品有“团团圆圆”、“芙蓉锦鲤”、“八宝图”、“百花图”等。剪纸作品多次获省级以上各种奖项，同时被多个省级以上博物馆收藏。曾出访日本、美国等多国进行艺术交流，获得好评。多年来，收授中外徒弟二十余人。

袁成祥，剪纸市级代表性传承人。四川省一级剪纸艺术家， 1954年出生于剪纸世家。从小酷爱剪纸，加上不懈的努力和钻研，将父辈原有的剪纸技艺与现代剪纸艺术融合在一起，形成独特的艺术风格。剪纸作品造型准、速度快、神形兼备、精致细腻，内容包罗万象，具有浓厚的生活气息和时代感，极具装饰性。代表作有“百蝶争春”、“猫戏”、“虎视眈眈”、“熊猫图”等百余幅。作品曾获得国家级银奖等多个重大奖项。曾出版《中国剪纸艺术家作品集——袁成祥剪纸》等专著。先后访问过十多个国家和地区，进行民间文化艺术交流，徒弟遍布海内外。

赵幼兵，剪纸市级代表性传承人。出生于1952年，9岁开始跟随绣花和剪纸高手外婆学习，13岁时从师画家李华高学工笔画。融会南北风格后自成一派，人称“赵氏剪纸”——既有北派的华丽大气，又有南派的精致细腻，且具中原派的动感浓烈。后自创彩贴剪纸，使其更具观赏性和装饰价值。曾走遍各地寻访剪纸老人，收集了大量剪纸典故传说和民俗寓意；收集了全国各历史时期的剪纸论文集30多本；挖掘并修复了几近失传的系列传统剪纸大团花、礼品花、枕头花、窗花、龙凤呈祥、灯笼花、肚兜花、民俗什物、吉祥娃、五子登科等（修复和自创新作共45大系列2300多件）。参加各级比赛，先后获得金秋国际书画展金奖等70多个奖项。出版《中国民间剪纸工艺》等多本剪纸专著。多年来徒弟和学员不计其数。

（整理：周丽娜）

第八章

传统技艺（上）

传统技艺是指具有悠久历史文化背景的技术和技能，位于四川腹地的成都，气候温润，土地肥沃，物产丰富，自古有“水旱从人，不知饥馑，时无荒年，谓之天府”的美誉。得天独厚的自然条件，丰富的物产资源，为手工技艺的兴起和发展提供了物质基础。秦汉时成都农业与手工业已相当繁荣，以盛产纺织品、竹木器、漆器、铜、银、盐等著称，并与中原和东南沿海地区建立起商品交换关系，蜀布、邛竹杖等手工艺品，成为开辟南方丝绸之路的先驱，西汉时期成都已是五大都会之一。成都别名锦官城，即是因秦汉以来成都织锦业发达，所织“蜀锦”闻名遐迩，官府在此置“锦官”管理织锦事务而得名。唐时“天下珍货聚出其中，又人富粟多，顺江而下可以兼济中国”，时有“扬一益二”之说。两宋到明清，成都仍是全国重要的工商业城市之一，也是西南地区的政治、经济、文化中心。

勤劳而智慧的成都先民，以他们杰出的想象力和创造力不断推动着传统手工技艺的传承和发展，不仅在烧制、锻造、雕刻、织造、髹漆、编织技艺上独树一帜，形成以蜀锦、蜀绣、漆器、银花丝、瓷胎竹编为代表的“五朵金花”至今著称于世，更以精巧的酿造与烹饪技艺成就了成都这座“美食之都”。而金沙遗址出土的大量制作精美的金银器、玉器，以及历次多地出土的“成都造”丝织品、漆器，这些制作精良、技艺高超的手工制品无不向世人述说着成都远古的智慧和文明。

（撰写：赵媛媛）

蜀锦织造技艺

小档案

项目名称：蜀锦织造技艺

2006年入选成都市第一批非物质文化遗产名录，2007年入选四川省第一批非物质文化遗产名录，2006年入选第一批国家级非物质文化遗产名录，2009年"蜀锦织造技艺"作为"中国蚕桑丝织技艺"的重要内容之一，列入第四批联合国教科文组织《人类非物质文化遗产代表作名录》。项目保护责任单位为成都蜀锦织绣有限责任公司。现有国家级传承人叶永洲、刘晨曦，省级传承人贺斌、曹代武、李成元、谢辉如、胡光俊，市级传承人赵新华、李生旭、施喻、黄修忠、盛笑翔。

2010年，成都蜀锦织绣有限责任公司作为蜀锦织造技艺传承基地、成都古蜀蜀锦研究所作为蜀锦织造技艺传习所进入成都市文化局公布的第一批成都市非物质文化遗产项目传承基地和传习所名单。2011年成都蜀锦织绣有限责任公司进入文化部公布的第一批生产性保护示范基地。

九天开出一成都，而古蜀之国更因"锦"的纵横织出了一幅幅灿烂画卷妆点了锦城。蜀锦的阡陌如同围棋盘般规矩正直，无边的想象织出万千生机，其蕴藏的内涵广远、深邃。

暗八仙云龙盘金·平针绣龙袍

四川桑蚕丝织业起源很早，是中国当然也是世界桑蚕丝织业的起源地之一，自古就有古蜀五帝之一的“蚕丛帝”的记载。1976年在成都交通巷出土的相当于西周时期的铜戈上就有清晰的蚕形图。1965年在成都百花潭中学出土的战国晚期的“水陆攻战”铜壶上，就有全世界最早的采桑图。2013年成都市金牛区天回镇一处俗称“老官山”的地方，因修建地铁3号线，4座汉墓被发掘。在其中一座全国罕见的带底箱的2号墓中，考古人员发现了4部蜀锦织机模型，这是我国发现的最早的、最完整的西汉时期的蜀锦织机模型，对于研究中国乃至世界丝绸纺织技术的起源和发展具有重大意义。

我国早期的字典《释名》解释说：“锦，金也。作之用功重，其价如金，故唯尊者得服之。”在民间，向来就有“寸锦寸金”之誉。我国自古就有“四大名锦”之说，在“四大名锦”之中，蜀锦早于苏州的宋锦、南京的云锦、广西的壮锦。早在西汉时期，蜀锦不仅远销全国，而且已经成为由成都出发，纵贯川滇两省，连接缅甸、印度、中亚、西亚，直至欧洲的国际经济文化交流通道——著名的“西南丝绸之路”上的重要交易品。这以后随之兴起的北方丝绸之路上的丝织品主要也是成都地区的产品，汉魏时期的蜀锦已经多次在新疆地区的古墓之中出土。很多专家认为，1995年在新疆尼雅古城遗址发现的国宝“五星出东方利中国”锦，是已见的汉代蜀锦高超技艺的典型代表。

由于成都地区的丝织业与麻纺织业在汉代相当发达，当时就有“衣被天下”之誉，故而朝廷在成都设“锦官”作为官方的管理与制作机构，因此成都也有了“锦官城”和“锦城”的美称。当时，人们在江边洗濯蜀锦，环绕成都的江水也因此被称为锦江，锦江之名，一直用到今天。蜀汉时期史学家谯周在《益州记》中说：“成都织锦既成，濯于江水，其文分明，胜于初成，他水濯之，不如江水也。”意为只有锦江的水濯出来的织锦，纹理分明，颜色才最好。

公元221年，刘备在诸葛亮的辅佐下于成都建国，史称蜀汉，与北方的曹魏、东方的孙吴形成三国鼎立之势。诸葛亮十分重视蜀锦在对外贸易中的极为重要的地位，曾经说 “今民贫国虚，绝敌之资，唯仰锦耳”。当时蜀锦畅销全国，纹样繁多，内容吉祥，山谦之《山阳记》说：江东“历代尚未有锦，而成都独称妙，故三国时魏则市于蜀，吴亦资西蜀”。

唐代是蜀锦的鼎盛时期，代表着中国古代丝织技艺的最高水平，窦师纶的“陵阳公样”花纹设计被公认为唐锦的代表。为安乐公主定制的“单丝碧罗笼裙”飘似云烟，灿若朝霞，更是天下绝品。此时的蜀锦纹样吸收的外来艺术精华与鼎盛的封建文化相得益彰，烘托出了盛唐文明的大度和风采，唐诗中对蜀锦的溢美之词俯拾皆是，例如刘禹锡的《浪淘沙》：“濯锦江边两岸花，春风吹浪正淘沙。女郎剪下鸳鸯锦，将向中流匹晚霞。”

宋元时期，成都建锦院。《皇宋通鉴长编纪事本末》载：“蜀土富饶，丝帛所产，民织作冰纨绮绣等物，号为冠天下。”当时的蜀锦与定州缂丝、江南苏绣并称全国三大工艺名品。作为贡品的《兰亭序》文字锦，被作为“异物”入藏宫中。根据唐诗“落花流水杳然去，别有天地非人间”诗意设计的“紫曲水图案”流行全国，被称作“落花流水锦”，直到近代，仍然是全国各地锦缎的主要花样。

明清时期，随着整个巴蜀地区经济、文化的全面衰退，成都织锦陷入低谷，原来在全国的领先地位被江南所取代，大约到清代后期才有恢复。此时期的著名锦纹有“灯笼锦”、“百子图锦”、“方方锦”等。

《清朝续文献通考》载：成都有机房二千处，织机万余架，机工四万人，丝织品就全省总额百分之七十。这个统计数字可能有点偏高，但是从中完全可以看出古老蜀锦的兴盛。

经过历朝历代先辈工匠们的传承发展，精粹了技艺，洗礼出巧夺天工的经典之作，留下了蕴涵锦城丝韵、琳琅满目的绮罗。织工们灵巧的指尖配合游动的木梭、翻飞的丝线，使其方圆绮措、极妙其穷。它是蜀人智慧的结晶，让蜀地充满无限灵气与美丽，在绵延几千年的经纬交织中，演绎着先辈们创造中华文明的历史进程。

从秦汉经唐至明清，纵观近三千年的蜀锦成就，它在历史的历练中形成了自身的独特风格、特点，可概括为：织造技艺精湛、质地细密，具有古老的民族传统风格和浓郁的四川地方特色；经线彩条起彩、彩条添花、经纬都起花，方形、条形几何骨架添花，纹样图案循环小，多对称纹样，四方连接；色调鲜艳，变化无穷，对比性强，其他都锦类望尘莫及。

蜀锦不仅沟通和传播了中国与世界各个文明区域的经济文化交流，使中国认识了世界，使世界认识了中国，而且对世界繁荣和西方文明的发展做出了卓越贡献；继承发扬了我国优秀文化艺术；为宋锦、云锦及民族织锦的技艺奠定了基础，促进了织锦业发展及民族大团结，为提高我国织锦文化艺术的整体水平作出

1、2、3. 蜀锦制作现场
4. 蜀锦作品

了不可磨灭的贡献。

蜀锦无论是艺术价值还是经济价值都得到世界的肯定。蜀锦不仅在其他国家被奉为国宝，如隋炀帝大历三年（607），日本圣德太子派使者来长安朝见隋炀帝，回国后将隋炀帝赐给他的“四天王狩猎纹锦”的蜀锦制成御旗，现在还保留在日本的法隆寺，被视为国宝；蜀锦还曾荣获过很多国际性的奖项，如1908年、1915年都在伦敦世界博览会上获得“金奖”，旧金山巴拿马太平洋博览会上获得大奖等。

蜀锦的生产与发展，必须具有相应的生产工具与技术，也就是要有相应的提花织锦机和生产技艺。蜀锦传统织锦技艺与蜀锦花楼织机有机地融合在一起，才实现了提花织锦，这种物质文化遗产与非物质文化遗产技艺的完美组合，生产出了精美绝伦的蜀锦产品。在漫长的历史进程中，织锦机和生产技艺经历了织锦工匠们多次改革、完善，达到了完美的状态。

蜀锦织造的必备条件为：原料蚕丝；生产工具；艺人；蜀锦技艺（独特的工艺）。

蜀锦传统技艺主要分为两大部分：一是挑花结本，二是花楼织机的织造。它包括纹样设计、经纬丝色彩组合及挑花结本（凡花先挑而后织，花有本，挑有式，织有法），再交给花工上花楼，把花本按照一定的规律转移到花楼上，再由织锦工人织出来，而其后的步骤，则是严格按照挑花结本的步骤来完成的。

蜀锦挑花结本是通过挑花结本艺人对锦缎的理解，将画工的纹样付诸实现，为画工的纹样进一步表现效果的组织设计技艺，之后由花楼织机的梭工、挽花工将其花谱（花本）按顺序一梭一梭转移到“花耙”上，挽花工按顺序拉花进行织造。挑花结本的蜀锦传统技艺自古以来，一直沿袭古蜀锦拉花横扯的特点；蜀锦花本移到花楼上，原范本可以保留或移到其他花楼使用，它对推动发展蜀锦生产有着直接的作用。而江南摹本，则是把花本直接移到花楼，不能保留范本，不能扩台织制。

明末科学家宋应星所著的《天工开物》第二卷“乃服”花本一章谈道：“凡工匠结花本者，心计最精巧。画师先画何等花色于纸上，结本者以丝线随画量度，算计分寸秒而忽结成之，张悬花楼之上。即织者不知成何花色，穿综带经，随其尺寸度数，提起衢脚，梭过之后，居然花现。盖绫绢以浮经而见花，纱罗以纠维而见花。绫绢一梭一提，纱罗来梭提往梭不提。天孙机杼人巧备矣。”挑花结本是使复杂的纹样付诸实现的关键，也是“花楼织机”生产蜀锦产品首要的设计工序。蜀锦花楼织机是代表古代传统织锦机的巅峰，其生产的蜀锦产品，具有独特的风格，把握了它，就把握了蜀锦传统技艺的核心和精髓。

蜀锦花楼织机，是经过历代工匠们生产实践改进而成，今仿清代道光年间的机型，该机从外形看，全木制作、结构简单，实际上该机各部位的功能完全符合丝织工艺要求，从织机各机构的技术尺寸，织造工程力学及织机的开口、投梭、打纬、卷取及送经五大运动是十分完备的，只是由手工来操作五大机械运动完成织造。现代织机都是在上述机械原理的基础上设计制造的，部分机件的名称至今仍在沿用。

蜀锦在织机上一般都是反织，正面向下，反面向上，蜀锦自唐以后大都是纬起花纹织物，在锦面需起花的部位则经线提起，投梭纬线在起花经线下面通过，则正面纬线浮在锦面上起纬浮花。而幛子乙经开口向上（反面）时，背衬为纬组织间丝；而开口向下（正面）时，为花纬组织间丝。纬线通过在乙经形成的开口上下闭合后，从而形成织物锦面上的纬浮花和背衬组织。

蜀锦花楼织机由六大部分组成：

机架：上下排沿、衬庄、幺机脚、关门柱、四柱、火龙圈等组成。

开口部分：立人、穿心轴、木雕、走云子、弓棚、天桥、冲天柱、踏脚杆、综框等。

投梭：手工丢梭。

卷取：怀辊（卷绸辊）马头、撬尺、撬绳。

打纬部分：竹筘、撞杆、黎束、绵牛、土地石。

送经部分：衬子（经轴）、云头、云花子、羊蹄子、金刚圈、象鼻子、撬绳等。

蜀锦传统的技艺传承，从机具到纹制，从制作到技艺，全靠艺人代代口授心传继承，在历史过程中，不可避免的许多优秀产品和传统绝技失传。有限的文献资料记载也是粗略带过，仅有的图片更是大致轮廓，很多精美的蜀锦以及织造技艺只能凭后人猜测，不断参照各处出土的有关蜀锦的文物、实物来加以复制、复原，尽最大努力来承续、发展和保护它。

蜀锦的兴旺繁荣一直持续到20世纪中叶，后来由于诸多原因，蜀锦传统手工艺走入低谷。所幸，我国政府逐渐意识到了这些传统文化的重要性和紧迫性，20

1. 蜀锦——灯笼锦
2. 蜀锦——狩猎纹锦
3. 蜀锦——四天王狩猎纹锦

世纪末逐步开始建立较系统的文字、图片、录像等档案，出版专业书籍来整理、归纳、总结蜀锦传统技艺的繁复流程，让当代有文化的年轻人学习这门技艺的同时，将理论和实践有机结合，高效、全面理解和掌握这门技艺。尽量复制明代丁桥织机、明代斜织机、清代腰机、清代大花楼木织机、民国踏板织机等模型，在老艺人的指导下，尽量保证整个织造过程沿用最本质、最真实、最完整、最传统的蜀锦织造技艺。

世世代代的艺人们不断传扬这项值得用一生来从事的技艺。蜀锦技艺是他们用勤劳的双手创造出的智慧，可以说蜀锦技艺承载了这座城市的传统文化，带给成都人无尽的享受和无比的骄傲，并装扮了锦城的容貌。蜀锦技艺的文化内涵，熔铸成一种生生不息、历久弥新的城市精神，构成了这座城市的灵魂，成为成都人永久守望的精神坐标和外人了解成都的钥匙。

全球发展到现代城市阶段，世界上的各个城市，都在努力保护自己的历史印记，追寻自己的文化脉络，张扬自己的个性，发展创新的思想。成都之所以能成为中国历史文化名城，并在当下的时代发展中脱颖而出，成为许多人的理想之城，除了历史的积淀和文化积累因素以外，还在于成都始终保护着、传承着和发展着精神领域必不可少的非物质文化遗产。蜀锦织造技艺当之无愧成为最具有成都特色的非遗项目之一。锦城、锦江、锦里，这一系列“锦”字早已贯穿着整个蜀地文明。蜀锦作为巴蜀文化中不可或缺的重要文化元素，渗透在每一个人的骨髓里，是一张名副其实的成都名片。

传承人简介

叶永洲，蜀锦织造技艺国家级代表性传承人。生于1929年，14岁到成都市“樊青云”号上学习蜀锦的传统技艺，师从樊青云先生；后去“熊车兴”号上学习，师从熊车兴先生。代表作品有“灯笼锦”、“对马纹锦”、“八答晕锦”、“三星堆金面罩”。带授多名徒弟，曾和徒弟贺斌积极探索出新的织锦技艺——小梭挖花。

刘晨曦，蜀锦织造技艺国家级代表性传承人。生于1944年，先后设计出仿唐代的联珠狩猎纹锦，仿宋代的灯笼锦、八答晕锦、现代的三星堆金面罩等；对古蜀锦纹样做了大量的整理和研究，第一次将挑花结本系统化。

贺斌，蜀锦织造技艺省级代表性传承人。生于1964年，师从老艺人蜀锦织造“梭子大王”陈鑫明和老艺人“挽花大王”徐建卿。代表作品有“蝴蝶纹锦”、“灯笼锦”、“熊猫锦”（并用小梭挖花）等。首批6个徒弟已经满师，第二批4个徒弟正在学习中。

曹代武，蜀锦织造技艺省级代表性传承人。生于1967年，师从蜀锦织造大师叶永洲。擅长挑花结本、拉花。和其父一起探索出新的织锦技艺——小梭挖花。目前已经收授徒弟田朝兵、张星、徐贵星、杨帆、陈瑶5人。

李成元(1929年10月−2015年1月)，蜀锦织造技艺省级代表性传承人。师从蜀锦织造大师杜其山学习。熟练掌握了拉花、丢梭、挽花、打纬等技艺，并掌握了手工织机的快速组装、花本上机及调试方法，能制作各种纹样。

谢辉如，蜀锦织造技艺省级代表性传承人。生于1928年，先后师从蜀锦织造老艺人胡松柏、李云。多次参加国内外交流、展览和现场制作展示，得到高度赞誉。

胡光俊，蜀锦织造技艺省级代表性传承人。生于1947年，先后师从纹织工艺装造大师叶乃树和纹织组织设计工艺大师杨志修。复制出唐代蜀锦产品“连珠龙纹锦”。作品曾获得旅游产品金奖等多个奖项。

赵新华，蜀锦织造技艺市级代表性传承人。生于1931年，师承蜀锦织造大师周成机。代表作有“太子绵羊纹锦”、“三星堆金面罩”、“联珠狩猎纹锦”等。

李生旭，蜀锦织造技艺市级代表性传承人。出生于1936年，师承蜀锦织造大师叶培之。系统掌握了拉花、丢梭、打纬的方法和技巧，并掌握了手工织机的快速组装、花本上机及调试方法。

施喻，蜀锦织造技艺市级代表性传承人。生于1950年，1971年进蜀锦厂跟蜀锦大师老艺人杨志修、严斯淘学习挑花结本。先后参与设计创作了霓裳绸（获科技成果二等奖）、织锦佛像（科技成果三等奖）、彩凤、云龙巴蜀胜览（四川省优级秀旅游产品奖）等作品。

黄修忠，蜀锦织造技艺市级代表性传承人。生于1938年，先后师从蜀锦织造大师杨云成、李成元、叶永州。创新出很多图案纹样，恢复失传多年的经锦和晕间技艺。以口传心授的方式教授徒弟黄藩、吕燕华、叶小倩、李志华、宋晓玉等多人。

盛笑翔，蜀锦织造技艺市级代表性传承人。生于1970年，跟随胡光俊学习蜀锦工艺设计，提花装造技艺；向叶永洲和刘晨曦学习蜀锦拉花、手丢梭、打理织机、蜀锦桃花、接本技艺。作品“国色天香”在2011年西部国际艺术品、礼品收藏品博览会上荣获金奖。

（整理：陈爱蓉）

成都漆艺

小档案

项目名称：成都漆艺

2006年入选成都市第一批非物质文化遗产名录，2007年入选四川省第一批非物质文化遗产名录，2006年入选第一批国家级非物质文化遗产名录。项目保护责任单位为成都市漆器工艺厂，项目传习所有成都市漆器工艺厂、成都市武侯区致艺漆品工艺厂、四川省工艺美术大师杨莉漆艺工作室。现有国家级代表性传承人宋西平、尹利萍，省级代表性传承人李扬平、杨莉、卿玉蓉、邹小屏，市级代表性传承人吕树强、胡开新、王俊林、石渝蓉。

漆器是一种用生漆涂敷在器物胎体表面作为保护膜的工艺品或生活用品。成都漆器又称“卤漆”，以天然生漆为原料，胎体不拘，以精美华丽、富贵典雅、光泽细润、图彩精致绚丽而著称，是成都传统工艺美术“四绝”之一。成都漆艺与北京、福建、扬州、广东阳江漆艺形成全国五大漆艺。

四川具有日照时间短、空气潮湿的气候特点，非常适于漆树的生长，因此四川及其周边地区成为全国乃至全世界天然漆产量最大、质量最好的地区，这为漆器制作提供了天然的原料。

成都漆艺历史悠久，最远可上溯至商周时代。成都金沙遗址出土了一块漆器残片，虽然漆器胚胎已经腐蚀，但漆皮文饰斑斓，色彩依然亮丽。

战国时期，成都漆器工艺得到了进一步的发展。这一时期，成都漆器工艺发展主要表现在夹纻胎新工艺的产生。夹纻胎具有牢固、轻巧、不易变形的优点，

1. 堆漆花卉攒盒
2. 春色满园圆盒

1

2

1

2

3

4

5

6

7

1. 雕锡片丝光凤纹方盒
2. 仿古云纹鼎
3. 银片梅竹三格食品盒
4. 凤戏牡丹圆盘
5. 漆器制作
6. 玛瑙红郁金香花罐
7. 彩绘仿古双耳大口罐

是后世脱胎漆器的始祖。另一项重大技术革新是釦器的产生。人们在薄木胎容易磨损、开裂和口沿处，用金属进行加固，这种漆器叫釦器。成都羊子山古墓出土的圆漆盒、漆奁、圆釦漆器、方釦漆器等充分印证了成都漆器工艺在这方面的辉煌成就。

汉代是成都漆器工艺的顶峰时期。在汉代，蜀郡、广汉郡已是全国漆器生产中心，漆器生产规模宏大。《史记》言："木器髹者千枚"、"漆千斗"。扬雄《蜀都赋》中亦称："雕镂釦器，百伎千工。"成都商业街船棺、金沙遗址、羊子山古墓等处都出土了漆器；而长沙马王堆汉墓、湖北江陵凤凰山汉墓、贵州清镇、平坝以及蒙古诺音乌拉、朝鲜平壤王盱墓、古乐浪郡等地先后出土的汉代精美漆器，都刊有"成市草"、"成都饱"、"蜀都作牢"、"蜀都西工"、"成都郡工官"等铭文，它们就是当时"成都漆艺"鼎盛辉煌的佐证。

在汉代，成都漆器除工场规模宏大外，其分工比以前更加细化。一件漆器大体要经过髹工、画工、上工、月工、铜芨釦黄涂工、铜耳黄涂工、青工、造工、供工、漆工等工序。成都漆器工艺的严密分工大大提高了漆器的质量和产量，这也是汉代漆工艺空前发达和进步的重要标志。这一时期成都漆器工艺也出现空前的发展。西汉初期发明了锥画漆器，西汉中期又在锥画的线条里填金彩；出现了

“七宝”、“列宝”、“杂宝”漆器；金釦、银釦、铜釦等许多品种的釦器在汉代大量流行；夹纻胎漆器在汉代大量生产；金、银箔贴花大量流行；产生了堆漆装饰技艺。

三国时期，成都漆器工艺一方面传承延续了两汉的工艺特色，同时又有新的发展。出土文物采用的装饰工艺有描漆、戗金锥刻等，出现了雕刻和彩绘相结合的艺术形式。出土的成都犀皮漆器，将我国犀皮作为漆器底胎的历史向上推进了600年。

唐代时期是成都漆器工艺大量输出的时期，对其他漆器工艺流派的形成、发展起到了重大促进作用。宋至明清，成都漆器工艺仍在众多漆器工艺流派中占有极其重要的地位，如唐代以后四川造的髹漆七弦琴、雷威琴就曾驰名全国。成都漆艺在这一时期的特点主要表现为民间化、大众化。它与中原、东南漆器追求烦琐的雕漆、玉石螺钿镶嵌工艺路线不同，以造型不拘的日用品为胎体，品种众多，价格低廉，为漆器的民间化、大众化开辟了道路。

清末，成都漆艺已呈颓废之势。虽有周孝怀建劝业场传授漆艺，也出现了瑞昌、同发等名家字号，但由于国运飘零，大量艺人改行，千年成都漆艺命悬一线。

新中国成立后，成都卤漆社成立，即成都漆器厂的前身。这一时期，成都漆艺大师们在传统工艺的基础上不断发扬，创造出暗花漆下彩、银片雕填、透明漆隐花等工艺，产生了苏海云、余书云、陈春和、吴兴斋等知名工匠。1981年成都漆器厂为人民大会堂制作了大型漆画《珙桐白鹇》。除此之外，成都漆器厂的许多优秀作品被中国工艺美术馆珍藏馆珍藏。

古人云：“无漆不成器，胎为体，漆是魂。”成都漆艺就具有用漆考究的特点。成都漆艺所采用的生漆原料主要采自川内上佳漆树，并通过其特有工艺予以熬制，再经多重过滤，直至生漆达到“清如油，明如镜，扯起钓鱼钩，照见美人头”的境界方能使用。

成都漆器胎体不拘，木胎、麻布脱胎、皮胎、竹胎等都有采用，主要产品有漆器屏风、攒盒、出土文物复制品、漆画艺术品等。成都漆艺对木胎用料考究，多选择木质细密、韧性良好、不易变形的椴木、枫木、金丝木、楠木、红松等。脱胎是指用麻布帛和漆灰制成的胎体。脱胎最先由蜀人发明，是成都漆艺在胎型上的一大创举。

成都漆艺工序众多，从挑选木材、制漆到制胎、上灰、上漆、打磨、推光一共有七十多道工序，制作细腻，耗时久长，被誉为“雕镌钔器，百技千工”，令人叹为观止。其修饰技法独特，尤以雕嵌填彩、雕填影花、雕锡丝光、拉刀针刻、隐花变涂等极富地域特色的独特技艺而闻名。

雕嵌填彩技艺是成都漆艺最具特色的技艺。关键之处在于，以刀代笔，其刀法要求流畅刚劲、富于变化。以此种技法制成的漆器古朴浑厚、高雅丰腴。其代表作有在1986年全国漆器评比中荣获雕填类第一名的“四季花鸟雕填屏风”等。

雕填影花则是成都漆艺在雕嵌填彩基础上发展出的另一新枝。其特点在于，在雕好的花纹内髹饰金底漆贴金、银箔罩透明漆再研磨推光。此种技法制成的漆器含蓄古朴，能充分体现天然漆的自然质地之美，被誉为“海内一绝”。

堆漆工艺，是用漆或漆灰等材料在漆器底胎上将纹样堆塑出来，然后再加以装饰处理的技艺。成都堆漆技艺的特点在于，既有平堆，又有薄堆、高堆，同时与研绘、莳绘、隐花、镶嵌、雕填相结合，华丽多彩，极富艺术感染力。其代表作有在1990年百花奖评比中获一等奖的“龙腾”堆漆大花瓶、百花堆漆攒盒、荷花蜻蜓攒盒等。

成都漆艺是人类创作天才的杰出代表。蜀中先民远在春秋战国时期就已重视漆树的栽培，对漆树的形态特征、生物学特性就有了科学认识，对漆树良种选育、栽培管理以及生漆采收、品质检验、加工、应用等方面的技术和方法都积累了丰富的经验。

成都漆艺是我国传统文化的重要载体。传统文化熏陶浸染下，经过数千年的发展，成都漆艺形成温厚、含蓄神秘的美感，同我国的园林、诗词、音乐一样，成为一种自耕自足社会舒缓节奏下产生的静观艺术。

成都漆艺是历代社会生活、习俗、文化的重要历史见证。成都漆艺上下三千多年，是研究各历史时期人类活动及社会进步的极好途径。

成都漆艺还是区域、世界文化交流的载体。中国许多地方以及朝鲜等地都出土了大量有蜀郡铭记的漆器，古代文献还记载了元、明两代大量云南漆工入京及成都漆艺先后流传到东亚、东南亚、中亚、西亚、欧洲一些国家的史实。直至今天，成都漆器依然经常作为国家级礼品赠送外国政府和国际友人。

2010年，成都市漆器工艺厂、成都市武侯区致艺漆品工艺厂、四川省工艺美术大师杨莉漆艺工作室被评为第一批成都市非物质文化遗产项目传习所。这些传习所培养了一批漆艺新人，也为成都漆器的制作、成都漆艺的保护和传承提供了一个长期而稳定的平台。

传承人简介

宋西平，成都漆艺国家级代表性传承人。1951年出生，师从成都漆艺大师陈春和，学习了雕花填彩工艺技法和髹漆工艺。代表作品有雕漆针刻漆画《文君听琴》、“雕锡片丝光凤纹大方盒”等。

尹莉萍，成都漆艺国家级代表性传承人。1953年出生，师承陈春和大师，主要学习雕刻与装饰，后随余书云大师学底灰、髹涂、装饰、打磨。在色彩变化、层次丰富方面尤有建树。

李扬平，成都漆艺省级代表性传承人。出生于1952年，师承工艺美术大师余书云、张福清。设计并指导生产大型漆画《上下五千年五粮成玉液 》，代表作品有“旋转式鲤鱼攒盒”。

杨莉，成都漆艺省级代表性传承人。出生于1949年，师承陈春和、余书云、张福清等漆器工艺大师。代表作品有漆画《珙桐白鹇》、《黄金时代》、《文君听琴》、《母女》。

卿玉蓉，成都漆艺省级代表性传承人。出生于1954年，先后师从艺人张福清、余书云、李扬平、尹利萍学习漆艺。主要作品有漆瓶“韵梅”、挂屏“玉兰花鸟”。

邹小屏，成都漆艺省级代表性传承人。1955年出生于漆艺世家，后师从李大树、陈春和、吴兴斋。代表作有“百寿桃”漆盒、“九方龙纹雕漆花瓶”。

吕树强，成都漆艺市级代表性传承人。1953 年出生，先后师从余年云、吴兴斋等老艺人。代表作品有漆画《夯歌》、漆盒“百寿桃”、“九方龙纹雕漆花瓶”。

胡开新，成都漆艺市级代表性传承人。生于 1933 年，1957 年跟随漆器专家沈福文教授学习。代表作品有“脱胎九方异型花瓶”、“九龙盘”、“飞天长方盒”。

王俊林，成都漆艺市级代表性传承人。生于 1972 年，先后师从黄万强、尹莉萍、邹小屏等学习漆器制作技术。代表作品有“孔雀”、“熊猫”、“梅竹两格食品盒”。

石渝蓉，成都漆艺市级代表性传承人。生于1954年，先后师从工艺师潘家琪和余书云。代表作有《珙桐白鹇》、《四季花鸟》、《虞美人花瓶》。

（整理：秦羽）

水井坊酒传统酿造技艺

小档案

项目名称：水井坊酒传统酿制技艺

2006 年入选成都市第一批非物质文化遗产名录，2007 年入选四川省第一批非物质文化遗产名录，2008 年入选第二批国家级非物质文化遗产名录。项目保护责任单位为四川水井坊股份有限公司，项目传习所为四川水井坊股份有限公司。现有国家级代表性传承人赖登燡，省级代表性传承人薛常有、丁志贤、林东，市级代表性传承人徐万成、李成章、刘祥平、马治良。

水井坊酒传统酿造技艺传习场所——水井坊博物馆

水井坊酒传统酿制技艺起源于六百多年前素有“佳酿之乡”美称的天府之国成都锦江河畔的水井街酒坊。水井街酒坊位于“夏无酷暑，冬无严寒，气候湿润，雨量充足”的成都平原，再加之地处都江堰水系的成都府河与南河交汇的三角地带，所形成的独特气候与环境，尤其适合窖池中微生物的生长和酒醅的发酵。经过数百年以上的微生物衍生、进化、纯化，最终形成了水井坊酒独特的古窖池微生物菌种群落。特殊的地理环境和气候条件，再加之代代水井坊酒酿制技艺传人不断摸索、总结、提炼、完善，形成了水井坊酒独特的酿制技艺。

1. 水井坊产品——井台平水井坊
2. 水井坊博物馆内景（局部）
3. 水井坊博物馆内景——晾堂及蒸馏器基座

在源远流长的中国传统白酒酿制技艺的传承过程中，古蜀酒具有领先的地位和独特的代表性。早在距今四五千年的成都平原宝墩文化中就已见到不少的酒器。元明清时期，蜀中成都平原的白酒的酿制技艺日臻精湛。明代嘉靖时李时珍撰著的《本草纲目》中明确指出："烧酒，非古法也，自元时始创其法。"即蒸馏型白酒酿制技艺起源于元代。1999年发掘的水井坊遗址，发现了不同时代的酒窖、晾堂、灶坑、蒸馏器基座、灰坑、灰沟、路基（散水）、木柱及柱础、墙基等遗迹，以及大批的瓷器和陶器残片、兽骨等遗物，印证了李时珍的说法，发现用于放置蒸馏用冷却器——天锅的环状石盘，是水井坊在古时就能生产蒸馏型白酒的直接明证，水井坊遗址被国家文物局评为“1999年全国十大考古新发现”。根据考古结果的进一步研究，源起于六百多年前成都锦江畔的水井坊，至今曾先后诞生了锦江春、薛涛酒、天号陈、八百春、福升全、全兴成等品牌字号。明末清初，一王姓客商的第三代孙承袭祖业，选中水井街烧坊这块酿酒的风水宝地，由于紧邻大佛寺，为求吉祥，新号取名“福升全”（“全身佛”谐音倒用），“福升全”为扩大经营需求，1824年在成都暑袜街又建新号“全兴成”。

1951年人民政府采用赎买的方式接纳了水井街“福升全”和一个邻近的花果酒厂，成立了国营成都酒厂。酒厂所创“全兴大曲”品牌1963年获国家金奖，迈入中国八大名酒之列并多次蝉联国家名酒称号。随着历史的变革，成都酒厂不断发展壮大为全兴酒厂，直到后来的四川全兴股份有限公司。

水井坊酒酿制流程包括制曲、酿酒、贮存、勾兑等环节。“曲”是酒之骨，水井坊的酒曲早已经受了岁月的检验，其制曲技术的精湛，闻名蜀中。曲分两类，在三月桃花盛开的季节，先制得中温大曲，俗称“桃花曲”。在盛夏所制的高温曲名为“伏曲”。在酿酒过程中，水井坊的酿酒师傅在配料、上甑、蒸馏、摘酒、观火、摊晾、下曲等关键环节上都有自己独到的体会和技艺。蒸馏摘取原酒后，送入酒库分级并坛、贮存。通过几年贮存后，新酒刺激性、辛辣味明显减少，香味更协调，酒味芳香柔和，口味绵软醇厚。贮存后进行勾兑，必须由经验丰富的作坊主亲自操作，手艺决不外传。对贮存的每坛酒水细细品尝，体会各坛酒不同的香、味，根据每坛酒的不同特点，相互搭配混合，最后加入清冽甘爽的加浆水，使原酒和水达到完美结合，再经过一年左右的陈酿，最后成为香气幽雅、酒体绵柔、醇香味美的佳酿。

水井坊酒酿制技艺的特点为泥窖固态发酵、续糟配料、混蒸混烧。发酵方面，水井坊采用泥窖固态发酵的方式。泥窖即用优质黏黄泥制作的窖池。窖池是酿酒之根本，水井坊酒的各种呈香呈味的香味成分多与泥窖有关，精心养护窖池是水井坊作坊的传统，在长期实践中总结出“以糟养窖，以窖养糟”的口诀，直至今日，水井坊烧坊遗留下来的600年老窖仍然在为我们奉献醇香的美酒。

配料方面，在各种类型、不同香型的大曲酒生产中，配料方法不尽相同。水井坊酒生产在工艺上，则采取续糟配料。所谓续糟配料，就是在原出窖糟醅中，按每一甑投入一定数量的酿酒原料与一定数量的填充辅料糠壳，拌和均匀进行蒸煮。每轮发酵结束，均如此操作。这样，一个窖池的发酵糟醅，连续不断，周而复始，一边添入新料，同时排出部分旧料。如此循环不断使用的糟醅，在水井坊酒生产中人们又称它为“万年糟”。

蒸馏方面，水井坊采取混蒸混烧的方式，是指在将要进行蒸馏取酒的糟醅中按比例加入原料、辅料，通过人工操作上甑将物料装入甑桶，调整好火力，首先缓火蒸馏取酒，然后加大火力进一步糊化高粱原料。在同一蒸馏甑桶内，采取先以取酒为主，后以蒸粮为主的工艺方法。

水井坊遗址被誉为“中国白酒的无字史书”，是活着的文物，具有巨大的历史价值和科学研究价值。水井坊酒酿制技艺几百年来一脉相传，未曾中断，是中国蒸馏白酒从发生、发展到成熟之集大成者，水井坊因此也被专家、学者们誉为“中国白酒第一坊”。

水井坊酒具备窖香幽雅、陈香飘逸、甘洌醇厚、圆润爽口、香味协调、尾劲悠长的特点，是我国浓香型白酒产品中的淡雅流派代表，独具“浓而不艳、雅而不淡”风格。

名优白酒大多处于山清水秀，远离大都市的地方，水井坊是中国仅有的，从诞生至今就一直处于大都市的名酒。自古以来即是大都市的成都，为水井坊酒酿制技艺的产生发展提供了广阔的经济、文化支持，同时，以水井坊酒为代表的成都酿酒文化，又为发展地方经济和丰富成都深厚的地方文化做出了重要贡献。

2001年7月13日，水井坊遗址被国务院列为“全国重点文物保护单位”，2001年12月11日，国家质检总局宣布“水井坊酒”获得原产地域产品保护。水井坊酒原产地保护范围以成都市内水井街、牛王庙、土桥为核心，地处成都市府河、南河（原锦江）的交汇处及延伸区域。2006年9月，经过相关程序批准，四川全兴股份有限公司更名为四川水井坊股份有限公司。公司在保护和传承水井坊酒酿制技艺方面做了许多工作，包括文物发掘，了解明代时期水井坊的工艺布局，发现天锅在生产上的重要地位；多次举行传统工艺和器具的论证会；此外，公司组织科技人员，会同中科院成都生物所、四川大学、四川省酒科所等科研部门，对与传统工艺密切相关的水井坊酒窖、窖泥、酿酒功能微生物、酒体分析等方面，进行

1. 制曲
2. 起糟
3. 拌料
4. 上甑
5. 上甑（抬甑盖）
6. 量质摘酒
7. 出甑、打量水
8. 下曲
9. 贮存
10. 尝评勾兑

了大量的研究，对于保护和发展传统技艺，发挥了重要作用。2010年，四川水井坊股份有限公司被评为第一批成都市非物质文化遗产项目传习所。

传承人简介

赖登燡，水井坊酒传统酿制技艺国家级代表性传承人。1948年出生，1968年进厂，师承酿酒大酢师崔体泉。从事酿酒工作与研究40年，长期在生产实践中和技术培训班授课，带有多名徒弟。

薛常有， 水井坊酒传统酿制技艺省级代表性传承人。1948年出生，师从制曲大师黄玉林、酿酒大酢师崔体泉。参与了 “现代工物技术与再利用技术在白酒大规模生产中的应用与研究——水井坊酒的工艺与创新”等科研项目。

丁志贤，水井坊酒传统酿制技艺省级代表性传承人。1964年出生，师承赖登燡大师。尤其擅长水井坊酒的品评，发表多篇论文。

林东，水井坊酒传统酿制技艺省级代表性传承人。1973年出生，师从酿酒大师赖登燡，与其他科技人员一起成功研究课题“利用现代生物工程技术分离扩大培养有益菌，用于大规模生产的研究”。

徐万成，水井坊酒传统酿造技艺市级代表性传承人。出生于1965年，师承酿酒大师李才阳，通过编写教材、分散与集中培训、口传心授等不同形式带有许多徒弟。

李成章，水井坊酒传统酿造技艺市级代表性传承人。出生于1959年，师承酿酒大酢师崔体泉。创新了糟醅开窖鉴定的核心技艺、糟醅开窖鉴定的核心技艺。以口传心授、言传身教的方式带有秦勇、范忍远、杨朝茂等多名徒弟，有些已经成长为技术骨干。

刘祥平，水井坊酒传统酿造技艺市级代表性传承人。出生于1954年，师承酿酒大酢师崔体泉。在工作中，以言传身教的方式带有李伟、邓先平、刘森等多名酿酒班组长、技术骨干。多次为公司员工培训酿酒知识。

马治良，水井坊酒传统酿造技艺市级代表性传承人。出生于1953年，师承酿酒大酢师崔体泉。能熟练地掌握与操作水井坊酒生产制作工艺、工序全过程，并善于理论联系实际处理工艺过程的疑难问题，继承、创新了多项新工艺的组合应用，在同行业具有指导意义。 （整理：秦羽）

郫县豆瓣传统制作技艺

小档案

项目名称：郫县豆瓣制作技艺

2006 年入选成都市第一批非物质文化遗产名录，2007 年入选四川省第一批非物质文化遗产名录，2008 年入选第二批国家级非物质文化遗产名录。项目保护责任单位为郫县食品工业协会，项目传承基地为成都市郫县食品工业协会。现有国家级代表性传承人雷定成，省级代表性传承人陈述承、张安秋，市级代表性传承人黎世才。

郫县豆瓣是指生产于四川省成都市郫县的一种豆瓣酱，以香辣为显著特点，历史悠久，是郫县最负盛名的名优特产。成都人自古喜好美食，中国民间也一直有“食在天府，味在成都”一说。四川的气候潮湿多雾，因此，川人多喜吃辣以除湿，这就使得郫县豆瓣传统制作技艺的产生和发展成为必然。郫县位于成都平原中部，春早、夏热、秋凉、冬暖，年平均气温15.8摄氏度，年降水量为971.8毫米。这样的气候条件为蚕豆的自然发酵提供了良好的自然环境，而蚕豆的发酵又是郫县豆瓣传统制作技艺的关键环节。

郫县豆瓣传统制作技艺最早起源于清朝。相传清朝初年，福建省汀州永定县孝感乡翠享村人陈益兼随移民来郫县定居，入蜀途中，其赖以充饥的蚕豆遇连日阴雨而生霉，陈益兼等人不忍将这些生了霉的蚕豆丢弃，于是就将其置于田埂上晾晒后就以鲜辣椒拌而食之，竟意外发现其味道鲜美无比，于是美其名曰“辣子豆瓣”。嘉庆八年（1803），陈氏后人陈逸仙，开设“顺天”号酱园，研制、生产、销售“辣子豆瓣”。到了咸丰三年（1853），陈益兼的后人陈守信设立了“益丰和”号酱园、“顺天”号酱园。陈守信将蚕豆与面粉混合后发酵，再和盐渍辣椒混合，经翻、晾、晒后，生产出了流传至今的郫县豆瓣。光绪三十一年

在两百多年前的豆瓣包装基础上逐渐改进过来的部分豆瓣新包装

（1905），彭县人弓靖明到郫县开设了分号“元丰源”酱园，从此打破了“益丰和”酱园独家经营的局面。两家酱园都在豆瓣酱的生产工艺上狠下工夫，推动了郫县豆瓣生产工艺的日臻完善，所产豆瓣酱逐渐成为川菜必不可少的重要辅料，被誉为“川菜之魂”。

郫县豆瓣传统制作技艺的原料普通但不简单。说它简单是因为所需原料就是四川大量出产的辣椒、面粉、黄豆，这些东西都是十分常见的普通物品。说它不简单是因为郫县豆瓣传统制作技艺在选择辣椒和蚕豆时十分考究。所选用的辣椒，主要是产于郫县及附近的双流、仁寿、中江、三台、盐亭等川东地区，采摘时间在每年的7月至立秋后15天的优质二荆条红辣椒，少数采用其他地区的优质红辣椒。要求辣椒色泽红亮、肉头饱满、无霉变、无杂物。所选用的蚕豆，是产自川东地区和云南省的优质蚕豆，要求技术指标符合GB/T 10459的规定。生产用水也只用取自郫县地区的优质地下水，水质要求符合GB 5749的规定。

郫县豆瓣传统制作技艺在制作工艺上要求也十分严格，要求制作者精确地把握好原料比例和各环节的时间。在制作时，先将精选的优质二荆条红辣椒去把，用扁锹切成一寸二分长，然后将切好的辣椒与盐混合，放入槽桶中于太阳下暴晒，每天翻搅两次，制成辣椒胚。将经冷水浸泡后的二流板干蚕豆放入开水锅中稍煮一下，捞起冷却后用石磨碾压去皮，将黄豆磨成面后与糯米混合制成曲饼，再与精面粉混合，和去皮的蚕豆瓣搅拌，放入扁筐中，送入曲房，使之自然发酵六个月以上制成酥脆、入口化渣的甜豆瓣。最后，将辣椒胚按比例拌和甜豆瓣放入土陶缸晾晒，土陶缸要入土五寸，以便“吸地气”，每天早晨翻、晒、露，十八个月左右后香喷喷的郫县豆瓣酱就成熟了。用此传统方法制作出来的豆瓣酱未加一点香料和油脂，却香味醇厚、色泽油润，全靠精细的加工技术和原料的优良而达到色、香、味俱佳的标准，具有辣味重、鲜红油润、辣椒块大、回味香甜的特点。

郫县豆瓣传统制作技艺具有很强的实用价值。民以食为天。自产生的那天起，郫县豆瓣传统制作技艺就和蜀中百姓的生活息息相关，郫县豆瓣至今仍是四川人重要的做菜佐餐。作为我国四大菜系之一的川菜极重辅料，而郫县豆瓣是其中最重要的辅料之一，是川菜中必不可少的调味佳品，被誉为“川菜之魂”，无论是传统川菜还是四川火锅，都离不开郫县豆瓣。从科学角度来讲，郫县豆瓣含有一定量的蛋白质、脂肪、碳水化合物、维C和辣椒碱，食之能刺激胃黏膜而增加食欲、促进人体血液循环，使人兴奋发热，起到驱湿防寒之效。

郫县豆瓣传统制作技艺体现了四川人的饮食文化特点，是川人饮食文化历史的活化石。川菜以麻辣鲜香见长，讲究色香味形，原料虽然简单，但川人在烹饪技艺上很下工夫，能以简单的原材料做出色香味形俱佳的菜品。郫县豆瓣传统制作技艺同样如此，所用原料十分简单，四川随处可见，但经精心选材、精工细作后生产出的郫县豆瓣竟然色泽红亮、味辣香醇、瓣子酥脆、黏稠茸实，这不能不说是川人智慧的结晶。

随着川菜的发展，郫县豆瓣的需求量越来越大，用传统工艺生产的郫县豆瓣酱因其优良的品质更是大受欢迎，郫县豆瓣传统制作技艺也得到了较好的传承和发展。但20世纪80年代开始，由于郫县豆瓣传统制作技艺的生产周期过长，满足不了庞大的市场需求，许多豆瓣生产厂都采用了机械化的生产，豆瓣生产的工业化不断膨胀，传统工艺逐渐萎缩。

当地政府逐渐意识到了郫县豆瓣传统制作技艺的生存危机，为保护和传承郫县豆瓣传统制作技艺，当地政府在积极推动郫县豆瓣传统制作技艺申报各级非物质文化遗产代表性项目名录的同时，指定郫县食品工业协会为该项目的保护责任单位，具体负责项目的保护和传承工作。

郫县食品工业协会是“郫县豆瓣”地方证明商标的拥有者，拥有会员单位一百多家。作为郫县豆瓣传统制作技艺的项目保护责任单位，该协会特别注重对传统的郫县豆瓣制作技艺传承人的培养和管理，在要求各级代表性传承人都必须带徒授艺的同时，要求协会的每一家豆瓣企业会员都必须至少推荐一人拜代表性传承人学习郫县豆瓣的传统制作技艺，保证有人教、有人学，以此来保证郫县豆瓣传统技艺的传承。另外，协会正在着手研究出台郫县豆瓣非遗字样的使用和管理办法，争取实现郫县豆瓣非遗使用和管理的规范化。2010年郫县食品工业协会被评为第一批成都市非物质文化遗产项目传承基地。

传承人简介

雷定成，郫县豆瓣传统制作技艺国家级代表性传承人。1953年出生，1977年进入郫县豆瓣股份有限公司工作，跟从秦子云、周海清学习酿造技艺，又拜李绍庭为师，学习蚕豆瓣的制曲与发酵，后又跟随张悦明师傅学习郫县豆瓣的传统生产制作技术。他在继承传统的基础上，将郫县豆瓣传统工艺与现代科学技术结合，促进了郫县豆瓣产业化发展。从1994年开始带徒弟，传带的徒弟现已成为厂

1、2. 郫县豆瓣制作现场

里的生产骨干。

陈述承，郫县豆瓣传统制作技艺省级代表性传承人。1948年出生，1960年从事豆瓣制作，跟从豆瓣大师陈文奎学习传统制作技艺。全面掌握郫县豆瓣传统制作的工序和工艺。在继承的基础上，将郫县豆瓣传统工艺与现代科学技术结合，促进了郫县豆瓣产业化发展。通过口传心授的方式向公司员工教授郫县豆瓣传统制作技艺。

张安秋，郫县豆瓣传统制作技艺省级代表性传承人。1959年出生，1978年至今在郫县豆瓣股份有限公司工作。师承郫县豆瓣制作大师黄志忠。精通生产各环节技术和工艺，长期从事郫县豆瓣出口产品的质量监控管理工作。在他的共同参与下制作的郫县豆瓣被授予“中华老字号”、“四川老字号”等多个荣誉。在工作过程中，通过口传心授的方式，把技艺传授给徒弟王冬梅、张俊。

黎世才，郫县豆瓣传统制作技艺市级代表性传承人。1952年出生，1978年至今在郫县豆瓣股份有限公司工作。师承郫县豆瓣制作大师周海清。精通生产各环节技术和工艺，长期从事郫县豆瓣出口产品的质量监控管理工作。在他的共同参与下制作的郫县豆瓣被授予“中华老字号”、“四川老字号”等多个荣誉。在工作过程中，通过口传心授的方式，把技艺传授给徒弟王大忠、黄昆。

（整理：王燕梅）

孔明灯制作技艺

小档案

项目名称：孔明灯制作技艺

2006入选成都市第一批非物质文化遗产名录，项目保护责任单位为成都市邛崃市文化馆。现有市级代表性传承人任道洪。

孔明灯又叫天灯，相传是由三国时诸葛亮（诸葛孔明）所发明。平乐在三国时期就是军事重地，“平乐古镇，金华山下，白沫江畔，孔明灯升起，皓似明月”。相传，诸葛亮当时被司马懿困于平阳，无法派兵出城求救。诸葛亮算准风向，制成会飘浮的纸灯笼，系上求救的讯息放上天空，最终得以脱险。于是后世就称这种灯笼为孔明灯。随后，孔明灯被广泛用于传达军事讯息，蜀军根据燃放孔明灯的数量来掌握军事动态：燃放一盏孔明灯代表敌人进攻，燃放两盏代表敌人撤退，燃放两盏以上代表敌军的人数，蜀军根据孔明灯的数量来随时作出战略部署调整。

如果从历史上追溯孔明灯的来历，大约于清朝道光年间，先民由福建省惠安、安溪等县迁入台湾的台北县、平溪乡、十分寮地区，即基隆河的上游。据十分寮地区父老前辈的口述表示，前清年间该地区闹过土匪，由于地处山区，村民都只能逃向山中，待土匪走后，留守在村中的人，就在夜间施放天灯作为信号，告知山上避难的村民，可以下山回家，也借此种方式向村民报平安。由于当日由山上避难回家的日子，正是农历正月十五，即元宵节，从此以后，每年的元宵节，十分寮地区的村民便以放天灯的仪式来庆祝，且向邻村的村民互报平安。因此，天灯又被称为“祈福灯”或“平安灯”。

随着社会科学技术的不断发展，燃放孔明灯逐渐由纪念诸葛亮的仪式演变成

1、2. 艺人制作孔明灯

3. 燃放的孔明灯

1

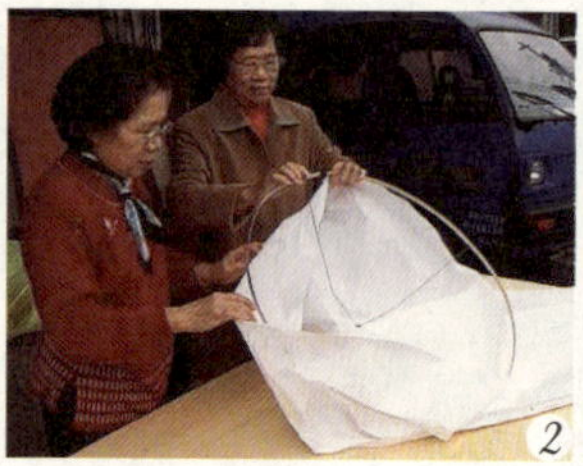

2

3

一种祈福平安的民间习俗。在平乐，每逢春节、清明、端午或婚嫁喜庆等时候，百姓就会燃放孔明灯以求平安幸福。以往，孔明灯随烟火架一起燃放，由于烟火架污染严重，逐渐被淘汰。如今，只有孔明灯保留了下来。

孔明灯的传统制作程序相对复杂：首先糊灯罩，其次制作支架和灯芯，最后把灯芯绑在支架上就可以燃放了。其中灯芯的制作是最讲技巧的，灯芯各部分原料的重量要成比例，而且灯芯要用菜油浸泡得当，浸泡时间和浓度都是非常关键的，否则会影响孔明灯的升空速度和安全。

如今，燃放孔明灯已演变成人们表达祝福、寄予心愿、祈求安福等的民间习俗。比如：在春节燃放孔明灯以表达心愿时，在灯的主体部分上面写上“愿全家在新的一年里，和和美美，团团圆圆”等；在表达对新婚夫妇的祝福时，上面写上“白头到老，永结同心”等；在祝寿时，上面写上“年年有今日，岁岁有今朝”等；在恭贺开张立业时，上面写上“生意兴隆，财源滚滚”、“事业蒸蒸日上”等。

孔明灯与三国人物诸葛亮结下了不解之缘。在平乐，与三国人物相关的地名众多，据《火井县志》记载，诸葛亮曾在火井屯兵炼铁，而当时火井县衙就在平乐。因此，孔明灯对研究三国历史文化有重要的借鉴价值。而孔明灯是最早利用热气球原理制作而成的，比法国的热气球要早 1500 多年，是中华民族集体智慧的结晶。孔明灯的制作工艺，是中华传统手工艺中重要的组成部分，是喜庆文化的组成部分，孔明灯对研究地方和川西民俗有着重要的参考价值。

孔明灯经历了近百代的传承，距今已有 1700 多年的历史，由于其燃放时非常具有喜庆气氛，且原理简单，所以现在全国很多地方都有燃放孔明灯的习俗。平乐镇党委政府高度重视孔明灯的传承保护工作，先后投入资金对孔明灯进行普查和资料收集，并进行进一步的发掘和保护，包括对制作孔明灯的艺人进行走访，收集整理孔明灯的制作程序，举办孔明灯节等活动。

传承人简介

任道洪，孔明灯制作技艺市级代表性传承人。出生于 1940 年，从 1958 年开始向父亲任明安学做孔明灯，是其家族第三代传承人，他的儿子任洪平、任洪军是第四代传承人。制作的孔明灯美观实用，升空速度快，深受广大游客喜爱。

（整理：方雨馨）

邛陶烧造技艺

小档案

项目名称：邛陶烧造技艺

2006 年入选成都市第一批非物质文化遗产名录，2007 年入选四川省第一批非物质文化遗产名录。项目保护责任单位为邛崃市文化馆。现有省级代表性传承人何平扬，市级代表性传承人何丹。

“瓷”，最早出现在《字林》中：将土混水，恰到比例调和，巧手塑型，取木为火，高温烧制……陶瓷，就是用最普通的土与水，打造出的最美丽实用的艺术品。

说到中国的陶瓷，不得不提及四川邛崃。

邛崃位于成都平原西南部，面积 1384 平方公里，距成都 65 公里。古称临邛，筑城置县 2300 多年，是古南方丝绸之路西出成都的第一站，素有“临邛自古称繁庶，天府南来第一州”的美誉，与成都、重庆、郫县并称为巴蜀四大古城，为四川省首批历史文化名城。

在邛崃这个名城中，有著名的邛窑。邛窑并不是一个单一的窑址，而是指邛崃市南河十方堂、固驿瓦窑山、白鹤大渔村、西河尖山子等古瓷窑的总称，又以十方堂最具代表性。邛窑是四川古代最大的民间青瓷窑系，是中国彩绘陶瓷的发祥地，被誉为“中国第一彩绘瓷的故乡”。邛窑始烧于东晋，发展于南朝，兴盛于唐，衰落于南宋中晚期，元初淡出人们的视线，前后延续八百多年，以堆积厚、产

邛窑作品

品丰富、连续烧造时间长而著称于世。

邛陶在长期的生产过程中，形成了以龙窑为主体，兼有马蹄形窑的窑炉技术，生产以单色釉、釉下彩、高低温三彩装饰为特色的青瓷产品，普遍使用了釉下彩绘、模印成型技术，捏制瓷塑等装饰和成型工艺。制陶瓷工序多，主要分以下流程：1. 配泥料：配制手工辘轳制坯的泥；磨制注浆生产坯件的泥。2. 制坯：将配制炼好的泥料进行手工拉坯或压坯（在做好的石膏模里压制形状和图案后进行组合成整体）。3. 装饰：做仿古产品在辘轳制的红泥坯上装饰一层白泥浆土后，在上面用多彩色料进行绘画、点彩、刻花等装饰。4. 制釉：根据颜色、量的多少和粗细需要，将矿物原料备好后，放入球磨机里进行磨制、过滤，装入容器静放。5. 施釉：根据不同产品所需要的釉色进行人工施釉。6. 焙烧：将施好的釉坯装在用耐火材料做的匣钵里叠放，封好窑进行焙烧。

邛窑在千年的发展过程中，不断与周边地区的窑派交流融合，形成了自己独特的制作风格。在制作过程中，其使用的窑具主要有垫柱、垫板、垫圈、垫饼、垫条、匣体、支钉等。制作普遍使用轮制、模制和手工捏制三种方法，轮制为主，模制次之，手工捏制再次。主要器物有七大类：生活用具、文具、工具、建筑材料、玩具、人物瓷塑、动物瓷塑，其中省油灯、提梁罐是邛窑器物中最具代表性的器物。装饰技法主要有釉下彩绘、印花、刻画花、堆积贴花等，釉下彩绘是邛窑陶瓷器物的精华。

邛窑烧造方法从早期的裸烧、套烧、叠烧、支烧发展到唐代的匣体装烧。烧制的成品，以风格多样、造型别致、釉色丰富、装饰古朴而闻名。早在隋唐五代时期就以烧造民间日常生活用品而极负盛名，其生动传神、简洁、明快的手捏人物、器物深受大众的喜爱。所产生活用具，如壶、罐、钵、碗、砚、玩具等，广传于海内外，其中尤以省油灯最为出彩。邛窑省油灯其貌不扬，但自它问世以来的千百年间，不断被文人雅士歌吟赞誉，被专家学者研究。在五代和宋代，声誉远扬的邛窑省油灯是寻常百姓家的常见之物。据南宋诗人陆游《斋居纪事》载：“书灯勿用铜盏，惟瓷盏最省油。蜀有夹瓷盏，注水于盏唇窍中，可省油之半。”又据《老学庵笔记》记录：“《宋文安公集》中，有省油灯盏诗，今汉嘉有之，盖夹灯盏也。一端作小窍，注冷水于其中，每夕一易之。寻常盏为火所灼而燥，故速干，此独不然，其省油几半。”省油灯的出现，为后世陶瓷产品用于工农业，开辟了新的途径。唐宋时代，邛窑富于灵感的能工巧匠们创造的能减少油耗的陶

1、2、3. 邛窑作品
4、5、6. 邛窑作品的制作过程展示

瓷省油灯，无论在中国还是在世界科学技术史上，都堪称是一项很有意义的发明创造。

邛窑是中国彩绘陶瓷的发祥地，其中以邛三彩最著名。在央视首届赛宝大会上，被专家誉为“天下第一红”的“邛窑水丞”，就是在邛窑发现的高温红釉，它是当前发现的最早的铜红釉，以中国陶瓷在世界陶瓷史上的地位而言，它是中国及至世界制釉的第一红，具有划时代的意义。中科院院士、中国科技大学校长朱清时先生一语道破邛窑的珍贵：“沉睡上千年，一醒惊天下！”新创作的邛三彩双流壶，用辘轳把传统红泥拉坯成形，待烘干后在坯胎上装饰一层白泥化装土，施传统无铅透明釉，然后采用入骨画手法信手绘上褐、绿、黄三色，经 1200 摄氏度高温焙烧而成。邛窑陶瓷彩绘装饰色彩丰富，有黄、褐、青、灰、乳白、乳黄、豆绿、豆青等二十多个釉色。邛窑烧制的釉不含铅，无毒性，这是邛窑陶器多用于生活用品，安全健康的重要保障。也许当时的人们尚无这样的环保健康意识，但这无疑是伟大的成就。

邛窑陶瓷烧制技艺的魅力，不仅仅局限于蜀地，其经由丝绸之路，影响国内各大名窑，传遍世界各地。

目前，邛陶烧制技艺得到了有力的保护：邛窑陶艺产业园已经完成规划并启动实施建设；当地文化主管部门组织专人对项目资料进行收集、整理、归档，并对传承人的生活、生产、授徒进行大力扶持。

传承人简介

何平扬，邛陶烧制技艺省级代表性传承人。1953 年出生于邛崃，师从邛崃美陶厂老艺人康兆铭，先后在四川省美研所和四川省美术学院陶瓷系原温江地区美训班学习。创造了新颖典雅、新的邛陶派。代表作品有“文君当垆”、“茶圣陆羽”、“多佛香熏”、“地藏宝瓶”等。其作品荣获全国省级奖项 36 个，有 100 多件作品被各级博物馆和中外人士收藏。

何丹，邛陶烧制技艺市级代表性传承人。出生于 1982 年， 1999 年从艺，师承邛陶传人父亲何平扬。代表作有获国家级铜奖的“虬龙提梁罐”，获国家级金奖的“釉里红瓜蒌瓶”和“艺术釉多彩瓶”。撰写的论文《试谈仿制邛窑陶艺》在《四川工艺美术》上发表。多次应邀进行学术交流和现场表演；经常为青少年宫和部分中小学校喜爱陶艺的学生传授技艺。　　　（整理：王晓敏）

桂花土陶制作技艺

小档案

项目名称：桂花土陶制作技艺

2006年入选成都市第一批非物质文化遗产名录，2007年入选四川省第一批非物质文化遗产名录。项目保护责任单位为彭州市文化馆，项目传习所为彭州市桂花镇龙窑土陶厂。现有省级代表性传承人严述成、杨述清、兰章树，市级代表性传承人夏晓娟。

桂花土陶制作技艺因其主要分布在成都彭州的桂花镇而得名，其产品品质优良、工艺细腻、风格古朴、造型典雅、实用性强，深受人民群众的喜爱。

制陶工艺在我国有着悠久的历史，早在8000多年前，我国的先民就已经开始制作和使用陶器了。彭州桂花镇的传统土陶制作技艺也已有400多年的历史，秉承了中华民族几千年制陶工艺的精华。

据史料记载，明朝以前，桂花镇的土陶生产以手工作坊为主，产量小，产品较单一，直至明嘉靖二年，当地的土陶生产才形成一定的规模。现存桂花镇瓦子村的龙窑窑址，就是嘉靖年间当地人烧陶制陶的历史见证。发展到清光绪年间，当地已有小窑数座，所产日用品及琉璃瓦，造型精美，畅销各地。宣统二年，发展

桂花土陶作品

到大窑3座，窑户40余户，专产缸、坛、盆、罐和庙堂饰品。民国三十七年，进一步发展到大窑7座，小窑50余座，窑户100余户，工人260余人。产品远销甘肃、山西及省内雅安、西昌、芦花、泸州等地。

新中国成立初，当地有土陶生产窑户116户。随着土陶生产合作社和国营土陶生产厂家的成立，桂花土陶开始成立工艺美术车间，从大专院校引进技术，培养工艺美术人才，试制出泥下彩5种、色釉13种，丰富了桂花土陶的艺术色彩。1964年，试制成功熔快彩，解决了釉料含铝量高，不符合食用标准的问题。1975年，创制成功无极变速辘轱车、移动修坯车，工作效率提高50%，并在全省二次推广。

如今，彭州桂花镇已成为四川省著名的陶艺之乡、陶艺特色文化新农村。当地建筑多用本地产的土陶琉璃瓦、青筒瓦，居民的生活日用品也是土陶产品占多数。制作仿古建筑材料、工艺土陶已成为桂花镇农民增收、致富的主要途径。

对于一项技艺来说，生产原料、生产工具及生产技术是其存活的三大要素。桂花土陶的生产原料是酸性黄色黏土；主要生产工具有铲、弓、锯、手车轮盘、刷、刀、窑等；关键生产技术则包含陶泥的发酵、泥的柔性和韧性、凉坯的湿度、烧窖的火候等。

土陶最早的烧制材料是木柴，新中国成立后改为煤炭窑形，最早是龙窑、格子窑，现在有所改进，创造出了方窑、阶梯窑、倒烟窑。桂花土陶制作技艺的生产需经过取土、发酵、揉泥、锯泥、制坯、凉坯、锤坯、烧制(倒烟：窖顶上蓄水，水将青烟压闷于窖内，形成青色建筑材料)等工艺程序。花饰图案制作有粑、堆、刻、画、剔、镂、刷、嵌等形式。整个生产工艺从制作到技艺，从机具到美工，全靠艺人代代口授心传传承。

所出产的土陶最早是祭祀用的三脚蟾、羊耳罐，生活用品盆、罐、缸等，其后发展为饰物盆、罐、缸、花瓶，如双龙瓶、镂空双龙瓶等。现在，桂花土陶的产品更是丰富，既有缸、坛、盆、罐、壶、锅、盏等生活用土陶，又有青筒瓦、青砖、青瓦等建筑用土陶，更有镂空花瓶、摇钱树、三脚蟾等工艺土陶。

桂花土陶在400年的历史长河中，从单一走向丰富，从家庭作坊走向规模生产，它承载着这400多年的历史，传载了人类的智慧和文化精神，秉承了中华民族几千年制陶工艺的精华。传统桂花土陶制作技艺对现代制陶工艺产生了很大的影响，我们今天所看到的现代制陶工艺尽管采用了很多电动机械设备，但其根本原理与工艺流程却是与传统工艺一脉相承的。

在现代生活中，桂花土陶与人民群众生活密切相关。生活土陶罐、盆、缸、坛经久耐用，品质优良，尤以桂花土陶泡菜坛远近闻名，用它泡出的泡菜香气袭人，经年不坏，是泡菜坛的一绝。如今，桂花土陶生活用品更是因其无污染、无辐射、无毒害的环保性而深受顾客欢迎。建筑土陶脊、瓦、垄、滴水等以其耐压、耐风化、耐高温、不变形等优势成为仿古建筑的上好材料，越来越受市场的青睐。邓小平故居纪念馆、巴金文学院、乔家大院等仿古建筑都有桂花镇的建筑土陶。

桂花土陶制作技艺将一把把黄色黏土变成一件件精美的土陶制品，其间所涉及的美学、力学和烧制原理超越了时限，传递着丰富而古老的科技文化信息，是人们宝贵的财富。

桂花镇的陶瓷文化对当地百姓的精神生活和文化素养都起到了潜移默化的作用。当地建筑多用琉璃瓦、青筒瓦，院墙也用各种仿古装饰。这里民风淳朴、礼仪蔚然，几乎人人懂陶艺，家家从事陶艺工作，已成为远近闻名的陶艺之乡、陶艺特色文化新农村。

桂花土陶制作技艺属当地的支柱产业，虽在目前存续状况还算良好，但随着社会的变迁和现代化的冲击，其传统制作技艺也面临着一些不容小视的问题。很多陶器日用品逐渐被其他材料制品所取代，传统产品的销量受到不小的冲击。传统工艺生产效率的低下使得各生产厂家为了提高生产效率，不断在制作工艺中引入现代设备，致使传统的制作工艺受到巨大冲击。如今，懂得整套传统制作工艺的传承人越来越少，现有的少数传承人也都已高龄。

彭州市文化馆意识到了这些问题，积极推动桂花土陶制作技艺申报各级非物质文化遗产代表性项目，并成为该项目的保护责任单位，在促进该项目的保护和传承方面做了大量工作：1. 在四川省工艺美术专业委员会、西华大学、四川美术学院等部门支持下，协调联合相关专家、学者对桂花土陶的历史沿革、分布区域、参考文献等进一步系统整理，对土陶传统工艺制作等技术进行研究、确认。2. 利用文字、图片、录像等对其记录，在各个方面进行系统收集、记录、分类、编目，建立全面系统的档案。3. 建立桂花土陶博物馆，对桂花土陶制作工艺这项非物质文化遗产的资料和实物进行收藏、保管、维护展示，并向社会提供桂花土陶的有关信息服务。4. 成立桂花土陶保护工作委员会，建立建筑土陶、工艺土陶、生活日用土陶、美术艺术土陶基地，并拨专项资金解决桂花土陶拯救，发展的困难。

1. 桂花土陶成品
2. 龙窑烧制产品
3、4、5. 桂花土陶制作过程

2010年，彭州市桂花龙窑土陶厂被评为第一批成都市非物质文化遗产项目传习所。该土陶厂是桂花土陶传统制作技艺的龙头企业，以生产景观土陶为主。西华大学工艺美术系、四川美术学院、鲁迅美术学院等众多高校都把这里作为陶瓷艺术教学基地，四川省美术家协会陶瓷专业委员会也把这里作为陶艺美术研究基地。

传承人简介

严述成，桂花土陶制作技艺省级代表性传承人。出生于1933年，师从土陶老艺人严洪发，是远近闻名的桂花土陶制作能手。他技艺精湛，制作的桂花土陶制品工艺细腻、风格古朴、造型典雅，深受广大群众喜爱，很多外地客人专程慕名前来选购，并多次代表当地参加各种陶艺展览，数次获奖。其代表作“龙瓶”，被赞誉为“中国活龙，东方艺术”。

杨述清，桂花土陶制作技艺省级代表性传承人。出生于1976年，1990年起师从土陶老艺人严述成。他精通桂花土陶传统制作工艺的九大流程，其作品工艺细腻、风格古朴、造型典雅，深受消费者喜爱，在当地颇有声望。作品多次参加省、市各种陶艺展览。多款土陶制品被当地政府和爱好者收藏。

兰章树，桂花土陶制作技艺省级代表性传承人。出生于1962年，师从土陶制作老艺人杨光学。其作品细腻、古朴，造型典雅、美观，既符合生活实际需要，又具有独特的艺术风格。1987年建立的彭州桂花龙窑土陶厂是桂花土陶传统技艺的龙头企业，年产值400多万，产品远销省内外。1998年开始发展陶艺和教学基地，到现在已经非常成熟。

夏晓娟，桂花土陶制作技艺市级代表性传承人。出生于1967年，1990年师从父亲夏友贤学习桂陶刻、镂、拓、雕、印等技艺，熟练掌握各种技能。作品古朴、美观、实用，深得顾客欢迎。作品多次参加非遗节等省市各级交流和展演。1992年创办彭州市桂花镇盘龙工艺陶瓷厂，招聘员工并教授徒弟。免费为西安科大、四川大学等学员提供实习机会。

（整理：王燕梅）

成都银花丝制作技艺

小档案

项目名称：成都银花丝制作技艺
2006 年入选成都市第一批非物质文化遗产名录，2007 年入选四川省第一批非物质文化遗产名录，2008 年入选第二批国家级非物质文化遗产名录。项目保护责任单位为成都金银制品有限责任公司，项目传习所为成都金银制品有限责任公司、成都道安艺术品有限责任公司、成都天和银楼有限责任公司。现有国家级代表性传承人道安，曾有省级代表性传承人王明儒、刘涛，市级代表性传承人张永昌、胡维兵、白德蓉、倪成玉、韩蓉。

银花丝技艺是我国优秀的传统手工技艺之一，也是成都市著名的传统特种手工艺，是四川省成都市银、漆、绣、竹、锦五朵金花之一。银花丝以高纯度白银为原材料，手工精制而成，造型别致，玲珑剔透，具有浓郁的汉民族特色和独特的地方风格。

成都的金银器制作具有悠久的历史，早在殷商时代，人们就熟练地掌握了金器制作的高超技艺和手法。广汉三星堆祭祀坑中，出土过世界罕见的纯金面罩和雕刻着人面、鱼、鸟图案的金杖。而最新发现的成都金沙遗址，也出土了很多造型精美且构图近乎完美的黄金制品，如金蛙、金面具等，尤其是“太阳神鸟”金箔的发现，充分说明古蜀人在金器制作技艺上已经达到炉火纯青的境界。

1、2、3. 精美的银花丝作品

1

2

3

至汉代，成都的金银器工艺又向前迈进了一大步，当时政府还在成都、广汉两郡设立专管金银器制作的工官，金银器生产的规模已相当宏大。如今，在长沙马王堆汉墓、湖北江陵凤凰山及贵州清镇等地汉墓，以及朝鲜平壤、蒙古诺音乌拉古墓中，皆能发现成都制作的金银器的身影，上面还戳印着“蜀郡西工”、“成都郡工官”等字样，说明当时成都出产的金银器已经风靡天下。

宋代也是成都金银器生产的一个高峰时期，开始出现丝、片结合的技术。近年来，在多个窖藏遗址均发现精美无比的宋代成都银器，如莲花杯、菊花杯、镂空盒、瓜形壶等，高超的技艺让世人为之惊叹和折服。

明清时期，成都的银花丝技术已在民间普及，工艺中大量使用堆丝、填丝、垒丝、炭丝、錾刻等技法，形成鲜明的地方特色。银花丝技艺作为一门手工行业技术，其形成时间大约在清代中叶，至抗战时期则达到鼎盛。由于抗战时期国民政府内迁，使成都云集了一大批文化名流、达官商贵。因此，成都的金号、银楼大量涌现，尤其在华兴街、东大街、打金街、署袜街、鼓楼街一带形成了新兴的产业，采用前店后厂的经营模式，大量生产具有成都特色的银花丝产品。抗战后市场逐渐萧条冷落，成都的金银器制作陷入低迷的历史低谷。

1951年，中国人民银行川西分行将成都部分金银器制作艺人组织起来，成立了国营成都金银饰品店（即原成都金银制品厂，现在为成都金银制品有限责任公司）在春熙路开业。至70年代以来，银丝制品生产规模已从最初的几十人发展到三百多人。至90年代中期，银丝制品成为省、市外贸出口创汇的主要工艺品之一，同时企业也接待大量来华的外国客人参观、购物。银花丝技艺工艺品主要销往日本、美国、英国、法国、加拿大、澳大利亚、科威特等国及中国香港、澳门等地区。

银花丝技艺工艺非常复杂，用高纯度的白银为材料，手工精心制作而成。产品制作要经过熔炼、轧片、拉丝、掐丝、錾刻、抛光、压亮、电镀等几十道工艺。制作产品的银丝最细的仅及人头发直径的一半，粗的也只有几毫米。艺人们根据设计要求，交互运用填丝、垒丝、穿丝、搓丝等技法，做成大小不同，形态各异的精致工艺品。有形态自然的苍松、翠竹、梅花、兰草，有生动活泼的鸟兽及古朴典雅的“龙凤呈祥”、国宝大熊猫等。银花丝工艺品具有结构严谨、朴素大方、虚实相间、玲珑剔透、典雅高贵的特点，是不可多得的民间手工艺制品。

银花丝技艺最大的特点是采用“平填”技术，无胎成形，反映出艺人高超而

1、4. 银花丝制作工具
2、3、5、6. 银花丝技艺工艺过程

精湛的技艺。艺人们根据设计图稿，采用不同粗细的纯银丝，先制作出图形边框，再用不同的技法对中间的图纹进行填充和编织。这种独特的技艺令人想起了刺绣及其他手工技艺，全凭艺人的艺术感悟和熟练的手上功夫。再加上填丝、垒丝、穿丝、搓丝、焊接等综合技术的运用，一件精美的银花丝产品便在艺人手下诞生了。即使是立体造型的制品、大型复杂的制品、方圆不规则的产品，也一律采用无胎成形法，彰显出这一民间工艺的技术和艺术含量。

成都银花丝技艺中还有一道关键的工序，那就是白银防变色工艺处理，这就使银花丝产品能在较长时间保持柔和的光泽并不褪色，从而为产品带来衡定的美感。

因为采用纯手工制作，所以制造一件大的产品，往往需要花费几个月甚至几年的时间。在一些作品的制作上，成都银花丝还巧妙地借鉴了北京花丝的烧兰、镶石及镀金工艺，使纯银制品在典雅中凸现出高贵。

成都银花丝的代表作有“龙架薰球”、“凤架薰球”、“莲顶花薰”、“锦鸡芙蓉盘”及“国宝熊猫”等。近年来，一些巨幅作品，如直径达105厘米的银丝大挂盘、高约170厘米的“玉羽迎春”挂屏、金丝烧兰“大龙舟”等，都堪称银花丝技艺史上空前的作品，并且多次在国内外博览会上获奖。从20世纪50年代以来，产品多次荣获省部级大奖，远销世界四十多个国家和地区。值得一提的是，近年来随着创新产品银丝画的诞生，更是使传统的银花丝技艺进入更高的艺术境界。

银花丝技艺，历史悠久，技艺精湛，手工制作独具特色。银花丝技艺工艺品以白银为材料，运用花丝和点錾技能，按照设计要求交互运用填丝、垒丝、穿丝、搓丝、焊接等技法，由艺人手工精心制作而成。这些风格典雅、构思巧妙的工艺品，既具有很高的工艺欣赏价值、收藏价值，又有实用价值，是省、市政府对外宣传的特色礼品，也是极好的旅游纪念品，更是成都市这座古老历史文化名城的城市名片之一。

银花丝技艺由成都金银制品有限责任公司一直保留至今，但随着老艺人及第二、三代技工相继退休，加之银花丝制品全部采用手工制作，周期长，市场容量小，现仅留下极少的制作人员。为了保护和传承这一技艺，1999年银花丝制作技艺大师道安创新出银丝画，2003年3月道安创建成都道安艺术品有限责任公司，制作银花丝制品，同时招收学徒传承银花丝技艺。现该公司命名为金牛区道安大师银花丝工作室，其代表作品有浮雕挂屏“三英战吕布”、立体摆件“杜甫草堂”、立体摆件“三星堆雄鸡”等，作品多次在国家省市获奖，深受国内外人士喜爱与赞扬。2010年，成都金银制品有限责任公司、成都道安艺术品有限责任公司被评为第一批成都市非物质文化遗产项目传习所；2014年，成都天和银楼有限责任公司被评为第二批成都市非物质文化遗产项目传习所。

传承人简介

道安，成都银花丝制作技艺国家级代表性传承人。1962年出生，先后跟从温小秋、张永昌、蒋之中等师傅学习。从艺近30年，掌握了成都银花丝从设计到制作的全套制作技艺。2003年成立成都道安艺术品有限责任公司，自带徒弟若干，不少徒弟现已成为公司骨干。

王明儒（1942年 1 月-2012年5月），成都银花丝制作技艺省级代表性传承人。师从张永昌。代表作品有《玉羽迎春》、《狮子绣球盘》。

刘涛，成都银花丝制作技艺省级代表性传承人。出生于1972年，师从银花丝老艺人王明儒。代表作品有银花丝画“三星堆人面像”、“熊猫盼盼”、“金沙太阳神鸟”、“龙凤福字图”挂屏等。

张永昌（1917年10月-2010年10月），成都银花丝制作技艺市级代表性传承人。师从银饰老艺人陈荣鑫。代表作品有《九层塔》、《扁八方花瓶》、《六方花瓶》。

胡维兵，成都银花丝制作技艺市级代表性传承人。出生于1951年，师承银花丝技艺老艺人凌栋臣。代表作品有“九层花丝塔”、“玉羽迎春挂屏”、“府南河盘”、“熊猫戏竹”系列等。

白德蓉，成都银花丝制作技艺市级代表性传承人。出生于1970年，师承银花丝制作技艺老艺人邓禄辉、王明儒、胡维兵师傅。代表作品有“布达拉宫盘”、“六方柳燕瓶”、“前程似锦”挂屏等。

倪成玉，成都银花丝制作技艺市级代表性传承人。出生于1942年，先后师从银花丝名师黄旭川、廖云章、王吉树、张永昌。代表作有“百鸟朝凤”、“莲斗花熏”等。

韩蓉，成都银花丝制作技艺市级代表性传承人。出生于1961年，师从银花丝制作艺人王静一。代表作有“熊猫嬉竹”、“都江堰风光”等。（整理：张晶明）

川剧服饰制作技艺

小档案

项目名称：川剧服饰制作技艺

2006 年入选成都市第一批非物质文化遗产名录。保护责任单位为长洲剧装场。现有市级代表性传承人古长周、彭紫玉。

川剧具有三百多年历史，服务于川剧演出的舞台服装和配饰也有三百多年历史了。川剧剧目丰富，人物服饰种类繁多。从帝王将相到贩夫走卒，从神人仙女到妖魔鬼怪，世上有的川剧有，世上没有的川剧也有。他们的服饰，贵者华丽夺目，贱者因人而施，种类琳琅满目，人物装扮千姿百态。川剧表演要达到戏谚所说“装龙像龙，装虎像虎”的目的，服装和配饰缺一不可，在川剧艺术中占有重要的地位。成都的川剧服饰工艺，可追溯到明末清初的纱帽街衣冠作坊，明亡清始，服饰更迭，明朝衣冠作坊纷纷改作川剧服饰，这些作坊最后成为川剧服饰专业制作作坊，使川剧服饰工艺得到极大的发展。

川剧服饰头帽展示

川剧服饰，它的制作工艺涵盖了蜀锦、蜀绣等多种技法，要经过数十道工序，一般要花三个月时间，才能做出一套戏服。川剧服饰制作的工艺技术细致繁复，手工工艺性强，成品精美，品种多样，是传统工艺中独具特色的特殊种类。川剧中，扮演帝王将相的演员衣着精致华美；小生身穿素长袍；旦角的服装则是水袖飘舞……每个川剧角色都有自己的服装，在川剧界有句俗语："宁穿破，不穿错。"就是说宁肯穿破戏服上台演戏，也不能将人物的服饰张冠李戴。川剧的人物繁多，服饰更是大有讲究，生、旦、净、末、丑，每个行当的服饰都大有门道。

川剧戏装有很多种，蟒袍、靠子、官衣、褶子等，都对应有相对固定角色，什么角色穿什么衣服，有严格讲究。剧团历来对戏装都有严格而细致的分类，有所谓的"大衣"柜和"二衣"柜。大衣，就是剧中帝王将相、娘娘嫔妃、内阁大臣等所穿的服装，有蟒袍、官衣、蓝衫等；二衣，就是剧中元帅大将、马步兵丁等所穿的服装，有铠甲、靠子、袍子等。演员在舞台上一亮相，身上的戏装就先透露了角色的身份、性格、情绪等。

川剧戏装样式有讲究，川剧服装色调上的选用也有不成文的规定：黄色多用于皇生，绿色多用于红生，白色多用于武生，黑色和蓝色多用于正生，黑色多用于净，红色常用于丑。若了解了川剧穿衣规定，人物一出场，其身份就可猜得到了。

川剧有一些特技，比如变脸、飞褶子、耍水袖、缠水发、耍翎子等，既靠演员的功夫，也靠戏装的制作。戏装制作得不好，这些特技也就不能很好地表演出来，这是川剧戏装的独特之处，也是其他剧种无法比拟的。例如川剧特技飞褶子，演员利用腰腿手脚的功夫，使用踢、顶、蹬等技巧让褶子两襟、两袖飞展自如，如果褶子用料不好，裁剪制作不精细，轻盈度和大小不合适，就会影响这个特技的表演效果。

川剧演出服装是以明代服饰样式为基础发展变化而来，通用于各类传统戏。为适应表演的需要，又有其独具的特色。袍服和小生褶子均无水袖，以内里所着长筒窄袖白布香汗衫伸出袍服和褶子数寸，覆盖指端，均为袖头子。小生褶子除领口外全不绣花（青褶子领口亦不绣花），开高衩，里、面均以柔软的绉、绸制作，便于演出时施展褶子功。排苏是川剧中独有的剧装，圆领对襟，身短袖大，袖下和衣边长穗成排，衣上绣金龙、云、鳞花纹，三国人物吕布专用。

川剧舞台的服装道具包括：头帽、服饰、靴鞋、砌末等，每种生产工艺各不相同。工艺技术细致繁复，手工工艺性强，成品精美，品种多样。

下面来介绍一下服装道具的生产工艺：

服饰：

画工：原大画服装式样和其图案花纹线描样，作为施工的蓝图。

刺绣：按纹样和色彩要求进行刺绣。

剪裁：扫纹样剪裁成各种部件。

成欿：将各部件组合缝纫，完成最后工序。

头帽：

刻纸板：用纸板刻成头帽部件平面原材料雏形。

烙形：用烙铁将纸板烙成所需要的立体形状，然后矾胶定型。

从搓纸到矾红土：主件定型后，经过搓纸、过糨、烫丝、褙皮纸再矾红土，完成整个硬头帽的母体。

头帽装饰组合：在母体上按所需用“老粉”挤绘出凸线花纹而后矾胶，再贴银箔、罩金、贴翠、扎绒球等，最后组装成头帽成品。

川剧服装分文戏装和武戏装：

文装如小生褶子、小旦褶子 、素衣褶子、天官衣、官衣、宫装 、裙袄、上天龙等。

武装如排苏（川剧独有）、男女靠子（铠甲）、龙箭、彩帘等。

蟒袍则是文武皆用。

头帽，从工艺角度讲，则有软、硬之分：

软帽有角角巾、学士巾、花圣巾、罗帽、抓子 、披披巾、蓝苏等。

硬帽有万卷书、耳不闻、凤冠、帅盔、女帅盔、冬帽、螺蛳盔、太监帽 、紫金冠、纱帽、硬王帽等。

靴鞋有皂靴、花靴、花打靴、夫子鞋、女打鞋、彩鞋、朝元鞋、麻草鞋、跷鞋等。

配饰有：满、三、扎、加嘴髯、一条龙、一块瓦（以上均为胡须样式）、水发、翎子 、靠旗、锁线、妆头、马鞭、文帚、网子等。

川剧服装在整个戏剧艺术史上别具一格，很有特色，被西方人誉为“迷人的华丽”与“色彩的调和”，能够造成“神话般的奇妙”效果。同时川剧服饰制作技艺也是传统工艺中独具特色的特殊种类，具有与川剧表演艺术相辉应的独特戏曲审美特征，在川剧艺术中占有缺一不可的重要地位，是川剧舞台人物的第一包装。川剧服装具有独特的艺术价值；具有中国传统服饰的历史价值；有广泛的社

1、2、3、4、5. 川剧服饰作品展示

会审美价值；有珍贵的传统手工技艺；有重要的传承价值。和与川剧表演艺术相辉映的独特戏曲审美特征。其中川剧褶子、排苏等在全国戏曲服饰中独具一格，图纹样式、刺绣工艺和制作工艺为四川所独有。

传承人简介

古长周，川剧服饰制作市级代表性传承人。出生于1959年，初中毕业后，随父母学艺，从事戏曲服饰工作至今。创办长洲剧装厂，长年为国际、国内重大艺术活动提供戏曲服饰。

彭紫玉，川剧服饰制作市级代表性传承人。1953年出生，师从王建成学习川剧服饰制作。继承民间传统，并不断创新，有较高的技艺造诣，目前在长洲剧装厂当技术指导，教授新人。

（整理：彭云思）

崇阳大曲酒酿造技艺

小档案

项目名称：崇阳大曲酒酿造技艺

2008 年入选成都市第二批非物质文化遗产名录，2011 年入选四川省第二批非物质文化遗产扩展项目名录。项目保护责任单位为成都市崇阳酒业有限责任公司。

我国自古善酿，是世界上最早掌握酿酒技术的国家之一。崇州酿酒历史源远流长，系中国传统白酒原酒生产基地，崇阳大曲是四川省其他香型酒——药香型白酒的代表。崇阳大曲技艺出于崇阳酒业的前身姚烧坊后传播于本市桤泉、王场、白头、隆兴、怀远及邻县大邑晋原、王泗等地。

崇州地属亚热带湿润气候区，山、丘、坝兼有，资源丰富，发展酿酒业具有得天独厚的条件，气候温和、五谷丰盛、水源甘洌，为酿酒提供了丰富的原料和良好的环境。境内集贤（姚林）、桤泉、道明、王场、济协、白头等十二乡镇，有丰厚的再积黄泥水稻土，质地黏重、保蓄力强，宜作窖池。水源丰富，清沏透明，含有多种微量元素，醇甜甘洌。本地及近邻大邑属优质煤产区，燃料充足，促进了崇州酿酒业的发展。成都是四川物流与消费中心城市，也是西南交通枢纽，为崇州酒向外发展提供了便利的交通条件。

崇州酿酒历史悠久，晋汉以前有间接资料可寻，唐宋以后有文献记载。作为中国传统白酒原酒生产基地，崇州早在唐代就久负盛名，杜甫游历蜀州（今崇州），

1. 泡粮
2. 蒸粮出甑
3. 配菌
4. 入窖发酵
5. 蒸馏

留有“蜀酒浓无敌”、“终思一酩酊”等诗句。南宋陆游任官此地留“逢春饮酒似甘醇，醉里千篇风雨速”的千古绝唱。晚清民国时期尤为兴盛，民国《崇庆县志·食货》载：民国初年“全县有烧房近百，酒灶百余”。

著名的姚林烧坊便是创于清咸丰年间，成名于清末民初。民国十年左右，在成都青石桥南街，崇庆、郫县、温江、灌县设纯记庄售酒，远销西康，人挑车推，马驮船运，不绝于途。姚林烧坊集历史酿酒精髓，誉满巴蜀，民谣称：“姚林酒，家家有，大堂衙门通官府……”今天的崇阳酒业，正是源于清光绪年间的姚林烧坊，原烧坊酒窖现列入成都市文物保护单位，是成都地区除水井坊遗址外唯一列入文物保护的酒窖。1952 年，以姚林烧坊为基础，并全县境内十八家烧坊成立崇庆县国营酒厂，即今天崇阳酒业前身。经过半个多世纪的发展，现资产上亿元，拥有一百多亩生态酿酒工业基地。凭姚林百余年窖池的优越条件，加以传统的工艺与现代科技的结合，酿制出了崇阳品牌，曾荣获中国优质酒和优质白酒精品称号。

崇阳大曲传统酿造技艺主要包括制曲和酿酒两个部分。曲为酒之魂，好曲酿美酒，洒曲是酿酒的重要材料。崇庆县的酒曲有米曲、砖曲、麦曲和麸曲四种，均由原料和中草药制作。酿酒部分需五个步骤：蒸煮糊化，包括煮酿和蒸粮；上厢糖化；装窖发酵（半年以上）；蒸馏接酒；停坛（三个月以上）。

崇阳大曲采用特殊砖曲生香，以小曲培菌，固态老窖发酵，按照传统工艺精心酿造，具有精彻明、入口醇香、醇甜适口、香味协调的特点。风格独特，全国少有。酒界泰斗秦含章诗赞“蓉城美酒乡，首都品崇阳，大曲同小曲，浓香兼药香”。

崇阳技艺经过几代人的传承，成为四川省其他香型酒——药香型白酒的代表，并为四川省白酒技术考评提供了依据和实物标样，于 1988 年被评为商业部优质产品，崇阳牌又被评定为四川老字号、四川省著名商标。

崇阳大曲传统酿造技艺是我国也是我省著名的传统特种手工技艺，该技艺由四川省崇阳酒业一直保留至今。但是，随着老工人及第二、三代技工相继退休，加上现在白酒业以浓香型为主，崇阳大曲传统酿造技艺在生产中的使用比重越来越小。为了使几千年的传统手工技艺得到保护，崇阳酒业已经专门成立了崇阳酒保护小组，并邀请有关酒业专家参与，共同挖掘、保护崇阳酒制作工艺。现建立了崇阳酒保护专项资金和崇阳酒制作培训基地，并加强人才培养和队伍建设，使这一非物质文化遗产得到传承。（整理：张晶明）

茉莉花茶传统窨制技艺

小档案

项目名称：茉莉花茶传统窨制技艺

2008 年入选成都市第二批非物质文化遗产名录。项目保护单位为成都市新津县文化馆。现有市级代表性传承人徐金华。

中国被称为“茶的故乡”，从第一棵茶树诞生起，中国人的生命就与茶的命运联系起来。我们讲究“品茶”，是因为我们饮的不仅是茶，更是一种艺术人生。一千多年来，中国人不仅在茶中品味到茶叶泡水的馥郁芳香，悦目于缱绻茶叶的舒展浮动，更从中窥视到了人生，感悟到了生命的真谛。

茶，在中国并不是个新鲜词。在博大的土地上，几乎每个片区都有自己特色的茶文化。无论是西南边陲云南古茶园的普洱茶，西湖一带的龙井茶，潇湘洞庭的碧螺春，东南沿海的安溪铁观音，还是大茶馆里小成都的“龙行十八式”，甚至是“非茶之茶”的广州凉茶等，都是我们中国博大精深的茶文化的经典演绎。

茶，它本是一片树叶。几千年前，它经由中国人的双手，从一种“解毒良药”变为一道可口宜人的饮品，它也一直是一种包容兼蓄的存在。在漫长的历史旅程

茉莉花茶

中，茶与药，与花，与人，不断地交集碰撞，在一次次枯萎之后，又重新绽放光芒，形成了现如今丰富璀璨的茶的艺术。

茶与花的结合诞生了一种独特的“花茶”。花茶不乏有文人墨客的喜爱。花茶的制作在南宋时就有记载，见于赵希鹄的《调燮类编》，但是有意识地大量制作花茶，出于明人，明初朱权在《茶谱》中记录了一种“熏香茶法”，说：“百花有香者皆可，当花盛开时，以纸糊竹笼两隔，上层置茶，下层置花，宜密封固，经宿开换花。如此数日，其茶自有香味可爱。”三份茶叶一份花，一层茶叶一层花相间，窨后取出待冷，焙干收用，所载花茶制法恰好与现代窨制方法相同。

用花窨茶，是明代徐渭创始的。清初文学家张岱，在其名著《陶庵梦忆》中有一篇《兰雪茶》的文章，谈及他自己开发茉莉花茶之事，其对茉莉花茶的喜爱可见一斑。

说到茉莉花茶我们不得不提四川新津。有话曰：“山不在高，有仙则名。水不在深，有茶则灵。”新津自西汉时就为“武阳买茶”所指之地，茶文化历史悠久。此地秀峰绵延，小桥流水，烟波人家，人杰地灵。又依山傍水，气候温暖，日照和雨量充足，土壤肥沃，优良的自然条件使新津成为了一个天然的“茶园”。自20世纪50年代起，新津开始大田种植茉莉花，用于窨制花茶，茉莉花成为新津的经济作物之一，因而有“茉莉花之乡”美誉。

新津的茉莉花茶，又叫徐公茶，有雅号“碧潭飘雪”的美名，以清香取胜。它的制作工艺采用传统的窨制法。

窨制茉莉花茶工艺极其讲究。“桶花”最宜窨茶，茶胚要采用明前烘青绿茶，茉莉花是伏天的新鲜茉莉花。择花去其青蒂，择之必精，濯之必洁，茶叶必须干燥，在洁净的瓷盆里，一层茶叶一层茉莉花相间覆盖，待盛满后盖严密封，使茶叶充分吸收茉莉花的香味，再下锅柴火烘制，翻铲注意使茶和花受热均匀，窨制茉莉花茶要把握好火候，及时起锅，稍加摊晾，让其自然冷却，达到“花不离茶，茶不离花”的效果。然后盛装密封，这样窨出的茉莉花茶香味更加芬芳馥郁，纯爽甘甜，回味悠长，被视为佳品。此之谓“一缕青韵绕，满口余香生”。

经由传统手工择花窨制的茉莉花茶，一般干花微黄，一经冲泡，返成白色。碧绿的茶叶在水底，干花变成了白色，一朵朵雪白的茉莉花飘在茶汤面上，闻其香，鲜香纯正；品其味，滋味纯爽。意境高妙，含英咀华，给人以美的享受。

其实，茉莉花茶的手工择花窨制，是成都的传统手工技艺，由来已久。手工

多雨雅
①

②

③

④

⑤

⑥

1. 茶艺展示
2. 起锅
3. 收花
4. 手工炒茶
5. 手工窨茶
6. 手工择花
7. 茉莉花
8. 茉莉花茶

择花窨制的茉莉花茶，馥郁芬芳，鲜灵持久，香气四溢。成都人大都喜爱。旧时，成都的茶叶店几乎全是自己烘制茉莉花茶，一些茶馆如“竞成园”、“华华茶厅”等也自窨茉莉花茶，满足茶客的需求，20世纪五六十年代，成都“三花”享誉全川。

如今新津茉莉花工艺传承人徐公一家更是将此种技艺发扬光大。承传手工择花技艺，以高山云雾细嫩茶芽与优质茉莉鲜花，精心窨制的高级茉莉花茶，受到文人雅士的喜爱，自有其独到之处：其一，选用原料别致，用名茶（绿茶）做花茶的原料，这种锦上添花的做法，是大胆的尝试；其二，茶的下花量恰到好处，窨制后的花茶，茶香中透露出花香；其三，原来的中国高级茉莉花茶，只闻花香不见花，而徐公继承四川择花窨制技艺，采用择瓣的茉莉鲜花窨制，窨制后的花茶，既能闻到花香，又能看到花形，一瓣瓣雪白的茉莉花瓣飘浮茶汤面上，甚是好看；其四，香气：鲜香纯正；汤色：黄绿清澈；滋味：纯爽回甘。省茶学专家刘以煌品后赞叹：“茶好，汤色好，很香，窨入骨了，这一传统的手工择花窨制技艺，几十年没有见了，现在市面上几乎无传统手工花茶供应了。”自古以来，文人墨客们留下了一篇篇关于茉莉花茶的佳话。这些咏传统手工花茶的诗词歌赋、茶歌、茶文学、茶画、茶联、茶谜、茶篆刻、茶电视，为我国文学书画史上增添了新的一页，为中国茶文化的发展和创新谱写了新的篇章。

手工择花窨制工艺是四川成都的一种传统手工技艺，它是成都的一枝独秀，植根于巴蜀茶文化，有着鲜明而独特的地域特色，具有独特的历史文化价值。从选茶胚到茉莉鲜花的采摘，择花的讲究，窨制的工艺，烘炒的火候，翻铲的速度，起锅的要领，道道工序都具有鲜明的民间传承性，蕴涵着丰富的科学、历史、文化、经济及社会价值。

其实，无论是种茶、采茶、制茶还是品茶，练的都是一种心境，就像新津茉莉花茶一样，闻起来香气浓烈，品起来却能回味悠长者为最佳。

传承人简介

徐金华，茉莉花茶传统窨制技艺市级代表性传承人。1937年出生。承传古法，继承了成都择花窨制技艺，创新发展，以高山云雾细嫩茶芽叶与优质茉莉鲜花为原料，采用传统择花工艺精心窨制而成茉莉花茶。有《茶联与茶文化》等一百八十多篇文章在省内外报刊上发表。出版《徐公茶品》、《青城山道茶》和《碧潭飘雪》三本著作。多次被邀参加国内、国际茶文化活动，并在一些研讨会上作专题演讲。现在，经常在新津家中以茶会国内外友人，并不定期地对中小学生进行茶文化培训。（整理：赵媛媛）

怀远三绝制作技艺

小档案

项目名称：怀远三绝制作技艺

2008 年入选成都市第二批非物质文化遗产名录，2009 年入选四川省第二批非物质文化遗产名录，项目保护责任单位为崇州市文化馆，项目传习所为崇州市怀远镇怀远小食合作店。现有省级代表性传承人唐君展。

怀远镇（俗称分州）即古汉原郡故地，历史悠久，据康熙州志《关梁》载：“崇地接壤吐蕃，唐时出没不常，设一关以御之，则怀远镇所由名也。”怀远镇是都江堰、崇州、大邑三地的交通枢纽，物产丰富，商业兴盛，素为较大的集散地。因物产气候、饮食习俗等因素，怀远镇的风味小吃，形成了自己的风格，乡谚云：“元通场穿着，怀远镇吃喝。”其影响之深远，可见一斑。众多风味小吃中以“怀远三绝”最为著名。

怀远三绝是指产于怀远镇的叶儿粑、冻糕、豆腐帘子三种小吃。怀远三绝历史悠久，自清末民初起便在成都平原地区广为流传，知名度甚高。产区主要以崇州市怀远镇为中心，辐射崇州市元通、街子等乡镇。

怀远三绝：叶儿粑、冻糕、豆腐帘子

叶儿粑，相传为北宋年间的一位宋姓老人所创，历经各代名家改进始有现代之工艺。怀远三绝之一的叶儿粑，在四川叶儿粑中独具风格，有“怀远三绝，叶儿粑最绝”的美称。据《怀远“三绝”的源流》一文记载：“清代末年，怀远文庙头王绍友的奶奶，把原民间在年关家家都要推的糯米馍馍（俗称菜卷子），搬到街上来卖。街边架一座篾背篼敷的炉子，一架蒸笼，一口大锅，两张案桌一横一顺，一张作为工作案板，一张供顾客就食。菜卷子白色，有的上撒红米（俗称珍珠粑），苏麻黄糖心子，很受欢迎。逢场日，炉子周围，顾客里外三层，拥挤不通。蒸笼一开，腾腾热气中伸着无数双手，递钱、接馍，笼里的馍一下就捡完了。这摊子，奶奶传父亲，父亲传儿子，到民国十年左右，不知怎的突然销声匿迹了。后来，出现了蒋三麻子和他大哥蒋步新经营的叶儿粑。他们的叶儿粑与人家户的不同，不粘叶、不粘牙、不粘筷子，吃多也不腻。原因是除了配料不同外，是采用的正宗淮口黄糖，所以味道特别好。”怀远的叶儿粑原是当地人常吃的“菜扁子馍馍”（也称“菜卷子”），后经怀远小食合作店的蒋氏兄弟改进、提高后，始称叶儿粑。

经过多年发展，叶儿粑的制作更加精细、配料更加考究。取洗净后的柑橘叶绿水，与按一定比例浸泡的糯米、大米、豌豆混合磨浆，滤干，加油捏成团状；馅用生熟肥瘦相兼的猪肉或白糖及其他天然香料配制，剁烂后制成甜咸两馅；将柑橘叶垫上入笼，旺火蒸熟即成。肉馅川、广两味兼而有之，甜馅多样，有玫瑰、豆沙、芝麻等。其色呈青黄，滋润清香爽口，馅多皮薄，不粘牙、不粘筷、不粘碗，人称“三不粘”。

冻糕，原称冻馍馍，系崇州市（崇庆县）新春佳节家家户户爱做的一种过年小吃。1932年，怀远镇的蒋仲豫自温江学习厨艺后回到家乡，以自己家中的冻馍馍为基础进行改良，开店经营，生意渐兴隆，后迁至崇庆县城，专营冻糕、叶儿粑。因姓蒋，排行老三，脸上有麻子，又称“蒋三麻子冻糕”。抗日战争期间，曾一度空运到南京，作为内政部次长张纯中诸要人大宴嘉宾时的佐餐而名噪一时。1955年，蒋仲豫又回到怀远镇，先后在怀远小食合作店和招待所工作近30年，冻糕也渐成一方名食。

新中国成立以前，冻糕一直是用储备的雪（冰）水泡米推成粉浆，冷发酵半个月左右，用蓼叶包着蒸成。由于一年中只有不到半年的时间有雪水，因此当时冻糕的产量不大。随着时代的进步，如今制作冻糕已不再受季节的限制。制作

1. 怀远三绝之叶儿粑
2、3、4. 制作叶儿粑
5. 怀远三绝之冻糕
6. 怀远三绝之豆腐帘子

冻糕的主要原料有大米、糯米、生猪板油、芝麻油、花生油和白砂糖。首先将大米泡涨，磨成细浆，再将糯米捞洗干净，入笼旱蒸至熟，出笼趁热倒入米浆中搅匀；然后储入缸中，经过发酵，加入香油、生猪油、红糖、芝麻搅匀；在笼内放入特制的长方形木格，垫上洗净、焯过水的玉米皮，舀入米浆，置旺火沸水上蒸约15分钟即成。冻糕造型美观，色呈微黄或纯白，油而不腻，泡而不散，入口化渣，香甜可口，堪称怀远第二绝。

豆腐帘子，始于清代，因豆腐皮上的细纱麻布印痕形似古时窗前所挂竹帘而得名。因受水土限制，豆腐帘子仅产于怀远镇方圆几公里一带，需采用四川优质黄豆和文井江特有的水质，用传统工艺制成，素有“植物蛋白人造鸡肉”之称。

《怀远“三绝”的源流》一文描述了清代怀远镇上，售卖豆腐帘子的场景：“清代末年，怀远的街上，偶尔可以看到一两位少年，提着一只竹篮，里面放半碗盐，一瓶辣椒水，半篮厚厚地切成斜块的油炸帘子，沿街叫卖。一些孩子用一两枚小钱去买一两块，在辣椒水里浸一下，蘸点盐，吃得津津有味。”在怀远，豆腐帘子是家庭加工业，不收徒弟。平时，妇女们来往串门，暗地里把加工程序看到眼里，回去后揣摩试验。经过若干次失败才能成功，成功后也不再外传。所以，不同的人经验不同，做出的豆腐帘子也各有优劣。20世纪20年代，文井街的杨玉安开始以做帘子来维持生活。他家生产的豆腐帘子筋丝好，有韧性，皮薄霉长，十分畅销，有“杨帘子”之称，甚至带动了当地其他居民以此为业。

豆腐帘子有霉、鲜两种。以优质大豆浸泡磨浆，煮熟后用细纱布滤渣存浆；使用文火熬煮，加适量盐卤，搅匀凝固；将浓缩后的豆浆注入无底木匣内，一层布、一层浆，待其滤干成型，拆去木匣，翻开细纱麻布即可。呈薄片型的称为“鲜帘子”；卷成筒状，摊凉后置木柜中令其自然生霉，表层布满雪绒似的霉衣称为“霉帘子”。

鲜帘子的薄片色白如玉，富有弹性，传统的烹饪方法是将鲜帘子和肥瘦相间的猪肉切成丝条，豆瓣剁细，用中火炒香豆瓣后，加入肉丝、鲜帘子、酱油、适量鲜汤，煮至入味，再勾入水淀粉，放适量花椒面即成。霉帘子亦可制作成各种不同的小吃，除了将筒形的霉帘子切成片块或用油锅炸脆外，还可用煮、烧、凉拌等多种方法食用。近年来，怀远人将豆腐帘子用食油炸酥，拌以芝麻、甜酱等香料，密封保存，半年后食用，色、香、味仍如鲜品。

怀远三绝，汲取灵秀的邛崃大山之气和甘甜的文井江之水孕育而成，为历代骚人墨客所称颂，现代成为广大消费者筵席、家宴的必备佳品。也是由于水质和气候的原因，同一主厨用同样的方式在其他地方却做不出这三绝。逾百年历史的怀远三绝，历经了家庭加工、小摊贩、合作社再到食品有限公司的不同形式，见证了时代的发展与进步，亦不断激发出新的活力。1990年，怀远三绝赴京献技，在亚运会期间，得到中央有关领导和世界友人的欢迎，充分显示了四川小吃在世界文化中的地位。

2010年，怀远小食合作店被评为第一批成都市非物质文化遗产项目传习所。传习所正在通过多种方式对怀远三绝进行传承与保护：组织一批民俗专家、四川餐饮学者对怀远三绝的传承方式、饮食习惯等资料进行整理、分析、归类、研究；收集和撰写怀远三绝艺人劳动、生活的文字资料，有关怀远三绝的流程、兴衰等情况以及制作怀远三绝的相关工具；对现有老艺人的音像资料，用先进的科技手段摄像并刻制成DVD光盘，永久保存；通过各种方式，定期与不定期地培训一批年青艺人。

传承人简介

唐君展，怀远三绝省级代表性传承人。出生于1946年，师从怀远三绝老艺人蒋仲豫、蒋步新兄弟。在学习父辈经验的基础上，唐君展对怀远三绝进行了深入研究，不断提高怀远三绝的质量。唐君展曾为崇州市怀远小食合作店经理，现与其女儿暨弟子唐映雪共同创办成都市唐君展食品有限公司，始终秉承“传承古老三绝技法，弘扬民俗小吃文化，奉献天然优质美味”的宗旨，对每一个产品负责。经过反复实践和论证，唐君展食品有限公司现已推出多种创新产品，包括艾草叶儿粑、棉花草叶儿粑、红高粱叶儿粑、玉米冻糕、黑米冻糕等，为怀远三绝注入新的生命活力。

（整理：周丽娜）

金鸡风筝扎制技艺

小档案

项目名称：金鸡风筝扎制技艺

2008年入选成都市第二批非物质文化遗产名录，2009年入选四川省第二批非物质文化遗产名录。项目保护责任单位为崇州市文化馆，项目传习所为崇州市文化馆。现有省级代表性传承人高加辉。

金鸡水陆村位于崇州市崇阳镇东外偏南，地处平原，下设22个村民小组，2980人。该村是中国最大的风筝制作基地，以技术精湛、种类繁多而闻名国内外，享有“风筝之乡”的美誉。

金鸡水陆村风筝制作历史悠久，至今已有三百多年的历史。早在清朝初年，水陆村就基本形成了“印风筝”、“高风筝”、“骆风筝”、“杨风筝”四大生产体系。基本分为三大类型：一类是以花鸟草虫为蓝本，比如龙头、蜈蚣、燕子、老鹰、蝴蝶、凤凰、蝙蝠等；一类以民间戏曲的人物、场景为构图内容，像白蛇传中的白娘娘、西游记中的孙悟空等；一类是以展示新时代风貌为主题的风筝，如“走向世界”、“全民健身”、“奥运系列”等。

水陆村村民不但精于做风筝，更喜欢放风筝。1999年9月，金鸡水陆村组队参加四川省第五届风筝比赛，荣获金牌5枚，银牌3枚，铜牌1枚，同时夺得了团体总

1. 高加辉老师和其制作的风筝

2、3. 生动形象的金鸡风筝

1

2

3

分第一名。从2003年开始，两年一度的“成都·崇州金鸡风筝节”成了四川风筝的盛会。四川省风筝比赛、全国风筝精英赛经常在此举行。首届风筝节邀请的山东潍坊风筝表演队带来300多种风筝与崇州金鸡风筝比赛放飞，在国内形成很大影响。此外，各类风筝制作交流和风筝有关的文化娱乐活动同期举行，极大地丰富了金鸡风筝文化的内涵。

金鸡水陆村的风筝是成都市著名的传统手工艺，但是现在的风筝制作已进入半现代化的机器生产，手工加工技术正在失传。针对这种情况，崇阳镇专门成立了金鸡风筝保护小组，由分管文化的领导具体负责。还邀请四川省美协、成都市美协、成都画院、成都市群众艺术馆参与协助，共同挖掘、保护金鸡风筝工艺；同时崇阳镇风筝协会等非企事业单位也参与其中，使其具有采取政府拨款，向社会、企业募集经费的方法，建立“金鸡风筝”专项资金。同时建立金鸡风筝培训基地，加强人才培养和队伍建设，使这一非物质文化遗产得到永久传承。2010年，崇州市文化馆被评为第一批成都市非物质文化遗产项目传习所。

金鸡水陆村现有1500余人、400多户人家从事专业风筝制作，占农村农户的二分之一。为适应市场竞争，他们不断改革工艺水平，现已生产出各类硬翅、软翅、直串、拍子等18种造型不同的风筝，其中“大、特、精”的“风筝新宠”——巨龙型风筝和丝绸风筝，深受风筝爱好者的青睐。该村每年生产各类型风筝约六百万只，除销往全国各省市外，还漂洋过海销往中国台湾、香港等地以及新加坡、马来西亚、印度等国家。

传承人简介

高加辉，金鸡风筝扎制技艺省级代表性传承人。1963年出生于 “高风筝”世家， 12岁起跟着父亲学习扎制风筝，全面掌握了 “高风筝”的扎制艺术。在继承的基础上不断创新，制作出大到百米的巨型风筝，小到巴掌的微型风筝。代表作品有“巨龙”、“蝴蝶”等，其中“巨龙”大约一百米长。2005年在王泗风筝节获放飞一等奖、2006年被评为成都市“十大放飞王”， 2000年全国风筝节获大型风筝一等奖、大型硬翅一等奖，2003年代表崇州在贵阳全国风筝节获一等奖。每年清明前后，应各社团、组织和个人邀请前往传授“高风筝”的扎制技艺和放飞技艺。

（整理：张晶明）

彭县肥酒酿造技艺

小档案

项目名称：彭县肥酒酿造技艺

2008年入选成都市第二批非物质文化遗产名录，2009年入选四川省第二批非物质文化遗产名录。保护责任单位是成都市彭州市文化馆。现有省级代表性传承人王永，市级代表性传承人吕乔斗、刘期贵。

彭州（1993年11月经国务院批准，彭县撤县，改名为彭州市）距成都三十多公里，自古以来盛产优质稻米，水质清甜、纯净，拥有得天独厚的自然资源和酿酒条件。《彭县志》记载：彭县肥酒，具有色泽青黄，醇香甜润，柔和上口，营养丰富等特点，在全国属独家生产。

彭县肥酒历史悠久，香飘古今。当地出土文物汉代画像砖上的制酒画像和战国时期的酒器“罍”的发现充分证明了早在三千多年前当地就有制酒的历史。大约在商周时期，其酿酒业就已初具规模。

清光绪年间彭县通济镇麻柳村胡氏烧酒作坊的主人胡在兴在成都见到一种宫廷御酒后受到启发，经过多年潜心摸索和实践以后，终于酿造出一种醇厚上口、

成品肥酒和制作原料之一绿豆

1. 彭县肥酒原料——猪板油
2. 彭县肥酒获奖情况
3. 传承人品酒
4. 百年窖池

甜润香浓的“肥酒”，时称“彭县肥酒”，一般人家只闻其名，不知其味。在此期间，肥酒酿造技艺也从彭县通济麻柳村传到当地其他地方。彭县肥酒的第二代传人是胡德成。新中国成立以后，当时的彭县酒厂根据流传的酿造秘方，以“天彭肥酒”的商标进行了肥酒的试产，因产量有限，仅限内部供应。1950年，全县城乡有大小酿酒作坊一百四十余处，产量达三四百万斤，除满足本县供应外，大部分外销。1951年，彭县专卖局成立，遂将两家酒厂改办为国营彭县酒厂。1953年，粮食实行统购统销后，各场镇私营作坊由自产自销改为加工生产。农村作坊，因无原料而歇业。1956年，各场镇私营作坊统一组成城关、太平、丽春三家公私合营酒厂。1958年，它们并入国营彭县酒厂，形成独家经营、限量生产的格局。国营彭县酒厂所产的“天彭窖酒”因保持传统工艺，在普通白酒中属上品。以中药材配方，用冰糖和生猪板油浸泡精制而成的肥酒在全国独一无二。

1971年，在彭县肥酒的第三代传人胡佑德的指导下，彭县酒厂开始正式生产肥酒并面向社会供应销售。1982年，彭县肥酒批量生产后，远销省内外，广受好评。1985年，被评为市优产品。

国营酒厂于2002年解体，肥酒的艺人们又把技艺带到了“酒溪老窖”、“彭州酒厂”、“天彭酒业”等少数酒厂，酿造有“龙门山肥酒”、“天彭肥酒”和“彭州肥酒”等品牌产品。现在，其生产主要集中在天彭酒业有限公司、彭州酒厂和成都酒溪老窖酒业有限公司等地。

彭县肥酒制作精良、优质纯正，具有一定的保健养生作用，与云南“杨林肥酒”有异曲同工之妙，深受人们喜爱。然而，彭县肥酒的酿造工序复杂，用料讲究，具有香气馥郁、清甜可口、清热润肺等功效，是食用和保健之佳品。其酿造技艺独特，酿造工艺中既有一般的酿酒技术，又有独特奇妙的秘方。酿造“肥酒”的原料有高粱、小麦、大米、糯米、玉米、麦曲、猪板油、绿豆、冰糖、中药材等。拌料时按照一定比例把各种材料配好，粉碎后放入麦曲，拌和均匀。发酵时，将拌和均匀的材料放入泥窖进行发酵，12周左右开窖。随后是蒸馏、摘酒的工艺流程：将发酵成熟的酒料放人蒸罐，采用分层分段的方式进行蒸馏取得原酒。酿酒师用深井泉水将中段原酒进行特殊处理，将其调到适当的浓度，将生猪油按一定方式处理后吊在陈酿原酒中保持一定的时间，对酒液进行醇化，使其口味醇厚丰满。然后将上等绿豆洗净晾干后放入酒坛中浸泡。绿豆有清热败火功效，能退去原酒的燥性并使酒液产生一种晶莹的淡绿色调。同样，柔化也是酿酒的重要步骤。按一定的比例，将优质冰糖放入酒中，减轻原酒的辛辣味，使其口味更加柔和。

使彭县肥酒独树一帜的工艺流程表现在：酿酒师们将精选的数味中药材装入布袋，悬挂于坛中的酒液之上，保持一定时间后取出，使酒液具有一定的保健作用并产生出特殊的复合香味。各种秘制材料加入后，将酒密封存放足够的时间，使其杂质散发，原酒老熟，质地纯正，醇香味浓。

当熟化的时间到了，就开坛出酒，运往各地销售。开坛时，酿酒师往往要吟唱酒谣。彭县肥酒酿造的每道工序要求严格细致，按规程和习俗操作。现在，彭县肥酒，有“彭州”牌的“百年肥酒”、“龙门山”牌的“中国红肥酒”、天彭牌的“天彭肥酒”等十余个品种。

彭县肥酒将古老的中医保健方式引入酿酒技艺，其酿制工艺既不同于一般传统的烤酒方法，又不同于一般意义上的药酒制作方法，其独特性和融合性在我国酿酒工艺中有着重要的价值。对酿酒工艺的保护、发掘和研究，对传统酒文化的继承、发展、传承和对彭州经济发展等方面都有重要的意义。

随着现代酿酒技术的不断发展以及各种类型的酒品不断出现，人们对酒的选择更加多样化，彭县肥酒遭受到很大的冲击。2008年“5·12”汶川大地震给彭州酒厂带来重大损失，在彭州人民自强不息的努力和社会各界的关心和支持下逐渐恢复生产，重现生机。彭州市政府也将对其独特酿造技艺进行全方位的保护。彭州市本着保护非物质文化遗产原则，对彭县肥酒生产和传承等方面存在的困难极大的关心和支持。注重老艺人的保护，关心他们的生活、身体；激发他们传、帮、带的积极性；鼓励他们培养传承人并积极收集、整理传统彭县肥酒酿酒资料，注重特色技艺的创新和开发新产品。

彭县肥酒酿造技艺是民间酒文化的一个载体，也是民俗文化的重要组成部分，它对当地百姓的生活习俗起着积极的潜移默化作用。它对研究川西地区民间技艺的文化内涵以及这些文化对当地百姓生活习俗所造成的影响也很有研究价值。彭县肥酒酿造技艺凝聚着众多民间传统工艺的精华，是千百年来历代酿酒人智慧的结晶。

传承人简介

王永，彭县肥酒酿造技艺省级代表性传承人。出生于1970年，大专文化，现任彭州市天彭酒业有限公司董事长，四川省白酒评委，师从酿酒老艺人王厚成学习肥酒制曲技艺以及肥酒酿造技艺。产品曾获得德国柏林食品博览会特别金奖、天府食品博览会金奖、四川省优质产品等等荣誉。主持研究“黄浆水酯化液”技术，将优质品率提高20%以上，被彭州市人民政府授予先进工作者称号。发表《论酸酯比例平衡与酒质的关系》、《论天彭特曲典型风格》等酿酒技术论文多篇。多年来，先后培养出多名肥酒技艺制作人员。

吕乔斗，彭县肥酒酿造技艺市级代表性传承人。出生于1971年， 18岁时在酿酒老艺人吕松儒（父亲）的指导下研究肥酒酿造技艺。后自已创业，开办了四川省成都酒溪老窖酒业有限公司，专业生产彭县肥酒。经过多年的研究和实践，在传统基础上有所创新，开发专利产品“龙门山”牌肥酒，有“中国红”系列45度和2008系列46度的多种酒品。

刘期贵，彭县肥酒酿造技艺市级代表性传承人。出生于1957年，师从酿酒老艺人刘述富（父亲）学习酿酒技艺。后自办酒厂，酿造曲酒和烧酒。其自办酒厂的产品工艺独特，土陶承储，自然老熟。所生产的酒时间越长品质越好，多次荣获彭州市人民政府知名品牌、消费者喜爱产品和满意产品等称号。（整理：陈阳）

古城棕编

小档案

项目名称：古城棕编

2008 年入选成都市第二批非物质文化遗产名录，项目保护责任单位为郫县文化馆。现有市级代表性传承人李天清。

古城镇坐落于郫县西部约十九公里处，地处川西平原，是天府之国的腹心集镇。相传三国时魏延屯兵于此，故古名为“马镇”，亦名“马街”，20世纪40年代初改称古城，北靠锦水河与彭州相望，东与新都接壤，西与唐元镇毗邻，南接三道堰镇。古城遗址出土的文物昭示着古城镇具有四千多年的文明历史，是一座实足的历史文化名镇。古城镇属亚热带季风湿润性气候，水源充沛、土地肥沃、气候温和，特别适合竹、棕树、水稻的生长。自宋代以来，即是成都平原有名的草编、棕编、竹编的三编之乡。

艺人制作棕编草帽

古城棕编历史悠久，相传在宋仁宗宝元年间，马街上场有一姓周的年轻姑娘，从小就好编织，喜女红，是马街远近闻名的巧手姑娘。在16岁那年，她无意将老屋背后的棕叶采下，并抽丝做编织材料，编了一些小动物，活灵活现、栩栩如生，很受小朋友的喜爱，于是附近的小姑娘们都向她讨教，纷纷仿效，古城综编工艺自此产生。一年后，周姑娘嫁到邻县，又把这项技艺带出了古城。从此以郫县古城为中心的棕编工艺便在郫县、崇宁县（后划归郫县）、灌县（现都江堰市）、彭县（现彭州市）、新繁（后划归新都县）、新都县（现新都区）等地广泛流传开来。

古城棕编后经南宋、元代，已经发展成一种规模的棕编艺术，有了严格的操作程序和考究的工艺，棕编品种已不仅仅是儿童们玩耍的小动物了，而是向生活领域发展，有了棕帽、棕鞋、果盒等棕编品种。古城棕编所需要的材料——棕叶，也要经过相应的工艺处理，除编织小动物外，不再使用生丝，而是将新采下来的嫩棕叶经过熏蒸、晾、晒、露、浸泡等工序后才作为古城综编材料使用。

到明朝，古城棕编工艺有了更大的发展，当时马街及周围乡镇家家设作坊，人人习棕编，成了远近闻名的棕编之乡。据传蜀王朱椿之子朱悦尊被分封到崇宁县当崇宁王时，到任那天经过郫县，听说古城的棕编用料精、技艺考究，编得大气，纹饰好，于是叫随行护送的郫县县令吩咐人去买了几件，带回崇宁县把玩之余，发觉古城棕编名不虚传，果然是好。于是又派人专门去买，并送给他时任蜀王的父亲朱椿。朱椿一听说是古城的棕编，心知是好东西，不敢独享其有，于是专门派人连夜赶送京城，进贡给他的父亲朱元璋。一时间古城棕编在京城引起强烈轰动，从此成为“四川草”的草编艺术古城民俗志上就有这样的记载：“古城自宋代以来，即是成都平原有名的草编、棕编、竹编的三编之乡。”县志上也有类似的记载：“早在宋代，棕编即在郫县古城、三道堰、圆觉等乡镇产生并发展，且逐步驰名川西。”

明以后直到民国初年，近300年间，古城棕编传统手工技艺日臻成熟，并逐步向周边地区发展，影响着成都乃至川西坝子的民间编织工艺的发展。古城、唐昌、三道堰、圆觉乡再一次成为成都平原的棕编之乡。

在历史上郫县棕编以古城棕编的编织最具特色和规模，自宋到民国900年间，掌握古城棕编这一传统手工技艺的不仅仅是心灵手巧的女性，就是看似笨拙的男性也普遍从业编织，并以此传统手工技艺养家糊口。

1、3. 传承人进行古城棕编
2. 棕编材料展示
4. 古城棕编遮阳帽雏形

古城棕编传统手工技艺传承到20世纪七八十年代，是它的又一个鼎盛时期。由于当时的农业生产力水平低下，一个全劳力的男性在一天的田间劳动所挣不过是一角二分，而一天的棕编劳作所获却能达到一元左右，这在当时是非常惊人和不可思议的。所以在那时，古城的棕编事业非常兴旺发达，男女同织同编已成为当时的一道生产风景线。80年代初期，古城曾经一度形成了一个古城棕编交易早市。早市开市一般是在早晨的两三点钟，收市在早晨五点左右。当时收购古城棕编的商家主要有新繁、彭县（彭州市）、灌县（都江堰市）、广汉、德阳等地以及一些省外的商家。每天赶市出售棕编的人，达三四百人，一天的成交额按当时的物价可达五六千元，古城棕编当时之兴旺可见一斑。

进入20世纪90年代，随着经济技术的发展和人们价值取向的改变，以传统手工技艺为主的古城棕编，由于从业人员的劳动付出与劳动所得逐渐成为反比关系，棕编传统手工技艺在古城逐步萎缩。目前主要集中在郫县古城镇指路村、马街村、古城村、水梨村、花牌村等地。

古城棕编是以棕叶为原料的一种民间传统编织技艺。所用棕叶在宋、元、明、清时代郫县多栽种，棕编材料也多取用本地棕叶。到清末民初，郫县棕树栽种逐渐萎缩，且品质下降，于是从灌县（今都江堰市）、彭县（今彭州市）、崇庆县、邛崃市等地采购材料。古城棕编选材较精，生产季节性强，以棕丝白嫩柔软、精美适用、色彩明快、能负重、不吸潮为上。人们多以春、秋二季棕叶生产提包、书包，夏季棕叶生产鞋、帽等。

经过几百年的发展，古城棕编产品从单一的儿童玩品到后来的生活用品，再到如今的工艺摆设品，形成了品种齐全的若干大类、几十个品种的棕编系列，主要有鞋、帽、提包、果盒、玩具、垫、扇、盘等大类。传统产品有棕鞋（凉鞋、拖鞋、槽耳鞋）、棕帽（凉帽、装饰帽）、棕叶书包（平口书包、梳脊背书包）、棕编提篮、棕编盘子、棕编花篮、花瓶和各种形状的棕扇等。古城棕编的用料比一般草编细密、轻便，不易受潮，其传统手工技艺主要有以下工序：

1. 棕叶采撷及处理

每年小满过后到立秋期间都是采摘棕叶的时候，但是以初春时节的棕叶品质最好，现在的古城棕编主要采用的是邛崃天台山一带的棕叶，这里棕树成片、成林，且生长好、无污染、品质高，最适宜做古城棕编的原材料。采摘棕叶要采摘那种没有散把的心叶部分，棕叶以把厚、叶长、青绿为佳。棕叶采摘一定要留足棕叶柄，这样处理棕叶方便且编制棕扇也离不开它。棕叶采摘后，棕编艺人用手扯下背经和肚经，然后用特制的工具——针、排针、刀将较宽的棕叶部分划割成均匀的细棕丝，经硫黄熏蒸、晾、晒、露、浸泡等工序，将棕叶制成洁白、柔软的棕丝备用。

2. 棕丝上色

棕丝上色是古城棕编对棕丝色彩上的要求，上色技艺主要有两种：

膏子上色技艺。古城棕编上色一般采用膏子上色。“膏子”是一种可以作为染料的矿物质或化合物，将其用酒调和后，放入大锅内烧煮，待膏水煮开后，将

经过抽丝、熏蒸、晾、晒、露、浸泡等制作后的棕丝放入膏水内一同蒸煮，将试色棍放入锅内以试色棍不上色为宜，此时将棕丝捞出经过冷却、冲洗、晾晒后待用。

麻柳树叶、茗筋泥上色技艺。古城棕编中有一种棕鞋需要用土灰姜黄色来装饰，但这种色彩是用一般的膏子上色法所不能解决的，它是古城棕编老艺人根据多年的实践、摸索、总结才掌握的一门上色绝技。这种上色技艺的材料是当地生长的麻柳树叶和茗筋泥，也可用不带油腥和杂质的新鲜瓮泥和秧脚泥等替代。方法是将采撷来的新鲜麻柳叶放入染锅内蒸煮，待水开后，将棕丝均匀地放入锅内，并有序地翻搅。另外将新挖来的茗筋泥放入染缸内加水搅匀，让茗筋泥全部均匀地稀释到水中后，再将同麻柳树叶一同蒸煮的棕丝捞出，随即放入稀释了的茗筋泥水中，浸泡三天三夜，捞出后再经过凉、晒、露程序，整个上色过程就算完成了。

3. 编织技艺

古城棕编传统手工技艺主要分穿、插、扣、拉、结等技法。在编织过程中为了使棕编成品紧密细致、富有质感、不断丝、不走型，在编织过程中除了掌握好手感外，还有一点就是要不停地给棕丝“打水”使其柔韧，避免棕丝在编织过程中断裂而影响整个棕编质量和美感。另外在密织形棕编中，棕编艺人还要使用一种赶针工具，将编织较疏的部分用赶针赶密、赶紧，这样编制的棕编给人一种致密、坚实的柔和感。

4. 棕编纹饰

古城棕编纹饰百样翻新，因物而异。

自然纹饰技艺。所谓自然纹饰技艺是指在棕编编织过程中通过编织构图、或实或空、或圆或方来得到纹饰效果的一种技艺。有单胡椒眼、双胡椒眼、鸦雀嘴、水波纹、人字型、耳朵花、九梅花、万字格、多色棕丝混编法等。

图案装饰纹饰。这种技艺是在棕编编织过程中通过用上色棕丝的穿插编织形成多种图案的一种纹饰技艺。其装饰图案有灯灯花及各式动物形象等。

挑绣纹饰法。这种纹饰法是古城棕编传统手工技艺独有的一种棕编纹饰技艺，是棕编老艺人以郫县挑花刺绣技艺为主体，结合古城棕编的特点创立的一种棕编纹饰法。通过使用这种技艺挑绣而成的棕编花形显示出编织匀称、色彩鲜艳逼真的特点，正反互相衬托，十分美观。

5. 胎、模制作技艺

胎、模是古城棕编中帽、盒、鞋、包等品种编织的规矩。棕编胎、模多按棕编设计要求进行制作，多采用木、纸、泥、铸铁等材料由专业匠人制成。

自宋朝产生并发展而来的古城棕编经近千年的传承，在今天看来自有它不可低估的价值。

古城棕编传统手工技艺同其他编织技艺一样不断地丰富和完善着我国编织技艺宝库，其纹饰的演变反映了成都地区人们审美情趣的历史演变过程，客观地记述着这一地区美学发展的历史脉络，是研究成都乃至川西平原地区编织工艺和手工业经济发展历史的重要物证。古城棕编最初作为生活用品，它的价值体现在取之于自然，回归于自然，无污染、无公害，完全天然的生活用品，在愈加重视生态文明的当代具有更加重要的意义。

传承人简介

李天清，古城棕编市级代表性传承人。出生于1956年，从小跟随母亲学习棕编技艺，得其真传。精通从棕叶的抽筋到染色、漂白、编织、成型等全套技能。在继承传统技法的同时，她还在实践中不断创新：采用野生植物为染色材料给棕叶染色、发明“打水法”、自制赶针工具。创新后的作品色彩鲜艳、环保生态、细密、柔和，柔韧性更强、更紧致。其作品包括棕帽、棕丝草鞋、棕拖鞋、棕凉鞋、棕丝鞋垫、棕编动物、果盒、手提包、棕扇等。已经成立了郫县棕茂手工艺品工作室，发展网络渠道进行销售。她长期免费组织“棕编”技能培训，目前授业已近千人。

（整理：周丽娜）

裘衣制作工艺

小档案
项目名称：裘衣制作工艺
2008 年入选成都市第二批非物质文化遗产名录，项目保护责任单位为成华区文化馆。现有市级代表性传承人陈朝明。

裘衣有着悠久的历史，在公元前16世纪的殷商甲骨文中就已出现了“裘”字。历代诗书中也有很多关于裘皮的记载，如《诗经•小雅•大东》中有“舟人之子，熊罴是裘”的记载；《论语•乡党》有“缁衣羔裘”之说；汉朝末年蔡文姬所作《胡笳十八拍》中还有“毛毡为裳兮”的词句。可见裘在我国古代服装中是占有一定

整理皮料

席位的。经历过渔猎生活，华夏子孙很早就学会了利用兽皮做衣料，中国传统的裘衣制作工艺早在三千多年前的商朝末期就形成了。商朝丞相比干是中国历史上最早发明熟皮制裘工艺的人，通过硝熟动物的毛皮来制作裘皮服装或帽子等裘皮制品以御寒，并有“集腋成裘”一说。我国北方的大部分地区便一直沿用了“裘皮”这种称呼，而比干也被后人奉为“中国裘皮的鼻祖”。

裘皮制作工艺在成都地区历史悠久。新中国成立前，在今成华区龙潭寺一带分布了一些裘衣制作手工作坊，由付又铭、罗利森等人开设，从事裘衣制作加工，前店后厂自产自销，维持生计，兴盛一时。

裘衣制作工艺是我国民族手工制作传统服饰技艺之一，该工艺以动物皮毛为基本原料，配以丝绸、棉布、锦缎、文尚各等辅助材料。制作过程中需要的主要器具有：铲刀、瓦缸、木板、压板、割皮刀、缝衣针、手工线等。整个生产制作过程有近30道工序，主要包括：

1. 生皮制作工序：生皮要经过铲皮、除油、草碱清洗、手工揉制、硝缸泡制、硝水发酵、米粉除臭、木板定型、手工除灰等工序制作成为熟皮。

2. 熟皮制作工序：首先选择适当制衣皮料，也就是俗称配皮；配皮以后进行除毛、梭刀、退刀等工序清除多余、有瑕疵的皮料；最后采用专用的皮刀进行皮料裁剪。

3. 辅料：一般选用棉布、丝绸、锦缎、文尚各等面料作为裘皮制品的辅料。根据皮料的规格，进行辅料的剪裁。

4. 裘衣缝制：裘衣缝制全采用手工缝合，缝线采用“双胡椒眼”交叉缝制。

裘衣成品要求达到有光泽、颜色协调，小心地触摸毛皮，能感觉底绒的柔软绵密，针毛光滑柔软，缝制要求拼缝平整、顺直、无折皱。纯手工制作是裘衣制作工艺最主要的特征，从皮料加工到最后的成品，近30道工序都是由裘衣制作艺人手工操作，工序繁琐，缺一不可。此外，从生皮加工成熟皮要采用复杂的除油、硝制、除臭等方法，所有指标并没有具体的量化标准，全凭制作者经验掌握。所以自古就有裘衣裁缝被称作“上等师傅”的说法，由此可见裘衣制作工艺的珍贵性。

过去制作裘衣原料通常为野生动物皮毛，随着社会的发展与观念的转变，如今都采用人工养殖的动物皮毛进行加工制造，如人工饲养的牧羊狗皮、羊皮、狐狸皮、兔皮等绿色天然的皮毛，这样既降低了制作成本，又符合动物保护原则。

1. 皮料裁剪
2. 手工缝合
3. 辅料裁剪
4. 生皮木板定型
5. 定型后的皮料

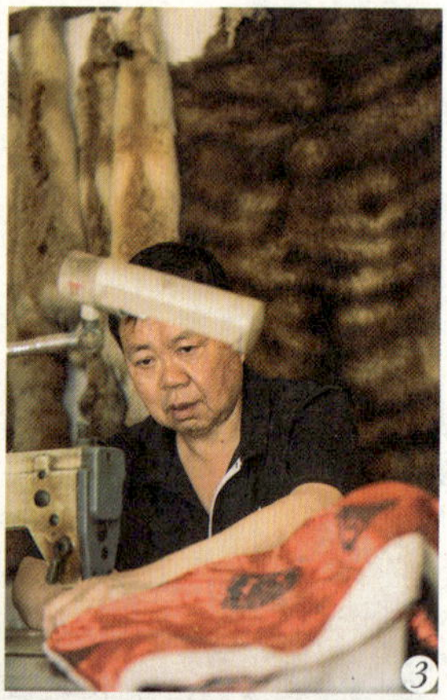

裘衣制作艺人为了使裘衣更贴身定型，不断改良缝制工艺。现在的裘衣缝线都采用“双胡椒眼”的交叉缝制。这样的缝制方法能使毛皮和面料充分结合，具有良好的定型效果。裘衣不仅具有良好的保暖功能，还有很好的去除风湿、湿气等功效。裘衣制品种类丰富，主要有裘皮大衣、裘皮棉袄、裘皮马夹、裘皮帽子、裘皮围巾、裘皮被褥等。

古人穿裘，开始是为一般生活所需，作为人类抵御严寒的工具，随着社会变革，裘衣渐渐成为上层人物专用衣着，其工艺价值和审美要素凸显，成为身份和财富的象征。清朝宫廷内曾用不同品类的裘皮来代表和区别官职的高低，以海龙为最高，之后按玄狐、水貂皮、羊羔皮等下排，给裘皮服装染上了政治色彩。除兽皮外，古代的裘衣还包括鸟类羽毛织成的服装，如青凤裘、集翠裘、凤毛裘、孔雀裘等等，这类裘衣是极名贵的珍稀之物。这种民间口传心授的纯手工活态制作工艺，承载着我国传统服饰文化的大量信息，其生皮制作、熟皮制作、辅料选择、“双胡椒眼”缝制针法等关键工艺，都蕴涵了大量的民间服饰生活文化的丰富内涵，具有重要的艺术价值。

裘衣制作工艺流程复杂，每道工序的细腻程度和要求之高，是其他制衣类生产难以比拟的。裘衣制作工艺是中国劳动人民长期的智慧结晶，是工业化流水线生产无法替代的。这项技艺是成都地区尚在传承的传统项目中并不多见的，在成都地区具有唯一性，是一份极其宝贵的历史遗产。

传承人简介

陈朝明，裘衣制作工艺市级代表性传承人。出生于1953年， 1979年从艺，师承裘衣制作老艺人罗利森，全面掌握了裘皮裘衣制作技艺的精髓。他缝制的裘衣全部采用手工缝合，缝线采用“双胡椒眼”交叉缝制。制成的裘衣成品有光泽，颜色协调，底绒柔软绵密，针毛光滑柔软，拼缝平整、顺直、无折皱。目前，陈朝明已收徒弟林百琼和左红玲。（整理：周丽娜）

汤长发麻饼制作技艺

小档案

项目名称：汤长发麻饼制作技艺

2008年入选成都市第二批非物质文化遗产名录，2009年入选四川省第二批非物质文化遗产名录。项目保护单位为崇州市文化馆，项目传习所为崇州市街子镇汤长发麻饼厂。现有省级代表性传承人皮仁远，市级代表性传承人汤克阳、汤晓梅、汤永强。

清代乾隆年间（1736−1799），经历了明末战乱的崇州市街子、三郎、西山、怀远及青城山一带的古刹庙宇，又在钟磬声中渐渐复苏起来。在清新脱俗的尘世之外，一时之间，僧侣芸芸，善男信女不断，梵唱之音不绝于耳。由于僧众戒食油荤，乾隆五十一年（1786），崇州市街子镇南场口头脑聪慧的乡民汤仕元成立了一家以制作素点心为主的手工作坊——长发祥号，制作出了一种麻饼，即后来享誉川西的名小吃汤长发麻饼。

汤长发麻饼产自成都市五大古镇之一的街子镇，西距成都50公里，地处青城山麓，坐落于凤栖山下。街子镇有千亩原始森林，山中深藏以光严禅院为中心的32座寺庙等古迹。唐朝“一瓢诗人”唐求故里、清代字库古塔在街子古镇交相辉

汤长发麻饼制作内景

映。汤长发麻饼厂位于街子古镇场镇内，一直是采用前店后厂的形式自产自销。

汤长发麻饼采用上等面粉、白糖、冰糖、菜油、芝麻等为原料，经制皮、制心、制油、制酥等特殊工艺程序后，制作成圆形，然后粘上芝麻，烘烤而成。火工精当，黄而不焦，皮酥心脆，香甜化渣。其产品全部采用手工操作，纯绿色清真食品，无化工添加剂，保鲜时间可达半年以上。

在继续传承老号汤长发麻饼制作配方的基础上，第七代传人皮仁远还根据祖传配方，研制开发出甜麻饼、椒盐麻饼、玫瑰麻饼、五仁麻饼（甜、咸）、黑芝麻饼、瓜仁麻饼、火腿麻饼、豆沙麻饼、牛肉松麻饼等等系列糕点。如今，汤长发麻饼声名远扬，先后获得国内多个食品金奖，如今已成为街子古镇名小吃的一道风景线。

汤长发麻饼创始人汤仕元在创立之初就曾立下配方密不外传的门规，之后的六代传人恪守祖训，只传儿媳不传儿女。1986年程氏突破祖训将制作配方传给儿子唐克勤和儿媳皮仁远，同他们一道恢复了汤长发麻饼的生产并继续沿用“长发祥号”的金字招牌。“长发祥号”寓意汤家长发财、长吉祥，这一美好寓意延续至今已有两百余年，其后人依然在其初始的念想和品质中体味着一种以饼为生的生活方式。

汤长发麻饼以酥、脆、香、松著称。两百多年以来，汤长发麻饼一直受到消费者的喜爱。20世纪40年代，汤长发麻饼被列为当时蜀州（今崇州市）四大名小吃（天主堂鸡肉、致华堂白雪糕、石观音板鸭和汤长发麻饼）之一。汤长发麻饼是川西地区素食点心的代表作，两百多年来一直是川西一带庙宇神龛上的供品，具有重要的文化价值。

崇州市街子镇汤长发麻饼厂自1978年成立以来，搜集和撰写了汤长发麻饼艺人劳动、生活的文字资料；收集有关汤长发麻饼的流程、兴衰等情况；收集制作汤麻饼的相关工具。通过各种方式，定期与不定期地培训一批年轻艺人。2010年，崇州市街子镇汤长发麻饼厂被评为第一批成都市非物质文化遗产项目传习所。

传承人简介

皮仁远，汤长发麻饼制作技艺省级代表性传承人。出生于1945年，师从老艺人程氏和汤克勤。她制作的麻饼以上等面粉、植物油、白糖、芝麻等为原料，经过制酥、制心、制皮等工艺，由纯手工制作成半成品，再由老式传统烧烤而成，

1. 汤长发麻饼制作工具

2、3、4、5、6. 汤长发麻饼制作过程

产品以酥、脆、香、松著称。制作的麻饼1990年获首届天府食品博览会金奖，1992年获成都名小吃奖，1995年获国家经委、国家科委成都市政府金奖，2008年被省商务厅认定为四川老字号。

汤克阳，汤长发麻饼制作技艺市级代表性传承人。出生于1942年，21岁起跟随老艺人汤小宇（祖父）和汤旭伊（父亲）学习。擅长简装汤麻饼、核桃心麻、纯芝麻麻饼、豆沙心软饼的制作。

汤晓梅，汤长发麻饼制作技艺市级代表性传承人。出生于1967年，1991年7月跟随父亲汤克俭学习汤麻饼的制作和销售。她制作的麻饼选料考究，产品皮薄、酥脆香甜，有五仁、玫瑰、瓜仁、豆沙、夹心糕、小黑酥、芝麻片等数十个新品种。产品已成功进入伊藤洋华堂、沃尔玛、成都红旗连锁等五十余家大型国际、国内连锁超市销售。

汤永强，汤长发麻饼制作技艺市级代表性传承人。自幼跟随祖父汤兴元、父亲汤克林学习，精通汤长发麻饼制作的各道工序和工艺。他制作的麻饼黄而不焦、皮酥心脆、香甜化渣，先后获得“中华名小吃”、“中国名点”等几十个荣誉。现正在向其侄子传授汤麻饼制作技艺。（整理：穆天钊）

温江酥糖制作技艺

小档案

项目名称：温江酥糖制作技艺

2008 年入选成都市第二批非物质文化遗产名录，项目保护责任单位为温江区文化馆。现有市级代表性传承人陈尚秋。

成都被称为“美食之都”，是因为这里不仅有名满天下的川菜，更有秀色可餐的小吃。说到成都的名小吃，很多来过成都的人都会津津乐道一番。在成都众多的名小吃中，有一种小吃深受人们喜爱，这就是温江酥糖。

温江酥糖问世已有三百余年的历史。据史料记载，温江酥糖创始人是明末温江县寿安乡著名糕点工人马敬山。他精通小糖技术，在吴家场经营“吉祥斋”京果铺，创制酥糖。因与后汉名将伏波将军马援同姓，故取名“伏波牌”酥糖。嗣后，吴家场李士奇开“魁成号”京果铺进行仿造，取名“老君牌”酥糖。这两个产品，分别在民国二十三年、三十二年的四川省劝业会上赢得“酥糖创始第一家”

手工制作现场

锦旗和地方产品金质奖，从此酥糖驰名，销路扩大。其后，鱼凫镇的“凤池轩”京果铺相继仿造。1956年，糖果业公私合营后，所产酥糖统一更名为“温江酥糖”，年产达十万余盒。1980年，温江县食品厂所产的酥糖，获省商业局优质产品奖。80年代后期，由于种种原因，温江酥糖规模化的生产基本停止，能完全掌握这种传统手工技艺的艺人因市场的不景气都纷纷停止了这门手艺。后经位于温江区和盛镇美味王酿造食品厂聘请艺人陈尚秋进行恢复生产，使得这一手工技艺得到了完整的传承和发展。

温江酥糖的传统制作技艺完全以手工制成，从选料到最终成形其产品和口感完全依靠制作艺人长期积累的经验来确定，包括材料的选择清洗、各种材料的配合比例、抖糖熬制、火候的掌握与温度的控制、切块成形、包装入盒等都是全手工过程，其中的任何一道工序都必须精心制作，不能有误，否则所产的酥糖品质和口感将受到严重影响，其制作具有不可复制的特点。

原料的选择必须由制作的师傅亲自掌握，如要选用颗粒饱满的白芝麻、优质的大米、糯米，上等的菜油、制作饴糖的优质小麦。

为保证酥糖特殊的品质和口感，饴糖必须由师傅亲自制作，将小麦发芽、发酵后酿制成麦芽糖，最后做成符合糖度要求的饴糖。选用颗粒饱满、色彩鲜泽的白芝麻去皮、炒脆后加白糖碾细，用马尾箩筛，筛下头子，又再碾再筛，反复多次，直至芝麻不能筛出头子。将粉碎后的粉末保温，师傅用手感来掌握粉末的温度使其温度控制在50℃−60℃以备用。

将白糖和饴糖按1：0.7的比例加菜油、清水熬炼，颜色加深到一定程度，温度在140℃−150℃（加饴糖的目的是为了使白糖不还原结晶，加菜油是为了保持酥糖成品的酥脆感，糖的色泽和温度全凭师傅的经验来掌握）且能拉出2厘米左右的糖丝时，就要马上起锅在案板上铺开散热冷却至60℃基本成形后，再经过手工反复拉扯（俗称抛光工艺）直至呈白色状，再切成小块熔化，最后在案板上摊开，用走锤将糖擀成薄片。然后和着芝麻面反复叠上几十下，每叠一次都要均匀加一次芝麻面，用手按一次，按得越薄越好，叠成花卷状。最后用手工将已成为花卷状的酥糖用木夹将其夹成一定形状，切片包装，酥糖才算制作成功了。

温江酥糖至清末创制以来，历经百年历史，具有香、甜、酥、脆、营养丰富的特点，在20世纪三四十年代主要分布于温江寿安、柳江和温江城关，形成了多家老字号店铺和多种产品，特别是其中的“伏波牌”、“老君牌”两个产品。因在民

1、2、3、4、5、6. 温江酥糖纯手工制作流程

国时期的四川省劝业会上赢得了“酥糖创始第一家”锦旗和地方名产品金质奖，从此温江酥糖驰名省内外，成为温江纯手工艺制作糖果的代表和温江人民馈赠亲朋的珍贵礼品。温江的酥糖作为一个有百年历史的名优土特产，能够让今天的人们品尝到其独特滋味，使其独一无二的制作工艺能够得以传承和发展，无不是一件对子孙后代有益的事。因此，将温江酥糖申报为市级非物质文化遗产，使政府和社会各界对这一项目进行政策性的扶持和保护，无疑对温江酥糖这一传统手工技艺的传承和发展都有十分重要的意义。

传承人简介

陈尚秋，温江酥糖制作技艺市级代表性传承人。出生于1960年，1974年从艺，师承老艺人肖碧琴。完整掌握熬糖、摊凉、拉白、筛选、叠压成形等环节的操作方法、制作工艺。制作的温江酥糖营养丰富、香甜酥脆、细腻化渣、酥不顶口、脆不觉硬，老少皆宜。目前已经带有冉孟春、刘秀华、吴德玉三个徒弟。

（整理：方雨馨）

花楸贡茶手工制作技艺

小档案
项目名称：花楸贡茶手工制作技艺
2008入选成都市第二批非物质文化遗产名录，项目保护责任单位为邛崃市文化馆。

邛崃花楸贡茶产于文君故里邛崃市，其历史可以追溯到秦汉时期，它曾经是四川大文人司马相如作赋的题材。据记载，当时邛州茶就与嘉州、雅州所产的茶叶齐集于中国最早的茶业市场——武阳(今彭山双江镇，与邛比邻)，又随着马帮的铃声而香飘九州。

花楸之茶，旧时也称火井茶，清人吴秋农记载："锅焙茶，产于邛崃火井漕，竹弱裹囊封，远至西藏，味最浓冽，能荡涤腥膻厚味，珍为上品。"吴氏饮后诗曰："临邛早春出锅焙，仿佛蒙山露芽翠。压膏入臼筑万木午，紫饼目团留古意，马驮车载千城空。性醇味厚解毒疠，此茶一出凡品空。"

鲜叶摊放

清朝长寿皇帝康熙，平生钟爱品茶。《邛崃县志》记载：有一年康熙曾经传旨天下，凡境内茶圃，均要立即将其出产的茶叶送京，以供朝廷品尝评比。这一年，包括四川蒙顶山在内的各地茶圃都积极奉旨贡茶，以求君王宠幸，邛崃花楸茶圃也急令州官刘建国携茶进京。中国历史上第一次由官方主办的茶叶评比活动拉开序幕，千百家茶圃精制美茶一碗碗奉至康熙和文武大员的面前。而直到花楸花茶沏上，康熙才龙颜大悦，连呼好茶，并当即御封邛崃花楸堰为“天下第一圃”。此后花楸茶年年上贡，誉美天下，号为“花楸贡茶”。其实，邛崃花楸茶作为贡茶，早在宋代就已见诸记载，《元封九域志》中更确指为：有火井茶场(今邛崃花楸堰地区)，邛州贡茶。造茶为饼二两，印龙凤形于上，饰及金箔，每八饼为一觔。但康熙御封花楸茶为“天下第一圃”，更加肯定了它在中国贡茶史上的突出地位。

到了20世纪三四十年代，军阀连年混战，抗日战争持久，外销困难，茶工制茶无利可图，弃茶务农，制茶业日趋萧条。新中国成立初，以互助合作形式组织生产，除仍使传统工艺制茶外，又使用木制揉茶机，推广制茶新工艺，试制茶叶新品种。“文化大革命”期间，虽片面强调“以粮为纲”，但传统制茶工艺以“师承”的形式，仍较完整地得以保存。进入80年代后，初期以手工作坊生产，小规模经营。1997年成立四川省花楸茶业有限公司。

花楸贡茶生产历史悠久，是传统手工制茶的典型代表，主要包括采摘、制作两大部分。采摘有严格的要求，有“八不采、两不带、三防、四做到、五及时”之说。八不采：即不采雨水叶、不采紫芽叶、不采病虫叶、不采焦边叶、不采对夹叶、不采不符合标准叶；两不带：不带鱼叶、鳞片；三防：防止太阳照射、防止堆积发热、防止机械损伤；四做到：轻采轻放、勤采勤放、手里不紧捏、筐内不紧压；五及时：及时运输、及时摊晾、及时散热、及时选出不合格芽叶、及时付制。同时因茶施技，合理编制工艺进行制造。制作工艺：即鲜叶摊放—杀青—快速冷却—初揉—解块—初烘—摊晾快速冷却—复揉—解块二炒—摊晾快速冷却—三揉—解块三炒—摊晾冷却—做形—毛火—足水—审评—成品包装。具体操作流程是：1. 鲜叶摊放：鲜叶摊放在清洁无异味的晒席内，厚2–3厘米，室内要通风透气；2. 杀青：在铁锅内进行，锅温140℃–150℃，投叶0.8–1.0斤，下锅后先闷炒，使茶叶快速升温到75℃以上，快速破坏酶活性，然后抖炒与闷炒结合，炒到叶质柔软、色泽变暗、青色消失、茶香发出时起锅，起锅后快速扇冷；3. 初揉：用双

1. 古式木制揉茶机
2. 手工揉捻成形
3. 鲜叶摊放
4. 炒制
5. 采茶

手在清洁无异味的簸箕内揉捻，两手心相对握住茶叶，虎口张开，双手用力往前推揉，解散砣块，然后辅以团揉，待茶叶基本成条时停揉，时间8-10分钟；4. 初烘：在竹焙笼内垫上烘布烘焙，热源用钢炭，先将烟头燃尽后才能烘茶，温度控制在90℃-100℃，适时翻动，均匀失水，烘到茶叶不粘手时下烘，摊凉冷却；5. 复揉：方法同初揉，待茶条紧细时停揉，揉捻时间为20-25分钟；6. 做形提毫：在铁锅内进行，锅温80℃-90℃，先高后低，先抖炒散失水分，待茶条含水量25%左右时做形，做形时两手心相对，将茶放手心中团揉，边团揉边抖散，反复操作，待茶条紧细卷曲显毫时起锅；7. 提香：在竹焙上进行，温度控制在70℃-80℃，勤翻动，动作要轻，待茶香浓郁时停烘。花楸贡茶采用的主要器具和设施为：1. 采茶：茶篮；2. 高温杀青、煽风散气：杀青灶、葵扇、铜盆及盆架、茶巾、大方扇、竹畚箕（大小各1）、杠炭、火钳、风箱、灰承、竹制炒手、水桶、勺、竹垫；3. 手工揉捻、重揉成形：揉台、筛子；4. 急火毛烘、摊凉煽：烘笼；5. 文火焙足、分筛簸片：筛簸、长方形木台。目前花楸贡茶的主要制品为：花楸贡茶、花楸御竹、花楸御露。

花楸贡茶历史悠久，茶文化底蕴深厚。长期以来，作为一种重要的文化载体，为茶文化的延续发挥了巨大的作用。由于花楸贡茶采摘时有“八不采”的要求，生产工艺流程复杂，每道工序的细腻程度和要求之高，是其他类同产品难以比拟的。这些生产技艺是中国劳动人民长期的智慧结晶，且难以为现代技术所替代。它蕴涵着丰富的科学技术基因，是一份极其宝贵的历史文化遗产。

邛崃市人民政府已将花楸贡茶手工制作工艺的保护列入重要议事日程，并成立了文化遗产保护领导小组，定期研究花楸贡茶保护工作的重大问题，坚持有形物质文化遗产保护与无形物质文化遗产保护并重的原则，加大对花楸贡茶手工制作工艺的保护力度。同时，利用现代化手段对花楸贡茶手工制作技艺进行真实、系统和全面的记录，建立了档案和数据库。全面了解和掌握了制作花楸贡茶的原料及其分布状况、生存环境、保护现状及存在问题，并建立天下第一圃、花楸山古茶树保护区。对花楸贡茶手工制作工艺采取奖励、资助扶持等方式，鼓励传承人进行传习活动，使花楸贡茶手工制作技艺得以继续传承。（整理：方雨馨）

平乐古法造纸技艺

小档案

项目名称：平乐古法造纸技艺

2008年入选成都市第二批非物质文化遗产名录。项目保护责任单位为邛崃市文化馆。曾有市级代表性传承人杨祚钦（去世）。

中国古代四大发明之一的造纸术，是推进人类文明发展的重要技术，已经传承了两千余年。蔡伦发明造纸术时，使用树皮、废麻为原材料，在经历了百余年的发展之后，从晋代开始，竹开始被作为一种新的造纸原料使用，中国的造纸术史也由此翻开了新的一页。

竹纸制作技艺发展经历了晋、唐及宋初的竹纸脆而易碎的低质量水平时期，不断改进技艺，最终达到了所制纸张让“工书者”也喜爱不已的高质量程度。竹纸从此大行于世，在产量上渐渐超过皮纸、麻纸，成为中国纸业的重要品种。在机器大生产出现之前的历史中，手工造纸技艺的世代传承是竹纸制造业延绵不断的前提。就竹纸制作技艺的产生时间来说，欧洲制造竹纸的最早时间为19世纪，

古法造纸现场

中国的竹纸制作技艺则比其早了千年，足可称得上是中国传统文化中历史悠久的手工技艺之一。

公元105年，蔡伦发明造纸后，造纸术就从河南向经济文化发达的其他地区传播。蔡伦被封为陕西洋县龙亭侯，造纸术就传到汉中地区并逐渐传向四川。四川地区因竹源丰富，故盛产竹纸。到了明代，用竹子造纸的技术已臻完善，到清代中期，手工造纸已相当发达，质量优秀，品种繁多。

平乐镇在宋代就已经以造纸“纸市尤大”闻名。据《邛州志》载，“成都草纸半平乐”，说明当时整个成都地区的纸一半都是产于平乐。平乐所产的草纸主要通过白沫江水路运抵邛崃临邛镇南河，一路从府南河进成都，一路经乐山出四川。

相传平乐的白沫江原名“白木江 ”，因两岸造纸加工作坊太多，往江中排放废水后，使江面布满白色泡沫而得名，足见平乐当时造纸业之发达。宋《元丰九域志》称：“平乐镇，濒河，水陆通道，市口繁富，纸市犹大。”平乐的手工造纸业直到新中国成立前期都十分兴盛，有篁锅上千口，年产纸约4万担（一担为40刀，1刀为100张），产品畅销省内外。现有芦沟明代造纸作坊遗址两处列入成都市、四川省级文物保护单位。

平乐的古法造纸技艺，无论是操作过程、用料，还是时间的掌握，都体现了千百年来中国竹纸制作技艺的经验与智慧，可以说是中国古代造纸术的活化石。明代宋应星的《天工开物•杀青》中，比较详细地记载了当时闽赣交界山区的山民造竹纸的整个过程，而平乐的古法造纸技艺则严格地承袭了这一制作流程。

工序一：浸料槌洗

“凡造竹纸，事出南方，而闽省独专其盛。当笋生之后，看视山窝深浅，其竹以将生枝叶者为上料。节届芒种，则登山砍伐。截断五七尺长，就于本山开塘一口，注水其中漂浸。恐塘水有涸时，则用竹枧通引，不断瀑流注入。浸至百日之外，加工槌洗，洗去粗壳与青皮（是名杀青）。其中竹穰形同苎麻样，用上好石灰化汁涂浆，入楻桶下煮，火以八日八夜为率。”

浸料：“选用将生枝叶的竹子，每节截断成五七尺长，放进料池，注水其中漂浸，浸至一百日以上，用天然微生物进行分解。”

槌洗：“洗去粗壳与青皮。其中竹穰形同苎麻样，用上好石灰汁涂浆，入篁桶下煮。”

工序二：篁锅煮竹

1、4. 造纸部分制作流程
2、3. 造纸制作工具

“凡煮竹，下锅用径四尺者，锅上泥与石灰捏弦，高阔如广中煮盐牢盆样，中可载水十余石。上盖锽桶，其围丈五尺，其径四尺余。盖定受煮，八日已足。歇火一日，揭锽取出竹麻，入清水漂塘之内洗净。其塘底面、四维皆用木板合缝砌完，以防泥污（造粗纸者，不须为此）。”

煮竹：将槌洗后的竹料放入篁桶，蒸煮8天，冷却1天后，取出竹麻，放入清水漂塘之内洗净。

工序三：磨碾制浆

“洗净，用柴灰浆过，再入釜中，其上按平，平铺稻草灰寸许。桶内水滚沸，即取出别桶之中，仍以灰汁淋下。倘水冷，烧滚再淋。如是十余日，自然臭烂。取出入臼受舂，舂至形同泥面，倾入槽内。”

舂料：将竹麻用柴灰浆过，放入釜中，其上按平，平铺稻草灰寸许。桶内水滚沸，即取出别桶之中，仍用灰汁淋下，若水冷，烧开再淋。十余天后，竹料自然臭烂。取出入臼受舂。舂至形同泥面，倒入槽内。

工序四：竹帘抄纸

“凡抄纸槽，上合方斗，尺寸阔狭，槽视帘，帘视纸。竹麻已成，槽内清水浸浮其面三寸许。入纸药水汁于其中（形同桃竹叶，方语无定名），则水干自成洁白。凡抄纸帘，用刮磨绝细竹丝编成。展卷张开时，下有纵横架框。两手持帘入水，荡起竹麻入于帘内。厚薄由人手法，轻荡则薄，重荡则厚。竹料浮帘之顷，水从四际淋下槽内。然后覆帘，落纸于板上，叠积千万张。数满则上以板压。俏绳入棍，如榨酒法，使水气净尽流干。然后以轻细铜镊逐张揭起焙干。凡焙纸先以土砖砌成夹巷，下以砖盖巷地面，数块以往，即空一砖。火薪从头穴烧发，火气从砖隙透巷外，砖尽热，湿纸逐张贴上焙干，揭起成帙。”

抄纸：将被打烂之竹料倒入水槽内，并以竹帘在水中荡料，竹料成为薄层附于竹帘上面，其余之水则由竹帘之四边流下槽内。

榨床：将帘反复经过，使湿纸落于板上，即成张纸。如此，重复荡料与覆帘步骤，使一张张的湿纸叠积上千张，然后上头加木板重压挤去大部分的水。

焙纸：将湿纸逐张扬起，并加以焙干。焙纸的设备是以土砖砌成夹巷，巷中生火，土砖温度上升之后，湿纸逐张贴上焙干。干燥后，揭起即得成纸。

从选料开始，完成腐料、打料、蒸煮、打浆、抄纸、晒纸等全部流程需要约三个月时间。由于手工造纸花费时间长，需要的劳动力多，产量低，水污染严重等原因，逐渐被机器造纸取代，曾经流行了上千年的造纸作坊逐渐冷清下来。

伴随平乐古法造纸技艺传承也衍生出了另外一种文化形式——竹麻号子。竹麻号子是平乐造纸工人生活的一个重要部分，造纸工们在繁重的劳动中常借号子来鼓舞干劲、统一节奏、抒发感情、消除疲劳。它是一种由号工领唱，众多工人帮腔、合唱的一种一领众和式的民间音乐形式，抒发着造纸劳作者的情怀。竹麻号子现已进入四川省第二批非物质文化遗产代表性项目名录。

造纸术是人类文明史上的杰出成就，它的发明与传播使文字载体的成本大幅度下降，使知识在平民中得以普及，极大地推动了人类社会、科技、经济的发展，促进了世界科学文化的传播和交流，深刻影响并推动了人类文明和世界历史的进程，在人类文明史上具有划时代的意义。平乐古法造纸技艺承载着厚重的历史内涵，不仅是竹纸制作的活化石，也为研究我国造纸文化的发展和变迁提供了重要依据。

传承人简介

杨祚饮（1942 年 8 月 -2014 年 5 月），平乐古法造纸市级代表性传承人。自小便随其父杨国伟、兄杨祚寿学习手工造纸技艺，熟练掌握选料、打浆的工艺流程。2009 年 6 月，参加《欢乐中国行——走进邛崃》栏目，让古法造纸技艺结合“竹麻号子”走上央视舞台。杨祚钦已将造纸技艺传授给两个儿子杨定涛和杨定书。

（整理：穆天钊）

编委会名单

主　　编：李丹阳　刘　洪

执行主编：郭德刚　龚　键

图片摄影（以姓氏笔画为序）：

于兴万　王　灵　王晓东　毛　蒂　甘　霖　朱大勇

任丽芳　向立民　全本宁　刘江友　刘晓跃　李　劲

李　勍　李振宁　李熙腾　李震宇　吴元成　吴玉斌

何　震　余震亚　闵昭渝　张　勇　罗成洋　周　勇

郑兴明　孟　无　赵万春　姜　曦　袁行娜　袁蓉荪

俸秋萍　倪　伟　徐　蓓　高明鑫　唐跃武　陶　冶

黄　莉　黄洪石　崔建蜀　崔晋川　康中明　彭宗林

蒋薇薇　鲜宗丽　熊志恒　樊大华　潘慧兴

·成都市非物质文化遗产丛书·

根·脉

成都市非物质文化遗产代表性项目名录图文集【第三卷】

成都市文化局　成都市非物质文化遗产保护中心　编

巴蜀书社

目录

第八章 传统技艺（下）

005 洛带响簧工艺
009 温江滴窝油酿造技艺
014 聚源竹雕
020 古城竹鸟笼制作技艺
024 唐场豆腐乳制作技艺
028 龙抄手传统制作技艺
032 陈麻婆豆腐制作技艺
037 赖汤圆传统制作技艺
041 耗子洞腌卤传统制作技艺
046 盘飧市腌卤传统制作技艺
050 钟水饺传统制作技艺
054 夫妻肺片传统制作技艺
058 邹鲢鱼传统制作技艺
061 秦川号羊肉汤制作技艺
063 传统金铜制作技艺
067 军屯锅魁制作技艺
070 蒲江米花糖制作技艺
073 蒲砚制作技艺
079 邛茶制作技艺
083 阴沉木雕刻技艺

第九章 传统医药 **091**

092 成都中药炮制技术
097 成都中医传统制剂方法
100 德仁堂中医中药文化
106 新繁传统药浴
109 何天祺传统中医药疗骨法
114 阴氏中医正骨法

第十章 民俗 **119**

120 都江堰放水节
126 望丛赛歌会
131 火牛阵
136 春分会
139 端午龙舟会
145 天彭牡丹花会
150 王泗风筝节
155 人日游草堂
159 成都灯会
165 固驿春台会
169 传统婚俗（川西传统婚俗）
174 传统婚俗（客家婚俗）
179 客家水龙节
182 达摩会
188 九斗碗习俗
194 成都鸣堂习俗

附 录　198

200　成都市人民政府关于公布成都市第一批市级非物质文化遗产名录的通知

201　成都市第一批市级非物质文化遗产名录

204　成都市人民政府关于公布成都市第二批市级非物质文化遗产名录的通知

205　成都市第二批市级非物质文化遗产名录

208　成都市人民政府关于公布成都市第三批市级非物质文化遗产名录的通知

209　成都市第三批市级非物质文化遗产名录

211　成都市人民政府关于公布成都市第四批市级非物质文化遗产名录的通知

212　成都市第四批非物质文化遗产代表性项目名录

后 记　214

洛带响簧工艺

小档案

项目名称：洛带响簧工艺

2008年入选成都市第二批非物质文化遗产名录。项目保护责任单位为龙泉驿区文化馆。

洛带镇位于龙泉驿区北面大约十公里的地方，坐落在龙泉山中段的三峨山麓。相传在汉代，就形成了街道，名叫“万景街”，当时的商贩聚集在这里，可谓车水马龙，繁华兴盛。三国时候，蜀汉丞相诸葛亮兴市，改名为“万福街”。全镇有86%以上都是客家移民的后裔，主要来自广东、江西、湖北、湖南等省。客家人上千年的悠久历史和多种文化相互交融，留下众多民间传说、历史故事、古老建筑、客家会馆等。洛带镇是中国历史文化名镇、中国民间文化之乡，也是中国西部最大且唯一的客家古镇，被世人称为“天下客家第一镇”、“世界的洛带、永远的客家”。

响簧，又称空竹，是我国民族文化苑中一朵灿烂的花朵。空竹，以竹木为材料，中空，因而得名。空竹在民间流行的地域很广，其叫法是五花八门，北方叫空竹，济南俗称“老牛”，江南一带和台湾叫“扯铃”或“扯陀螺”，在四川叫“响

响簧大赛

簧”，还叫“地铃”、“空钟”、“风葫芦”等。它可以用来消遣或健身，或结合杂技、民族舞蹈成为一种表演艺术。

抖空竹在我国可谓历史悠久，关于空竹的记载，最早见于北宋宣和年间，至今已有近千年的历史。据载，宋江见人玩胡敲，他有感而发并赋诗一首：“一声低了一声高，嘹亮声音透碧霄，空有许多雄气力，无人提挈漫徒劳。”明代刘侗、于奕正在《帝京景物略》中曰：“空钟者，刳木中空，旁口，荡以沥青。卓地如仰钟，而柄其上之平。另一线绕其柄，别一竹尺有孔，度其绳而抵格空钟。绳勒右却，竹勒左却。一勒，空钟轰而疾转。”到清代对空竹的记载更多，坐观老人在《清代野记》中记载：“京师儿童玩具，有所谓空钟者，即外省之地铃。两头以竹筒为之，中贯以柱，以绳拉之作声。唯京师之空钟，其形圆而扁，加一轴，贯两轮，其音较外省所制，清越而长。”清代《燕京岁时记》中记载：“空竹者，形如车轮，中有短轴，儿童以双杖系棉线播弄之。”又清代李若虹在《朝市丛载》中记曰：“抖空竹，每逢庙集，以绳抖响，抛起数丈之高，仍以绳承接，演习各样身段。”生动地记述了当时民间抖空竹的情景。

响簧最初为宫廷玩物，后传至民间并广为流行。特别在我国北方地区曾风靡于城乡百姓之中，成为家喻户晓的健身娱乐玩具。新中国成立后，特别是随着我国改革开放发展和小康社会的建设，人民的物质文化生活得到了极大提高，对于文化品位的提升和强身健体也有了更高要求，抖空竹作为一项古老而又年轻的体育活动又焕发了青春活力。

响簧是三百年前洛带客家人从闽粤赣带过来的融民俗和娱乐于一体的健身运动，是洛带古镇春节活动中重要的一项娱乐活动。旧时，农村里过春节，许多平时生产劳作的农民就手工制作响簧，城里卖响簧的大多是农民。春节前后，在街头巷尾一站，无需吆喝，只要将响簧一扯，“嗡嗡”之声便是最好的广告。响簧价钱高低一般以门（长条形短缝）的多少和大小决定的，几分至一两角钱一道门，门多、形大价则高，反之则低。“烧锅的老婆喊买黄糖，调皮的娃娃要买响簧”，响簧是小孩儿最钟爱的年货，娃娃们扯响簧兴致很高，扯得好的娃娃可要很多花样，什么抛挂、抛天挂、地转转、弹棉花、放地老鼠等，往往引得不少群众围观。除响簧外，提簧和拉簧均为竹筒做成。响簧、提簧、拉簧发出的“嗡嗡”声给过年增加了浓浓的节日气氛。响簧代表家庭有声有望，在洛带东山客家老人的印象中，再没钱，响簧要拉起。

1、3．洛带响簧制作现场及所用的工具和材料
2. 各式各样的成品洛带响簧
4. 2006 年四川“客家火龙节”之响簧比赛

响簧是由木头车成直径6–10厘米、厚度1–2厘米的圆盘，中间打孔斗以一木长条圆锥做成。圆盘外边刻有几道风门（一般为5–8道），扯的挂子为两头拴以棉线的两根约50厘米长的细竹竿。扯的时候，两手握竿，把响簧放在地上，将竹竿一头的线绕上两圈，向上一提，松一圈线，响簧便转了起来，旋转达到一定速度时，就发出悦耳动听的声音，声音最大方圆几里都能听见。

响簧分为单轮（木轴一端为圆盘）和双轮（木轴两端各有一圆盘）。双轮响簧比单轮响簧容易操作。圆盘四周的哨口以一个大哨口为低音孔，若干小哨口为高音孔，以各圆盘哨口的数量而分为双响、四响、六响，甚至三十六响。拽拉抖动时，各哨同时发音，高亢雄浑，声入云表。

学习扯响簧，须先从扯双头响簧学起，然后再学扯单头响簧。掌握基本功之后，再增加难度做花样招式。只要肯于钻研，勤练不辍，必有收益。不仅可以做到抖、捞自如，而且还可以达到手、眼、身、法、步中规中矩，挑、扔、背、跨、盘身手不凡，成为扯响簧的高手。扯响簧关键是要胆大心细、身手敏捷和手快眼准。只要勤学苦练，人人都能成高手。

扯响簧是一项集娱乐性、游戏性、健身性、竞技性、表演性为一体的民间体育项目，具有民族传统体育性质。响簧价格低廉，易于学练，也不受场地限制。

响簧扯起来嗡嗡作响如牛鸣，十分悦耳，同时还能做出很多花样招式，具有很强的技巧性和观赏性，故而使不少群众乐此不疲。从众多响簧玩家的观点看，响簧的健身功效至少有四条：一是全身运动，促进全身的协调能力；二是矫正视力，预防老年痴呆症；三是对心血管及呼吸系统具有保健作用；四是对人体消化系统具有积极影响。

从民俗的角度说，扯响簧是一种公众行为和市民自发行为，在市民中具有认同、沟通和凝聚作用。扯响簧是个人才能和自身潜能的外在显现，抖得好的人受人尊敬，得到普遍认同；在双人、多人合作项目以及响簧爱好者的切磋交流中，活动参与者通过言语的交流和动作的配合形成沟通与默契。对于一个社区来说，当响簧成为多数市民的共同兴趣爱好时，其必然成为区域内人民群众情感维系的载体，是地区和谐与社会稳定的一种象征。扯响簧是洛带东山客家人春节习俗的重要组成部分，对于他们来说，不扯响簧，等于没有过年。

随着社会的发展，各种新式娱乐的兴起，东山近五十余万客家人中，现在只有一些老年人会扯响簧，这项运动在年轻人中间丧失了市场。为了让更多的年轻人热爱拉响簧，洛带的五所学校开展了拉响簧体育教育，不仅如此，各家的家长就是最好的辅导老师，政府组织"学校响簧竞技大赛"，鼓励学生远离网络游戏厅，学习老一辈的民族体育技能。孩子们就在这嗡嗡声中，游戏着、锻炼着，传承着民族体育文化。为了保护和传承响簧文化，2006年洛带古镇举行了四川客家响簧大赛，以乡镇为单位，上千人挤满了古镇小街，大赛包括响簧接力赛、花样响簧赛、定位响簧赛。大赛还创下了一项世界之最：476名中老年人在古街同时舞动响簧，强大的嗡鸣声波就如同一架架飞机从比赛上空飞过，场面十分壮观。

（整理：秦羽）

温江滴窝油酿造技艺

小档案

项目名称：温江滴窝油酿造技艺

2010年入选成都市第三批非物质文化遗产名录。保护责任单位是温江区食品技术协会。现有市级代表性传承人夏成祥。

公元前的《急就篇》一书最早记载了"酱来自于发酵的大豆和面粉"。北魏贾思勰《齐民要术》卷八详细介绍了制作酱的方法。早在三千多年前，周朝就有制酱的记载。酱油由"酱"演变而来。

中国发明酱油的酿造起源于中国古代皇帝御用的调味品。这种调味品由鲜肉腌制而成，因风味绝佳渐渐流传到民间。后来，人们发现用大豆为主要原料制作出的口味与之相似且价格便宜，因此将其广为流传。宋朝时，人们将加工酱和豉混合后制作的各种酱汁称为酱油，并作为调味品开始在中国的饮食中普及。南宋吴自牧在《梦粱录》中曾写道：人家不可缺者，柴米油盐酱醋茶。开门七件事，"酱"居其一。时至清代，酱油的使用远超过酱。

温江滴窝油制作之日晒夜露

如今，酱油是中国各大菜系中不可或缺的传统调味品。酱油用豆、麦、麸皮等作为原料，经多个程序酿制而成。它咸、鲜、香，既能增加和改善菜肴的味道，还能增添或改变菜肴的色泽。红褐色的酱油，独特的酱香，滋味鲜美，有助于促进食欲。

我国早期的酱油酿造技术，往往代代相传或由一派师傅传授下去，形成某一方式的酿造法。温江的酿造技艺即是其中之一。

温江位于成都平原腹地，地势平坦，河网纵横，物产丰富，自古就有“金温江”的美誉。温江是中国历史上著名的调味品产地，也是我国最早生产酱油的地区之一。温江酱油，又称“窝油”或“温江白酱油”，是温江的特产，它与“酥糖”、“肥儿粉”并称为“温江三绝”。

温江滴窝油独特的酿造技艺与其所处的地理、水源、气候特质紧密相连。这得天独厚的环境优势使滴窝油的酿造具有不可复制性，是温江地理标志保护产品。温江滴窝油酿造完全采用古法传统工艺，从选料到出品包括几十道工序，复杂而考究。

温江滴窝油工艺独特，具体表现在选料、制作等各个环节。滴窝油选料精良，坚持选用上等优质黄豆、小麦、碘盐等。每一颗豆，每一粒小麦都经过层层筛选，原料颗粒饱满、质量上乘。酱油的鲜味和营养价值取决于氨基酸态氮含量，其高低作为酱油等级衡量的标准具有很大的意义。氨基酸态氮越高，酱油的等级就越高，品质也越好。温江滴窝油氨基酸态氮大或等于0.8g/100ml，因此酿造出的滴窝油每100毫升的蛋白质含量可达18%。酿造使用岷江上游无污染水源，洗净原料，经过浸泡等预处理的步骤后，经研磨、蒸煮、出料、制曲等程序，经5–8个月日晒夜露，充分采日月之精华，集大地雨露之滋润的天然发酵，促成微生物酶活力的分解，制成酱胚并装入特制酱缸，其后让原汁点滴而出，流入窝内。在特殊的容器里，成熟的酱胚遇冷回润产生的汁液顺缝滴入窝内，经过用泵抽取酱汁于酱胚表面进行浇淋，再经过循环套淋，实现均匀发酵逐步浓缩，最后形成滴窝油。

大自然就像一位技艺高超的魔术师，用阳光、空气、风霜、雨露为道具，让豆、麦享受着一段奇幻之旅。整个微妙的生物化学变化暗藏玄机，酱园经过多年连续不断的生产，自然形成了多种有益的微生物菌类，为天然有益多菌种制曲发酵提供了独特的条件。鲜味、甜味、脂香与盐水的咸味相混合，使整个酱园弥漫

1、2、3、4. 温江滴窝油制作现场

着阵阵酱香。

温江滴窝油属于高盐稀态特级烹调酱油，具有色泽红亮、酱香浓郁、脂香扑鼻、挂碗不沾碗、久储不变质的特点。滴窝油除含有人体必需的蛋白质、碳水化合物、钠和B族维生素等多种营养物质和微量元素外，还可开胃健脾，有效维持机体生理平衡。由此可见，滴窝油不但色、香、味浑然一体，而且营养丰富，是人们烹饪的优质作料。

温江滴窝油历史悠久。据记载：清乾隆年间，江西金溪县人郑豫昭和彭永年迁到温江城关，开办“铨盛号”和“海天春号”酱园。酱园在此基础上创立并逐步发展，开启了温江生产调味品的历史。

民国时期，温江酱园业逐步发展，多家酱园相继开业。酱园产品增多，主要产品有酱油、麸醋、豆豉、豆瓣、甜面酱等。特别是在抗日战争时，入川的外省人士食用滴窝油烹制的菜肴后对其赞不绝口，更使其名传四方。

1954−1958年间，当时名为寿安乡酱园和柳江酱园的两所酱园相继改名为寿安食品厂和柳江食品厂，由供销社经营。食品厂除按传统工艺酿造滴窝油外，同时还生产各类调味品。

2000年，原柳江食品厂进行企业改制后成立美味王酿造食品厂。食品厂凭借精湛的纯手工酿造技艺、优质的产品、良好的信用和优良的服务与多家企业建立了长期的合作关系。

为了重塑温江滴窝油这一地方特色产品，把它打造成温江的一张名片，美味王酿造食品厂在恪守传统工艺技术的前提下，不断进行产品研发升级，提高滴窝油的品质并努力扩大生产规模。根据广大消费者居家食用以及馈赠亲友的需求，食品厂分别推出了普通瓶装和礼品盒包装的产品，使琼浆玉液般的佳酿酱油能呈现在老百姓的餐桌上，为家常便饭增色添味，让家乡的老味道历久弥新。

温江滴窝油是酱油中的极品。由于选料严格、酿造周期长且全凭师傅多年积累的经验，对酿制过程中每个环节的熟练、准确的把握，这一特殊性使得滴窝油产量严重受限。因而，怎样在保持传统酿造技艺的基础上从作坊式生产过渡到现代化运作是滴窝油面临的问题之一。在结合运用传统工艺的基础上，引进现代技术和先进设备来生产产品，目的就是在既保留固有风味的同时，又能提升滴窝油的产量与质量。在追求利益和效率的今天，对食物作料制作的传承，是对味觉技艺密码的传承，也是对祖先智慧的最好继承。

2013年，温江滴窝油被国家质监总局批准为地理标志产品（以温江滴窝油的生产工艺为背景申报）。通过近年来对温江滴窝油的推广，温江滴窝油的品牌形象在成都及周边地区老百姓的心中不断提升，销售也随之大幅度提升。温江滴窝油在市场中逐步重新赢得了声誉。一代代的酿造师傅日复一日的辛勤付出，孜孜不倦的追求都是为了让温江滴窝油品牌走遍四川、走向全国。

更重要的是：这久违了的浓浓滋味将重归更多市民的餐桌上，让记忆中的回味更加悠长。

传承人简介

夏成祥，温江滴窝油酿造技艺市级代表性传承人。出生于1950年，师从滴窝油酿造大师王树山。1971年10月在国营温江食品厂工作，2002年至今在温江美味王酿造食品厂一直从事温江滴窝油酿造工作。夏成祥完整掌握全套传统酿造技艺，精通每一个制作环节和工艺。所制作的产品色泽光亮、酱香浓郁、脂香扑鼻、营养丰富，深受消费者喜欢。目前，已将技艺传授给冉光涛、陈金云、刘朝刚等徒弟。

（整理：陈阳）

聚源竹雕

小档案

项目名称：聚源竹雕

2010 年入选成都市第三批非物质文化遗产名录，2011 年入选四川省第三批非物质文化遗产名录。项目保护单位为都江堰市文化馆，项目传习所为聚源工艺竹雕合作社。现有市级代表性传承人高尚远。

我国是世界上竹类资源最为丰富、竹林面积最大、开发利用竹资源最早的国家之一，素有"竹子王国"之称。竹子因青翠挺拔、奇姿出众、凌霜傲雪、四时长茂而受到人们的称颂。人们赋予它心虚节坚、坚忍不拔、风度潇洒的"君子"美誉，视其有坚毅、正直、谦虚、廉洁的特性。尤其竹子中空有节，被视为高风亮节之象征，文人常以竹的宁折不弯而自喻清高。苏轼有诗云："宁可食无肉，不可居无竹。"喜竹、爱竹成为一种风俗，文人居竹、画竹、写竹、玩竹，与竹长年厮守，竹雕器件也为文房雅玩中不可缺少的品种。

竹雕是指以竹根或竹茎为材料雕刻而成的各种陈设摆件，或在竹制的器物上雕刻装饰图案和文字。学术和考古界一直认为，远在纸墨笔砚发明之前，先民们已经会在竹子上刻字记事了，这种最原始的竹雕甚至先于甲骨文。

艺人在笔筒上进行纹饰雕刻

竹雕成为一种艺术是从六朝（公元229—589年）开始的，直至唐代才逐渐为人们所识并取得了长足的发展。但竹雕艺术真正繁盛起来是在明清时期，此时绘画艺术融入竹雕艺术之中，山水、花鸟、书法成为竹雕艺人常用的题材，大量的文房用具，如笔筒、笔洗、镇纸、香筒、臂格等采用竹材雕制。此外还出现了供欣赏把玩的摆件，如人物雕像、小型楼阁、如意、壁挂等。主要的竹雕流派有金陵派、嘉定派、蜀派等。

聚源竹雕因其所在地为都江堰市聚源镇而得名，是我国西南地区现存的竹雕主要流派之一。都江堰市及川西地区种植和使用竹子的历史十分悠久。早在秦汉以前，都江堰地区就有用竹子作为生产、生活资料的实例，如我国五大名桥之一的竹索桥安澜索桥（古称笮桥）；建于秦代的都江堰水利工程大量使用竹芭、竹席、竹笼、竹索建堰。到唐代，具有工艺品性质的竹雕用品如竹扇、竹笔筒就已普遍使用。聚源竹雕承自蜀派竹雕，蜀派竹雕于明末清初渐具雏形，清晚期至民国初年达到巅峰状态，现存世的大部分竹雕精品都完成于这一时期。蜀派竹雕构图讲究，刀法细腻，以浅浮雕、深浮雕、透雕和鎏青雕为主，同时还吸收了金陵派、嘉定派竹雕大师朱三松、吴之播等人独创的刀法和工艺技巧，作品包括摆件、挂件、炉瓶、笔筒、鸟笼等。

1938年抗日战争开始至20世纪70年代期间，蜀派竹雕艺术在都江堰地区濒临失传和湮灭。1980年后，以聚源镇高尚远先生为首的竹雕艺人，潜心发掘和恢复蜀派竹雕工艺。通过近三十年的不懈努力，不但全面继承和恢复了蜀派竹雕的传统工艺，而且在绘画构图、雕刻刀法上融会了新的内容。聚源竹雕巧妙结合了传统蜀派竹雕与牙雕、玉雕、木雕等雕刻技艺，还推出了许多创新性的竹雕艺术精品。

聚源竹雕以小件为主，可分为鸟笼系列、茶具系列、文房系列、摆件系列、挂件系列等百余种。制作竹雕的工具主要有圆口刀、斜口刀、平口刀、三角刀、四楞刀等几十种刀具。聚源竹雕的制作主要分为备料和制作两大部分。

一、备料。主要有以下主要内容：

1. 烘烤：选择生长期五年以上的斑竹、楠竹、荆竹，砍伐后经过一段时间的烟熏火烤使之定型。

2. 露竹：将竹子放在自然环境中接受自然氧化和热胀冷缩增加竹子的稳定性。

1. 竹雕笔筒成品
2. 高笔（茶叶）筒成品
3. 竹雕臂格
4. 嵌象牙二层鸟笼
5. 竹雕鸟笼局部图纹
6. 竹半雕画眉笼

6

3. 晒竹：将竹子放在太阳下晒，晒到呈嫩黄色。

4. 防虫处理：用石灰浸泡，使其消毒、杀菌。

5. 烟熏：将处理好的竹子放在梁上让煮饭的烟长期熏烤，目的是去掉水分加深颜色，最后呈枣红色、橘子色、栗子色。

备料一般需要存放20—50年的时间，所以竹雕艺人一般都是上代人存下代人的料。

二、雕刻制作。主要有以下步骤：

1. 刮青：去掉竹子的表皮层。

2. 绘图：根据制品的内容绘制相应的图案。

3. 雕刻：将图案贴在竹上后根据图案雕刻，一件竹雕作品一般需要雕刻两个月以上，复杂的作品需一至两年的时间才能完成。

4. 打磨：雕刻完成后做精细处理，去掉毛刺，打磨光滑。

5. 上油：用核桃油等涂在竹雕作品的表面，使竹雕作品保持滋润光泽，防止干裂和空气中的水分进入。

聚源竹雕按材质分为茎雕与根雕两种，按技艺分为立体雕和平面雕两大类。立体雕包括圆雕、透雕、高浮雕、浮雕、深雕等；平面雕包括浅浮雕、留青雕、深刻、浅刻、皮雕、贴簧、细刻等。而论竹雕技艺难度，圆雕居首。

圆雕是指完全立体的雕刻，即前后左右均完整雕出景物形象，具有三维空间，不依附任何背景，可从四周任何角度观赏。这种圆雕器件，大多取竹根为材，根据竹的自然形态构思设计，略施雕镂，使其成为巧妙、古朴、精致的艺术品。如此因材施艺的创举，看似简单，实极难为。不仅要有丰富想象力和卓越独创性，还需高超雕刻技术，两者之间须紧密配合。赵汝珍《古玩指南》中说：“竹雕者，刻竹也。其作品与书画同，不过以刀代笔，以竹为纸耳。书画之难人所共知，今乃易以刀、竹，其难当更逾书画也！”如此高的雕刻难度也正是竹雕艺术之所以备受推崇的重要原因之一。

成型的竹雕作品随着时间的推移色泽也会发生变化，先由淡黄而金黄，而后由金黄至红紫，日常的摩挲把玩也能加速竹色转深。陈从周先生曾论及玩赏竹雕云：“每日摩挲，古意渐出，刻件经数月之手摩与藏之被窝中，色近金黄。凡刻品在于爱之者，正造园与养园一也。”显然，赏玩竹雕不仅是一门学问，也是文人的一种修养。

1. 选择竹料
2. 在竹雕笔筒上构图
3. 鸟笼制作

聚源竹雕继承了蜀派竹雕的优秀基因，是中国传统竹雕艺术的重要组成部分，它不仅具有实用性，更多的是体现了古人和现代人共同的精神寄托和审美情趣，是竹制品发展史和四川文化发展史的见证者，其杰出的文化艺术价值独具魅力。

聚源工艺竹雕合作社自2004年成立以来，在传承人高尚远的指导下，现已授徒两百余人，大都成为聚源竹雕的骨干。2014年被评为第二批成都市非物质文化遗产项目传习所。

传承人简介

高尚远，聚源竹雕市级代表性传承人。10岁时开始学习绘画与雕刻，14岁从师学艺，深得蜀派竹雕大师周志林先生真传。作品选材考究、内容丰富、刀法细腻，融线刻、浅浮雕、深浮雕、圆雕、透雕、留青等技法为一体，高雅、古朴。他还能在竹雕工艺品中镶嵌牙、玉、木等材质，作品别具一格。20世纪80年代末至90年代初，他先后到北京、上海、扬州等地考察学艺，而后多次在都江堰举办竹雕培训班。

（整理：穆天钊）

古城竹鸟笼制作技艺

小档案

项目名称：古城竹鸟笼制作技艺
2010年入选成都市第三批非物质文化遗产名录，2011年入选四川省第二批非物质文化遗产扩展项目名录。项目保护责任单位为郫县文化馆，项目传习所为郫县古城镇指路村村民委员会。现有市级代表性传承人王明文。

古城镇坐落于郫县西部约十九公里处，地处川西平原，是天府之国的腹心集镇。相传三国魏延屯兵于此，故古名为“马镇”，亦名“马街”。古城地区水源充沛、土地肥沃、气候温和，特别适合竹子的生长。

自唐朝以来玩鸟就成为了古城镇及周边地区的一种风尚。唐肃宗至德年间（756-758），古城地区鸟笼制作开始兴起，经宋元两朝的发展，到明朝时期古城鸟笼市场已有相当大的规模。诗云：“夜半起篾声，晨明坐鸟肆；七里观作笼，八里听鹃鸣。”到清朝乾隆年间，古城早已是“户户伐竹制笼，家家遛雀养鸟”的旺盛景象。民国时期，古城鸟笼已有数十个成型品种，鸟笼的销路北越秦岭达北京、天津一带；南经西昌、宜宾入云贵山区；东走水路过武汉，至上海、广州等地。古城鸟笼成为郫县名噪一时的产业。

竹鸟笼是集编织、雕刻、刺绣、绘画等工艺于一体的工艺品，也是一种实用性与艺术性相结合的艺术品。古城鸟笼共有近十大类，上百个品种。

按养鸟的品种分，有：画眉笼、百灵笼、子燕笼、白燕笼、四雀笼、石燕笼、鹩哥笼、红嘴鸟、紫燕笼、绣眼笼、八哥笼等。

按笼型分，有：四方笼、八方笼、圆笼、异型笼、拱顶笼、平顶笼等。

按装饰分，有：雕花笼、素笼、染色笼、饰品镶嵌笼等。

按材料分，有：红丝笼（老料笼）、斑竹笼、楠竹笼、柏夹笼等。

按用途分，有：洗澡笼、斗鸟笼、熟鸟笼、生鸟笼等。

古城鸟笼制作需要几十道工艺，除去备料时间，一只完整的古城鸟笼需要熟练篾匠编制3-4天，而上乘的鸟笼则需要花费半个月甚至一个月以上的时间。

古城鸟笼的制作主要有以下几个步骤：

（1）选材

每年10月份是砍伐竹子的季节，匠人们要亲自到灌县、彭县、雅安、邛崃等地挑选修长端正、无污染、无病虫害的斑竹、楠竹、毛竹、柏夹竹。

1、3. 鸟笼制作
2. 选材
4. 成品鸟笼

（2）脱青

将竹子锯成一米左右的竹筒，然后用刮刀脱去表层。其技巧性在于既要把粗糙的表皮脱去，但又不能损伤竹筒的表皮，因为表皮的完整、光滑、纹路清晰，直接影响鸟笼的美观和质量。竹筒脱青后，要对竹筒进行初步的挑选，其原则是：竹筒干净、无污染、无麻点、无疤痕、无虫纹及损伤纹，经纹粗而明显、纹路不规则、竹节过短、表皮着色不统一的竹筒要丢弃。

（3）烘烤

竹筒开成一寸五左右的竹片，然后进行第二次挑选。在竹片的里面斜向划出刀路子，放在一米多长的火槽上用木炭文火烘烤，待竹片烤出水泡时取出。用滚筒将其滚辗成圆形，后用竹夹夹住，待完全冷却后用绳将其绑牢，再用竹竿挑挂在阳光下曝晒。烘烤后的竹片要在太阳下反复曝晒一个多月，最后放回材料库以待来年使用。

（4）底圈、挨圈、子圈、绑圈、顶圈的制作

古城竹鸟笼的底圈、挨圈、子圈、绑圈、顶圈的制作方法基本一致。取出一年前的备料，选用四厘米宽的竹片，将其中间部分置于酒精灯下文火烘烤，然后手工弯曲成圆形。烘烤四五个小时后取出，用纸砂子反复打磨，直至光滑无痕为止。用竹钉和胶水将其钉紧粘牢后用绳索绑上，并打入楔子让其坚实牢靠。此时缝口处不会出现缝隙和缝纹，给人浑然一体的感觉。这是竹鸟笼制作中技术含量最高的一步，也是考验匠人手艺优劣的标准，也是古城竹鸟笼品质高低成败的关键。

（5）屎把子的制作

所谓屎把子，是指竹鸟笼用来托鸟粪的部分，古城鸟笼的屎把子在底圈的内圈里，圈内有两个月牙板。月牙板同屎把子圈用竹钉胶水连接，然后钻眼连上竹签，镶嵌在鸟笼底圈内。

（6）鸟笼竹签制作

鸟笼竹签是用来连接底圈、子圈、绑圈、顶圈和顶子的部分，要求使用无节而又没有弯曲过的竹尖。竹签同底圈一样，要用细砂纸反复打磨至光滑为止，要粗细均匀，手感细腻。

（7）鸟笼的其他部分制作

完整的古城鸟笼除了底圈、子圈等外，还有门冠、门排、摆签、门签、爪子、站桥等，这些部分各订制商都有各自不同的要求。

门冠：就是竹鸟笼门的上沿，是用来穿榫门签。其形状一般是半圆形，也可以制作成其他形状。

门排是竹鸟笼门的立人部分。它的作用有两个，一个是用来穿榫部分子圈，起固定作用；另一个作用就是形象上的要求，通过对门排的感观，让竹鸟笼门成其为门。门排因为较宽，大约有两你你厘米，因此往往成了雕花刻字的方寸之地，也是古城竹鸟笼装饰的地方之一。

摆签：又称将军柱。实际上就是用来固定竹鸟笼门的，相当于门锁。

门签：通过门签才能构成竹鸟笼门，可以把它认为是人们生活中的门板。它与门冠相连接，门签一般由三根竹签组成。

爪子：用竹片制成，用来固定竹鸟笼钩的。形状多样，一般为金瓜形。它的技艺难点在两片竹片弯曲交合的地方，两片竹片的咬口宽窄要相等、深浅要匀称，

这样爪子的接口处才不漏缝隙，表面才平整。

站桥：供雀鸟站立玩耍的支撑杆。

（8）穿榫成型

古城鸟笼的穿榫一般是从上往下进行。先将顶子打眼，然后用抽好的竹签穿绑顶圈。用双手将竹签往下微微弯曲，从竹签的底部往上穿子圈。将所有竹签用刀切齐，依次从竹签的底部往上穿第二、第三道子圈。穿最后一道子圈时，要先上好底圈与子圈之间的短竹签，然后才将底圈穿榫在竹签上，使其成为整体，此时鸟笼基本成型。

古城鸟笼制作技艺历经千年的传承，是研究成都地区乃至川西坝子手工业发展、人文发展的实物证明，在历史的进程中更影响和促进了其他编织技艺，如棕编、草编、绳编等，具有不可低估的重要价值。

古城鸟笼制作技艺目前主要集中在郫县古城镇指路村、马街村、古城村、水梨村、花牌村等地。2014年指路村村委会被评为成都市第二批非物质文化遗产项目传习所，部分村民在传承人的带领下学习古城鸟笼制作技艺。

传承人简介

王明文，古城竹鸟笼制作技艺市级代表性传承人。出生于1974年，1996年起随父亲王修其学习鸟笼制作技艺。王明文在其父的悉心教导下全面掌握了选材、起篾、烘烤、抽丝、绑圈、打磨、成型上色、雕花、配饰等技艺。他所制作的鸟笼四平八稳，笼丝垂直无歪斜，笼爪左右对称，门上下开合自如，大圈结合口严丝合缝，表面干净光洁，美观、大方、实用。王明文曾获得成都“古城竹编鸟笼技艺”展示大赛一等奖等多个重大奖项。2013年被聘为第四届国际成都非物质文化遗产节分会场“古城镇竹编鸟笼技艺”大赛评委，长期为社区居民作免费的竹编鸟笼技艺讲座。现有徒弟曾晓朋一人。（整理：穆天钊）

唐场豆腐乳制作技艺

小档案

项目名称：唐场豆腐乳制作技艺

2010年入选第三批成都市非物质文化遗产名录，2011年入选第二批四川省非物质文化遗产扩展项目名录。项目保护责任单位为大邑县酿造厂。

对素食者来说，富含蛋白质的大豆是肉类的完美替代品。然而，大豆却不易消化吸收。豆腐的诞生则彻底改变了大豆的命运，让人体对大豆蛋白的吸收和利用变得更加容易。豆腐柔软变通的性质擅长烹饪的中国人留下了极大的创造空间，豆腐也因此被制作成品类繁多的菜肴，以适应不同地区人们的口味和喜好。豆腐乳就是豆腐品类繁多的转化产物之一。

豆腐乳，又称腐乳、南乳、猫乳。它是在豆腐生产基础上发展起来的发酵型大豆食品，距今已有一千多年的制造历史。一千五百多年前的北魏末年的古籍中，已经有了腌制型腐乳的记载。明代时，腐乳传入朝鲜，人称“蛮辣酱”。18世纪，腐乳漂洋过海，传至日本和东南亚各国。

据传，人们最初只是把豆腐乳当作豆腐盐藏的一种手段。虽可达到短时储藏的目的，但风味极其单调。后来，人们又开始了新的尝试，于是有了添加酒、酱之类调味料等方法。此后，人们用微生物使豆腐发霉，并利用其所产生的霉，加速蛋白质的水解，同时生成风味物质，此时腐乳就发展成大豆发酵食品。发酵过

1. 制作豆腐乳的调料
2. 切块

程让豆腐中的大豆蛋白质变得更易于人体消化吸收。发酵后的豆腐乳B族维生素含量也比豆腐高。专家研究认为，吃腐乳等发酵豆制品还能保持皮肤光洁滋润。

由于生产工艺、自然环境以及人们的生活习惯和嗜好的不同，不同地域的豆腐乳有着不同的风味和特色，大体来说，分为青方、红方、白方三大类。

有着八大菜系之一川菜的麻辣鲜香、嗜辣善调味的四川人，在豆腐乳的制作上，也有着川味的独到之处。大邑县的唐场豆腐乳就是其中的佼佼者。

大邑县位于成都平原西部，背靠龙门山脉，地势西北高、东南低，呈阶梯状，依次为小山、丘陵、平原“三大自然带”。全年气候温和，雨量充沛，无霜期长，四季分明，年平均气温18℃，属四川盆地边缘山区的亚热带湿润季风气候。

大邑县独特的地理环境和温润的气候条件引导微生物们走上发酵之路，为唐场豆腐乳的出现打下基础。作为川西地区的老字号，唐场豆腐乳至今有两百余年历史。大邑县志记载说：清朝光绪年间（1886）唐场制豆腐乳作佐餐食品。豆腐胚长酶后加入配料用坛罐密封一年后出售。

在唐场，所做的豆腐乳用料考究，酿造精细，发酵周期长达一年，甚至更长时间，成品色泽鲜艳，细嫩化渣。那些小小的方寸之物，凝聚了甜豆瓣制作、豆瓣海椒制作、白丕豆腐制作、红豆腐乳制作等四大类工序。

甜豆瓣是豆瓣海椒的主要辅料之一。每年农历的二三月间，唐场的人们会在气候温和之时，采集上好的胡豆，清除杂物，清水浸泡，剥掉皮壳，盛簸箕内，适量加面粉、种曲、盐水或豆腐水装坛伏之，三四个月后，豆瓣呈黑红色，酥而脆，软而化渣。一般来说，封存四月的豆瓣就成为能够使用的甜豆瓣。

甜豆瓣制成后，人们会前往新津花桥，挑选形状细而长的海椒（辣椒），这种海椒在当地又称麦湎子，色鲜红，水分轻，籽籽少，肉头厚。海椒去蒂、淘、洗净，拌以食盐、菜子油、香料面、醪糟，并加入甜豆瓣拌匀，入坛封存待用。值得一提的是，辅料中的香料面，主要用当归等四种名贵中药材，依古法泡制混合而成，同时加入大香、三柰、安桂、陈皮、桂枝、砂仁、柑橘、胡椒、母丁等中草药，不但风味独特，还有着极高的营养价值。

在调制作料的同时，人们还要制作白坯豆腐。原材料采用颗粒大的上等黄豆（忌用油豆）泡入清水中，清除杂物，淘尽泥沙，浸泡至豆皮已伸，剥开为宜。剥开视之，豆瓣心茎本平型、但仍以稍节窝心为宜。其后开始磨浆，磨浆要求细推慢推，干稀均匀，成二泥浆，不得有沱沱水。此后冲浆，浆温达80－90℃时，立

1、2、3、4. 豆腐乳装瓶

5、6. 磨浆

7. 晾晒

8. 入坛封存

即用少许溶化的油脚和石灰进行散泡，庚即滤浆，做到无泡、无渣，温度保持在70℃左右。随后，使用胆水点之，点豆腐宜缓、宜慢，待豆花成团，带绵软性能，随用的木匣，以布包之，压平，再切成方形状块，要求块形整齐，大小均匀，掌握准确的干湿度。最后，用簸箕将豆腐陈列以待发酵。经二至三个月，腐乳变白而毛直立者可以使用，如发现霉毛形状歪倒，呈灰、黄、黑色者，则弃而不用。

白坯豆腐发酵完成后，取置盆内，加盐排水，再拌以豆瓣海椒，清油、醪糟、红糖等入坛。入坛时，一层海椒豆瓣，一层霉豆腐，重叠满坛时，撒上熟盐密封坛口。尔后勤于检查，如发现有缝隙或成品存盐霜、油腻、霉变等情况，则分别净除之，保持洁净为原则。当坛内的水自然翻上坛时，捡去豆腐呈凹形，半水抽空出坛，以水尽为止，随后将豆腐还原，而封闭死。其封存时间，从豆腐下坛起，至少一年以上方可食用，多则三五年不等。陈坛豆腐乳，呈牙黄色，鲜美可口，清香回甜，细嫩化渣，酥软非常，更有甚于一般豆腐乳者。

繁复的工艺和漫长的时间，赋予唐场豆腐乳的是五味的调和，是隽永的时间的味道。豆腐乳香味浓郁，细嫩化渣，回味悠长，食者无不交口称赞，誉为佐餐之珍品，外国人甚至称其为“中国奶酪”。

唐场豆腐乳一经面世，便受到社会各界青睐，引起社会轰动，邻近各县争相贩运、销售。生产者获得回报丰厚，积极性大增，生产规模日益扩大。1926年，唐场豆腐乳生产规模逐步扩大到安仁镇、晋原镇。由于唐场豆腐乳享誉遐迩，贩运日增，致使这两地迅速成为商品集散之地。

唐场豆腐乳不仅运销到成都、仁寿、简阳、重庆等地，还随同贩米、贩油、贩盐、贩布的挑子（小贩）远销到小金、汶川、理县、雅安、汉源、西昌、天全、泸定等地。传说驻大邑安仁镇的川军将领，对家乡特产唐场豆腐乳更是情有独钟，每餐必备，还常以此佳味款待嘉宾。

唐场豆腐乳制作技艺的传承保护责任单位大邑县酿造厂坚持传统工艺制作，产品先后获得商业部、四川省优质产品奖，首届中国食品博览会金质奖等。唐场豆腐乳商标先后被认定为成都市和四川省著名商标。（整理：赵媛媛）

龙抄手传统制作技艺

小档案

项目名称：龙抄手传统制作技艺

2010年入选成都市第三批非物质文化遗产名录。保护责任单位是四川省成都市饮食公司。

现有市级代表性传承人刘朝新、黄锡生。

抄手在中国有很多称谓，如馄饨、包面、云吞、煮饼等，它是民间流传的最古老的面食之一。据民间传说，抄手的历史可以追溯到春秋战国时期，南北朝时已普及。

在四川，人们将这种以面皮左右交叉包入肉馅，煮熟后加原汤、红油或其他佐料调配食用的小吃称作“抄手”。抄手，双手相交，表示施礼。这种称谓不仅形似，而且饶有趣味。川人吃抄手的历史，可追溯至汉代。起初，抄手是一种祭祀食品，至宋朝以后，才演变为一种大众食品。

抄手是四川最有代表性的面点小吃之一。从巴蜀一带发音的韵律来看，“抄手”一词符合巴人的习惯。“馄饨”一词若用四川话发音是降调，而“抄手”的发

不同口味的龙抄手

音不仅是升调且余韵悠长，可以在川人的腔调中无限地延伸上去，高妙之处尚有余力自由地转上几转，收尾处依稀听得出那么一点点川剧的花腔调，韵味十足。

龙抄手的得名也很有趣。相传民国时期，龙抄手店在开办之前，张武光与几位好友齐聚于“浓花茶园”商议开办抄手店的事宜。议到店名，有人提出用浓花茶社“浓”字的谐音“龙”，以祈吉祥。意为：吾辈乃龙的传人，中华子子孙孙无穷尽矣，餐饮事业也会代代相传，永远兴隆、昌盛。大家一致表示赞成，认为龙抄手无论辅以红汤、清汤或是奶汤，一旦有水，这条龙定会活起来，因此，一代名小吃“龙抄手”就此诞生。

“龙抄手”最早开设于成都悦来场，店面招牌书法遒劲，制作精致，上有两条金龙围边，成为当时成都小吃招牌中的佼佼者，令人瞩目。后由四川省著名书画家赵蕴玉先生补书。20世纪60年代迁入春熙路南段后，“龙抄手”扩大经营范围，增添了糕饼、点心等品种，被成都市政府命名为“成都名小吃”。“龙抄手”自扩建至今，由于管理有方，生意持续火暴，天天顾客盈门，已开设多家分店。“龙抄手”于1995年被授予“中华老字号”称号。

“龙抄手”在成都有多家店铺，对其招牌名食抄手的制作讲究质量和特色。制作抄手一要讲究汤清。二是馅要细。元代倪瓒的《云林堂饮食制度集》记载了煮制的一种方法：“细切肉臊子，入笋米或茭白、韭菜、藤花皆可，以川椒杏仁酱少许和匀裹之，皮子略厚小，切方，再以真粉末擀薄用。下汤煮时，用极沸汤打转之。不要盖，待浮便起，不可再搅。”龙抄手吸取了这两点经验，讲究汤清馅细，除此以外还特别注意皮薄的讲究。在和面时加入适量鸡蛋，食之有韧性且嚼劲十足。为使馅心细嫩，龙抄手采用纯猪肉，加水制成水打馅。另据四川饮食特点，配以清汤、红油、海味、炖鸡、酸辣等多种味别。

龙抄手形如菱角，皮薄馅饱，入口爽滑，细嫩鲜香，汤汁浓郁，品种多样。其传统制作工艺主要特点为：形态自然，栩栩如生。制皮时，把面粉放在案板上呈凹形，放少许盐和鸡蛋，再加清水调匀，糅和成面团，再用擀面杖擀成纸一样薄的面片，切成四指见方的抄手皮备用。师傅细搓慢揉，擀制成的抄手皮薄如纸、细如绸，可透光见影。制馅时，师傅把肥三瘦七比例的猪肉用刀背捶茸去筋，剁细成泥，然后加入川盐、姜汁、蛋清、胡椒面等反复搅拌至与水相融，搅成糊状，加香油拌匀，使肉馅细、滑、爽，香醇可口。而后，师傅将馅料包入皮中，对叠成三角形，再把左右角向中间叠起黏合，使其成型。烹制时，用沸水将其煮熟，至

1、2、3. 制作龙抄手皮　　7. 成品抄手　　10. 龙抄手小吃
4、5. 制作龙抄手馅　　8. 龙抄手调料　　11. 文火煨制的浓稠原汤
6. 包抄手　　9. 抄手出锅，加汤汁　　12. 龙抄手制作工具

抄手浮出水面。其中，火候的掌控是关键。调味时，根据不同味道，师傅分别在碗中放入川盐、胡椒面、鸡油和用鸡、鸭、猪肚、猪肘、棒子骨等经文火慢慢煨制的浓稠原汤或用酱油、醋、红油制成酸辣等味型，盛入煮熟的抄手即成。

同时，“龙抄手”独创的川菜和小吃筵席、小吃套点使四川小吃荣登大雅之堂，提升了四川小吃的形象。“龙抄手”现已拓展到省外、海外市场，声名远扬。

正所谓：小吃小点小中见大，美味美肴川人情怀。

如今，龙抄手传统制作技艺的传承人在总结历代传人传统技艺的基础上，不断完善工艺流程和技术标准，使传统技艺得以继承和弘扬。他们不断改革创新，使以龙抄手为主的各类小吃按季节变换应市，大大丰富了小吃品种，让人们在享受美味的同时品尝美好生活的各种滋味！

传承人简介

刘朝新，龙抄手传统制作技艺市级代表性传承人。出生于1963年，1980年从业，先后师从老艺人和龙抄手第三代传人学习白案制作技艺。熟练掌握龙抄手传统制作技艺，制作的抄手具有“形如菱角、皮薄馅饱、入口爽滑、细嫩鲜香”的特点，尤其是制作的抄手皮“薄如纸，质如绸，色如玉，能透字”。他精于制作龙抄手和其他成都小吃，以制作抄手皮、金丝面见长。他曾参与编写制定《龙抄手生产技术标准》和《龙抄手工艺流程》。现以言传身教的方式向“龙抄手”总店厨师传授技艺。

黄锡生，龙抄手传统制作技艺市级代表性传承人。出生于1964年，1981年从业，师承龙抄手第三代传人。传承了龙抄手“汤清、馅嫩、皮薄”的技法特征，秉承了龙抄手成品“形如菱角，皮薄馅饱，入口爽滑，细嫩鲜香，汤汁浓郁，品种多样”的特点。在实践中，他继续把龙抄手传统制作技艺传授给后辈。

（整理：陈阳）

陈麻婆豆腐制作技艺

小档案

项目名称：陈麻婆豆腐制作技艺

2010年入选成都市第三批非物质文化遗产名录，2011年入选四川省第二批非物质文化遗产扩展项目名录。项目保护责任单位为四川省成都市饮食公司。现有省级代表性传承人张盛跃，市级代表性传承人汪林才。

川菜麻婆豆腐

豆腐是我国一种古老的传统食品，古称小宰羊、犁祁、菽乳、豆乳、脂酥、黎祈、黎福、无骨肉、鬼食等。学界较为普遍的观点是认为豆腐为西汉淮南王刘安所发明。汉乐府诗中有云："淮南王，自言尊，百尺高楼与天连，后园凿井银作床，金瓶银绠汲寒浆。"明代诗人苏平赋诗曰："传得淮南术最佳，皮肤褪尽见精华；旋转磨上流琼液，煮月铛中滚雪花；瓦罐浸来蟾有影，金刀剖破玉无瑕；个中滋味谁知得，多在僧家与道家。"作者不仅认可豆腐为刘安所发明，还把豆腐制作中的浸豆、磨豆、煮浆、凝结等环节都描写得淋漓尽致，表达了对豆腐无限钟爱之情。

豆腐是黄豆与水的巧妙结合物，它营养丰富，含有铁、钙、磷、镁等人体必需的多种微量元素，还含有糖类、植物油和丰富的优质蛋白，素有"植物肉"之美称。有了豆腐自然会有豆腐菜。由于豆腐具有广泛的可烹性，它可以单独成菜，也可以做主料、辅料。通过不同的烹调工艺加工，可以烹制出林林总总的豆腐菜肴。如今粤菜有蚝油豆腐、鲁菜有三美豆腐、淮扬菜有文思豆腐、上海有蟹粉豆腐、苏州有三虾豆腐、杭州有东坡豆腐、北京有八宝豆腐、福建有珍珠豆腐。所谓“豆腐得味，远胜燕窝”。

据史料记载，豆腐入川是在建安十六年（211），益州刘璋恐曹，迎刘备入蜀，后刘备火并刘璋，诸葛亮率兵增援，军中有大批安徽兵卒，便将豆腐制作技术带到四川。豆腐传入后很快便风靡西南地区，川人开始依照自己的口味进行烹调，如“家常豆腐”、“红烧豆腐”等。而成都地区的“陈麻婆豆腐”，以独特的麻辣鲜香风味，享誉海内外，成为一道名肴。

陈麻婆豆腐创始于清同治元年（1862），当时成都北门外的万福桥还是一片秀美的乡村风光，在万福桥水码头侧，柳丝婆娑之处，有一个简陋的红锅饭铺，这便是今天享誉海内外的“陈麻婆豆腐”的发祥地——陈兴盛饭铺。

陈兴盛饭铺的主厨是店主之妻陈氏，人称“陈麻婆”。“陈麻婆”原姓刘，自幼聪明伶俐，因她幼年出过天花，痊愈后在脸上留下了痘疤，川人爱起绰号，遂呼之为“陈麻婆”。陈兴盛饭铺起初是经营小菜、便饭和茶水的小馆子，食客多为挑油担子的脚夫等下力人。这些人经常买些豆腐，从挑篓中舀一瓢清油请老板娘代为加工。“陈麻婆”烹出的豆腐与别家不同，兼具麻、辣、烫、嫩、鲜、香、酥、整特色，豆腐成形，色泽红亮，风味别具一格。日子一长，陈兴盛饭铺的烧豆腐远近出了名，烧豆腐成了这家馆子的当家菜品。晚清有诗云：“麻婆陈氏尚传名，豆腐烘来味最精。万福桥边帘影动，合沽春酒醉先生。”

制作陈麻婆豆腐材料和工序并不复杂，所需的材料包括：

主料：嫩豆腐500克；

辅料：牛肉50克，青蒜苗50克，鲜肉汤适量；

调料：豆豉5克，郫县豆瓣15克，川盐3克，味精1克，姜、蒜粒各5克，湿淀粉15克，红油15克，花椒末15克。

首先将豆腐切成2厘米见方的小块，放入沸水内加适量川盐浸泡片刻，以除去涩味后沥水。牛肉去筋剁成末，豆瓣剁细。炒锅烧热，放入熟菜油烧至六成热时，放入牛肉煸炒至酥香，放入红油、豆瓣、姜蒜粒炒香，再放入剁茸的豆豉炒匀，掺高汤烧沸，下豆腐用小火烧至冒大泡时加入味精推转，用湿淀粉勾芡，使豆腐收汁亮油，最后下蒜苗节，推匀起锅装碗撒上花椒末即成。

四川气候湿润，冬天阴冷，用麻、辣去湿就成为四川菜的一大特色。麻婆豆腐大受欢迎的原因，在于它集合了川菜的麻辣、鲜香，且价廉物美。最普通的原材料，最家常的做法，其浓重的麻辣味刺激了人们的味蕾，让更多人吃上后便欲

1. 豆腐、蒜苗
2. 豆腐及调料
3. 干辣椒面
4. 盛放黄豆的工具
5、6. 制作鲜肉汤
7、8、9、10、11、12. 制作陈麻婆豆腐

罢不能，成为全国人民的家常菜。虽是一道家常菜，但要做出鲜香细嫩、整形不烂、色泽红亮的效果则非常不易，需要厨师丰富的经验和精湛的厨艺。从选材到烹制具体要注意以下四个方面：

第一，形整不烂，鲜汤入味。俚语："外观豆腐四四方方，里面一包水水汤汤。"豆腐细嫩多水，极易破碎，且不容易入味，已经给烹制麻婆豆腐带来了一个很大的难题。为了保证成菜的质量，首先应选用质地特别细嫩的石膏豆腐，而不是一般卤水点的豆腐，然后将豆腐打成2厘米见方的小块，放在滚烫的开水中加少许盐氽一道。这样既除去了石膏的涩味，又使豆腐绵扎细嫩。其次是在烧豆腐时火要小，汤要少，以淹到原料体积的七八成为宜，慢慢地烧。烧时汤面不断冒大气泡，有嘟嘟响声，直到豆腐本身的水分排出，调料味道逐渐渗入其内时，才算烧透入味。由于豆腐事前用淡盐开水进行了嫩化处理，已变得绵扎滚烫过心，兼之又用小火汤汁慢烧，使其震动减小，有利于保持豆腐形状不烂。长时间地慢慢烧，使调料鲜味能渗入豆腐内部。这些措施极好地解决了豆腐易碎、难于入味的障碍，于是就有“开水氽过心，小火慢烧入味”的经验之谈。

第二，酥香细嫩，两全其美。嫩指豆腐的质地，酥即牛肉末煵炒后的口感，酥与嫩在一般菜肴中是两种很难同时顾全的。麻婆豆腐中的牛肉末是以热锅滚油下锅，然后改用小火煵炒至肉末深黄微黑。这时牛肉末水分基本蒸发，质酥味香，并放川盐、豆豉开炒至肉末入味，随即入辣椒面或豆瓣酱煵炒，当油呈红色闻有辣香时，掺鲜汤与豆腐同烧，这时掌握的时间长短是个关键，一般春秋烧3分钟，冬天烧5分钟左右。在这不长的时间内，牛肉末吸收了鲜汤、调料的味道和水分，变得酥软香鲜，与豆腐的细嫩味美相得益彰，体现了麻婆豆腐酥香细嫩，汁饱味美的特色。

第三，豆腐久烧不吐水，成菜收汁亮油。烧豆腐时要看料掺汤，汤汁只能淹没豆腐体积的五分之四。另一微妙之处就是要分次勾芡。当豆腐烧至色呈淡白色时，要加入红酱油或口蘑油提色，加味精增鲜，待豆腐成棕红色时，进行第一次勾芡，下芡后锅铲轻轻翻动，使变稠的芡汁尽量粘附在豆腐块上，如法进行第二次或第三次勾芡。勾芡时水豆粉要略浓一些。经过分次勾芡，豆腐不再“吐水”，收到紧汁亮油的效果。

第四，色泽红亮。这主要在油温的掌握上，煵炒豆瓣酱和干辣椒面时，用三四成油温（70℃-80℃）把豆瓣酱煵酥，油呈红色时即掺汤烧豆腐。也可在烧时加入红油同烧，经过勾芡处理后能达到色泽红亮的目的。

成品的陈麻婆豆腐是在雪白细嫩的豆腐上点缀着棕红色的牛肉末和油绿的青蒜苗，外围一圈透亮的红油，如玉镶琥珀，食客评价其具有“麻、辣、烫、嫩、酥、香、鲜、整”的独特风味。其“麻”是指豆腐起锅时洒上四川汉源的大红袍花椒末，花椒末麻味纯正，沁人心脾； 其“辣”，是指选用成都龙潭寺的二荆条辣椒制作的豆瓣，又辣又香；其“烫”，是指起锅立即上桌，油多保温，不易冷却烫得可口，热得汗流；其“香”，是指豆腐上桌闻不到制作豆腐的石膏味、冷浸豆腐的水锈味及各色佐料原有的气味，只有勾起食欲的鲜香味；其“酥”，是指牛肉末酥香，色泽金黄，红酥不绵。入口即酥，黏牙就化；其“嫩”，是指豆腐氽水得法，色白如玉，棱角分明，一捻就碎，故食客用小勺食之；其“鲜”，是指全菜原料，俱皆新鲜，鲜嫩翠绿，红白相间色味俱鲜；其“活”，则是陈麻婆豆腐的一项绝技，豆腐上桌，寸长的蒜苗，翠绿湛兰，油泽甚艳，仿佛刚从地里采摘切碎，活灵活现，但入口俱皆熟透。

陈麻婆豆腐始于民间，历经百载，清朝时期便列为“成都著名食品”，而今又集“中华老字号”、“中国名菜”、“成都名小吃”、“四川省著名商标”、“中国驰名商标”等殊荣于一身，成为蜚声海内外的名菜。陈麻婆豆腐制作技艺传承了悠久的民间技艺与食俗，承载了厚重的历史文化，在中国菜肴中独树一帜。

1956年公私合营后，四川省成都市饮食公司传承了陈麻婆豆腐字号和陈麻婆豆腐菜品及其制作技艺，形成了七代传承人的谱系。通过他们的不懈努力，陈麻婆豆腐制作技艺如今得以良好的保存，也将在未来继续传承和发展下去。

传承人简介

张盛跃，陈麻婆豆腐制作技艺省级代表性传承人。出生于1959年，1979年入成都竟成园餐厅，开始从业生涯。经过前辈传人的言传身教和个人的悉心钻研，继承了陈麻婆豆腐的制作技艺，创新出“中国名宴”豆腐筵席和近百种豆腐菜肴的制作方法；参与制定陈麻婆豆腐的企业标准和工艺流程。目前已带有多名徒弟，均在餐饮行业有所建树。

汪林才：陈麻婆豆腐制作技艺市级代表性传承人。出生于1963年，1980年进入成都竟成园餐厅工作。与张盛跃一道，制订出《陈麻婆豆腐企业标准》、《陈麻婆豆腐调料企业标准》。1999年获成都市烹饪大赛一等奖；2005年获四川省烹饪大赛金奖。已经带出的厨师达十余人，部分已经获得了高级技术职称。

（整理：穆天钊）

赖汤圆传统制作技艺

小档案

项目名称：赖汤圆传统制作技艺

2010 年入选成都市第三批非物质文化遗产名录，2011 年入选四川省第三批非物质文化遗产名录。保护责任单位是四川省成都市饮食公司。现有省级代表性传承人唐章流，市级代表性传承人李明成。

清末民初，四川资阳东峰镇人赖元鑫跟随堂兄来到成都一家饮食店当学徒。1894年，手艺学成后，赖元鑫便自己筹资挑担，在成都沿街煮卖汤圆。他每天起早贪黑，勤勤恳恳，制作的汤圆煮时不烂皮、不露馅、不浑汤，吃时不粘筷、不粘牙、不腻口，爽滑软糯，滋润香甜。他卖完早市赶夜宵，苦心经营，直至20世纪30年代才在成都最繁华的春熙路北街口买了铺面坐店经营，取名“赖汤圆”。

赖元鑫奉行的经营策略有“三点”：质量高点、服务好点、利益薄点。由于他的汤圆做工细致，粉子磨得均匀，心子甜而不腻，具有粉子细稠白嫩、馅心甜香酥润的特色，加之他待人和气，童叟无欺，赢得了很好的口碑。赖氏汤圆选料精、做工细、质优价廉，很受欢迎。后来，赖元鑫经过一段时间的研究，创造性地

成品赖汤园和馅料

增加了汤圆心子的品种。从开始的黑芝麻、豆沙，逐渐开发出了玫瑰、枣泥等多个品种。各种馅心的汤圆也被制成不同的形状，有圆形的、椭圆的、锥形的和枕头形的。汤圆成品一碗四个，四种馅心，四种形状，称为“四味汤圆”。食客吃时配以白糖、芝麻酱蘸食，别具风味。

从20世纪30年代起，赖氏在春熙路北街口开店经营汤圆至今，“赖汤圆”历经数代经营，已成为一家历史悠久，享誉海内外的百年老店。

20世纪50年代，“赖汤圆”经改造成为国有饮食门店，在继承传统制作工艺的基础上力图创新。多年来，“赖汤圆”经过几代经营者的辛勤耕耘与开拓，已发展成为集餐饮、食品加工为一体的企业。随着赖汤圆品牌的不断发展，四川绵竹市齐天镇建成了优质糯稻的汤圆粉生产基地，探索出一条“工商加农户”、“生态原料与现代工业相结合”的发展新思路，生产的“赖”牌汤圆粉具有“色泽洁白、皮粑绵糯、香甜可口、营养丰富”的特点。同时，在成都市新都区建成了川菜工业园赖汤圆食品厂现代化厂区。这里生产的“赖”牌系列速冻食品形成了汤圆心、粉以及速冻食品等多品种、多类别的生产和经营模式，使名誉百余年的传统名食焕发出勃勃生机。

在制作方面，赖汤圆的皮和馅选料精细，工艺流程分为制粉浆、制馅、包汤圆、煮汤圆几个步骤。其制作材料、比例、时间和火候都很有讲究。其中，传统水磨吊浆粉的制作必须严格按照规范流程进行：先把精选的糯米、籼米淘洗干净，用清水浸泡一天（春夏浸泡时间稍短，秋冬浸泡时间稍长）。糯米每天需换水二至三次。磨浆前，再用清水淘洗至水色清亮，然后用石磨将浸泡好的米磨成很细的粉浆。将粉浆装入布袋内吊干成为吊浆粉子。在吊浆粉子里加入适量清水揉匀，即为皮坯。

赖汤圆的馅料品种多样。传统馅料有黑芝麻、花生仁、核桃仁、豆沙、桔饼、冬瓜条、花卉蜜饯等。除此之外，师傅们还新开发了红糖、黄豆、白芝麻等复合口味的馅料。这些精选的馅被制成粗粉后，加入面粉、白糖和匀，再加入精制油脂揉拌均匀，放置在案板上用滚筒压紧后切成小块，即成甜香酥润的馅心。而后，分摘13−15克粉制成一个皮坯，包入一个馅心，捏拢封口，成型即可。

当年，“赖汤圆”的创始人赖元鑫把本小利微的汤圆当作自己安身立命的本事，在经营中绝不掺杂使假，不投机取巧，而是将自己的良心融进了汤圆里。或许这才是赖汤圆百年不衰的秘诀。

1. 晾晒原料
2. 赖汤圆原料
3、4. 制作赖汤圆皮
5、6、7、8. 制作赖汤圆馅料
9. 浸泡制作赖汤圆皮的米
10. 加水揉捏粉子，做皮坯
11. 下锅煮汤圆
12. 汤圆浮起，出锅

面对复杂多变的世事，成都人会说“把各人的汤圆搓圆”，这是一个城市的自知和自信。把自己能力所及的事情做好，正是成都人的智慧。赖汤圆被列入非物质文化遗产名录，不仅要传承某种食品或物品的传统制作技艺，更值得我们传承的应是老一辈诚信经营、童叟无欺的良心。

传承人简介

唐章流，赖汤圆传统制作技艺省级代表性传承人。1950年出生，1971年进入四川省成都市饮食公司工作，师从赖汤圆名师。他全面掌握了赖汤圆传统制作技艺以及各工序的技术标准和工艺特点，尤其在原材料识别方面独有建树。20世纪80年代与李明成等同志一起着手编制了《赖汤圆企业标准》和《赖汤圆生产工艺流程》，为稳定赖汤圆质量奠定了坚实的基础，做出了突出贡献。

李明成，赖汤圆传统制作技艺市级代表性传承人。1954年出生，1979年从艺，师承赖汤圆名师。他全面学习制粉、制馅、做汤圆、煮汤圆各道工序和技艺，他对制粉及制馅工艺有独到见解，擅长汤圆制作，制作的汤圆细腻柔和，皮薄馅丰，软糯香甜。他制作的赖汤圆先后获得“中华名小吃”、“成都名小吃”称号。

（整理：陈阳）

耗子洞腌卤传统制作技艺

小档案

项目名称：耗子洞腌卤传统制作技艺
2010年入选成都市第三批非物质文化遗产名录。保护责任单位是四川省成都市饮食公司。
现有市级代表性传承人陈信良、廖都成。

相传，秦代蜀郡守李冰率民众治理都江堰水利工程后，又派人“穿广都盐井”，生产出四川最早的井盐。《华阳国志》对当时的饮食习俗有“尚滋味，好辛香”的记载。这说明当时川人已学会使用井盐和各种作料来制作卤水。西晋左思在《蜀都赋》中有“调夫五味，甘甜之和……五肉七菜，朦厌腥臊，可以炼神养血者，莫不毕陈”的记述。其中，“调夫五味”即卤的调味方法。时至唐代，卤制技艺及水平更是大幅度提高。是时，文人骚客为赋新诗都好品酒，品酒又少不了菜肴的陪衬，这就促使了川式卤菜的进一步发展。明代《本草纲目》中所记载的一些药材，既有防病治病的功效，又能使卤制品生香，更增添了卤料的多样性。耗子洞腌卤传统制作技艺就是在此基础上逐步发展起来的。

耗子洞腌卤鸭子

成都人杰地灵，物产丰富。历代庖厨多年的努力孕育出四川璀璨的饮食文化。耗子洞张鸭子就是其中之一。老一辈人对这家老店的深刻记忆缘于它所承载的令人难以忘怀的家乡的味道。

张国梁的父亲张老先生从清代起便开始从事川式卤菜的制作。张国梁于1928年随父亲在成都提督东街和署袜街交界处摆摊，因售卖烧鸭子等卤制品而小有名气。又因其摊位外面是茶馆，里面是酒店、旅馆，巷子深、进口小，形如鼠洞，故被顾客戏称为“耗子洞张鸭子”(成都称老鼠为耗子)。

张氏父子坚持选用肥而嫩的鸭现杀现用，配料也精挑细选，用心加工制作并坚持不卖陈货。张氏父子选料严格，做法特别，味道极好，因此“耗子洞张鸭子”很快就获得了顾客们的广泛认可。那些年，成都人吃鸭子，季节性非常强，总是在每年中秋节前后，因为这时正是川西坝子一群群肉质紧实的鸭子上市的季节。每逢此时，店内每天都是高朋满座，店外排队呈长龙，.很远就可以闻到那阵阵随风飘来的卤鸭的清香味。加之川式卤菜取材广泛，鹅鸭兔无所不揽，猪牛羊无所不包。渐渐地，“耗子洞张鸭子”发展成为春卖烧鹅，夏秋卖烧鸭、烟熏兔，冬卖腌肉、香肠等食品的店铺。

1931年，摊店搬迁至街对面“江东浴室”门口的过道上，取名“福禄轩”。1932年，张老先生去世，“福禄轩”由张国梁独自经营。他严守“不怕无人买，只怕货不真，不怕无人请，只怕艺不精”的父训，从进货、加工、销售等每一个环节都严格把关，走出了一条发展壮大之路。他在继承父亲的川式卤菜技艺的基础上不断扬弃，同时依古方、承古训，汲取川式卤菜之精髓，始创了耗子洞张鸭子传统制作技艺，赢得了食客的口碑。“福禄轩”的鸭、鹅味道好，货新鲜，购者如云。由于“福禄轩”原址在“耗子洞”，店主姓张，因此人们惯称“耗子洞张鸭子”。“耗子洞张鸭子”的名声也一直传至今日。

20世纪50年代公私合营后，四川省成都市饮食公司制作鸭菜的名师廖荣清、卢绍清、李桂荣等先后到此掌厨，使该店技术力量更加雄厚。师徒们恪守制作程序，按照传统方法烹制，后来还在菜谱中增加了油淋鸭、京酱板鸭、白油桶鸭、白油板鸭、腌胗肝、缠丝兔等众多品种。店铺也由一家一户的经营模式逐渐发展为初具规模的现代化加工厂和分店企业，这样，“耗子洞张鸭子”走上了规模经营的道路。而今，耗子洞的腌卤制品更加丰富，除了樟茶鸭、盐水鸭、香酥鸭外，还有鱼香鸭、虫草鸭等风味食品。

1. 原材料——四川本地麻鸭　2. 处理活鸭　3. 熏鸭
4. 调味料　5. 腌鸭　6. 7、8、卤水卤制
9. 熏香上色　10、11. 油炸鸭子　12. 成品耗子洞鸭子

1992年，“耗子洞张鸭子”被成都市人民政府授予“成都名小吃”称号。1995年，被国内贸易部授予“中华老字号”称号。2006年，被商务部授予“中华老字号”称号。

如今，耗子洞张鸭子的代表产品“樟茶鸭”已远销国内外，北京、天津、上海等地的大饭店长年使用该店的产品，深受当地食者的欢迎。

耗子洞腌卤产品樟茶鸭，属熏鸭的一种，菜品制作非常考究。首先，作为原材料的鸭子首选的是四川本地麻鸭。这些鸭肉质细嫩鲜美，而鸭肉本身的营养价值也很高，蛋白质含量比其他畜肉高得多。鸭肉中的脂肪酸熔点低，易于消化。

传统樟茶鸭在制作时有腌、熏、炸等多道工序。首先，厨师精选多种香辛料熬成卤水腌制处理妥当的鸭肉。随后，把腌制好的鸭子放入沸水中出胚，进行基础灭菌。而后，把出胚后的整只鸭子放到熏炉里用樟树叶、茉莉花茶末和谷草燃烧时产生的樟茶烟熏香上色。这道工序十分讲究，厨师要取热烟避冷烟，取热烟淡淡的烟香，避冷烟的生烟臭。待其出炉后，用特制卤水卤制成熟，再用麦芽糖将鸭子全身涂抹待用。最后再将涂抹过的鸭子放入油锅炸至金黄色使之皮酥、肉嫩后取出宰成小块，装盘时再码成整鸭形状。在这四道工序中，以选用樟树叶、茉莉花茶叶和谷草烟熏鸭的步骤最为关键。樟树为常绿乔木，叶子为椭圆形，含有樟树特有的香气，用它与富有四川特色的花茶一起熏鸭是此菜的一大特色。

樟茶鸭装盘上席也很有艺术性。整鸭熏好后要先斩段后整形，复原于盘中，使鸭子不仅肉好吃，而且形好看。上席时配以“荷叶软饼”，供食者卷食，风味尤佳。繁琐而精细的烹调使樟茶鸭色泽红亮、皮酥肉嫩、醇香透骨、口味独特。

目前，四川省成都市饮食公司为加强对耗子洞樟茶鸭传统制作技艺的传承和保护，成立了以公司总经理为首的非物质文化遗产管理机构并制定了中长期发展规划。按公司的“专门人才计划”，特别对传承人加强培训。同时对餐厅进行了扩建、装修、改造，形成了以经营川菜名肴樟茶鸭为龙头，兼营鸭子系列菜肴和特色川菜的格局。另建有两个现代化加工厂，走上了规模经营的道路。更重要的是：经过一代又一代师傅的用心经营，独特的传统制作技艺使这百年不变的口味得以传承至今。

传承人简介

廖都成，耗子洞腌卤传统制作技艺市级代表性传承人。出生于1956年，1977年从艺，师承父亲、耗子洞鸭店第二代传人廖荣清学习腌卤制作技艺。熟练掌握了工艺流程和制作技艺，擅长腌卤制作，以制作中华老字号樟茶鸭等系列菜品为专长。他制作的腌卤制品曾在全国食品大赛荣获“金鼎奖”等多个奖项。

陈信良，耗子洞腌卤传统制作技艺市级代表性传承人。出生于1949年，1964年从艺，师从耗子洞鸭店第二代传人廖荣清学习传统技艺，对原材料质量的区分、初加工、腌制、熏制、卤制等各个工序都进行了深入的学习并全面掌握了耗子洞腌卤传统制作技艺。现专门从事腌卤食品加工等工作，擅长制作“樟茶鸭”系列菜品。他制作的耗子洞腌卤制品具有色泽红亮、咸鲜味浓、皮酥肉嫩、鲜香绵长的特点。他曾到美国纽约“荣乐园”传播耗子洞腌卤制作技艺。他制作的腌卤制品曾多次参加比赛，荣获全国“金鼎奖”等重大奖项。

（整理：陈阳）

盘飧市腌卤传统制作技艺

小档案

项目名称：盘飧市腌卤传统制作技艺
2010年入选成都市第三批非物质文化遗产名录。保护责任单位是四川省成都市饮食公司。
现有市级代表性传承人吕璘、蒋文。

盘飧市腌卤，中华老字号。“锦江川剧场旁兴基业，华兴街头味飘香。情满巴山蜀水，味系百姓万家。选料考究，配方精道；制卤独到，火候适度。姜葱大料齐，百草竞增香。料酒提鲜爽，糖汁增色亮。色似橙黄诱人，观之垂涎神往。味厚味浓味香，一尝终身难忘。酥软葩而不烂，入口滋润留香。”

“盘飧”二字早见于《左传》，“飧”是指煮熟的食物，“盘飧”指可用盘子装的食物。“盘飧市”始建于1925年，以“盘飧市”做店名，取自杜甫诗《客至》：“舍南舍北皆春水，但见群鸥日日来。花径不曾缘客扫，蓬门今始为君开。盘飧市远无兼味，樽酒家贫只旧醅。肯与邻翁相对饮，隔篱呼取尽余杯。”盘飧市直接从杜诗中截句做店名，在民国时的成都餐饮界比较罕见，高雅的店名一时在成都成为美谈。很多食客是先闻其招牌，而后到店品尝方知其味。

相传，秦代蜀郡守李冰率民众治理都江堰水利工程后，又派人“穿广都盐井”，生产出四川最早的井盐。唐宋时期，阿拉伯人、印度人将灌汤食品传入广州，形成了广式烧腊卤制品“酱香、腊香、酒香”的特色。后来，牟茂林、杨汉江、冷远举三人合议做餐饮生意，他们借鉴了广东风味卤食方法，制作卤鸡翅、

1. 传承人授艺
2. 盘飧市腌卤成品——鸭舌

1、2、3. 盘飧市腌卤制作调味料　　4. 盘飧市腌卤制作食材　　5、9. 腌制食材
6、7、10. 卤制食材　　8. 除去血水后的食材

鸡爪、鸭翅、鸭足、鹅掌及鸡、鸭、鹅的胗、肝等小货卤制品。他们把购进的新鲜原料用盐和香料码味处理后放入开水中，除去血水，再放入卤锅卤制。每次卤制食品时，要掺入一定量的高汤和老卤以确保卤水的品质。卤水的保养也非常重要。每次卤制完成后，都要留一些卤水做老卤，经多年的传承、发展，盘飧市的卤制品逐渐形成了自己的特色。

盘飧市腌卤传统制作技艺是一种将经过加工处理后的大块或整形原材料放入

卤水锅中煮熟、入味的一种烹制过程和方法。盘飧市的成菜具有色泽美观、香味浓郁、软硬适口等特点。

以腌卤制品闻名的盘飧市满足了川人“尚滋味”、“好辛香”的饮食习俗。首先，盘飧市所用原料新鲜味美，均选用当天宰杀的牲禽，从宰杀到使用不超过8小时。为保证卤水的质量，鸡翅、鸭足等小货卤制品也绝不用冷冻原料。对于豆制品、蛋类等易坏卤水的食物，则实行分锅卤制。其次，独到的火候是烹制的关键环节。腌卤制品讲究火候，一般先用大火烧开，再用中火。根据不同火力特点除掉异味，使卤制品香气四溢。再次，陈年老卤和秘制香料经过几代人传承、提炼，始终不变的是盘飧市固有的品味。

制作过程中，师傅每天都选新鲜原料:鸡翅、鸡爪、鸭翅、鸭足、鸡胗、鸭胗、鹅胗、排骨等以及盐、八角、三柰、茴香、料酒、花椒等作料，把它们按原料的异同分别腌制。随后，用氽的方式将腌好的原料放入锅中煮，滤去血水。在卤制的过程中，将氽好的原料放入卤水锅中，掺入高汤、老卤汤，再放入十余种香料制成调料包，以大火烧开卤锅，再调至中火煮至原料成熟。煮制的同时，滤去浮沫，确保汤色清亮。

盘飧市兼具川味和广味两种卤菜技艺，它因承载着厚重的饮食文化传统而跻身“中华名小吃”、“中华老字号”之列，对成都民俗民风的形成具有研究价值。

盘飧市腌卤传统制作技艺经过第二代传人牟实民、陈道发的继承、发展，传承给第三代的蒋文和吕璘。虽然盘飧市腌卤技艺工艺复杂，费工费时，生产劳动强度大，但因一代代师傅的执着与坚持，如今的盘飧市在继承传统卤菜经营的基础上，又增添了川菜筵席和各类成都风味小吃。尤引食客赞赏的是：盘飧市的卤菜、卤肉、卤猪尾、卤猪蹄、卤鸭子、卤豆筋……品种繁多，鲜香美味。盘飧市的“锅魁夹卤肉”也让食客大快朵颐。每天，随堂烤制的白面锅魁出炉后，师傅们把切成薄片的卤肉夹在锅魁里面，浇上香味浓郁的卤汁，便成为成都的一种畅销小吃。盘飧市深受广大食客青睐，每天顾客盈门，加之店堂紧邻锦江剧场，多数川剧爱好者也是盘飧市的座上客，他们使盘飧市的生意更加兴隆。

在餐饮市场的激烈竞争中，盘飧市在原有腌卤制品的基础上不断创新、发展，成为以风味卤菜为龙头，综合发展的餐饮老店。这些菜肴味道鲜美，价格实惠。正是：四海天涯一招鲜，色香味美鲜为先；风云际会盘飧市，腌卤珍禽盘中餐。

传承人简介

蒋文，盘飧市腌卤传统制作技艺市级代表性传承人。出生于1971年，1992年从艺，师承盘飧市腌卤传统制作技艺第二代传承人学习卤菜制作。全面掌握了盘飧市卤菜制作技艺和流程。他制作的盘飧市卤品既有川卤的香味，兼具广式的酱香、腊香和酒香味，深受消费者喜爱。在工作中，他以言传身教的方式把盘飧市腌卤传统制作技艺代代相传。

吕璘，盘飧市腌卤传统制作技艺市级代表性传承人。出生于1974年，1994年师从盘飧市腌卤传统制作技艺第二代传承人学习卤菜制作。全面掌握了盘飧市卤菜制作技艺和流程，在传承的同时不断创新，其腌卤制品受到广大消费者青睐并继续把盘飧市腌卤传统制作技艺予以传承。（整理：陈阳）

钟水饺传统制作技艺

小档案

项目名称：钟水饺传统制作技艺

2010 年入选成都市第三批非物质文化遗产名录，2011 年入选四川省第三批非物质文化遗产名录，项目保护责任单位为四川省成都市饮食公司。现有省级代表性传承人何长久。

水饺，古名“水角儿”，北方人读“角”为娇音，故称为饺。水饺是北方人常用的一种主食，馅心用蔬菜多于用肉类。逢年过节时，馅心十分讲究。当事时，一家人动手，有的擀皮，有的包馅，煮熟后上桌，常佐以生大蒜，合家围而食之。在四川，水饺只是作为一种小吃出现，因此馅心多用肉，制作亦讲究得多，配上特制的好汤和调料，互相补充，相得益彰。

钟水饺开业于清光绪十八年（1892），创始人后来交给该店一名叫钟燮森的主厨并经营，因其选料精、调味妙，以皮薄、馅嫩、味美著称而受顾客喜爱，于是人们将之称为“钟水饺”。因店址位于成都荔枝巷，故又称荔枝巷水饺或荔枝巷红油水饺。钟水饺与北方水饺的主要区别在于皮薄、细嫩化渣，相较之下更加注重调味。该店最为著名的食品有红油水饺和清汤水饺两种。红油水饺味微辣、

钟水饺

1. 调味品原料——冰糖　　2、7. 制作调味品　　3. 调味料——辣椒粉
4、制馅　　5、6、8. 制皮　　9. 包馅
10. 成品饺子　　11. 制作工具　　12、13、15. 煮饺子
14. 加入调味料

鲜香，咸中带甜，再配以椒盐酥锅魁，别有一番风味，深受食者喜爱。20世纪20年代，钟水饺即闻名成都，成为蓉城的著名小吃。

20世纪50年代公私合营后，钟水饺店迁至提督街，仍以经营水饺为主，一度改为成都水饺店。后来恢复了老字号“钟水饺”招牌。为扩大经营范围，该店开始制作小吃筵席和饺子宴，同时也引进了许多其他小吃和菜品，成为一家以红油水饺为龙头的综合小吃店。为了让更多的消费者品尝到这一老字号小吃，钟水饺经不断研究、尝试，将红油水饺、甜水面等袋装调料转入工业化生产，同时还将当家品种钟水饺等制成速冻食品出售，成功进入市场。钟水饺店隶属于四川省成都市饮食公司，在成都市区及周边区市县共开有7家钟水饺店，步入了规模、连锁、产品经营的发展期。

钟水饺是以冷水面团制皮，配以水打馅，包捏成饺形，煮熟后淋上红酱油、红油辣椒等调味料而成。其工艺流程为：

1. 制馅：先将生姜拍破，葱挽节并用清水浸泡，再把优质猪腿肉用刀背捶茸、去筋，用刀口排剁成极细的泥茸状。将肉茸放在盆内加精盐、料酒、味精、胡椒粉、芝麻油、鸡蛋后用力搅匀，再分次加入姜葱浸泡液，继续搅拌，直到各原料融为一体成为黏稠糊状即可。制馅过程中需要注意的是葱姜浸泡液要分次加入，不可一次加入得过快、过多。

2. 制皮：把面粉放在案板上，在中间刨呈“凹”字形，加清水抄拌成雪片状再反复揉匀成软硬适当的面团，然后饧面约15分钟。将饧好的面团搓成粗约1.5厘米的长条，再揪成剂子。将每个剂子竖放在案板上用手按扁，撒扑粉后用小面杖用力均匀地擀成直径5厘米的圆皮即成，使饺子皮的大小、厚薄、形状均匀一致，中间略厚、边沿略薄。

3. 包馅成形：取皮坯一张，把馅置于皮坯中，对叠捏成半月形即成生饺坯。

4. 煮饺与调味：用旺火沸水煮饺，生饺入锅后立即用勺搅动，防止饺子相互粘连或粘锅。水沸后加少量冷水，以避免饺皮破裂。待饺子浮上水面，饺皮起皱发亮即熟。用漏瓢捞出饺子，沥干水分后分别盛入碗内，淋上复制红酱油、红油辣椒、蒜泥、味精即成。

钟水饺的最大特点在于调味品，主要调料有两种：一为复制甜红酱油。这种酱油需选用成都地区最好的德阳口蘑酱油，加红糖、冰糖、名贵中药材等，经小火慢慢熬至汁液浓稠而成，其味咸甜浓香，浓稠挂碗，便于附着在水饺上。二为红油。选用牧马山出产的“二荆条”红辣椒，炒香后磨成粉，加热菜油炼制而成，其特点是辣而不燥、色泽红亮、香味浓郁。用以上两种调料，再加以蒜泥水、味精成为味汁，把水饺煮熟捞起，甩干水后，与味汁搅和，即成为味浓醇厚的红油水饺。钟水饺的调料比一般川味水饺更多，水饺食后剩余的调料还可供蘸一个酥锅盔食用，细嫩、干香两种风格并存，让食客感到别有一番风味。

清汤水饺用特制清汤加盐、味精调味，食时汤饺合一，其味清淡鲜美、淡而不薄、入口细嫩化渣。红油水饺与清汤水饺一浓一淡、一干一汤，风格完全不同，但都是成都水饺之佳品，广受食客喜爱。

钟水饺色白馅饱，皮薄馅嫩，滋味浓厚，集咸、甜、辣、香、鲜于一体。钟水饺闻名蓉城百余年来，仿制者众多，但终不得法，质量不如钟水饺。钟水饺作为成都家喻户晓的老字号小吃，依然一枝独秀、独领风骚。1990年，钟水饺被成都市人民政府正式命名为“成都名小吃”。

传承人简介

何长久，钟水饺传统制作技艺省级代表性传承人。1951年出生，1972年进入四川省成都市饮食公司工作，师从成都市著名厨师学习白案制作技艺，后又跟从钟水饺第二代传人学习钟水饺传统制作技艺。在全面掌握钟水饺传统制作技艺的基础上，他先后推出了多种不同风味、特色的蒸、煮、炸、煎类饺子，丰富了钟水饺“大家庭”，并带领团队推出了“成都钟水饺宴”，让这一小吃登上了大雅之堂。为适应现代消费者不同的饮食习惯，提高生产效率，保证产品质量，何长久组织制订出了钟水饺制作工艺流程和技术标准。多年来，何长久收徒多名，现已遴选出三位弟子作为钟水饺传统制作技艺第四代传承人重点培养。

（整理：周丽娜）

夫妻肺片传统制作技艺

小档案

项目名称：夫妻肺片传统制作技艺

2010年入选成都市第三批非物质文化遗产名录，2011年入选四川省第三批非物质文化遗产名录。保护责任单位是四川省成都市饮食公司。现有省级代表性传承人王钦锐，市级代表性传承人罗小兵。

旧时成都皇城附近多为回族聚居，只食用牛羊肉，忌食内脏。清末民初，一对生活艰难的夫妻选择了提篮沿街售卖“凉拌肺片”的行当。当年肺片的原料是价格低廉的牛肚、牛舌、牛头皮等，故最初被称为“废片”（可能是因“废片”二字不雅，后演变成“肺片”）。这对名叫郭朝华、张田政的夫妇购回原料后，将其洗净煮熟，切片盛于精心调制的作料的瓦盆中。经过反复实践，他们烹制的牛肚白嫩，牛舌淡红，牛头皮微黄、透明。他们所售的肺片味道鲜香，物美价廉，赢得了食客的赞赏。夫妻俩诚信经营，精心调制，配合默契：一个制作，一个出售，小生意做得红红火火。食客吃时以铜钱计数，边蘸食边计数，一时顾客云集，供不应求。

夫妻同心，其利断金。郭氏夫妇从最初提篮叫卖、摆摊出售到后来开店经营，一直齐心协力，同舟共济。“千年修得共枕眠”，说的正是夫妻相处的偶然和不易。而其中的艰辛，唯有从肺片的味道里品味一二了。“夫妻”二字给这道凉拌肺片加上的，恰是一抹耐人寻味的人文色彩。

1933年，郭氏夫妇在成都半边桥街，即今人民公园后门右侧一个单间店铺设店售卖。20世纪50年代公私合营后，“夫妻肺片”隶属于四川省成都市饮食公司。

夫妻肺片何以长盛不衰？究其原因，除了诚信经营外，还在于它极为讲究的

1、2. 夫妻肺片调味料　3. 制作卤汤　4. 卤汤
5. 切割精选牛肉　6. 清洁牛肉　7. 切割成块的牛肉放入卤汤中
8、9. 制作调味料　10. 卤好的原料晾凉　11. 切成薄片
12. 摆盘　13、14. 加入花生碎、芝麻和其它调味料　15. 成品夫妻肺片

制作工艺。“夫妻肺片”的历代厨师遵循师训，严格制作，如牛杂根据牛肚、牛心、牛舌等原料各自的特性掌握煮制时间，力求达到火候一致。卤熟的原料再配以精致的陈年卤水调味，成品始终保持颜色红亮、软和入味、麻辣鲜香、细嫩化渣的特点。夫妻肺片是成都市有口皆碑的最具代表性的小吃之一，且常用

于高级宴席的冷碟，受到中外食客的赞赏。

夫妻肺片选料严格，工艺流程规范，制作精细。制作时，先将精选并处理妥当的牛肉、牛舌、牛心、牛头皮、牛肚等用花椒、干辣椒、八角、三柰、草果、老姜、大葱等二十多种香料分开煮卤，再把卤好的原料晾凉后切成宽而长的薄片备用。成形的肺片薄如蝉翼。用筷子夹起一片片薄而不散、晶莹剔透的肺片，看着透过肺片的光影，令人不得不赞叹这千锤百炼的过硬刀工。同样，夫妻肺片作料的调制也至关重要。原汤原汁和精心调制的红油是这道菜的精髓所在。夫妻肺片的作料通常选用汉源大红袍花椒和成都双流东山所产的二荆条以及其他三十多种香料炼制而成。夫妻肺片的摆盘也很讲究，先在盘里垫上新鲜的黄芹和香嫩的葱花，再依次铺上肺片，最后佐以碎花生仁、芝麻，淋上卤汤，洒上各种调味料，一盘香辣可口、味觉层次丰富的夫妻肺片即成型。这色泽红亮，散发着牛肉、芹菜以及各种作料混合香味的夫妻肺片让人垂涎欲滴，食指大动。

而今，经过创新的夫妻肺片还分别推出了红味和白味的冷、热两类品种以满足食客不同的口味和需求。分装好的夫妻肺片的原料和作料包被放在经过精心设计的包装袋里，方便食客与亲朋随时随地分享美味。一桌正宗川菜，不能少了夫妻肺片。

从营养学的角度看，夫妻肺片中的牛肉、牛肚含蛋白质、脂肪、钙、磷、铁、硫胺素、核黄素等，具有补益脾胃、补气养血之功效。辅料中的芹菜含有丰富的蛋白质和大量纤维素，具有健胃、利尿、降压等作用。芝麻具有养血护肤、滋补养生、延年益寿等功效。

近年，位于总府路的夫妻肺片总店进行了升级改造，在装修中增加了民俗元素，突出了川西地方特色，力图把传统元素和现代风格相结合。自夫妻肺片传统制作技艺被列入非物质文化遗产名录后，四川省成都市饮食公司制定了中长期规划，从人力、物力等方面予以有效支持，对传承人加强指导、培训，对项目的传承和发展起到了积极的保护和推动作用。

传承人简介

王钦锐，夫妻肺片传统制作技艺省级代表性传承人。1979出生，1996年从四川省饮食技校成都班毕业。后到四川省烹饪专科学校、四川省成都市饮食公司龙抄手总店和北京芙蓉宾馆等餐饮机构进修。师从夫妻肺片第二代传人学习，并先后拜四川烹饪大师严乡琪、伍国华等为师。经过多年的学习实践，形成了刀工整齐、调味独特、味道浓厚的特色，熟练掌握夫妻肺片从选料、制汤、煮卤、切片到调味等工序的制作。同时开展了对菜品的创新设计，在不失传统的前提下大大增加了菜品的多样性。

罗小兵vs夫妻肺片传统制作技艺市级代表性传承人。1966年出生，1989年起从事厨师工作。从1997年8月起，师从夫妻肺片第二代传人学习，潜心研究夫妻肺片制作技艺，完整掌握了原料选取、原料氽水、配料卤制、切片加工、装盘拌制五道工艺。所制作的夫妻肺片外形美观，色泽红亮，质软化渣，麻辣鲜香，回味悠长，深受顾客欢迎。

（整理：陈阳）

邹鲢鱼传统制作技艺

小档案

项目名称：邹鲢鱼传统制作技艺

2010年入选成都市第三批非物质文化遗产名录。项目保护单位为四川省成都市饮食公司。现有市级代表性传承人黄志成、黄志高。

色香味俱佳的成品邹鲢鱼

“天府之国”美食久享盛名，大蒜鲢鱼（成都地区称鲶鱼为鲢鱼）就是川菜中一道具有代表性的家常菜式，早在民间广为流传。而有一个人却将这道菜发扬光大，使得这道家常菜蜚声海内，他就是邹瑞麟。

川西平原有句名谚“金温江，银郫县”，意为川西最富庶之地为温江、郫县。用温江酱油（滴窝油）和郫县豆瓣烹饪出来的“犀浦鲢鱼”曾经在20世纪40年代誉满锦官城。

邹瑞麟，成都郫县人氏，年少时曾在一家犀浦鲢鱼馆子里做厨工，期间得到了名师指点，学得一手高超的烹饪技艺。抗日战争时期，日本飞机时常轰炸成都。城内达官贵人、绅士名流纷纷到城外躲避，时间一久人们不免口腹生馋。精明能干的邹瑞麟看准时机在成都外西“抚琴台”附近的三洞桥边开了一个茅屋野店，自己当上了老板。

店铺开在桥头，桥下河水流至浣花溪，河中盛产仔鲶鱼。邹瑞麟就地取材，开始烹制鲶鱼出售，也卖凉粉、凉面、麻花、花生糕、豌豆糕之类小吃和“冷啖杯”。由于他制作的鲶鱼鲜美可口，不日便誉满蓉城。食客们把他的姓名与鲶鱼联系在一起，亲切地称他为“邹鲢鱼”。店名最初为“三江茶园”，后有一位常客名叫陈践石的雅士看到这里的美妙景色，于是便借用杜甫诗句中的“每日江头带醉归”之意，摘取“带江”二字赠予邹瑞麟，于是“三江茶园”遂改名为“带江草堂”。

1. 鱼篓　　2、3. 清洁鱼鳃——内脏　　4. 调味料
5. 腌鱼　　6、7. 炒香调料　　8. 加入鱼和高汤
9. 加糖调味　　10. 将烧熟的鲢鱼依序放入盘中　　11. 红汤中勾芡加麸醋
12. 将鱼汁淋于鱼上

民国二十七年（1938），国画大师张大千来到成都筹备抗日美术展览，当时负责招待他的是成都文化名人严谷孙先生，想找个风景如画的地方把酒言欢。在严先生看来，会面的地方非带江草堂莫属。于是才有以美食家著称的张大千对邹瑞麟的绝活儿大蒜烧鲢鱼赞不绝口的美谈。

此后，不少名人慕名而来。徐悲鸿、李劼人、华君武、周慕莲、巴金、郭沫若、沙汀等都曾是带江草堂的座上宾，当时四川军政界的邓锡侯、田颂尧也常来这间乡间野店光顾。

张大千曾说："开那酒家的定非俗人，很会选择地势，店傍小河，窗舍竹影，路通南北，酒旗招客。"郭沫若在品尝过邹鲢鱼后曾题诗："三洞桥边春水深，带江草堂万花明。烹鱼斟满延龄酒，共祝春风万里程。"1958年陈毅元帅来到带江草堂，留下了至今仍挂在带江草堂门柱上的诗句："野店观农稼，清溪饮酒来。"著名画家赵蕴玉画了"浣花鱼"一副，题词中写道："庚申白露小酌，漫兴于三洞桥畔，著名厨师邹瑞麟同志，烹鱼技术，尤称绝伦，书此奉赠。"

大蒜烧鲶鱼是邹瑞麟的绝活，制作的成菜色泽红亮，酸甜微辣；鱼肉细嫩鲜香、味醇，大蒜软糯、蒜香浓郁。邹鲢鱼的制作需要"三大宝"：郫县豆瓣、温江独蒜、犀浦鲢鱼。其制作方法主要包括：

第一，热锅温油放入郫县豆瓣、姜蒜米子及大蒜，煵香至呈红色。掺高汤烧至出香；

第二，将宰杀洗净的仔鲢鱼下锅小火烧熟，加入川盐、白糖、料酒、醪糟等辅料；

第三，将烧熟的鲢鱼依序盛入盘中。锅内红汤勾芡至透红透亮，再加麸醋。将鱼汁淋入盘中鲢鱼上即成。

邹鲢鱼传统制作技艺是成都地区传统美食的代表作之一，也是成都饮食文化的重要组成部分。数十年来文人墨客留下的诗词画作更为其增加了深厚的文化内涵。

传承人简介

黄志成，邹鲢鱼传统制作技艺市级代表性传承人。1957年出生于烹饪世家。黄志成自1977年从事烹饪工作以来，遵从秦绍都大师的教导，始终坚守"术业专攻，精益求精"的人生信条和技术格言。他几十年来，一直勤奋学习和钻研川菜烹饪技术，完整传承了邹鲢鱼传统烹饪技艺。1993年，成为"邹鲢鱼"传统技艺的掌门人，使其精湛的"邹鲢鱼"传统技艺，得以传承。

黄志高，邹鲢鱼传统制作技艺市级代表性传承人。出生于1975年， 1994年从业，进入带江草堂饭店工作，先后得到众多川菜烹饪名师指点。2001年起，拜邹鲢鱼第二代传人为师，潜心学习邹鲢鱼的传统制作技艺。制作的邹鲢鱼曾获得"精品川菜金奖"等重大奖项。　（整理：穆天钊）

秦川号羊肉汤制作技艺

小档案

项目名称：秦川号羊肉汤制作技艺
2010年入选成都市第三批非物质文化遗产名录。保护责任单位为青羊区文化馆。

寒风起，羊肉肥，冬季自然就成了吃羊肉的季节了。说起吃羊肉的习惯，最早可以追溯到元代。当时宫廷太医忽思慧所写的《饮膳正要》记录了元代的食谱，其中羊肉菜占80%，独具鲜明的游牧民族特色。到了清代，羊肉的吃法更是发展到极致。从乾隆爷下江南的饮食档案来看，羊肉的吃法更是丰富多彩。羊肉含蛋白质、脂肪、碳水化合物、维生素Bl、维生素B2、尼克酸、钙、磷、铁等。其性温，温中散寒，化滞，健脾益气，温补肾阳，深受国人喜爱。

成都人都有个习惯，立冬就喝羊肉汤。但是，在大街小巷的众多羊肉店中，唯有一家是老成都味的羊肉馆，那就是拥有百年历史的老字号羊肉汤——秦川号。

秦川号是一个可追溯到清朝末年的百年老店。当时，富甲一方的秦家，不仅拥有两艘大船，还有上百亩牛羊屠宰场。1902年，为拓展生意，秦家又开起了专卖羊肉汤的馆子，取名为“秦川号”。这也是成都至今唯一一家传统手工羊肉汤，开业以来一直受到成都人世世代代的青睐。在“文化大革命”时期曾被当时政府没收，归属于东城区饮食公司名下，改革开放后再度清理归还给秦氏家族，现由秦氏家族第四代掌门人秦其昌执掌。

羊肉汤既能进补又能防寒，所以大受老百姓喜欢。可羊膻味重，所以许多地方在熬羊肉汤时，都会放入姜和胡椒。但唯独秦川号羊肉汤，就偏偏不放这两

1. 秦川号外景
2. 秦川号新鲜的羊肉
3. 店内秦川号历史的牌匾

1

2

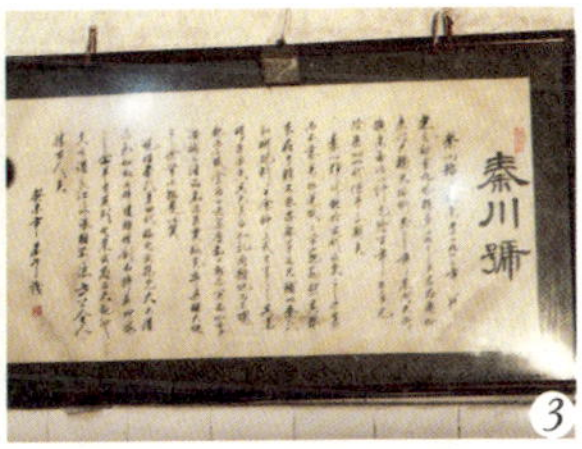
3

样，制作出的羊肉汤不仅不膻，还鲜美无比。

作为成都保留至今的唯一一家成都传统羊肉汤馆，秦川号在整个炖煮烹饪过程中依然保留着成都羊肉汤的传统做法，不添加葱、姜、蒜、胡椒等燥性调料压盖羊肉的膻味。使用秦川号祖传方法进行炖煮，并保留羊肉鲜味，不膻，不燥，温补。成都传统羊肉汤的大锅与其他的熬制汤锅有所区别，最大特点在于锅中有一大盆水，水盆中盛满凉水，在熬汤的时候在大锅中央起到冷却降温的作用，使汤在大火熬制的过程中不会出现焦煳现象。

秦川号羊肉汤制作原材料的选用必须是土羊肉，在宰杀后不得经过冷藏使用。在下锅前两小时对羊肉进行剔骨，方法为人工使用传统刀具进行剔骨，剔骨时不得将羊肉割断，剔完后保持骨架与羊肉的整体性，便于下一步操作。整个炖制过程需要3小时左右的大火炖煮。首先将羊头，羊骨下锅，约1小时后将羊肉主体部分下锅。开锅后再下入羊腿与剔骨肉部分。其间分三次将大火调为中火再下入秦川号相关配方。在第2–3小时中，分时将不同部位的肉类起锅，骨头继续留在锅中中火炖煮。肉类起锅后，不同部位的肉做不同菜肴的使用。肩胛与剔骨部分做粉蒸羊肉使用，身体主要部分做汤锅使用，腿部与肋条做炒菜使用。

秦川号羊肉汤区别于现在大街小巷的其他羊肉汤馆，其吊汤的手艺是秦家一代一代传下来的，汤啥子颜色、羊肉冒好久、啥子味，都是祖上有规定的。惹得老成都人，冬天吃，夏天也吃。秦川号羊肉汤制作技艺祖传秘方是祖宗传留下的宝贝，传男不传女，传内不传外。秦川号的客人中，大多都是来吃了几十年羊肉汤的老成都人，他们对秦川号的感情非常之深。冬天的时候，每天早上起床去秦川号喝一碗羊肉汤已经是许多老成都人戒不掉的习惯。现在的秦川号里，不仅有传统的羊肉汤，还增加了炒的、蒸的、水煮的等几十个品种的全羊系列菜。

由于秦川号羊肉汤各个环节均为人工手工操作，这既是它的可贵之点，也是它的困扰之处，再加以成都地区的气候特点，秦川号自开业以来一直是每年4–9月歇业，10月到第二年4月营业。这本身就给此手艺的经营者的经营情况造成了巨大的困难。另外，秦川号现掌门人秦其昌已是60多岁高龄，在营业期间均是每天凌晨4点起床开门调汤，自己掌握着秦川号羊肉汤的调配秘方，至今仍无任何第2个全面掌握此技术的人。

（整理：彭云思）

传统金铜制作技艺

小档案

项目名称：传统金铜制作技艺
2013 年入选成都市第四批非物质文化遗产名录。项目保护责任单位为都江堰市文化馆，项目传习所为成都精庐雕塑艺术研究所。现有市级代表性传承人刘建。

四五千年前，古蜀先民逐渐从川西北高原沿岷江河谷迁徙到成都平原，他们在这块肥沃的土地上辛勤垦殖，创造出灿烂的“蜀文明”。距今三四千年前，成都平原就已形成了高度发达的三星堆文明，它不仅是古蜀文化发展的一个巅峰，也是中华民族长江文明的一个重要源头。据考古发掘和文献记载，成都地区的青铜铸造业在三星堆和金沙文化时代就已经十分发达，于战国时期达到辉煌的顶峰，出现了錾刻、鎏金、错金银、镶嵌、金银平托等技术。这些传统金铜工艺技术所创造出的艺术品涉及宗教器物及日常生活用品，它不仅满足了人们生活和生产的需求，同时也以实物的形式见证了成都历史文化的不断变迁。

传统金铜制作技艺在巴文化区、蜀文化区、攀西文化区、川西高原文化区四个文化区域中均有分布，其中在蜀文化区（包括成都、绵阳、德阳、遂宁、雅安、眉山、资阳、乐山、广元西部、自贡和内江凉山彝族自治州）和川西高原文化区（包括阿坝藏族羌族自治州和甘孜藏族自治州）两个区域内保存的相对完整。

传统金铜制作技艺综合古今艺术手段，是多种技艺的大融合，其制作流程主要有三大步骤：第一步为铜件铸造；第二步是手工打磨、抛光、整理；第三步是根据器形以特制的錾子和独特的錾刻技法按照图纸进行加工。其中錾刻技法是传统金铜制作技艺的核心。

錾刻技法是在设计好器形和图案后，按照一定的流程，以特制的工具在金属面上加工出千变万化的图案。完成一件精美的錾刻作品除了要求操作者有良好的技术外，还要能根据不同的加工对象打制出得心应手的錾刻工具。“錾活”操作

1. 传统金铜复原工艺——仿圆明园十二生肖兽首之鼠首
2. 传统手工技艺制作还原——十二生肖兔首

时使用的成套錾子都是根据器物的形状要求自制的，一般是用铁质材料打制，焠火后钢化而成。加工錾子时，需将铁质材料前端锤打、错磨出所需要的形状，经焠火处理，然后在油石上反复打磨、调试，使之合用。最常用的錾子有大小不等的勾錾、直口錾、双线錾、发丝錾、半圆錾、方踩錾、半圆踩錾、鱼鳞錾、鱼眼錾、豆粒錾、沙地錾、尖錾、脱錾、抢錾等等。

常用的錾刻技法有以下两种：

1. “错金银”技法。“错金银”最早始见于商周时代的青铜器，主要用在青铜器的各种器皿、车马器具及兵器等实用器物上的装饰图案。这种工艺是用铁工具在青铜器的表面凿刻成图案浅漕，将金银片或丝嵌入漕内，用错石磨平滑，故称“错金银”。到春秋中晚期这一技法才逐渐兴盛起来，是我国古代科学技术发展到一定阶段的产物。

2. 镶嵌技法。镶嵌技法具有悠久的历史和独特的风格。殷商时代的铜器曾有错金和错金嵌玉的装饰纹样出现。随着工艺的发展，出现了供王宫贵族们玩赏的镶嵌画。镶嵌画虽然比较少，但仍可以从帝王御花园的长廊和一些建筑中发现。除平面镶嵌外，也可以在浮雕上进行镶嵌，这种浮雕镶嵌更能增强画面的立体感。明清以后这种浮雕镶嵌的方法被广泛地运用在各种工艺品的装饰上，同时清中晚期也出现了在不同的“地子”上。镶嵌方法有直接镶嵌法、预制法、反贴反上法、正贴正上法。镶嵌的材料有天然彩石、卵石、贝壳、螺钿、宝石、玉石和人造的玻璃料器、陶瓷、木料等。

传统金铜工艺制品依造型可分为平面的板材敲制器（俗称片活）和立体的铸造加工器（俗称圆活）。依成品类型可分为：

1. 香炉类：如九龙有象、祥龙桥耳熏炉、龙狮熏炉、松柏同春盒、龙纹熏炉、君子熏炉、吉祥熏炉、狮首耳三足炉、獬豸熏炉、福寿熏炉、如意熏炉、兽足文狮熏炉、仿宣德香炉、大狮首耳熏炉、筒式炉等。

2. 笔筒类：如香远笔筒、梅花笔筒、嬉戏笔筒、菊花笔筒、都江堰笔筒、李冰笔筒、罗汉笔筒、茅庐笔筒、太阳神鸟笔筒、南海笔筒、牧羊笔筒、道德经笔筒系列、仙鹤笔筒等。

3. 镇纸类：如古琴镇纸系列、龙形镇纸等。

4. 仿制文物类：如仿长信宫灯、仿圆明园虎首、仿圆明园兔首、仿圆明园鼠首、熊猫雕塑摆件、仿大克鼎、仿盂鼎、仿宣德香炉、仿鱼尊、仿邓仲牺尊、仿伯距鬲、

1. 金铜手工制作之镶嵌工艺
2. 传统金铜制作之错金工艺
3. 金铜手工制作之錾刻工艺
4. 小钵内的錾子（金铜手工制作工具）
5. 用于镶嵌的各种宝石
6. 错银博山香炉
7. 镶嵌工艺凤凰笔筒
8. 圆钵香炉（雕花面）

仿铜镜、仿鸟尊、仿勾连雷纹双流爵等。

5. 艺术茶具类：如蛟龙出水艺术茶盘、双虎茶盘、平湖秋月茶盘、富贵长寿桌、功夫茶几等；艺术品类：如关公像、假面系列、玛丽莲·梦露系列、剑齿虎、如意招财猪等；佛像类：如普贤骑象、文殊菩萨、绿度母、阿弥陀佛、布袋和尚等。

传统金铜制作技艺以铜为载体，以錾刻为灵魂，以金银宝石为装饰，将中国文化融入其中，见证了中华民族的聪慧和创造性。历史上的金铜工艺生产是为了满足当时王族的生产和生活需求，同时也见证了历代封建王朝的兴衰。传统金铜制作技艺集合了传统塑造工艺、金银工艺、宝石工艺和铜加工工艺，对现代工艺艺术生产仍有着现实的指导和借鉴作用，对中国文化产业的发展具有重大意义。传统金铜制作技艺集中体现了几千年来人们对铜这种金属冶炼、熔解，加工的深刻认识和运用，更对利用古法考证、修复、复制珍贵青铜等金属类文物提供了重要的技术支持，具有重要的科学价值。

传统金铜制作技艺操作过程复杂，技术难度大，要求操作者具备良好的综合素质，既要有绘画、雕塑的基础，又要掌握钳工、锻工、板金、铸造等多种技术，对传统文化还要有较高的理解力和鉴赏力。因此，没有经过长期刻苦的学习和钻研是不能很好地掌握这项技艺的。

2005 年，成都精庐雕塑艺术研究所在都江堰市川苏工业园开办，主要从事传统金铜制作技艺的保护、传承和研究工作。2014 年该研究所被评为第二批成都市非物质文化遗产项目传习所，现有固定学徒二十余人。

传承人简介

刘建，传统金铜制作技艺市级代表性传承人。出生于 1965 年，先跟随原四川省雕塑院院长谭云学习雕塑，后师承于传统金铜制作老艺人谢君尧。通过多年努力，刘建全面掌握了传统金铜制作技艺的全部流程和工艺。他曾运用传统金铜手工技艺复制出圆明园兔首、鼠首、虎首等相关作品，并开发出了一系列符合现代审美和生活需求的精美工艺品，如艺术茶具类的蛟龙出水茶盘、艺术茶盘、双虎茶盘、平湖秋月茶盘、富贵长寿桌、功夫茶几；艺术品类的关公像、假面系列、玛丽莲·梦露系列、剑齿虎、如意招财猪等。刘建以口传心授方式带出王文兵等二十多名徒弟，将传统金铜制作技艺传承下去。成都电视台、成都商报等多家媒体多次对其技艺和作品进行报道。（整理：穆天钊）

军屯锅魁制作技艺

小档案

项目名称：军屯锅魁制作技艺

2013年入选成都市第四批非物质文化遗产名录，项目保护责任单位为彭州市文化馆。

成都被称为美食之都，是因为这里不仅有名满天下的川菜，更有秀色可餐的小吃。说到成都的名小吃，很多来过成都的人都会津津乐道一番。在成都众多的名小吃中，有一种小吃，被大家称为千层香酥饼，但其与传统的饼相去甚远，自成特色，深受人们喜爱，这就是军屯锅魁。

关于军屯锅魁有一段历史。由名可知，军屯锅魁应与军事、战事之间有一定的联系。军屯锅魁发源地为相传三国时蜀将屯兵扎营的地方——军屯镇，即现今彭州市军乐镇。《军乐镇地名录》中有记载：“相传三国时蜀将姜维，明末张献忠等部相继在此屯兵垦田、休养生息。”又据武侯祠三国文化专家推证，当年姜维在此将烤制蜀军干粮的方法传给百姓，由此而成为了军屯锅魁的起源。每年正月十六是军屯锅魁的开灶日，这里的锅魁店至今都要焚香行礼祭拜姜维。可以说军屯锅魁见证了三国文化的历史。

军屯锅魁制作技艺和许多优秀传统技艺一样，经过了几代人的不断改进，逐渐形成了一套自己独有的体系。最早的锅魁都是白面锅魁，第二代传人王千益在其中添加了花椒、盐和葱花做成了椒盐锅魁和葱油锅魁。到了第三代传人马福才开始加入油渣、肉末，尤其是取用当地一口名叫香水井的井水后做成的千层酥锅魁，使得军屯锅魁口味极大提高。

军屯锅魁的制作虽简单但精细。所需制作材料为：面粉、鲜猪肉、菜油、花椒、胡椒、生姜、香粉、精盐、鸡蛋、香葱、味精、芝麻、老面、食用碱、香水井井水。具体做法是：用38℃温热井水和面后加老面揉匀放置一定时间，再加碱揉匀发酵；将鸡蛋、猪油加面粉和匀，制成蛋酥；将姜葱和猪油剁细，与香粉、花椒粉、胡椒粉、盐、味精拌匀成肉馅；将发好的面揉、甩后搓成条，摘成剂子，摔打成条，抹上猪油、蛋酥，再放上鲜肉馅，裹成圆筒，沾上芝麻，压扁擀圆；最后将面坯放上鏊子，加生菜油用中火烙至两面微黄，再放入炉膛，两面各烘烤到恰好时出炉。

一个成品的军屯锅魁往往具有色泽金黄、层多酥脆、入口化渣、香味浓厚、

1. 经发酵后加入调味料的面团
2. 压扁擀圆，放上鏊子
3. 两面微黄后放入炉膛烘烤

细嫩酥松、鲜味悠长的特点，令食客垂涎三尺，口腹溢香，流恋忘返。军屯锅魁以其独特的魅力，成为了“吃货”们食单上的“座上宾”。

军屯锅魁记载的也是一种文化。它承载了传统文化符号和地方文化，蕴含着丰富的本土民间饮食文化，是蜀地文化的一种代表。这项技艺的制作从单一到丰富，从简单到精细，又依靠代代相传的经验与技巧，与其他的锅魁制作相比，用料更考究，程序更复杂，做工更精细。且经过上百年的变迁发展，军屯锅魁以其独特的魅力从一个小镇走上了成都名小吃的榜单，赢得了自己的荣誉，成为了“美食之都”的一张名片。

军屯锅魁不仅是一项技艺，它更实现了向特色产业的转变，对当地经济的发展起到了极大的推动作用。但随着当今商业大潮的不断冲击，人们对该项技艺渐渐变得学而不精或精而不用，很多年轻人对传统民间文化缺乏足够的了解和认识，耐得住寂寞而认真学习此项技艺的人越来越少，使得该项技艺存在极大的失传隐患。如今的大多数号称军屯锅魁的店家，都没有完全按照传统方法操作，致使该项技艺中文化成分不断丢失。又由于军屯锅魁的名声大噪，人们对它的需求量成倍增长，而社会现代化进程的加快和市场需求的不断扩大，使得军屯锅魁产业化生产模式初现端倪，这将使此项技艺的传承受到更大冲击。为此，彭州市相关部门本着保护此项非物质文化遗产的原则，投资几千万元统一规划军屯锅魁店铺风格，完成上亿投资的三国文化打造规划。同时，积极协调解决项目技艺传承和项目生产中的各种困难，协调解决企业资金周转问题，并给予培训基地用地和店铺用地政策优惠。并通过举办技艺培训班等形式做好技艺的传承和保护工作。

中国的传统技艺是我们的珍宝。采取积极有效的措施对军屯锅魁进行保护，不仅是对我们一种技艺的挽救，更是对一种文化的尊重。（整理：方雨馨）

蒲江米花糖制作技艺

小档案

项目名称：蒲江米花糖制作技艺
2013年入选成都市第四批非物质文化遗产名录。项目保护责任单位为成都派立食品有限公司，项目传习所为成都派立食品有限公司。

稻米是中国人的主食之一，中国也是最早用文字记载水稻品种的国家。在距今已有七千余年历史的浙江余姚河姆渡新石器时代遗址和桐乡罗家角新石器时代遗址中，均出土有炭化稻谷遗存。在《管子·地员》篇中记录了10个水稻品种的名称和它们适宜种植的土壤条件。宋代还出现了专门记载水稻品种及其生育、栽培特性的著作《禾谱》，各地地方志中也开始大量记载水稻品种，此时的水稻已是籼、粳、糯分明，早、中、晚稻齐全。米花糖就是利用水稻中的一个品种糯米加工制作而成的。

蒲江米花糖又名猪油米花。史料记载，蒲江米花糖始于唐宋，精于明清，极于现代。在唐朝中期，蒲江便是有名的南方丝绸之路和茶马古道的重要集散地。人们为了解决来往旅途中的口粮问题，便将糯米经过发酵、砂炒等膨化过程做成香脆化渣、食用方便、易于携带保存的干粮——米花糖。自此，米花糖深受商贾的喜爱，并经由南方丝绸之路而声名远播。

蒲江米花糖的品质和蒲江的地理环境密不可分。蒲江县地处北纬30° 附近，位于成都平原西南缘，气候温和多雨，日照偏少，非常适合水稻等米花糖原料的生长以及糯米的自然阴干，这也从源头上保证了米花糖原料独一无二的品质。

蒲江米花糖的制作，需选以当地优质糯米，配以白糖、饴糖、植物油、花生、芝麻等原料，经过清洗、浸泡、蒸煮、晾晒、分级、烘炒、膨化、配料拌和、成型、包装等十道传统工艺方能制作成功。

蒲江米花糖的制作工艺程序要求极其讲究。如清洗，要以不见浑水为宜；浸泡则要保证原料充分吸水，均匀润湿；蒸煮的时间是个难题，不容易把握，时间过短，糯米熟化不透，不均匀，膨化效果差，蒸煮时间过长，糯米糊化过度，米粒粘连，不易分散；晾晒需要将蒸熟的糯米制成阴米。不能曝晒，否则水分挥发过快，阴米裂口就会直接影响产品品质。蒲江米花糖的质量其实就得益于当地得天独厚的气候，长年日照偏少，气候湿润，非常适合糯米的自然阴干；在烘炒中，要控制阴米不曝花为宜；到了膨化环节，需要特别注意火候，既不要火色过

1. 油锅膨化　2. 浆米　3. 糖锅拌和
4. 成型分切　5. 成型分切完成　6. 包装

老，也不能太嫩，以白色酥脆为最好。烘炒之后，将白糖、饴糖和水同时下锅，熬制成糖液，放入炸好的米花、芝麻、花生，调拌均匀，倒入匣内擀平压紧，再按工艺要求制作成型，确保厚薄均匀，无缺角掉边，无撒子。

通过对传统技艺的准确掌握和洁净严密的包装，最终色鲜味美、香甜爽口、酥脆化渣、回味清香、老少皆宜的蒲江米花糖便做成功了。

清朝时期，米花糖成为蒲江人春节祭祀祖先的供品和走亲访友的年货礼品。光绪年间，蒲江米花糖还被选入宫廷，成为宫中的一道常备的点心。

蒲江籍抗日名将李家钰将军在1938年春北上抗日的时候，还曾多次以家乡的米花糖慰劳鼓舞将士，使得蒲江米花糖在山西、陕西两地名声大震，颇受好评。

20世纪四五十年代，蒲江米花糖一度繁荣。各糖果作坊开始批量生产米花糖，以城关的“聚香村”、“荣吉祥”、“永和号”和寿安镇的“同鑫号”生产的产品为佳。“鹤山牌”米花糖在1979−1985年期间获得四川省同行业评比及省商业厅、国家商业部、成都市商业局优质产品奖。

1988年，正宗蒲江米花糖的传人陈贵良主动请缨，申请担任即将倒闭的成都市川蒲食品厂厂长，广收学徒，教授技艺，从原材料选择、生产工艺的每一个流程等对员工进行培训，让蒲江米花糖传统制作工艺得以继续保留和传承。2002年，陈贵良创立了成都派立食品有限公司，采用现代化的管理模式，绿色天然的制作原料，独树一帜的传统工艺，让传统技艺的蒲江米花糖走出中国走向世界，川蒲的产品出口到美国、日本、新加坡、新西兰、澳大利亚等国家及地区。蒲江米花糖已成为蒲江当地的一张独特名片。2014年该公司被评为第二批成都市非物质文化遗产项目传习所。

（整理：赵媛媛）

蒲砚制作技艺

小档案

项目名称：蒲砚制作技艺

2013年入选成都市第四批非物质文化遗产名录。项目保护责任单位为蒲江县鸿宇传媒装饰部，项目传习所为蒲江县鸿宇传媒装饰部。现有市级代表性传承人赖庆良。

蒲江多石，石头中的珍品，即蒲石。蒲石，产于熊坡背斜上三迭系须家河组，出露于东北盐井沟、光明响水滩、朝阳大王井。其石色青带紫，冷润细腻，通常取其石心雕刻为墨砚称蒲砚。蒲石的主要产地在蒲江长秋山盐井沟和响水滩及大王井一带，其石多彩，有鸡肝色、青紫色、冻青色、蕉叶白、鳝鱼黄等，以鹤山镇蒲砚村之盐井沟产的青紫色和鸡肝色蒲石为最佳。蒲石稀有独特，其形状及质地非常适合制作砚台，可与端砚、歙砚等名砚媲美。蒲砚制作目前主要分布在蒲江县光明乡响水滩一带。

砚为文房四宝之一，自文字发明起，古人即用砚台磨墨书写，因此其历史悠久、文化深厚。自汉代起即有工匠采蒲石制砚，为文人雅士所使用和珍藏。宋代邑人魏了翁携蒲砚进京应试，因蒲砚研墨不易凝冻，书写流利，墨迹清晰，而名震朝野。黄云眉在《明史考证》中，对蒲砚极其赞誉，他借用元朝诗人宋无《古砚诗》里的“雕光发炯成禹璧”一句来大加赞叹。明清时期，蒲砚便与攀枝花的

精美的蒲砚作品

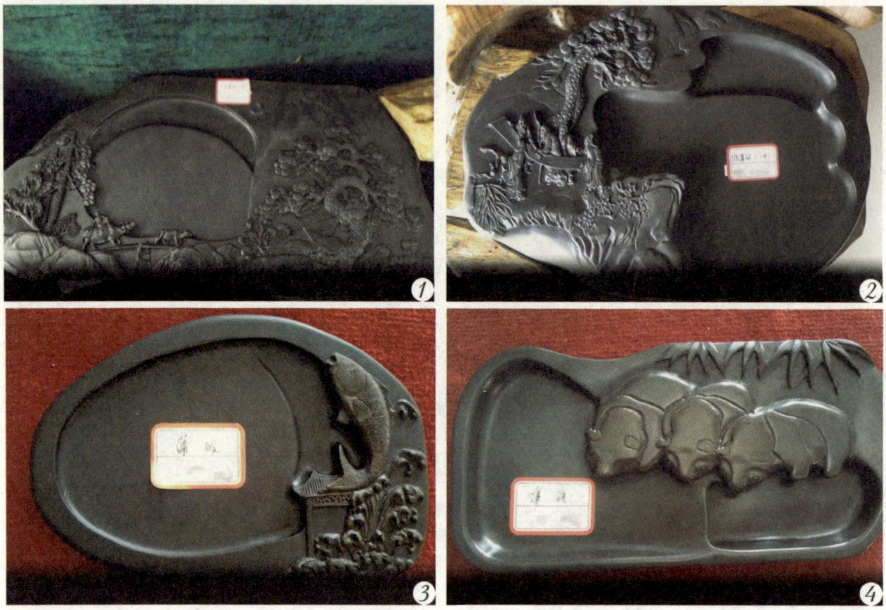

1. 蒲砚——松
2. 蒲砚——苍松与老者
3. 蒲砚传统图案——鱼跃龙门
4. 蒲砚——国宝

苴却砚、广元的白花砚并称为蜀中三大名砚。清康熙二十五年（1686）陆应阳的《广兴记》中“蒲江石”篇记曰：“邛州蒲江产，作砚发墨。”清末学者扬子元在其《蒲江乡土志》中称道蒲砚“色青而紫，质温而坚”、“临寒不冰，当暑不涸”。

据统计，民国时期三十多年中，蒲砚总产量约吴茜方。1979年，温江地区工美公司与蒲江县二轻局商定，由蒲江轻机厂承头恢复蒲砚生产，产品质量有较大提高，造型优美，具有浓厚的民族色彩和地方特色，受到社会各界和国际友人的赞誉。21世纪以后，蒲砚因其“冷润如田黄，细嫩胜端溪，抚之如婴肤，研墨细腻，书写流利，不损笔毫，夏不干涸，冬不凝冻”等品质而受到世人关注，成为书画家和收藏家追逐的珍品。

蒲砚制作分为采石、选石、设计、制作、打磨等工艺，选取质量上乘石料，保持其自然形态及边皮；精心设计图案，使其石头不失自然之美；雕刻以手工制作为主，机器制作为辅，保持其特有的工艺价值；精心打磨，尽显石质之美。蒲砚为文房四宝中的佳品，其品质可与端砚、歙砚媲美，主要特征为冷润如田黄，细嫩胜端溪，抚之如婴肤，磨出的墨汁色泽鲜亮，浓淡均匀，发墨不损笔，天寒不冻墨，书写流利生辉。蒲砚传统雕刻技艺精细复杂，具有很强的技术性和艺术性，制作工匠需经严格培训和学习，具有较高的文化艺术修养和雕刻技艺要求。

中国蒲砚创作基地现存有宋代至民国时期蒲砚多方，宋代和明清时期蒲砚制作简洁大方，主要体现其实用性。民国时期蒲砚图案较为复杂，以山水、花鸟为主，既体现其实用性又具有观赏性。新中国成立后制作蒲砚注重艺术性，图案丰富多彩，题材广泛，造型各异，方寸之间尽显自然和艺术之美，有寿星献桃、太白醉酒、梅兰竹菊、金鱼、荷花等形制。

蒲砚制作工匠在民国时期有记载的有张世英、陈子轩、杨泽华、金殿臣、张云光等人。新中国成立后金殿臣等人继续传承其技艺。20世纪90年代起天华镇石雕杨氏家族传人杨忠正及赖庆良等传承蒲砚制作工艺，专事蒲砚雕刻制作，每年能刻制蒲砚五十余方。其砚台制作风格独具特色，根据石材现状制作的砚台千姿百态，各种造型熠熠生辉，形神兼备，灵秀隽美。

蒲砚因其石材难得品质优良而珍贵，而蒲砚制作集绘画、书法、雕刻等艺术于一体，具有深厚的文化内涵和艺术价值。一方看似普通的石头，制作成砚，就集文化与艺术于一体，不但具有实用性，还有观赏性，极具收藏价值，既是物质财富又是精神财富，可以永久传承。

蒲石为不可再生资源，现存数量较少，由于过去采石太多，加上只取其大的优质石材，小块石材被抛弃或掩埋，蒲砚村采石之洞已坍塌堵塞；民间蒲砚制作工匠较少；工匠的文化艺术修养及技艺水平也急需提高。

2011年9月，蒲江县鸿宇传媒装饰部赖庆良与杨忠正成立“中国蒲砚创作基地”，竭力保护蒲石资源，传承和研究蒲砚雕刻技艺，并不断创新和发展，使蒲砚制作成为一项独特的民间技艺，让蒲砚焕发出新的光辉。基地聘请的民间蒲砚制作工匠，在继承传统蒲砚生产工艺的基础上，不断发展和创新，融传统技艺与现代加工技术于一体，使蒲砚雕刻技艺更精湛，题材更加广泛，以人物、山水、花鸟等为造型，使其更加熠熠生辉，使即将濒临灭亡的蒲砚制作工艺得以继承和发扬，使具有悠久历史和深厚文化的蒲砚制作进入一个继往开来的时期。

2011年，赖庆良与杨忠正雕刻的蒲砚作品代表第六届中华国际养生论坛参展，《蒲江县志》登载其雕刻蒲砚图片。2012年12月，中国蒲砚创作基地成功申报“了翁蒲砚”商标。此申报项目旨在为了更好地保护和开发蒲砚资源，研究和传承蒲砚制作技艺，使蒲砚这朵即将枯萎的古老文化艺术奇葩开得更加艳丽。2014年蒲江县鸿宇传媒装饰部被评为第二批成都市非物质文化遗产项目传习所。

传承人简介

赖庆良，蒲砚制作技艺市级代表性传承人。出生于1967年，师从蒲砚制作技艺传人孙效斌。全面掌握采石、选石、设计、制作、打磨等工艺、工序。作品朴素大方，图案生动形象，雕艺精湛，集文化与艺术于一体。代表作有获得国家级优秀奖的《晚归》等。他对蒲砚资料进行系统的收集、整理、分类、记录，建立健全了蒲砚档案，自筹资金建立了蒲砚技艺传承基地和蒲砚作品技艺展示馆，用文字、图片、录像等形式保护保存蒲砚资料。多次参加全国各地艺术交流和现场演示活动。带有王国松、倪成杰、杨天文、谭安洪等四位徒弟。 （整理：张晶明）

邛茶制作技艺

小档案

项目名称：邛茶制作技艺

2013 年入选第四批成都市非物质文化遗产名录。项目保护责任单位为四川省文君茶业有限公司。

鲜叶采摘

中国被称为茶的故乡，不仅是因为这里的土地孕育出世界最早的茶树，更因为这里的人们将茶视为生活的一部分。人们常说："开门七件事， 柴、米、油、盐、酱、醋、茶。"四川又是最早开始饮茶的地区之一， 制茶、饮茶历史悠久。《茶经》上说："茶者，南方之嘉木也。……其巴山峡川有两人合抱者。"《茶经》所记全国产茶共三十一州，四川就占了八州，包括今天的彭县、绵阳、眉山、邛崃、雅安、泸州、重庆、广汉等地。文学家苏轼也曾在文章中提到："邛、蜀、彭、汉、绵、雅等州……人户以种茶为生。"而在四川省内，邛茶可谓是代表性的名茶之一。

邛崃产茶，其历史可以追溯到秦汉时期。西汉著名辞赋大家司马相如品邛茶有感，写下著名的《凡将篇》，此为我国古籍中首次提到茶叶的文字。茶圣陆羽在《茶经》一书有这样的字句："万担茶乡，唐代闻名。"宋人黄庭坚《满庭芳•茶》："归来晚，文君未寝，相对小窗前"，将文君与茶历史与文化融为一体。据史料记载，当时邛州茶就与嘉州、雅州所产的茶叶齐集于中国最早的茶业市场——武阳（今彭山双江镇，与邛比邻），又随着马帮的铃声而香飘九州。"邛州盛产茶"，《新唐书•地理志》还将邛州和雅州列入全国产茶的十七州之内。在清嘉庆年间，邛崃已年产茶叶１００万公斤以上。现代文豪郭沫若《题文君井》云："用以烹茶涤尘思，清逸凉无比。"使邛茶更加声名大振。

在闻名于世的"茶马古道"上，邛崃是一个重要的驿站，邛茶自然成为"茶马古道”上茶叶交易的重要组成部分。据专家考证，古时的茶马古道主要线路有两条，其中一条就是从现今的邛崃临邛古镇出发，经雅安、泸定、康定、理塘、昌都、拉萨等地，到达尼泊尔、印度。由于藏族人更加喜欢邛崃和雅州等地的川茶，茶马古道的路线基本以川藏为主。随着茶马互市的盛行，当时的雅安成为交易的中心，而在雅安茶当中，邛茶占了相当大的比例，附近郊县的茶农均将茶叶运送至邛崃，经雅安辗转至茶马古道。因此，邛崃在当时的成都平原上就有了“小茶都”的美称。

邛崃出好茶与其所处的地理环境是密不可分的。邛崃是公元前331年与成都同时建成的巴蜀四大历史文化名城之一。邛崃地处于四川盆地西部边缘，面积1384平方公里，地势西高东低，境内山、丘、坝俱全，东北部为平坝，西南部为山丘；白沫江、文井江、绌（音）江河 、南河和玉溪河流经境内，全境气候温和；雨量充足，年降水量为1117.3毫米。其茶叶生产基地海拔600－1000米，终年山清水秀，竹木苍翠，峰峦重叠，云雾缭绕，自然生态环境良好，微风拂煦，爽气袭人，向阳不燥，背阴不冷，雨露滋润，土地肥沃，土层深厚，年平均气温16.3℃。因其地形、地质、水质等自然条件，所生茶树，分枝极旺，萌发茶叶，芽叶肥壮，早春迟秋，嫩度不减，所制成茶，经久耐泡，飘香四溢。邛崃因此被称为“茶果福地”。

传统的邛茶制作工艺主要包括三个部分：

1．茶园培育。邛茶对茶树生长的区域、土质、水质、环境和气温都十分讲究。历史上“崃山十八堡”和新增茶叶基地大多选择在山区、丘陵向阳背阴处，主要分布于邛崃西南部山丘，如天台、太和、火井、夹关、油榨、茶园、卧龙、孔明等乡镇，种植面积约五万亩。

2．新芽采摘和选择。邛茶新芽采摘有“六不采”，即：下雨天不采、阳光强不采、病虫叶不采、焦边叶不采、雨水叶不采、卷曲叶不采。装篮时快摘慢放，层层铺开，不捏、不压。

3．基本制作工艺步骤：

第一步：鲜叶摊放，择去不合格叶芽；

第二步：在土铁锅内杀青，专人管锅温测量，使嫩叶快速升温，达到70℃－90℃，直到叶质变软，色彩变暗，清香溢出，再快速起锅，风扇煽冷；

第三步：揉、推、抖、转、捏，使茶叶成细条；

第四步：在竹焙笼上垫烘布用炭火烘焙，均匀翻动，到茶不粘手时倒在竹席

1. 摊青　2. 晾青　3. 揉捻　4. 摊放　5. 炒制
6. 分级　7. 散热　8. 验质　9. 摊晾　10. 做形

上摊晾冷却；

第五步：比初揉更细心的复揉，让茶叶紧细成条；

第六步：做型：复将紧细成条茶叶放到铁锅中，抖散，扒开，慢推，旋转，待茶叶呈卷曲状时起锅，火势保持平稳，锅温保持在70℃－85℃；

第七步：提香：将型茶放在竹焙上翻动，在茶香浓郁时提开，绿茶最后成型；

第八步：筛选：待茶冷却后用竹筛抖掉细末，手工择去不合格黄叶，入储装袋、装盒。

邛茶的制作除了上述绿茶工艺之外还有两种特殊制作工艺：

一是制花茶。加鲜净花、伏贮12小时后取出，烘焙；择出花，又加鲜净花，伏贮12小时，再取出，再微温烘焙；又择出花，再加进特制的雪白色茉莉花，和匀、存放。

二是制砖茶（龙凤饼茶）。砖茶属于紧压茶类，采摘春茶时只摘一芽二叶为主的鲜叶，经过杀青—揉捻—平燥—紧压成型—干燥—包装等工序。砖茶形状规格为长11.5厘米、宽8.3厘米、厚1厘米，净重62.5克，无巴边巴角，无龟裂起皮现象。砖茶用黄色土纸包装，包装正面印有雕版土红图案，中心有“邛州砖茶”特记，上方为变形正面龙头，左右两边为对称凤凰，茶名下有“山”字形海水波浪，上红日东升，寓意：情深谊长、红日东升，丹凤朝阳。

制成的成品邛茶，绿茶、花茶叶片均匀，色彩自然，汤色绿亮，香鲜纯爽，经久耐泡，余味悠长。砖茶包装古朴典型，具历史厚重感，茶味浓郁，茶色深黄，具西南民族口味感。“临邛早春出锅焙，仿佛蒙山露芽翠……性醇味厚解毒疠，此茶一出凡品空”，清人吴秋农的诗是对邛茶品质的真实评价。1957年郭沫若莅临邛崃，饮后神清气爽，不禁有感而发，写下“文君当垆时，相如涤器处……酌取井中水，用以烹茶涤尘思，清逸凉无比”的佳句，更加肯定了邛茶的非凡品质。

邛茶生产延续至今已有两千多年的历史，是历史传奇的结晶，是蜀中茶文化的代表；也是南方丝绸之路和茶马古道最重要的经济文化贸易载体，促进了西南民族文化的交流与传播。

项目保护责任单位四川省文君茶业有限公司的前身是1939年成立的邛崃清明茶庄，于1951年改制为邛崃茶厂，后又更名文君茶厂，1998年重组更名为现在的四川省文君茶业有限公司。公司全面保留了邛茶的制作技艺，目前主要的邛茶茶品包括：一芽迎春、毛峰、雀舌、甘露、香茗、茉莉花茶、龙凤饼茶等。

邛茶制作技艺传承人吴曲茶，四川省著名茶叶专家，常年从事茶叶制作和培训。收徒王宁、叶鹏、曾旭等人。（整理：穆天钊）

阴沉木雕刻技艺

小档案

项目名称：阴沉木雕刻技艺

2013 年入选成都市第四批非物质文化遗产名录。保护责任单位是成都金沙乌木艺术馆。

阴沉木雕刻技艺作品——观音

阴沉木俗称“乌木”，它色泽乌黑，质地坚硬，形状各异，姿态万千。远古时期，由于地震、山洪、雷击、泥石流等突如其来的重大地质、气象变化，原始森林中的一些名贵古树被深埋于江河湖泊的古河床泥沙之下，有的被埋藏在缺氧的阴暗地层中，它们饱经数千年甚至上万年的缺氧、高压状态，历经激流冲刷、泥石碾压、鱼啄蟹栖，最终碳化而成。阴沉木历经沧海桑田形成古朴、典雅的形态，被誉为“东方神树”。古籍中记载个别树种还具有药用价值。

在四川，常出土的阴沉木包括香楠、水楠、金丝楠等珍贵品种。据《山海经•海内经》记载：“西南海黑水之间，有都广之野，后稷葬焉。”《淮南子•坠形训》中也提到：“建木在都广，众帝所自上下。日中无景，呼而无响，盖天地之中也。”这些古文献都提到“都广”和“建木”

两个词。“黑水都广”，指的就是现在的双流；而“建木”则指上古巴蜀先民崇拜的一种圣树，即阴沉木。

阴沉木自古以来就被视为名贵木材，稀有之物。我国民间素有“纵有珠宝一箱，不如乌木一方”和“黄金万两送地府，换来乌木祭天灵”的民谚。在古代，达官显贵、文人雅士皆把阴沉木家具及出自阴沉木雕刻的艺术品视为传家、镇宅之宝或辟邪之物。特别是明、清时期，阴沉木更是成为各代帝王建筑宫殿和制作棺木的首选之材。北京故宫博物院“珍宝苑”就藏有乌木雕刻而成的巧夺天工的艺术品，可见其珍贵的程度。

阴沉木集“瘦、透、漏、皱”的特性于一身，兼具木的古雅和石的神韵，它质地坚实厚重，断面柔滑细腻。同时，它具有木质油性大、万年不腐朽、不怕虫蛀、耐潮等特点。巴蜀地区气候湿润，阴沉木因其耐潮的特性成为人们制作古典家具、工艺品等的优质材料。这些木材就像一把把携带古蜀文明信息的钥匙，它们是远古原始森林硕果的自然遗存，是环境变迁的亲历者和见证者，也是古代巴蜀大地地理环境结构特有的生态文化产物。

阴沉木雕，又称乌木雕，因乌木的产地主要分布在四川四条大江及其支流区域，尤以成都平原为甚。古时阴沉木雕刻者多为宫廷工匠或民间艺人。雕刻的技艺不拘一格，从古至今依靠口传心授的方式得以传承。

阴沉木的雕刻工序繁多、制作细致、耗时较长。在前期准备工作中，艺人首先要在众多阴沉木中选材，通常有7200－7500年历史的木材是上等的雕刻原料。选好原料后，艺人根据原材料的自然形态特征把它们切割成合适的大小和形状，然后细心地将缝隙中的泥沙和寄生在木头上的贝壳及各种微生物清理干净。根据雕塑大小、形态的不同和雕刻的具体要求，艺人在雕刻中融入平刀块面法、圆刀雕琢法、浮雕、浅雕、镂空雕、透雕、通雕等多种雕刻技法，使其成为一件雕塑艺术作品。这些作品充分体现出中华木雕文化的博大精深，可谓“集天地之大观，聚自然之神奇”。

阴沉木的雕刻既与一般木雕不同，也不同于玉雕。因为阴沉木干燥后虽然表面润泽光亮、手感极佳，但它没有玉石的致密与细腻，加工时易开裂、变形，所以雕刻时只能使用相对简单的技法，且不能用细工。而且，阴沉木的质地比较均匀，也很难使用巧雕、俏色等具有高难度、精创意的雕刻技法。雕刻的成品往往以豪迈、奔放的风格见长。这就需要艺人具有相当高的工艺水平和艺术修养。由

1、2、3、4. 阴沉木雕刻技艺作品

1、2. 阴沉木雕刻技艺作品

②

阴沉木雕刻技艺作品

于阴沉木数量稀少、成材率低，因而有极高的文化价值和经济价值。用阴沉木独有的材质制作的艺术品极具观赏性和收藏价值。

从原材料看，阴沉木不可再生，近年来开发量越来越少，珍贵品种尤甚。就工艺而言，阴沉木雕刻的手工性、艺术性和唯一性决定了不能采用工业方式生产，而只能手工制作，其雕刻技艺也只能通过师带徒的形式代代相传。

成都金沙乌木艺术馆云集数名国内技艺精湛的阴沉木雕刻艺人。他们经验丰富，各具风格。其中，最富传奇色彩的是许志扬先生。他的雕刻技法师承父亲许久儒，而今，他又把这门独特的技艺传给了他的儿子许可。许志扬先生力图寻求一种能代表中华民族传统精神的企业文化载体。当他惊喜地发现四川特有的乌木在古河床中深埋数千年，演化为一种“坚忍不拔、忍辱负重、刚正不阿”的品质，其独一无二的特质正是中华民族的优秀品质。于是，他不惜重金，不辞辛劳，足迹踏遍巴山蜀水，寻购乌木原材料，创办了成都金沙乌木艺术馆。他以艺术家特有的眼光，坚持“崇尚自然，神形皆备”的艺术创作原则，亲自设计作品，精心创意并组织能工巧匠精心雕饰，现已创作了数千件形态各异、令人赞赏的乌木艺术品、收藏品，使本已珍贵的碳化乌木产生了不可估量的艺术文化价值。现在，老、中、青三代共同构筑了这里的阴沉木雕刻产业。从原材料选择到加工，再到雕刻，一个完整的链条得以用心传承维系。

为挽救和保护濒临消失的阴沉木雕刻技艺，成都金沙乌木艺术馆多年来潜心培养了一批又一批有艺术造诣、经验丰富的雕刻艺人，让阴沉木雕刻技艺得以代代相传。

（整理：陈阳）

第九章

传统医药

传统医药是中华民族优秀传统文化的重要组成部分，包括中医药和各民族医药文化，蕴含了中华民族特有的价值观念、思维方式、想象力和文化意识，具有重要的历史、文学和科学价值。

成都地处四川盆地西部，气候复杂，土质多样，物产极其丰富，有“天府之国”的美誉，尤其动植物种类繁多，全川中药资源有五千余种，约占全中国中草药品种的75%，其中著名道地药材和主产药材四十余种，部分道地药材是全国独有品种。应用中药及中成药是人们防治疾病的重要手段。历史文化与中医药的深厚积累，使四川在全国有“中医之乡，中药之库”的美誉。成都中药炮制、中药传统制剂技术方法独到，民间崇信中药，尊医尚健，蔚然成风。中医界一大批著名医师和药工传承精华、光大传统中医药文化。成都一直担当着西部中医药教育、科技、医疗、产业的中心和中医药产品集散地的重要角色。

（撰写：彭云思）

成都中药炮制技术

小档案

项目名称：成都中药炮制技术
2006年入选成都市第一批非物质文化遗产名录，2007年入选四川省第一批非物质文化遗产名录，2008年入选第一批国家级非物质文化遗产扩展项目名录。项目保护责任单位为成都中医药大学药学院。现有省级代表性传承人胡昌江，市级代表性传承人黄勤挽。

中药炮制具有十分悠久的历史。古代药食同源，医药并存，生药必制，派生炮制。先秦时期的《五十二病方》已记载了大量的炮制内容。汉代的《神农本草经》、梁代陶弘景《本草经集注》对中药炮制已有详细的记述。东汉张仲景的《伤寒杂病论》记述了一百余种药物的炮制。南北朝刘宋时期，我国第一部炮制专著《雷公炮炙论》问世，书中记载了三百多种药物的炮制方法和技术，奠定了中药炮制的基础。唐代的《新修本草》是中国的第一部国家药典，标示有药物炮制的方法，是炮制技术受到政府保护的开端。明代李时珍的《本草纲目》设有炮制专项，缪希雍《炮炙大法》在《雷公炮炙论》的基础上，总结了中药炮制方法17种，后称雷公炮炙十七法。清代张叡的《修事指南》，详细记载了232种炮制方法。

四川相对海拔高度相差较大，气候复杂，土质多样，适于多种中药材的生长和繁育，因此四川有"中药之乡，中药之库"的美誉。据资料统计，全川中药资源有五千余种，约占全中国中草药品种的75%，其中著名道地药材和主产药材四十余种。成都地处中国大西南，是著名川药和南药的集散地。历史文化与中医药的深厚积淀，历代名医辈出，他们既有丰富的临床经验，又对中药的炮制技术颇有研究，见解独到，在历史中逐渐形成了独具风格的地方炮制特色，俗称"川帮"，与江西的"樟帮"、"建昌帮"，京津地区的"京帮"并称为我国中药炮制技艺的四大帮派体系。

清傅崇矩在《成都通览》"成都之药剂店"条目中记载："成都药铺凡三百四十七家，药名不可胜载。有言不二价之著名者列下：陈同仁堂、王上全堂、肖长兴堂、黄泰山堂、李半济堂、庚鼎药房、肖集翰堂。"所谓"不二价"，不仅意味着药品的价格不讨价还价，还意味着该店的经营作风、药品质量全都没二话可说。各药铺均有自己独特的炮制技艺，生产药效灵验、质量优良的中药制品，比如同仁堂的"万应锭"、"灵宝如意丸"、庚鼎药房的"渴龙奔江丹"、

“犀黄丸”等。

当时的药铺基本上都采用“前店后坊”的经营模式，从事中医治病和药材炮制，即临街的店堂作为医生坐堂应诊、饮片配方的地方，而店堂后面则是加工炮制饮片的作坊。这些药铺的声誉，很大程度上是靠着兢兢业业的“头柜”来维持的。“头柜”相当于中药行业的“高级职称”，都是从“抓抓匠”（以前对药工的称呼）做起，节节升上来的具有十五年以上工龄的老药工。头柜不仅要懂得药行中的全套技术，能熟练地分辨出七百多种药材和制剂的真伪优劣，熟知每味药的药理药性、配伍禁忌、炮制加工、正名别名俗名等，还得要懂医。正是由于药铺和药工坚守着“炮制虽繁，必不敢省人工；药味虽贵，必不敢减物力”的千秋古训，才使得中医行业十分兴盛。

成都同仁堂成立于清朝乾隆五年(1740)，至今已有两百多年的历史。当时的名号是“陈同仁堂老铺”，其创始人陈发光是成都挑担贩卖膏药丹丸的一介药商。同仁堂的药品，经陈发光一二十年的经营，膏、丹、丸、散四类药品由二三十种增加到一百余种，每一类中都有代表性的特效产品，各州府县的农民及行旅客商对于它的药品深有信任，视若珍宝，当时盛传的几句歌谣可为佐证：“同仁堂、药最良，惊风丸、过山香。白痧药能开七窍，金红二丹急救方。人马平安离不得，黑白膏药治恶疮。膏丹丸散医百病，老少不欺一言堂。”

1956年，成都所有的中药店铺合并为同仁堂、庚鼎药房、精益堂三家规模较大的药店。“文革”初期，又再次合并为工农兵药厂，改革开放初期，更名为成都中药厂， 那时成都市有一大批精通中药炮制技术的骨干。成都中医学院中药学专业成立以后，即聘请了成都药材站炮制技术骨干、人称“药王”的徐楚江作为特聘教师，并吸收冯相贤、欧建忠等经验丰富的老药工为实验指导教师，向该专业学生传授中药炮制技术，培养了一大批德才兼备的中药炮制人才。徐楚江教授编写的《中药炮制学》更是奠定了成都在全国中药炮制技术方面的特殊地位，“药王”徐楚江也因此成为现代中药炮制学科的创始人之一，在全国中药炮制界享有很高的声誉。

中药炮制是根据中医药理论，按中药的不同性质和医疗、配方、制剂、贮藏的不同要求，结合药材自身的特点，所采用的一项传统加工处理技术，又称为炮炙、修治、修事等。中药材来源于自然界，称为原生药，有的因具有毒性或烈性而不能直接服用，有的因易于变质而不便保存，有的需除去非药用部分或特殊气味，有的则须经过特定方法的处理以符合临床治疗的需要，因此大部分中药材都需要经过炮制才能应用于临床，炮制后的中药材就称为饮片。中药炮制是中药传统制药技术的集中体现和核心，也是中医治病用药的一大特色。

中药炮制的目的有以下几个方面：

1.降低或消除毒副作用，保证临床用药安全有效， 如川乌、草乌、附子、天南星、半夏、大戟、甘遂、巴豆、马钱子、斑蝥等。2.增强药物疗效，传统炮制理论认为"凡药用子者俱要炒过，入药方得味出"，因种子类药炒后其药效成分才易被煎出；款冬花、紫菀等化痰止咳药经蜜炙后，增强了润肺止咳的作用等等， 3.改变或增强药物的性味，如生甘草，性味甘凉，具有清热解毒、清肺化痰的功效，甘草经炮制后，其药性由凉转温，功能由清泄转为温补。4.改变或增强药物的作用趋向，如续断具有补肝肾，强筋骨的功能，盐炙后引药下行，增强补肝肾，强腰膝的作用。5.改变或增强中药的归经，如小茴香生品理气和胃，盐炙后专入肾经，温肾祛寒，疗疝止痛。干姜温中散寒、回阳通脉，砂烫成炮姜温中散寒，温经止血。6.便于调剂制剂，保证药物质量，通过炮制的加热处理，使药材质地酥脆、易于粉碎。如砂烫醋淬龟甲、鳖甲，砂烫马钱子，火煅醋淬自然铜等。7.提高中药净度，确保用药质量和剂量。中药材来源于自然界，需经过挑选、筛选、清洗、分离等工艺，使其达到一定洁净度。8.矫正不良气味，便于服用，如紫河车、九香虫、乳香等，有特殊气味，往往为病人所厌恶，通过炮制，能起到矫臭矫味的效果，利于病人服用。

《雷公炮炙论》、《新修本草》、《本草纲目》、《修事指南》等药学著作记载了数百种中药炮制方法。到现代仍在使用的炮制方法有以下几大类：修治法，如净制处理、粉碎处理和切制处理；水制法，如润、洗、泡、漂和水飞法；火制法，如炒、炙、煅、煨和烘焙法；水火共制法，如蒸、煮、淬等方法；其他方法，如制霜、煨、发酵、发芽等方法。

中药炮制技术是我国的一项传统制药技术，是中医几千年来临床用药经验的总结，具有丰富的理论和很强的实践性，是保证临床安全有效的根本保证。"饮片入药，生熟异治"是中药的鲜明特色和一大优势，中药饮片炮制技术是中国所特有的，是中国几千年传统文化的结晶，是中华文化的瑰宝。几千年来，中医以其卓越的临床疗效为中华民族的繁衍昌盛做出了巨大贡献，虽然在此期间几经扼制与冲击，但因其独特的疗效，不仅没有被扼杀、冲垮，还一直深深植根于医

1. 筛选
2. 炮山甲
3. 黑附牛
4. 铡刀
5. 包装
6. 挑选

疗实践中，并且今天仍在不断地发展，服务于人类健康，堪称世界医学史上的奇迹。在保证临床安全、有效等方面，中药炮制是功不可没的。

近年来，成都中医药大学药学院利用自身中药炮制方面的优势，建立“中药炮制技术”培训基地，定期培训年轻炮制技术骨干，充实炮制生产第一线的技术力量，同时建立老药工技术档案，组织他们以“师带徒”的方式传承其技艺。

传承人简介

胡昌江，成都中药炮制技术省级代表性传承人。1952年出生，师承徐楚江、冯相贤、欧建忠，主持国家级、省厅级等课题十余项，发表学术论文六十余篇。主编教材有《中药炮制学》、《临床中药炮制学》等，专著有《中药炮制与临床应用》，参编专著十余部。临床方面他全面继承了徐楚江教授宝贵的临症经验，用药独到，疗效显著。擅长于常见病、多发病和疑难杂症的诊治。他也掌握了全国独有濒临失传品种九制大黄、九转南星、炮附子的制备技术。

黄勤挽，成都中药炮制技术市级代表性传承人。生于1979年，师承谢秀琼、胡昌江教授。掌握了成都中药传统制剂方法（膏、丹、丸、散）的各项技术，主持或参加与传统炮制、制剂相关的国家级、省部级、厅局级等课题10项，发表相关论文十余篇，主编或参编专著五部，获得专利两项。（整理：秦羽）

成都中医传统制剂方法

小档案

项目名称：成都中药传统制剂方法

2006年入选成都市第一批非物质文化遗产名录，2007年入选四川省第一批非物质文化遗产名录。项目保护责任单位为成都中医药大学药学院。现有省级代表性传承人谢秀琼。

中医中药是中华民族灿烂文化的重要组成部分，在祖国传统医药理论指导下生产应用的中药，为人类的健康与发展作出了积极的贡献，尤其是中医中药在防病治病、康复保健方面显示出了独特的优势和魅力。四川素有“天府之国”的美称，物产极其丰富，尤其动植物种类繁多，中药品种种类仅次于云南，有五千余种，占全中国中草药品种的75%。四川的中医药有着悠久的历史，也被称为“中医之乡、中药之库”。而成都作为四川的省会，民间崇信中药，尊医尚健蔚然成风。成都一直担当着西部中医药教育、科技、医疗、产业的中心和中医药产品集散地的重要角色。

20世纪初，成都有近百家中药房，其经营大多具有“前店后坊”的特色，即店堂前面供医生坐堂应诊、饮片配方和出售中成药，店堂后面则进行饮片的加工炮制和门市丸药的制备。1956年开始公私合营，药店合并成三家较大规模的药厂，分别以同仁堂、庚鼎药房、精益堂命名。各家药房都有制备独特疗效特有品种的技术。文革初期，三家药厂又合并为成都工农兵药厂，改革开放初期又更名为成都中药厂，体制改革后成为今天的成都九芝堂金鼎药业有限责任公司。

丹药起源于春秋战国时代，距今已有两千多年历史，是我国应用化学最早制剂，开创了化学制药之先河。丹剂系指用汞及某些矿物类药物在高温条件下制成的不同结晶形状的无机化合物，由于其制备技术难度大，故称“火中取宝”。

成都传统中药制剂方法以“升、降、熬、打”难度最大，“升、降”系指丹剂（汞制剂）的制备技术。“熬”系指黑白膏药的制备技术，“打”系指泛丸的制备技术。成都有很多中药制备技术独特、临床疗效确切，属全国独有品种，如：“升”三仙丹（成都方）；“降”白降丹（成都方）、落水丹；“烧丹”渴龙奔江丹；“升降烧复合型”中九丸；“熬”离龙保和膏；“打”灵宝丸、阿魏丸、银甲丸、牛黄清心丸；“大蜜丸（蜡皮包装）、异形锭剂”万应锭；“糊剂”紫雪丹；“散剂”金灵丹、七厘散。现以三仙丹和白降丹为例，阐明“升、降”基本

1. 万应锭
2. 中九九
3. 紫金锭

制备工艺和技术：

三仙丹（红色丹药，主要成分为氧化汞）

主要功效：拔毒、祛腐、生肌。

原料：水银、白矾、火硝。

制备工艺：备料：将白矾、火硝分别研细混匀，加入水银混合至不见星点为度；坐胎：将混匀之物置锅底铺平，用单碗覆盖。封口：取约四厘米宽的桑皮纸条，用水浸湿，拧干后展开，密封于锅、碗接触处缝隙。将熟石膏粉用水调成泥状，敷于皮纸条上，再将生石膏粉撒于熟石膏粉上。用河沙淹至碗的三分之二部位，碗底放大米数粒并压上重物。炼丹：将装好的丹锅放入炉灶上加热，先以文火烧炼三十分钟，改用武火烧炼至大米呈老黄色，再以文火烧炼至米呈焦黑色为度。取丹：将丹锅放冷后轻轻移去河沙，将碗轻轻取出，丹碗上红色结晶物即为三仙丹。

白降丹（白色丹药，主要成分为氯化高汞）

主要功效：拔脓、祛腐、消肿。

原料：水银、白矾、火硝、食盐、皂矾。

制备工艺：备料：将白矾、火硝、食盐、皂矾分别研细后混匀，再加水银混合至不见星点为度。溜胎、烤胎：将混合好的粉末放入罐中，文火加热至全部熔融，将罐体倾斜三十度转动，使熔融物黏附于罐壁。用文火将熔融物烤干至不下流、不脱落为度，然后将罐覆盖于丹盘之上。封口：取约四厘米宽的桑皮纸条，用水浸湿，拧干后展开，密封于罐、盘接触处缝隙，撒石膏粉使之密封。上水盆：将装好的罐与丹盘置于水中，用小青瓦、炭灰搭在水盆上形成隔热层。炼丹：将烧红的炭火置于罐边，置放一圈，烧约50分钟，是为一圈火。将烧红的炭火置于一圈火与罐体之间，烧约50分钟，是为二圈火。将烧红透的炭火放于罐顶，形成塔状，烧至罐体红透，约50分钟，是为三圈火。取丹：除去炭火，待罐冷却后除去封口材料，移去罐体，丹盘上结晶物即为白降丹。

丹剂的炼制属于历史悠久的冶金术的一种，它开创了世界化学制药之先河。中药传统制剂方法是非常宝贵的非物质文化遗产，是祖先在数千年的临床使用过程中创造、积累的宝贵财富，是传统中药制药系列的一个重要环节，具有系统性、科学性。成都一些特殊的品种为全国独有，已没有任何厂家生产，其制备技术濒临失传，如中九丸。丹剂的使用具有较高的临床价值，传统丹药是中医外科最具特色的常用药物，常用于淋巴结核、骨髓炎、恶性肿瘤、瘰疬、痈、疖、疔、流痰、瘘管、鼠疮、乳痨、神经性皮炎等疾病，具有较好的疗效。

近年来，项目保护责任单位成都中医药大学药学院专门开设《中药制剂学》（膏、丹、丸、散）课程作为专业课，不仅课堂讲授，还开展实验与工厂实习。但近年因环境保护限制，丹剂教学多用录像教学。学校中医外科班至今还在坚持开展升降丹实验教学工作。

传承人简介

谢秀琼，成都中医传统制剂方法省级代表性传承人。出生于1938年，师从郑子才、王允耀、李继辉等老一辈和全国名老中医、成都中医学院教授徐楚江老师。她熟练掌握了“升、降、熬、打”的技术和成都各家药房特有品种的制备方法；掌握了成都全国独有濒临失传品种的中九丸的处方和制备技术。她是《中药本草》药剂专业编委。目前，主要在成都中医药大学进行研究生教学工作。

（整理：穆天钊）

德仁堂中医中药文化

小档案

项目名称：德仁堂中医中药文化

2008年入选成都市第二批非物质文化遗产名录，2009年入选四川省第二批非物质文化遗产名录。项目保护责任单位为青羊区文化馆。现有省级代表性传承人张全心。

德仁堂总店春熙路旧址

几千年来，中医药文化与人们的生活密切相关，也一直为人们所信仰，并世代传承。在众多中医药生产企业和中医药文化传承中，德仁堂是独具特色和代表性的中医药文化传承企业。

乾隆五年（1740），成都同仁堂前身——陈同仁堂开业，一直以来，成都同仁堂遵循“王道正直”、“诚信为本，童叟无欺”的经营信条，以疗效显著、货真价实、言不二价而闻名于世。德仁堂系出身医药世家的北京乐达仁先生于20世纪初在春熙路择地创建的，因其店招与“成都陈同仁堂”同名，便改称为“达仁堂”，1948年更名为“德仁堂”至今。德仁堂在认同与继承中医中药的基础上，通过开设中医馆、饮片炮制和研发药膳积极弘扬中医药文化。近百年的历史进程中，秉承“炮制虽繁必不敢省人工，品位虽贵必不敢减物力”的诚信，创建了“同修德仁，济世养生”、“货真价实，童叟无欺”的经营理念和品质，通过生产、加工、经营参茸、中药饮片，开设中医馆，研发药膳弘扬传统中医药文化。

德仁堂在百年历史的传承与发展中，逐步形成了以诊疗、传统中药炮制、药膳养生为一体的德仁堂特色中医药文化，其中，德仁堂中医药饮片炮制技艺和德仁堂药膳制作技艺是最具代表性的两个种类。

德仁堂在饮片切制过程中，软化、切制、干燥等工序要求相当严格，在继承传统工艺的基础上，不断总结积累，在炮制方法等方面都有其独到之处。

德仁堂御膳宫药膳菜品多样，例如：

1. 天麻鲤鱼：相传是明朝李时珍孝敬其母亲的药膳，其母因李时珍常年在外行医采药，时时挂念，郁郁成疾，风邪上行攻脑，故患偏头痛疾，李时珍返回故里见状，亲自下厨料理此膳奉敬娘亲调养，其母偏头顽疾逐日消减而愈。常用此菜具有上行补脑、平肝息风的功效，对于用脑过度、头晕头痛、安定血压有一定的功效。

2. 参麦团鱼：此菜品能够滋阴补肾，用茯苓、人参与团鱼一起烹饪能够充分发挥团鱼的药用价值。相传元代医学家忽思慧擅长制作药膳，著有《饮膳正要》。当年忽必烈皇帝体虚，经常出现虚汗、盗汗症状，忽思慧亲自下厨为忽必烈皇帝制作了这道参麦团鱼，服用一段时间后，忽必烈皇帝的病情大为缓解。从此，这道菜也成为养生精品。

德仁堂两次被授予“中华老字号”称号，其以古方古法生产、加工、炮制高质量的中药饮片，特别是以传承数代的手工切制技术加工精制饮片，是德仁堂不同于其他现代医药企业的特点，也是德仁堂保持中华老字号精髓所在。德仁堂的中药饮片品质优良，中医馆的名老中医医术精湛，善于解决疑难杂症，并拥有御膳宫特色药膳，在四川境内，德仁堂堪称一绝。

乾隆十年成都同仁堂提出“食疗不愈，然后用药”的理论，并开设了“食疗、药粥、药酒等” 辅以治疗的药膳部。1980年，成都同仁堂将药膳进一步发展，将药膳部独立以企业的形式设立，更名为“御膳宫”，是我国最早的以药膳为主题餐饮企业。

早年间，德仁堂经营业务以参茸丸散为主，咀片为辅，以前店后坊的形式自产自销。德仁堂对药品质量要求极高，在选料上，一定选正材，非正路之货一律不买，更不会以劣充好，以新代旧，以川代广，坚持遵古炮制，精工细作。德仁

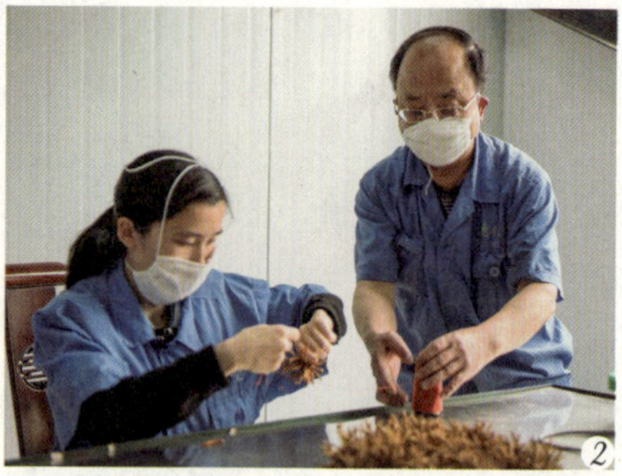

1. 切片
2、3. 精工整理

堂除聘请坐堂医生外，还代客加工丸散熬膏、邮售函购、送药上门，深受顾客好评。

德仁堂下属的成都同仁堂更是具有268年的中医药历史传承背景。成都同仁堂是古老的中成药铺，清代乾隆五年间开设在成都湖广馆街口，专营丸散膏丹，以疗效显著、货真价实、言不二价而闻名于世。成都同仁堂旧时是封建性质的家族股东企业，每个股东的股权一代一代缩小，加之轮流掌权，任何人都不可能左右这个企业，因此才能够长存。在人事安排上，采用公议公推制度。店铺中只设5个职务，在家族中公推5人担任，重大问题由5人开会决定，并在店内建立了一整套包括店规、用人、待遇、股东大会和股红利分配的管理制度，使内外秩序井然。

成都同仁堂的药膳是伴随成都同仁堂药店的发展而壮大的。据有关史料记

切片

载和考证，早在乾隆十年即成都同仁堂开业五年后，由于生意很好，许多客商从很远的地方赶来买药，也有的患者为治病在药店附近租房住下，此时成都同仁堂药铺不仅向他们出售药，而且也根据病情给他们配制一些调理的药膳，以期能达到最好的治疗效果。其后，药店煎煮的地方划出一块地方专门提供“食疗、药粥、药酒等”辅以治疗，效果显著，并提出“食疗不愈，然后用药”的药膳理论。

1980年，成都同仁堂将药膳进一步发展，并将药膳部独立以企业的形式设立，更名为“御膳宫”，是我国最早以药膳为主题的餐饮企业，并著有新中国成立以来中国第一部药膳专著《中国药膳大全》，美誉九州、传播四海，被誉为“中华药膳第一家”。

公私合营后，德仁堂与成都同仁堂合为一家，拥有“德仁堂”、“成都同仁堂”和“御膳宫”三个著名品牌，并下属一大批包括泰三堂、庚鼎药房、达春堂、保生堂、惠安堂、精一堂等在内的为人熟知的百年老药店。

德仁堂遵循“同修德仁，济世养生”理念，一直沿袭了中医坐堂的传统。中医馆的名老中医以精湛的医术、热情周到的服务为广大患者排忧解难，特别是解决疑难杂症方面得到广大患者的赞誉，被国内外宾客誉为“仁义满堂”。

德仁堂秉承“炮制虽繁必不敢省人工，品位虽贵必不敢减物力”的祖训，依照古法炮制加工生产的中药饮片，以其外形美观、疗效可靠，受到临床中医的推崇和顾客的喜爱。中药炮制的切法、炒法、炙法、煅法等传统炮制技术的精髓在德仁堂得以传承，特别是传承数代的手工切制技术技艺精湛，加工而成的精制饮片质量上乘、疗效显著。德仁堂的中药饮片是经过炮制、加工的中药材，其品质在四川乃至全国都享有盛誉。

德仁堂御膳宫将养生药膳、宫廷御膳精华与川菜兼容并蓄，创造出了独有的药膳养生特色。一直以来，德仁堂御膳宫都以倡导健康养生为己任，不断融合，大胆创新，将传统的食疗与美食完美结合。中药加工炮制和药膳食疗一直是德仁堂的两大特色。

中医药老字号不仅仅是中国传统医药代言人，更是一种宝贵的文化遗产。

传承人简介

张全心，德仁堂中医中药文化省级代表性传承人。出生于1952年，18岁开始从事中药材加工工作。曾师从老药工郑春发、苏鼎铭、夏治安，吕正华，学习中药生产炮制加工技术。目前在中药饮片生产行业内具有相当高的知名度。他悉心钻研片刀、侧刀等技术，其切、镑、锉、刨、劈等切制的中药饮片美观、专业、质量高，特别是采用传统手工切制的鹿茸片、天麻片等更是传统中药精制饮片的代表。多次应邀表演中药饮片切制技术，受到参会领导及同行的高度评价及赞誉。已经带出两位徒弟。

（整理：吴穹）

新繁传统药浴

小档案

项目名称：新繁传统药浴

2008年入选成都市第二批非物质文化遗产名录，2011年入选四川省第三批非物质文化遗产名录。项目保护责任单位为成都市新都区文化馆。现有省级代表性传承人何生才，市级代表性传承人何伟。

新繁镇地处成都平原腹地，已有二千八百多年的人文历史，1965年并入新都前，一直是县治所在地。青白江、锦水河、毗河、蟆水河贯穿全境、沟渠纵横、水系发达、自然环境优越。

药浴在民间由来已久，在民间端午节都有药浴的习俗。因为五月气候湿热，病毒疫疾流行，而古代无特殊有效的防疫和治疗药品，人们都纷纷采摘草药，煎水洗浴。据传说，这天洗药水澡，一年内可不生疥疮，这一习俗的确是夏季来临时一次很好的皮肤卫生保健。新繁药浴源于民间传统医药，清初时开始盛行，其结合道家养生疗病的观念，根据中医医学原理，在药物的选择、配伍上不断创新，并运用熏、蒸、灸等疗法，达到提高免疫力的作用。

“药浴”是道家养生疗病的首选，在中医理论中，“汗法”被列为八法之首。“灸法”起源于远古时代，在用火的过程中，人们用烧热的石块等物品对局部加热以治疗疼痛，这就是原始的“热熨法”。后来人们用松、柏、竹、榆、桑、枣等不同的树木，点燃后熏烤身体的一定部位来治疗不同的疾病，称为“八木之灸”。后来改为用艾叶代替。马王堆三号汉墓出土的医学帛书，首次出现了经络

1、2. 小孩药浴

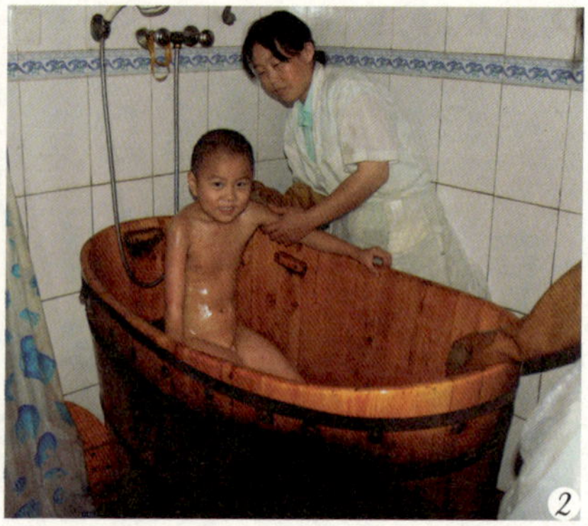

学说，在其后成书的《黄帝内经》中，一跃而完成了经络学说的体系，从而使灸法脱离了原始低级的经验医学，达到了理论医学的高度。

新繁药浴秉承中华传统民间医药的防病治病方法，注入道家养生保健观念，始终贯彻“治未病”的理念，即以养生保健为主，以疾病治疗为辅。新繁药浴认为，人体的诸多疾病都是由于阴阳失调、经络气息不通所致。新繁药浴就是根据不同人群的具体情况，采用不同的中草药配伍，经过熏、洗、灸等方法，通过发汗排汗、温热解表和药物的渗透刺激，使得腠理疏通，由汗而解，达到清热解毒、祛风除湿、祛邪扶正、舒经通络、调节阴阳、标本兼治、提高免疫力的目的。洗浴完毕后，用特制的灸条，运用雀啄法灸其身体，根据灸的不同部位，用于不同症状，从而达到损其有余、补其不足的调整作用，通经络调气血的镇痛作用和扶正祛邪的免疫作用。

新繁药浴是人们长期同疾病作斗争的极为丰富的经验总结，是宝贵的文化遗产。由于药浴是从体表给药，无创伤、无痛苦、不经肠胃吸收、不经肝脏排泄，所以没有毒副作用。新繁药浴对新生三天后的婴儿到中老年人都适应。其治疗和保健范围包括小儿夜哭、走肾、腹胀、疝气及中老年人头晕、头痛、风湿、皮炎、偏瘫等四十余种病症。

新繁药浴继承了传统中医理念的精髓，具有中国医药传统和道家治疗养生结合的独特理论体系；具有独特的熏、浴、灸等方法，有些至今仍是不传之秘；还具有独特的中草药炮制、配伍方法及其相关制剂，使其起到“治未病”的作用。

随着经济的发展、环境污染等原因，野生中草药资源越来越少，有的几乎已经绝迹，致使药浴的原材料匮乏。为了传承和发展新繁药浴这一优秀的传统医学文化，新都区政府及相关部门展开了一系列保护工作：寻找合适的传人，将新繁中草药药浴发扬光大；建立药浴中草药专用药厂；进一步丰富和完善新繁药浴理论体系和疗病方法；进一步完善新繁药浴的中草药炮制和配伍方法，提高防病治病的功效和能力。

新都区新繁何氏药浴洗灸堂也开展了大量保护工作。洗灸堂现有专业从事药浴研究人员五名，拥有国家发明专利两项：“中草药儿肤洗液”和“小儿祛痰解热洗液”。2014年新都区新繁何氏药浴洗灸堂被评为第二批成都市非物质文化遗产项目传习所。

传承人简介

1、2. 婴儿药浴

何生才，新繁传统药浴省级代表性传承人。1953年出生于新都区新繁镇，师从何孙才。在总结前人经验的基础上，根据当代人的生理体能变化情况，依据不同的年龄、不同的病症、不同的生活习俗和地区差别，合理地进行全面调配，打破了部分传统用药的配伍禁忌，改进并提高了药浴的防病保健质量。开创何氏洗灸堂，用掌握的科学知识，造福一方百姓。著有《何氏秘传熏洗心法》、《何氏简易诊病基础知识》、《何氏药浴洗灸堂小儿知识》、《何氏药浴洗灸堂培训教材》等理论著作及音像制品。研制出何氏中草药儿肤洗液、相关中草药配方及制剂、何氏抗菌洗液。

何伟，新繁传统药浴市级代表性传承人。1989年出生于传统药浴世家，自幼跟随父亲何生才（新繁传统药浴传人）和母亲肖显菊，学习道教传承下来的中草药熏洗灸方法。精通数类中草药的药理和功效，能根据个体差异，选择适合的中草药，施以熏、洗、灸疗法，达到人体防病、治病养生的目的。主导研制的《小儿祛痰解热洗液》于2008年1月14日获国家发明专利。近年来在省内外发展了自己直营店和二十余家加盟店，对外招收一百余名的弟子。多次参加多种社会公益性活动，成为广大人民群众宣传养生和防病的方法。（整理：张晶明）

何天祺传统中医药疗骨法

小档案

项目名称：何天祺传统中医药疗骨法

2010 年入选成都市第三批非物质文化遗产名录，2011 年入选四川省第三批非物质文化遗产名录。项目保护责任单位为四川何氏骨科医院。现有省级代表性传承人何天祺；市级代表性传承人欧阳灏、欧阳涛。

何天祺传统中医药疗骨法（以下简称疗骨法），是何天祺继承祖辈蒙古族特呼尔氏中医疗骨法，在何氏先辈第四代何仁溥的口授心传疗骨技艺的基础上，通过不断实践、总结而独创的中医药疗骨经验技法。

特呼尔氏系蒙古族武医世家，为传统中医药疗骨法的创始人。

第二代由于族谱在“文革”中被焚毁，故不详。

第三代传人何兴仁，成都西校场八旗医官，为何氏骨伤科流派医技及理论的奠定，提供了丰富的临床病案及治疗经验。

第四代传人何仁溥（1895－1969），一生勤于实践，治学严谨，在全面继承家传骨科技术的基础上吸纳、融会了蒙、满、汉族中医骨科的技艺及西医解剖学的精粹，在成都形成了以何仁溥为代表的著名何氏骨伤科学派，并谨守祖训，将精湛的医技传给了三个儿子何天祥、何天佐、何天祺。

第五代传人何天祺，不仅继承、弘扬和发展了何氏骨伤科流派医技及理论，还在总结前人经验的基础上，做到了中西合参、博采众长，并积极开拓创新，形成了独特的“疗骨法”。

抗日战争期间和国民党旧政权独裁统治时期，何氏骨伤科医技的发展收到阻碍。新中国成立后，何氏骨伤科医技得到一定发展，但在文革期间受到了严重冲击。改革开放后，时值邓小平同志提出“振兴中医”，1985年3月何天祺在政府主管部门的同意和支持下，白手起家，自筹资金创办了全国第一家具有何氏骨伤科流派特色的中医骨科专科医院，为“疗骨法”的形成与发展奠定了良好的基础。现经过“疗骨法”治疗的病人已达百万人次，病人遍及全国各地，国外有美国、加拿大、日本、新加坡、俄罗斯、德国等。何天祺还数十次在美国、马来西亚、俄罗斯进行学术交流，举办“疗骨法”专题培训班；他的弟子在俄罗斯、美国、新西兰举办诊所，传承、推广“疗骨法”。

“疗骨法”总结以何仁溥为代表的何氏骨伤科流派，其学术思想及医理医技

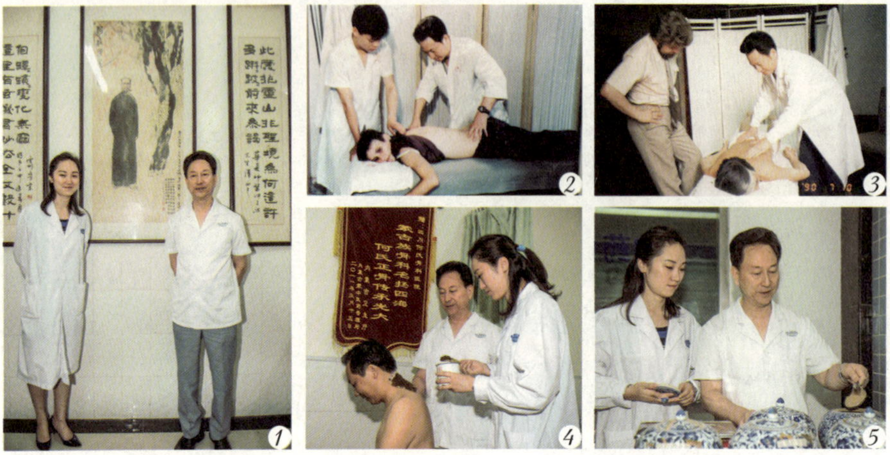

1. 何天祺传统中医药疗骨法传承人
2、3、4. 给病人治疗
5. 传承人授艺

特色，集中表现在辨证诊断、正骨手法和遣方用药三方面。

辨证论治，主张“因病论治，因证论治”，即随着病、证、症的变化而选择不同的治疗手法及药物。“疗骨法”重视将西医“解剖学”与中医“摸骨术”相结合，强调借用西医仪器检测的长处，同时结合中医望、闻、问、切的传统临床甄别手段，在观察病人微小的变化中精确辨证诊断。明确将骨科疾病分为“骨伤”和“骨病”两类。提出“筋骨之疾，其因有内外之别”，提出内在无形的是病，外在显性的是伤，诊断和治疗宜内、外兼理。

“疗骨法”对正骨手法的运用有着非常严格的要求，强调手法如书法，手到、心到、气到才能心手合一，运用自如，同时注意尽可能减轻病人痛苦，切忌伤而再伤，要做到“气沉丹田，力透肱腕，劲达指端，视之不见，触之如电”，并总结出18种推拿手法及正骨法等。“疗骨法”擅长以外用药物为主治疗骨伤骨病，遣方用药全在于“活”，要依具体伤病而论。

“疗骨法”在用药方面，严格依据祖传方药，对祖传特殊药物坚持自己采集和炮制，并在祖传秘方基础上，提出药物运用的“温、补、和”三法，大大降低了内服药物对人体的毒副作用。总结归纳出22种应用于骨伤、骨病的基本配方，这些配方既可单方使用，又可相互配伍。

“疗骨法”均采用传统的中药为原料，用药原料的选择，严格按照古法炮制，结合现代工艺要求，并经药监主管部门的审批后进行生产，用于医院临床。在生产工艺上坚持“选料精，工艺细，重疗效”的原则，生产上主要分为：

1. 原材料选择：首先由何天祺亲自带领药剂科负责人员对原材料饮片进行筛选，购回入库后由药剂人员对所有使用的原材料进行清选、去屑等工艺处理。

2. 炮制:根据所需剂型不同，分别将原材料饮片根据不同剂型分别进行晾晒、打粉、过模、烘干、浸泡、过滤等工艺。

3. 成品制作：将中药分为膏、丹、丸、散、酒五大类剂型，根据剂型不同，在成品制作上采取不同工艺。如丸剂就要经过炮制的半成品进行定型、抛光、消毒、灭菌等数十道工序后，再交由成品库房检验，分类处理，入瓶贴标签后方可投入临床使用。

“疗骨法”提出了一整套独特的行之有效的手法和治疗方案，推拿采用：抚、揉、推、分、夹、提、拔、按、压、挤、端、扳、拿、震、旋、牵、点、扣18种手法。

骨折重视“气血论治”，治疗中“骨位、生长、功能”三点兼顾。骨折复位时先采用“抚、揉、点”等轻柔手法，达到医患配合；整复的手法总结出“牵、折、顶、旋、撬”五法；骨折复位后，采用“小夹板、托板、压垫、中药”实施联合夹缚治疗法。中药秘方治疗骨折的“泻、补、和”三法，强调筋骨气血同治。骨病的治疗注重“因病论治，因症论治”，随着疾病的变化而选择不同的治疗方法，强调对不同病症的对症施治，灵活处理，骨伤当辨“筋伤、骨伤、气伤、血伤”。施治用药也要“轻重有别，先后有别”。

“疗骨法”吸纳了蒙、满、汉传统骨科技艺以及西医解剖学的精髓，对传承的医疗观念、治疗技艺、制药、用药方法加以总结创新，不仅弘扬和丰富了中华传统的医学文化，还体现了中华民族精彩纷呈的多元文化、海纳百川的博大胸怀。

“疗骨法”的运用，理念上强调辨证论治，对症施医，将中医骨科明确分为“骨伤”和“骨病”两类，弥补了传统中医骨科“重伤不重病，重外不重内”的不足，并根据这种理念提出了一整套行之有效的手法和治疗方案。疗骨法已为国内外患者进行了数百万人次的治疗，有效率97%，治愈率87%，产生了很好的社会影响。

“疗骨法”在弘扬何氏骨伤科流派时非常重视使用和保护何氏骨科品牌，在1985年7月26日的《四川日报》和1985年9月25日的《四川广播电视报》的报道中就宣传了何氏骨科。1985年3月建成了“成都中医药研究院附属何氏骨科医院”，在医院的冠名上就使用了何氏骨科。1992年国家电影局上海科学教育电影制片厂拍摄了《何氏骨科》专题科教片。1997年在国家工商局注册了“何氏骨科”商标。“何氏骨科”商标的使用及何氏骨科品牌效应的不断扩大，充分体现了传承人和广大弟子们对何氏骨伤科流派的传承与弘扬。

四川何氏骨科医院作为疗骨法的保护单位，努力为该非遗项目的传承做了大量工作，负责安排在院内开展省内及省外、各地（包含台湾）医疗技术人员的专项和省级定点继续培训工作，并积极宣传“非遗”保护政策和切实抓好落实及医技人员的业务提升。以积极的态度不断适应“非遗”项目的传承新要求，更好地传承、保护、发展好“疗骨法”，丰富祖国的传统中医学。

传承人简介

何天祺，何天祺传统中医药疗骨法省级代表性传承人。1946年10月出生，蒙古族，自幼在家随父学医练功。多次受邀前往美国、马来西亚进行学术交流，办培训班。先后在省部级和国外刊物发表论文十多篇。他作为省、市级“非遗”传承人，总结、形成的“疗骨法”成为成都市宝贵的“非遗”名录，他行医50年，运用“疗骨法”医治病人上百万次，其中有国家领导人，也有国内外知名人士和百姓市民，疗效显著。还被广大病人誉为“骨科圣手”。

欧阳灏，何天祺传统中医药疗骨法市级代表性传承人。出生于1972年，自幼跟随舅舅何天祺学医，1992年起到四川何氏骨科医院工作。全面学习与传承了何天祺传统中医药疗骨法。 参加完成何氏祖传秘方“温经通络酒”临床验证和资料整理等工作。负责组织医院医务部完成“十一五”科技重大专项课题“云南白药胶囊”的临床验证和资料整理。第十一届全国运动会，为四川省田径队特聘骨伤科医疗专家。

欧阳涛，何天祺传统中医药疗骨法市级代表性传承人。出生于1977年，自幼跟随何天祺院长学习制药，1995年起在四川何氏骨科医院工作。系统学习何氏骨科的医疗思想、技术和何天祺传统中医药的疗骨法理论，全面掌握了何氏骨科祖传药剂秘方的配置流程与配伍禁忌。全面参与将何氏骨科祖传的各类内服、外用祖传秘方先后研制成了膏药、酒剂、丸剂等剂型，并负责临床验证和资料收集整理工作。在工作的同时，对新进的药剂人员进行指导、培训、考核。

（整理：何伊玲 项平）

阴氏中医正骨法

小档案

项目名称：阴氏中医正骨法

2013 年入选成都市第四批非物质文化遗产名录，项目保护责任单位为成都阴氏骨科医院，项目传习所为成都阴氏骨科医院。现有市级代表性传承人阴明建。

俗话说，吃五谷生百病，疾病如跗骨之蛆，一直和人类如影随形。有疾病，自然有医学。岐黄、杏林、悬壶、青囊等词汇，都从一个侧面见证了中华医学的发展。

中华医学产生于原始社会。春秋战国时期，中医理论已经基本形成，出现了解剖和医学分科。到了两宋，宋朝政府设立翰林医学院，医学分科接近完备。金元以降，中医开始没落。清朝末年，列强侵略，国运衰弱。现代医学（西医）涌入中国，中医受到巨大的挑战。人们开始使用西方医学体系的思维模式加以检视，

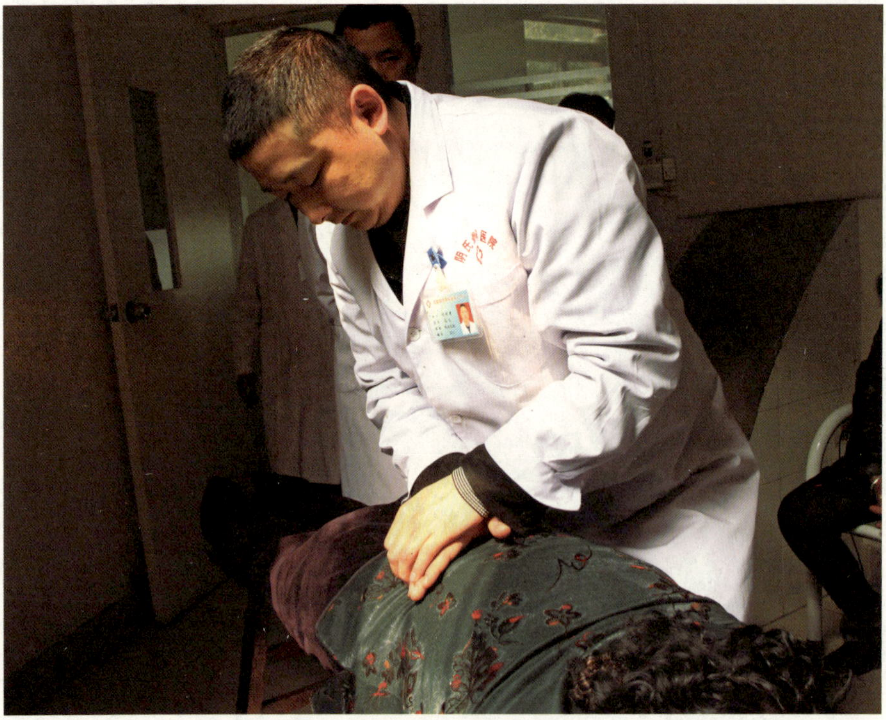

医务人员

中医一度陷入存与废的争论之中。

不过，随着社会教育的发展，民智渐开，人们对于西医的负面作用也有了科学的审视，而传统中医的精髓理论，也日益得到人们的青睐。例如骨伤治疗。

西医骨科学是西医临床医学外科学科发展中的中药标志，以解剖学和病理学为基础。在骨折等骨伤的治疗上，西医多采取输入大量抗生菌液体、手术等方式，不但费用高，病人也颇为痛苦。

事实上，早在周代，中国医学已经出现专业分科，有专人负责骨科疾病的治疗。秦汉时期，中医骨科形成基本理论和技术，世代传承，如《肘后备急方》、《仙授理伤续断秘方》、《千金要方》、《医宗金鉴》中就有大量记载。正骨即是中医治疗骨折、关节脱位等运动系统疾病的一种治疗方法，而“阴接骨”就是中医正骨疗法的传承者。

在四川大邑，小小的晋原镇背靠龙门山脉，面向成都平原。说起晋原镇的龙华村，就算是川西坝五州八县土生土长的人们，也不一定知道其确切的地理位置，然而，如果说起“阴接骨”，那就是无人不晓了。

早在清道光年间，阴氏祖先就在晋原镇一带行医，因其理伤正骨技术高明，疗效神奇，在当地乃至川西坝的老百姓的心目中，都有着崇高的声誉，后被人们称为阴接骨。

从阴汉道、阴凤洋、阴德安，到阴文全、阴明建和阴明红，阴氏骨科已传承五代。阴氏正骨术也在一代又一代的医疗实践中，积累了非常丰富的经验，形成一套独特的理论体系和完整的治疗原则及方法。

阴氏正骨有三绝：手法、竹夹板、中药，即手法复形，夹板固位，中药治本。中药主要运用当归、红花、苏木、透骨草、川芎、赤芍、牛膝等中医药材，还常用活血膏、治伤膏、中药熏蒸方、药枕等。

在阴氏中医正骨理论中，一位优秀的医生需在头脑中先建立一个伤患局部内外的立体形象，充分了解骨端在肢体内的方位，然后再进行进一步的诊断和治疗。阴接骨沿袭自家传统，谨遵“四字原则”，即早、稳、准、巧。所谓早，是在患者全身状况稳定情况下，早期恰当而及时施行手法，患者痛苦少，痊愈快，功能恢复好。稳则是指施行手法要有力而稳妥，同时要求患者体位适当。准指的是针对病情，施法要准确、实效，用力要恰到好处。至于巧，说的是施行手法时动作要轻巧，既省力又有效，不增加患者痛苦。

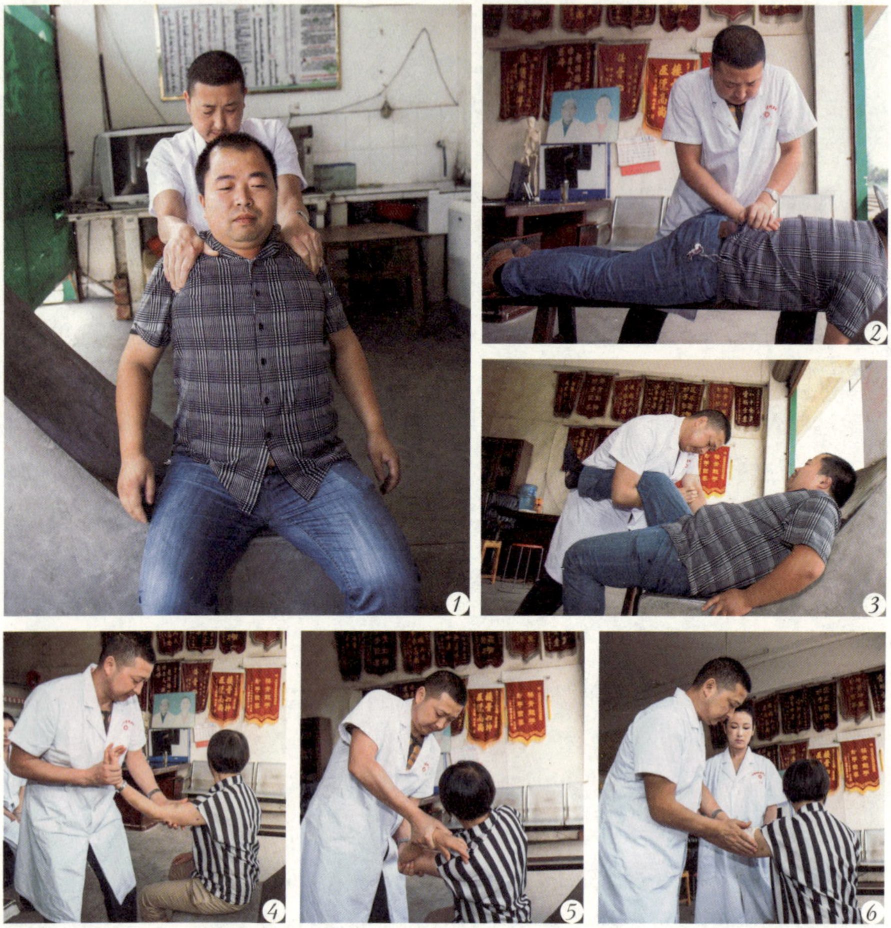

1、2、3、4、5、6. 阴明建老师为病人治疗

阴氏中医正骨治疗可改善血液与淋巴液循环，促进血肿、水肿的吸收和消散，加速骨折愈合，使关节、筋络得到濡养，防止筋肉萎缩、关节僵硬、骨质疏松，有利于功能恢复。被列为骨折及颈、肩、腰、腿等部伤筋治疗的基本方法之一。

人说“不看广告看疗效”，阴接骨卓越的技艺在群众中有了极高的声誉，他们也因此得到壮大与发展。上世纪50年代，第三代传人阴文全一手筹建、完善、壮大、发展了享誉遐迩的大邑县五龙医院，使得家族技艺得到更好发展。到了阴氏骨科第五代，正赶上改革开放的大好时光，阴氏传承者除了在老家五龙买地一亩开办骨科医院外，还在大邑、蒲江办起了成都阴氏骨科医院，方便了附近需要正骨的患者，阴氏骨科得到进一步的光大和发扬。

如今，传承人阴明建全面继承了阴氏中医正骨法的精髓，研究人体皮肉、筋骨、气血、脏腑、经络等由于外伤及其他原因所致的伤害和疾病，并系统地按理、法、方、药的辨证治疗原则，以及手法、手术操作在骨伤科疾病方面的具体运用，以达到帮助病人减轻痛苦、恢复健康的目的。阴氏骨科每年医治病人近三千人，免费为贫困户治疗骨伤三百人左右。他们不仅治愈了病人，还为传统医学的传承与发展做出了自己的贡献。2014年成都阴氏骨科医院被评为第二批成都市非物质文化遗产项目传习所。

传承人简介

阴明建，成都阴氏中医正骨法市级代表性传承人。1979年出生于中医骨科世家，1994年正式跟随爷爷学习中医正骨法，1997年毕业于成都中医学院。全面继承了阴氏中医正骨法的精髓，研究人体皮肉、筋骨、气血、脏腑、经络等由于外伤及其他原因所致的伤害和疾病，并系统地按理、法、方、药的辨证治疗原则，以及手法、手术操作在骨伤科疾病方面的具体运用，达到为病人减轻痛苦、恢复健康的目的。在医治病人的同时，收集整理大邑县民间关于骨伤方面的偏方。目前已经举办四次“阴氏中医正骨法”的讲座，受众达千人。现收徒五人。

（整理：赵媛媛）

第十章

民俗

民俗是人类群体在漫长的农、牧、渔、猎文明中逐渐形成的精神文化和生产经验的结晶。在民俗中，凝聚着人们智慧、信仰、情感、愿望，也渗透着伦理规范与审美趣味，是民族民间物质文化、制度文化与精神文化的生动体现。民俗主要分为人生礼俗和岁时节令两大类。

成都历史悠久，文化底蕴深厚，在历史上民间流行的风尚，习俗非常丰富，仅“岁时节令”一类就有正月灯市，二月花市，三月蚕市，四月锦市，五月扇市，六月香市，七月七宝市，八月桂市，九月药市，十月酒市，十一月梅市，十二月桃符市。始于北宋的都江堰清明放水节，如今仍是成都人民一项重大民俗活动。每年正月初七，成都人相约游草堂，则表达人们在“人日”这天对关注民间疾苦的诗人杜甫的崇敬和缅怀。

（撰写：彭云思）

都江堰放水节

小档案

项目名称：都江堰放水节

2006年入选成都市第一批非物质文化遗产名录，2007年入选四川省第一批非物质文化遗产名录，2006年入选第一批国家级非物质文化遗产名录。项目保护责任单位为都江堰市文化馆。

放水节，又称“开水节”，源于四千年前的江神信仰和两千多年前对江水的祭祀。在都江堰修建以前，岷江上游冲积而下的泥沙使河床淤塞，沿江两岸水患无常，人民饱受旱涝之苦。为了祈求水神的保护，人们在沿江“祀水”。

公元前256年，李冰任蜀郡守。李冰在前人治水的基础上，依靠当地人民群众，前后共计18年，建成了举世无双的水利工程——都江堰。从此，成都平原水旱从人，不知饥馑，时无荒年，成为天府之国。为了缅怀李冰父子的恩德，都江堰民间就改祭祀江神和江水为祭祖李冰的春秋祭礼活动，形成辐射整个四川盆地的岁时节令民俗。

以后各朝，随着官方对李冰父子的不断加封，祭祀规模不断扩大。《新唐书》和《太平寰宇记》记载，南朝齐建武年间(494－498)，益州刺史刘季连将原渠首处的“望帝祠”迁至郫县，重建为今天的“望丛祠”，在渠首“望帝祠”的庙基上建造专门祭祀李冰的“崇德庙”（二王庙），掀起了纪念李冰父子丰功伟绩的浪潮。唐朝时期，举国上下对李冰的推崇和怀念有增无减。清代《灌县乡土志》载：“唐太宗时蜀民以羊祭李王，庙前江际皆屠宰之家。”唐太宗、唐玄宗曾先后

2012年清明放水节欢庆活动

分别封李冰为“神勇大将军”和“司空相国”。宋朝开宝七年，宋太祖赵匡胤封李冰为“广济王”，并定为每年祭祀一次。被封为王后，所受的祭祀规格提高。诗人范成大在《离堆行》一诗中就有“到羊五万大作社，春秋伐鼓苍烟根”的诗句，由此可见当时祭祀活动的宏大规模。

公元978年，北宋政府正式将清明节这一天定为祭祀李冰的“放水节”，放水节从民间祭祀正式成为官方活动，一直延续。清明放水节在宋代成为官方活动，除了缅怀都江堰水利工程的缔造者李冰父子，还有一个重要内容是配合当时确定的岁修制度。古时的都江堰，堰体由笼石(竹笼装卵石)砌成，堰体在岷江急流冲击之下并不稳固，因此要定期进行修整；内江河道尽管有排沙机制但仍不能避免泥沙淤积，因此也需要定期深淘河道。宋朝时，订立了在每年冬春枯水农闲时断流岁修的制度，岁修工程主要包括“河方”和“堤堰”，即对外江、内江进行淘挖，并对堰堤进行整修，以“深淘滩、低作堰”六字诀为修复原则。岁修先修理外江，自霜降节起，开始截闸使外江断流，在立春节前完成外江修治。旋将外江开放，截闸内江施工，至清明节前一律完工。此岁修常例，历届皆奉行唯谨。岁修完成后，清明节时，由熟练的河工砍断拦河杩槎 (挡水用的木制三角架)的绳索，岷江水顺着缺口涌流而下，进行春灌。

清明放水节的仪式也随着时间的推移日渐规范化。元代至顺元年 (1330)，元明宗封李冰为“圣德广裕英惠王”，其祭祀规模又有提高，具体为“帛一、羊一、系一、登一、删一；箕二、簇二；四、豆四、尊一、爵三、炉一、蹬二”；二郎祭品与冰同。典礼程序为：“主祭官公服，行二跪六叩礼，奠帛、读祝；送神、望燎；告礼成，退。祝文为：‘维神世德，兴利除患。作堋穿江，舟行清宴。灌溉三郡，沃野千里。……’”元代以后，主持大典的主祭官都是由巡抚或省级以上官员来担任。在祭祀前一日，主祭官员一般都要先到郫县的望丛祠，去祭拜古蜀国的开国帝王杜宇和鳖灵，然后在次日清晨，才正式拉开祭祀的序幕。鼓乐喧天，仪仗威严，人们抬着丰盛的祭品随着主祭官员按照指定的线路来到二王庙祭祀李冰父子，主祭官焚香祭祀、朗诵祭文、祭献供品，并祈愿一年风调雨顺、五谷丰登、六畜兴旺。然后在主祭官的号令下，堰工们挥动手中的利斧砍断江中的拦河杩槎，将江水放入内江，溉田万顷。 公元1727年，雍正皇帝颁定了每年“春秋仲月，照吉致祭”李冰父子的活动；清乾隆三十五年(1770)《察捐春秋祭典碑》中定为：“每年仲春仲秋把龙王，次日记（李）王父子。牲用少宰，祭

2006 年清明放水节

列九品。”每祭由县捐银两，具“猪、羊、烛、富、香、楮以及庶羞”。

放水节当日，除了官方的祭祀活动外，前来参加放水节的民众们也形成了一套习俗。比如堰工砍断杩槎后，与围观的群众一起，不断用竹竿或石头向水流的最前端打去，俗称此为“打水头”。“打水头”的目的在于告诉流水不要冲毁堤坝和禾苗，要安流顺轨、为民造福。有人争舀“头水”祭神，认为这样可以求得神灵庇佑、消灾降福。有的人放下鸭子，年轻人下水争抢“水头鸭”。此外，还有民间祭祀李冰父子的活动。在每年的李冰生日那天，来二王庙祭祀李冰父子的川西民众每日多达万人以上。《灌县乡土志》中记载：“每岁插秧毕，蜀人奉香烛，把李王，络绎不绝吁。至今民祭之日，二王庙里人山人海，香烟缭绕，虔诚之态，令人感动。”

民国时期，祭祀活动里还加了一些新的元素：祭祀人员齐声朗诵《迎神词》，

主祭官员唱《纪念歌》；在渠首竖立高八尺、宽一丈的工程解说牌；古时的二跪六叩之礼，也改为了对李冰神像的三鞠躬。同样，前来进行祭祀活动的人员也大多由当时省府和水利厅的主要官员们来主祭。1940年春季，国民政府主席林森就曾主持过都江堰的开水典礼。新中国成立以后，于1950年举行了第一次清明放水节，取消了祭祀李冰的仪式，直接由时任川西北临时军政委员会副主任的李井泉剪彩。奏礼炮、演奏乐曲，拆散杩搓，人们欢呼追逐江水顺着内江河道涌进宝瓶口。

清明放水节提供了丰富的农耕文化生产行为和社会行为的历史物证，具有极大的历史价值。清明放水节持续两千年不衰，体现了中华民族自大禹治水以来的水利文化史的连续性，对于研究我国古代水利文化历史、研究成都平原农耕文化发展历史都十分重要。活动中的“杩搓截流法”、“竹笼卵石堵水法”以及集市

1. 2012 年都江堰放水节期间欢庆活动
2. 1950 年清明放水节
3. 1952 年清明放水节
4. 2005 年清明放水节上仿古祭祀仪式
5. 2012 年都江堰放水节活动现场

贸易活动中大量的川西农业生产传统器具的展示，是我国农耕文化几乎保留了两千年以上的实物例证，对于研究中国古代的生产力发展有重要的研究价值。清明放水节再现了作为农耕文化漫长历史的发展过程和由此而产生的信仰习俗、生产习俗、节庆习俗，甚至巫蛊习俗，提供了丰富的农耕文化社会行为、生产行为的历史物证。

清明放水节所提供的文化信息也是多方面的，它直承远至4500年前的江神祭祀和江水祭祀习俗，在保留大量古代庙宇祭祀习俗的同时，体现了中华民族传统的崇尚先贤英雄，崇德报恩的优秀品质。清明放水节还集中体现了川地人民科学求实、顺应自然、和谐包容、自在乐观的人文精神。清明放水节岁修工程，集中体现了中国古代人民“道法自然”、“天人合一”的哲学思想。

清明放水节还具有重要的科学价值。所依托的岁修工程，如埋放卧铁规定淘滩深度、设置水则，使用杩搓竹笼截水等具体的工程工艺技术，具有独特的科技含量和很高的科技水平，充分表达了人类巧妙利用自然又顺应自然的聪明才智。

1990年，由于我国改革开放的形势发展和对民族文化的重视，都江堰市委、市政府决定恢复这一传统习俗，并正式命名为“中国都江堰清明放水节”。为了增强历史和文化内涵，从1991年起，举办清明放水节时，增添了汉代清明放水节以“少牢”之礼祭祀李冰的仪式，使祭祀场面更具有历史的厚重感。1993年的放水节，增设了祭坛，增加了面具舞等表演。都江堰清明放水节的仪式随着时代不断演进，但唯有其基本精神亘古不变，那就是人们在纪念李冰父子同时，寄托了国富民强、岁岁如意的共同祈求。（整理：秦羽）

望丛赛歌会

小档案

项目名称：望丛赛歌会

2006 年入选成都市第一批非物质文化遗产名录，2011 年入选四川省第三批非物质文化遗产名录，项目保护责任单位为成都市郫县文化馆。

郫县，地处川西平原腹心地带，位于成都市西北近郊，是都江堰自流灌溉之首县。郫县历史悠久，古蜀望帝和丛帝先后在此设立国都，是古蜀文明和蜀文化的发源地之一。据历史学家考证，早在三千多年前，蜀族以蚕丛氏为代表，建立了属于部落联盟式的蜀国。经柏灌和鱼凫到了杜宇，蜀国先民从以游牧为生进化至定居从事农业生产。在此转折时期，杜宇率民“徙都于郫”，开蜀国农业的先例，推动了社会的发展，成为在川西平原第一个建立都城的古属帝王，史称望帝。《华阳国志》称他“教民务农”，近代人誉他“功在田畴”，当代人赞他“开天府之师”。郫邑由此成为了古蜀国第一都城。其后，蜀相鳖灵治水成功，杜宇揖让禅位于鳖灵。鳖灵为开明氏，接位后号丛帝。周朝末，丛帝为了更好地开发蜀地，采取“一年成市，三年成都”的办法，新建了成都。原都郫邑，又称杜鹃城，遗址在今郫县城北约半里处。

望丛祠是郫县望丛赛歌会的举办地，位于郫县城西南隅，是四川罕见的纪念古蜀国帝王的祀祠，祠内有古蜀望帝杜宇和丛帝鳖灵之陵墓。望丛祠原为“丛帝

郫县望丛赛歌会吸引了大批观众

新庙”，南北朝齐明帝时，益州刺史刘季连将原在灌县的“望帝祠”迁至郫县，与“丛帝新庙”合建而成。清代的川西道和省上管水利的官员，每年插秧之际要去都江堰放水，在此之前都要先到望丛祠祭祀二帝，然后才去都江堰举行放水典礼。今蜀人寻根，往往要到郫县，郫县望丛也成为了古蜀国的标志、蜀人寻根问祖的中心。

川西农民爱唱歌，每年的五月初五，郫县人民都有到望丛祠踏青祭祀的习俗，在这一天人们聚集“望丛祠”相继赛歌，用自己的歌声缅怀二帝先灵，以示对二帝“教民务农”的纪念。赛歌会这种民俗文化形式也逐步完善并沿袭了下来。

郫县望丛赛歌会是在郫县民间赛歌的基础上逐步形成的。据清乾隆二十六年（1761）任郫县县令的沈芝在《劝农》一诗中反映：“赖尔胼胝力，酌尔郫筒酿。乐哉我忘返，农歌远酬唱。”可见郫县民间赛歌风气之浓厚。清道光十六年（1836）邑人孙锜所撰《望丛前后志》记载：“五月端午，湘楚吊屈平，岷阳朝杜主，乡老曰，千秋节也，到今成俗，然其详不可得而言矣。”清同治八年（1869）《郫县志·风俗》中记有：“遥闻袅袅纤歌，发与棿湾柳曲间。味其语意，大多设为男女相赠答之词……清音婉转，听者怡神。”根据这些文献资料可以知道，郫县民间赛歌习俗久远，至少可推至18世纪，而且赛歌在每年农历的五月最为隆重。民间的赛歌活动应和了其他地方纪念屈原的习俗，只不过在郫县，这种纪念屈原的内容被朝拜杜主、纪念鳖灵的民俗内容所取代了。

郫县望丛赛歌会的民俗活动从南北朝齐明帝修建“望丛祠”时起，就渐趋形成，经千百年的磨砺逐渐成熟于明代，鼎盛于清代，直至民国。望丛赛歌会的形成和发展是一个历史的过程，并不是在某一朝代突然出现的民俗文化现象。1983年郫县赛歌习俗被正式冠名为“郫县望丛赛歌会”。

郫县望丛赛歌会的分布区域在郫县境内，虽然它的产生中心地带在郫县，但由于这一民俗活动是在郫县乃至整个川西坝子汉民族赛歌习俗和每年一度的祭祀“望丛”二帝、蜀人寻根问祖的基础上逐渐形成和发展而来的，加之文化的渗透性和流动性，使得望丛赛歌会的波及范围相当大，其辐射区域充盈整个川西坝子。

一年一度的望丛赛歌会历史久远、影响深远。通过赛歌的形式纪念“功在田畴”、“治理水患”、“德垂揖让”、“教民务农”的“望丛”二帝之先灵，也通过歌声让天下蜀人来“古蜀国的轴心——郫县”寻根问祖。在后来的发展中，民俗活动又给望丛赛歌赋予了更多的功用性，比如以赛歌的形式表述川西农民丰收的喜悦，以赛歌的形式让豆蔻年华的少男少女们寻觅自己的爱情等等。

1. 赛歌会热闹的现场
2、3. 参赛选手引吭高歌

郫县望丛赛歌会的举办有别于其他民族赛歌的特征主要表现在以下六个方面：

1. 形式特征

望丛赛歌会是川西坝子汉民族传统罕见的赛歌节。区别于其他少数民族的赛歌节，望丛赛歌会明显地带有祭祀“望丛”二帝和天下蜀人寻根问祖的主题。因此，望丛赛歌会是集祭祀、蜀人寻根问主、赛歌于一体的盛大的汉民族的民间民俗文化活动。

2. 歌词特征

据清同治八年《郫县志·风俗》记载：“乡俗最重插秧时际，春深绿暗红稀，流澌渐活，土膏乍酥，筒车竞响，缫声隔林，布谷交啼，子规在树，田畔水鸣瀌瀌，碧陇黄花涨。天遥闻袅袅纤歌，发于桤湾柳曲间，味其语意，大都设为男女相赠答之词。其歌必以‘石榴花叶’盖即此以起兴也。清音婉转，听者怡神。凡插秧者必终日恒饮，方能入水，或五酒或四酒，食必以肉或以豆花，田家风味如见。”可见望丛赛歌会中老山歌手演唱的山歌歌词大多以田园风光和舒适闲逸入手进行创作和演唱，歌词的乡土气息浓郁、通俗易懂、朗朗上口，歌者信口唱来，天然成趣。

3．曲谱特征

郫县山歌多属“高腔山歌”，曲调高亢嘹亮，音域深厚宽广，曲调流畅、跳动大，衬词使用较多，拖腔较长，抑扬顿挫、婉转舒畅。此外，郫县山歌中有一部分的曲调近似于湖南、湖北的山歌，这说明郫县山歌因“湖广填四川”的原因，受到外来文化的影响，具有了客家文化的影子。

4．举办场地特征

望丛赛歌会的举办不像其他民族歌会那样往往在田间或山头进行。由于望丛赛歌会有祭祀“望丛”二帝和天下蜀人寻根问祖的内容，民间赛歌活动就长年累月、约定成俗地在“望丛祠”内举行，也正因为如此，郫县这一盛大的汉民族传统罕见的赛歌活动，才被当地政府冠名为“郫县望丛赛歌会”。

5．赛歌特征

（1）望丛赛歌会与宗教信仰同时进行，赛歌的形式和内容具有浓郁的民族特征。歌会当天，景仰二帝的红男绿女，为抢第一炷香，大多早早来到祠内，朝拜“望丛”二帝，颂扬其丰功伟绩。因此，望丛赛歌与宗教崇拜紧密相连。

（2）望丛赛歌会形式多样、活泼，具有少数民族赛歌的特征。望丛赛歌有水岸相对的形式，即“鳖灵湖”中一叶小舟穿波踏浪，歌者身着民族服装，头戴斗笠向岸上歌手邀歌：

岸上幺妹多又多，
千秋端阳来赛歌。
只因妹妹你好看，
我要献你一船歌。

岸上的幺妹接过小哥的邀歌对道：

鳖灵湖中一小哥，
一路浪波一路歌，
要邀妹妹船头坐，

除非你歌比我多。

一时间，你来我往，你邀我唱，热闹非凡。少男少女们在这传统的赛歌会上寻找属于自己的爱情；大爷大嫂们在这传统的赛歌会上歌唱丰收的喜悦。除此之外还有单唱、和唱、对唱，形式有拉歌、对歌、赛歌等少数民族赛歌的特征。

6．包容性特征

一种民俗文化现象，在展现其自身文化内涵的同时又显现出另一种民俗文化现象的内涵是郫县望丛赛歌会的一个重要特征。比如在赛歌场上就有抛打李子的习俗。据清人徐心余所著的《蜀游闻见录》中介绍："成都旧俗，端阳节日，有掷李之戏。是日，肩挑售李者，不可以数计。向例在城东南角城楼上举行，上下对掷如雨，聚观者近数万人。"郫县望丛赛歌会上也有这种习俗，因"李"为十八子，据说被投掷者能多子多福，这也体现了川西坝子祈求多子多福的民间心理。

7．传统罕见性特征

郫县望丛赛歌会是川西坝子历史传承下来目前仅存的一种汉民族传统罕见的赛歌盛会，是汉民族独特的一道民间民俗文化的风景线。

望丛赛歌会演唱的曲目和歌词无不蕴藏着丰富的汉民族民俗文化的内容，这些内容无疑是研究整个川西坝子汉民族的生活习俗、政治经济发展的重要参考资料。望丛赛歌会不仅是一种民俗文化现象，同时也是一种艺术现象，通过对"赛歌"这种特定的艺术形式进行研究，对于揭开和了解川西坝子汉民族艺术发展的脉络和规律，展示汉民族赛歌的艺术价值等方面都具有非常重大的意义。以蜀人缅怀"望丛"二帝，祈求风调雨顺、消灾化吉、寻根问祖为基础，渐渐发展形成的望丛赛歌会在历史进程中始终与宗教文化联系在一起。因此对望丛赛歌会进行研究就自然地具有了宗教研究的价值。除此之外，望丛赛歌会无论在形式和内容上都具有川西庙会的性质，而庙会则往往伴随着集市贸易的兴起，因此望丛赛歌会对研究川西坝子的庙会文化以及川西集市贸易的形成和发展也同样具有非常重要的意义。

（整理：周丽娜）

火牛阵

小档案

项目名称：火牛阵

2006年入选成都市第一批非物质文化遗产名录，项目保护责任单位为新津县文化馆。

火牛阵在“非遗”节表演

新津县位于四川盆地西部，成都平原西南，东连双流，西连接邛崃、大邑，南邻彭山，北毗崇州。新津古为“南方丝绸之路”第一站，川藏公路、大件路、成雅(乐)高速公路与成昆铁路横贯全境，素称“成都南大门”。新津县五津镇古家村位于新津县城正北，紧邻县城。

火牛阵主要流传于新津县古家村，脱胎于古家村的牛灯。传统的牛灯造型往往直接在农具簸箕上以黑色画上牛面，用草扎成牛角，再蒙上一块布当作牛皮，在节日的时候走村串门，到处拜年、游行表演，有很浓厚的群众基础。经过改良后的牛灯则使用特殊材质的纸张一层一层粘贴而成，再在纸张上绘制彩色图案。新津牛灯素以造型独特、表演活泼有趣、节目多样、节奏鲜明、音乐独具风格著称，在川西坝子小有名气。其牛面为民间特色鲜明的油漆彩绘，牛皮是栗色的人造毛皮，人称花面牛，表演风格粗犷威猛，犹如一头撒野的牦牛，令人惊喜。

古家村火牛阵舞蹈队始建于民国时期，当时主要在庙会、春节拜年、游行等

泰国
木偶剧

火牛阵在“非遗”节表演

民俗活动中演出，主要活动区域在新津本土，与当时的新津龙灯、狮子灯、幺妹灯、秧歌等组成了新津主要的本土民间文化。最初，火牛阵并没有形成如今壮观的场面和规模，仅由一条牛或三条牛组成的“牛灯”进行表演，内容是模仿牛的生活习惯和动作，比如身披牛衣的艺人常常表演小牛嬉戏、母牛吃草、公牛发怒的情景。经过一帮老艺人的加工以及专业人士的指导，这一民间舞蹈形式不断发展，逐渐演变为气势壮观的火牛阵，牛的数量和呈现形式都发生了很大变化。

新津县的民间艺人参考战国时代田单破燕的故事，编排了广场乐舞——火牛阵，通过舞蹈的形式再现古代火牛阵锐不可当的雄伟气势，颂扬参战勇士奋勇冲锋的拼搏精神。古家村表演的火牛阵，一般由十头“牛”和几十名士兵组成，其舞蹈场面尤为壮观宏伟。在惊天动地的川剧锣鼓声中火牛阵开场，只见群牛时而撒欢，时而奔腾驰骋，武士冲锋的呐喊声、刀剑声和牛哞声响成一片。为了让表演的效果更为逼真，艺人们充分借鉴川剧舞台上火牌象征火焰的作用，让扮演士兵的演员一手持剑一手持火牌，围绕着“牛”表演铿锵激烈的舞蹈。传统的火牛阵是由 20 人舞 10 头牛，20 个士兵持火牌、长剑，20 人舞旌旗，7 人打幡，以打击川剧锣鼓现场伴奏。

为了增加火牛阵的观赏性，每当舞蹈表演至高潮处，管道具和剧务的人都要下令燃放黄烟。只见在一阵滚滚的浓烟中，军旗翻卷，人翻牛仰，杀声震天，仿

火牛阵在"非遗"节表演

佛真的把人们带回了碧血黄沙的古战场。火牛阵在表演的时候，除了扮演牛和士兵的艺人以外，还有一名艺人手执彩幡位于队伍的前列。此人的角色类似于乐队的指挥，舞蹈会随着他手中彩幡的挥舞、招展而有节律地变化。同时，还有一支乐队在现场伴奏，演奏的曲目通常是川剧锣鼓的打击乐，铿锵激越又富于美感和节奏。整个演出气势宏大、场面热烈，既表现了对古战场的艺术想象力，又体现了川西人民昂扬向上、努力拼搏的精神。

火牛阵展现的是古代战场上勇士们紧张备战、冲锋陷阵的场景，着力于表现勇士的阳刚威猛、牛的狂暴野蛮，因此这一舞蹈中所有的演员都必须选用健壮的男性，极具阳刚之气。由于火牛阵具有独特的艺术魅力和地方文化色彩，1993 年，新津县古家村火牛队表演的舞蹈获得成都市民间艺术节"三绝"奖。1995 年，代表四川参加广州国际旅游文化节，获得外地观众的高度赞赏。

作为独具特色的民间民俗文化，火牛阵具有浓郁的川西地方特色和乡土气息，丰富了当地群众的文化生活，反映了川西本土的民俗风情与乡土文化，对于传承优秀民族文化、弘扬中华民族精神、妥善保护民族文化遗产、建设社会主义新农村文化都有不可估量的价值。改编自战国时代田单破燕故事的《火牛阵》，既传承了中国久远的军事文化精髓，同时又表现出了中国人民团结奋进、不断进取的精神风貌，成为川西民间舞蹈中具有神奇魅力的种类之一。（整理：周丽娜）

春分会

小档案

项目名称：春分会

2008 年入选成都市第二批非物质文化遗产名录。保护责任单位为大邑县文化馆。

“春分”是我国二十四节气的第四个节气，一般在农历二月下旬。这个节气过后，农业生产便进入备耕阶段。按传统习俗，每逢此日，农民都要赶集。在旧社会给地主干活的雇农（长年）都会在这一天得以放假，购买所需春耕农资用品。因此，人们又把“春分会”叫作“长年会”。 以春分节气作会期，交易春耕物资，开展农资交易活动是“春分会”的核心内容。

安仁镇唐场位于天府之国成都平原西部，大邑县东南部，斜江河畔。这里的春分会历史悠久，规模较大。唐场曾是大邑三大古镇之一，民间素有“一新（场）二唐（场）三灌（口）”的说法。于清康熙二年（1662）建场镇不久兴起的春分会的耕牛市、木材市、农资交易场所等驰名川西。

唐场在明末清初是一个古镇幺店子，周围数十里没有一个大集镇，群众在购买所需的生产资料和生活用品时都不方便。基于此，清康熙二年时，唐、胡、李、万、周、熊等几个姓氏的人开始兴修唐场。建场后即发请帖邀请各地商贩前来赶场交流。为进一步繁荣市场，搞出特色，人们还开辟了牛市并特意派人到王泗镇牛市坝扫回牛粪渣撒在新辟的牛市坝，期望牛市兴旺。经过建场者的多方努力，

1. 春分会活动现场
2. 表演者喜庆的装扮
3. 春风会活动老照片

唐场日渐发展起来。唐场自建场时仅有五条小街，随着经济发展，规模不断扩大。春分会活动在其演变发展中，逐渐过渡到以农用物资交易为主要内容的一种特别的乡村集市活动。大邑唐场春分会以交流耕牛、农具为主，直接为农业生产服务。

大邑唐场春分会是一年一度的农资交易盛会。当天，十里八乡的群众一大早便三五结伴前往赶会，精心挑选春耕农用物资。依据传统习俗，在春分会这天，当地群众都要把煮好的汤圆粘在树枝或竹竿上拿到田间祭祀“雀王”，希望鸟雀不要骚扰庄稼，以期来年能够获得大丰收。祭完“雀王”后，人们穿戴整齐，便陆陆续续前往集会赶集。会场通常经过精心装饰，显得十分喜庆。会场上人来人往，接踵摩肩。

唐场正街主要售卖各种玉器和其他百货，同时出售稀有珍贵的药材、山货等。当地的唐场豆腐乳、土布、棉布、祈布（藏族宗教用品）、绸缎等也是交易的重要物资。河边街道高巷子陈列竹、木、铁、石制的农具和用具，其他物品如晒垫、箩筐、犁、耙、锄棒、锄头、镰刀等应有尽有。街道两边，商品林立；鸡鸭鱼鹅、美食小点，陈列有序。有的本地小商贩无法挤进会场，只好在场周的河坝、田坝里就地设摊，有买有卖，热闹非凡。

时至晚上，寓意来年风调雨顺、五谷丰登的烧火龙表演正式登场。人们手举烟火棒，分别站在街道两旁，待火龙队伍临近时，点燃手中的烟火棒，向火龙队伍强力“开火”，将热闹气氛引至高潮。

唐场春分会的鼎盛时期是民国二十年至二十五年（1931—1936年）。那时，前来赶会的有重庆、成都等地的玉器，邛崃、重庆的竹木、铁制农具和用具，灌县的石器，雅安、丹棱、彭山等地的耕牛等。本地商贩礼让外宾，优先给他们安排主要营业地区且不收地皮费。

唐场的春分会是成都平原最大的物资交流会，这天附近的商业单位都来赶会，极大促进了各地的经济和文化交流，在一定程度上使人与人之间的关系更加紧密，对构建和谐社会起到了巨大的推动作用。

后来，外省来唐场经商者日渐增多，经济实力雄厚，他们在场上修建了江西会馆、湖广会馆、贵州会馆等。江西、湖广两馆还修了戏台。这样一来，社会交往活跃了，经济也逐渐繁荣。随着历史的发展，镇上各商业行会也纷纷成立。为了角逐市场，本地商界也不甘示弱，药业会修了药王阁，商业会修了川王庙，并纷纷举办春分会，进行农用物资交易并演唱春分戏，以吸引远近客商。

由于在一定时期内春分会规模小、内容单薄，文娱活动不多，光景大不如前。1978年后，由于工作重点转移到经济建设上来，唐场春分会再次受到党和政府的重视，每年组织群众认真筹办。1981年春分会时，除县内上万群众参加之外，附近地区如新津、邛崃、蒲江以及凉山彝族自治州、雅安、眉山等地和其他商业单位都来赶会。

“家缺农具不用愁，春分盛会任你游”形象地描绘了春分会的核心意义。春分会是一种自发的传统集会，它既是当地居民购买农具和生活用具的集中地，也是盛大的娱乐活动。它丰富了人们的文娱生活，也对我国传统民俗文化的传承、发展具有重大意义和深远影响。

2014年，大邑春分会首次增加了美术书画展内容。春分会让我们嗅到阵阵泥土和新鲜种子散发出的芬芳，看到农具高高低低、密密扎扎摆放在一起的场面。熙熙攘攘的人群行走在古色古香的街道上，听着吆喝声、叫卖声响彻一片，在“春耕、夏耘、秋收、冬藏”的自然规律中，美丽富足的川西坝子又开始了它四季的轮回。

（整理：陈阳）

端午龙舟会

小档案

项目名称：端午龙舟会

2008年入选成都市第二批非物质文化遗产名录，2009年入选四川省第二批非物质文化遗产名录。项目保护责任单位为新津县文化馆。

新津县位于四川盆地西部、成都南部，古有“南方丝绸古道第一站”之誉，今有“成都南大门”之称，是重要的交通枢纽。自北周闵帝元年（557）定名，相袭至今，已有约一千五百年历史。地理格局有“一水二丘七分坝”之说，即水域占10%、丘陵占20%、平原占70%。水域呈五河汇聚之貌，金马河、羊马河、西河、南河、杨柳河五条河纵贯新津全境，如一柄展开的巨扇于新津县城东面一公里处汇入岷江，然后南流彭山江口与都江堰之内江府河相会，在新津形成了浩大的水域，素有“蓉城南路第一景，川西名胜上河图”之美誉，是名副其实的水城。

新津端午节龙舟会就孕育在新津这片河道纵横、文化厚重的土地上。传统龙舟会分布广泛，覆盖全县12个乡镇，每个乡镇都有龙舟竞渡的习俗，都有自己的竞渡队员和船只。现在的龙舟竞渡活动，主要在新津南河及四川省水上运动学校举行。尤其是新津南河，河面宽阔，河水澄清、平静，是龙舟竞渡的最佳水域。

新津的龙舟竞渡在四川乃至全国也颇有影响力，而龙舟竞渡的始源同端午的

赛龙舟之争先恐后

1

2

3

1. 赛龙舟之聚力胜天
2、3、4、6. 竞争激烈的抢鸭子活动
5. 赛龙舟之我们要勇夺第一

始源一样，有着各种各样的说法。最具代表性的说法是南朝（梁）吴均《续齐谐记》的记载：楚国顷襄王偏信谗言，将忧国忧民的屈原放逐。是日（公元前278年农历五月初五）屈原极度悲愤，投汨罗江身亡。渔夫闻讯，泛舟打捞。为纪念屈原，以后便形成了端午节赛龙舟习俗。

《荆楚岁时记》提到端午节赛龙舟是五月初五“竞渡采杂药”，其按语中，只是把“屈原投汨罗江”作为人们所说龙舟竞渡的来源之一。除了这两个始源外，历代文献中竞渡的始源还有：招魂、送灾、祈雨、祭祀水神等等。隋代的杜台卿在《玉烛宝典》写道：南方地区盛行龙舟竞渡，而北方地区少有舟船，所以不见竞渡之俗。他还提到竞渡是夏至节的娱乐活动，不一定是打捞投江的屈原，历史上除了端午，还有元宵、寒食、清明、夏至、中秋竞渡的记载。闻一多《端午考》认为：“龙舟竞渡应该是史前图腾社会的遗俗。”远在屈原之前就已经存在。

考古发现，流行船棺葬俗的地区，多为龙舟竞渡盛行之地。近来成都及川西地区大量船棺出土，说明舟船在蜀人的生活中占有重要位置。《史记·张仪列传》说：蜀有“舫船”，即两只木船并在一起，既增加载重量，又能保持平稳。史称蜀“有舟无车”，蜀船在全国享有盛名。从巴蜀图语和古铜器中的舟船符号与船形纹饰，也说明蜀人对舟船寄托着神圣的信仰。古人生前的生活和思想意识直接反映在其死后的葬俗中，在船棺葬俗背后反映出先民对于舟船的崇拜与信仰痕迹。竞渡正是这种对舟船的崇拜而来的仪式和游戏。

汉代以后，龙舟竞渡与纪念屈原相结合，被赋予了爱国爱民的民族精神并得以世代相传。唐宋时期，因官府的提倡、官员们的积极参与，龙舟竞渡在四川也达到了一个高潮，新津的龙舟竞渡就始于唐代初年。

到了清末民国，每年端午节，新津人民都自发在南河中举行赛龙舟、抢鸭子等活动，龙舟由各乡乡长或哥老会头目组织，花船则由各机关团体及行会长组织，花船除了观赏龙舟比赛外，还负责放鸭子下水供龙舟划船人员争抢。几十只彩船齐整地安放在南河两岸，伴随着喧天的锣鼓声，平常宁静的南河立刻升腾起节日的喧嚣。鸣放鞭炮之后，几十只船如离弦之箭向终点冲去。新津县龙舟竞渡，多取逆水行舟，舟长四丈八尺，划起来颇有难度，故而夺标竞争激烈，扣人心弦。抢鸭子实乃趣味性体育，自清代以来，就是龙舟会的保留节目。民间则在端阳当天中午吃粽子、盐泡鸭蛋，饮雄黄酒，人人佩带各色各式香包，晚上用陈艾、青蒿等草洗澡解暑清毒，同时，还将雄黄酒洒于室内消五毒。《新津县志》就有明确记载：“五月五日包角黍（即粽子），悬剑蒲艾虎于门，饮雄黄酒，城南竞渡。”

新中国成立后，新津县端午传统龙舟竞渡未中断（“文化大革命”期间除外），并增加了水上活报剧的表演。60年代，在龙舟赛时，增加了“武装泅渡”和男女游泳比赛。进入80年代，新津县南河传统龙舟会内容更加丰富，除了传统民俗表演外，还增加了放和平鸽、对空射击、滑水表演、飞机空降表演、渔舟表演、龙舟造型表演、彩船夜游等系列活动。新津传统龙舟会以其独特的文化内涵和鲜明的传统特色，吸引了来自海内外的众多游客。

龙舟竞渡的参赛船队，必须绘制龙头龙尾安在船的前后，船身要绘制龙麟。除了传统的龙舟速度比拼以外，新津龙舟还具有自身特色，其中龙舟造型表演赛最为突出，其色有红、黄、青、白、黑五种，表演时，均张牙舞爪，眼冒金光，龙口内有的吐火、有的喷水、有的喷射各色烟花，特别在龙舟夜游时，更为壮观，十分精彩。

龙舟竞渡是一种民间竞技活动，是有一定的竞赛规则和胜负标准的。一般说，古时的竞渡规则和今天的差不多，胜负的标准则有所不同，今天的竞渡以达到终点的先后为胜负，有 1000 米、1500 米等多种规格直线竞速，比的主要是速度。古时比竞渡速度固然是一个标准，但还有一些较复杂的花样，比如抢标，是指在划到终点的时候各船抢夺浮标以定胜负。标分鱼标、鸭标、钱标等，因其上系有红锦缎，所以也叫锦标。另外，还有抢夺比较高难的钱、鸭等物，金属入水则沉、鸭入水则游，抢钱要下到水里去抢夺，因此争夺起来就要困难些，其场面也会更加激烈，这需要很好的水性和技巧。

比赛时，岸边站满观看竞渡的平民百姓，江边五彩缤纷的大船上也坐着许多观众。每只船上有十多人，一人在前指挥、一人居中为鼓手、一名舵手在船尾，其余的桡手均匀分布在船的两侧。江河的远处竖红旗为标，参赛船只一字形排开。一声令下，群舟迸发，指挥喊号子、鼓手击鼓，桡手随着号子和鼓声，奋力向前，争夺旗标。

夺标分出胜负后，接着是抢鸭子。彩船上不时将鸭子抛入江中，供参赛龙舟争抢。水手在江中你争我夺，以抢得最多者为胜。有的地区还要将鸭子灌酒后才抛向水中。据说，这样鸭子会在水中乱窜，不易逮住，以此来显示水手们在水中的游泳技巧。

除了夺标和抢鸭子，端午龙舟会还在定点的数只大船上进行龙灯、狮灯、神话故事、川剧折子戏等表演，有的船上还进行歌舞、时装表演。除此而外还增加了“龙舟夜游”、“水上彩灯”、“放焰火”、“包粽子”、“放河灯”、“放孔明灯”、“龙舟号子表演”等活动。

端午节传统龙舟会起源于民间，具有浓郁的民俗特色和地方特色，是深受广大群众喜爱的一项民间竞技活动，极大地丰富了当地群众的文化生活。此外，对于增加新津传统文化内涵，发展文化旅游事业，弘扬中华民族精神，开发和保护传统的民俗、民间文化活动有着不可估量的作用。

由于外来文化的影响，本土传统的文化习俗逐渐削弱，加上专职保护人员短缺、资金力量薄弱等原因，新津端午龙舟会于20世纪90年代中期停办。近年来新津政府组织工作人员对端午节民俗活动现状进行调查，形成完善的档案资料，并每年开展一次盛大的龙舟盛会，不断扩大其传统文化内涵和影响力。2007年端午节期间，新津县恢复了中断十年的龙舟会，筹办了成都·水城新津“美好杯”传统龙舟会，仅开幕式当天，就有十万观众欣赏到了一场竞技和民俗的双重盛宴。

2010年新津凭借优越的水域环境和悠久的龙舟文化，中国新津国际名校赛艇挑战赛在此举行，哈佛大学、耶鲁大学、牛津大学，剑桥大学、普林斯顿大学、奥塔格大学、伦敦大学、清华大学等国内外十余支名校赛艇队参加。至今已连续成功举办四届，成为国际高校水上运动交流活动。随着各种国内外水上赛事的举办，新津的传统水上运动被赋予了更多的时尚、现代和国际元素，竞技色彩更加浓重。1996年，国家体育总局授予新津县“全国龙舟活动先进县”。

（整理：秦羽）

天彭牡丹花会

小档案

项目名称：天彭牡丹花会

2008 年入选成都市第二批非物质文化遗产名录。保护责任单位为彭州市文化馆。

彭州古称天彭，史料记载，天彭牡丹是唐朝禅师金头陀始种于彭州丹景山，唐宋最盛，遍布城乡，因而丹景山有“花山”之称。每年春天牡丹花开时节，彭州上自州府官员下至普通百姓，都要前往丹景山“赶会”，使整个天彭牡丹花会呈现出一派车水马龙，音乐歌舞，热闹非凡的景象。

丹景山坐落在沱江之源——湔江南岸，为龙门山余脉，山峦迭翠，风光秀丽，自古就是“灵秀独钟”的“西蜀名山”，享有“丹岳岱宗”之称。汉时即为道家先哲静修炼丹处，佛教东渐后又为佛道共处之山，寺观特盛。“崇峦架殿，叠嶂营楼，鹤林圣迹，龙泉佛影”，就是其真实写照。然而，令古今名人向往、留恋的还是丹景山的牡丹。

各色牡丹争奇斗艳

据史文典籍记载：初唐四杰之首王勃遭贬后，应故友九陇县令柳太易之邀游丹景山，留下了传颂千古的《益州九陇县龙怀寺碑》，对丹景山恣意描绘，大加赞赏："丹溪漏月，碧洞栖烟。叶蹬三休，花严四密。"这即是对悬崖牡丹的真实写照。元宣年间，诗圣杜甫流寓成都，应挚友著名诗人彭州刺史高适邀请，游丹景山赏牡丹，面对如霞国色，花海徜徉，远观近玩，诗兴大发，写了著名的牡丹诗《花底》："紫萼扶新蕊，黄须照万花。忽疑行暮雨，何事入朝霞。恐是潘安县，堪留卫介车。深知颜色好，莫作委泥沙。"用古代美男子潘安、卫介做比喻衬丹景牡丹的美丽动人，尾联表达了诗圣珍爱丹景牡丹的惜花情结。

五代前蜀皇帝王衍奉徐氏太后、太妃游览丹景山，其势"绵锈披山谷，金紫塞林峦，繁盛古今无比"，饱览丹景风物后吟诗唱和："云坡分景象，黛锁显楼台。……翠屏夹流水，何必羡蓬莱"；"碧烟红雾扑人衣，宿露苍苔石径危……好把身心清静臼，角冠霞披事希夷"。丹景山水风光，牡丹花色使人迷恋不返。

入宋，历任成都四路置刺使对丹景牡丹情有独钟，每值花时，派专人快马送到成都，置于著名的园林——西园花槛，夜宴观赏，留下了不少咏赞牡丹的诗篇。伟大的爱国主义诗人陆游尤爱丹景牡丹，专程到丹景山考察，写下了弥足珍贵的《天彭牡丹谱》。晚年居浙江，距蜀遥遥仍对其魂牵梦绕。

明朝时，正德状元杨慎三游丹景山，挥毫赋诗描写丹景胜境，那翠微中的"连层蓝若"可与梁时的同泰寺相比，钟声佛唱，四时谷响，悠悠远扬；丹溪绿水流淌若歌，牡丹坪上盛开的牡丹有如满天的彩霞，诗人携酒怀诗，面对流瀑彩虹，连云碧水，梵阁篆烟，遍山牡丹，祈愿用江淹神笔"百遍豪吟"。

清代，四川才子李调元（曾任广东学政、史部主事），冤狱平反回归故里，几次畅游丹景，玩于山野花丛，赋诗咏景，赞叹"九陇云峰多出奇"、"牛心山下花如斗"。又着芒鞋踏翠微，登上"磐陀石上一回脉，始信人间此景稀"。

近代，光绪初年，成都知府、剑南道兵备按察使黄云鹤偕诗僧雷堂等告假专游丹景，兴致勃发，相互唱和留下了不少诗联，其事、诗、联载于所撰的《彭游行记》中。著名学者、国史馆馆长王闿运在川期间，登临丹景赏牡丹，为花流连，欣然题联"山中昼永看花久，树外天空任鸟飞"。著名的艺术大师张大千、冯灌父、陈子庄等也慕名丹景山清水秀、野趣天成，独具特色的牡丹，赴山写生作画，留下了极为深刻的印象。"东方凡高"陈子庄题赞："悬崖断壁皆生牡丹，天娇寻女，倒叶垂花，绚烂山谷"；更有甚者，几十年后，大千先生侨居巴西，还念念不

1. 粉黄色牡丹
2. 大红色牡丹
3. 玫红色牡丹
4. 粉红色牡丹
5、6. 游人与牡丹合影

忘丹景之游，作诗直道："不是长安不洛阳，天彭山是我故乡。花开万等春似海，无奈流人两鬓霜。"

当代，丹景山在僧俗共同努力下已逐步恢复建设，成为省级旅游区、全国著名三大牡丹观赏地之一。老一辈无产阶级革命家张秀熟、张爱萍和马识途、杨超、郝好炬、杨忻综等省老领导也亲临考察游览，指导工作，题词赞美丹景山和牡丹。西德、日本等国的植物学界专家学者也不远万里来考察丹景牡丹。山水风光、牡丹香色使他们大开眼界，惊叹不已，直誉为"人间天堂"。

丹景山和牡丹不仅为历代名流学者、文人墨客向往、钟爱和折服，平民百姓更是如此，每年四月花期，人们蜂拥而至，朝山、拜佛、赏花（自唐以来逐渐形成勘花节），热闹非凡，不亚洛阳。以诗为证："不让中州独得艳，倾城千古自流芳。马龙车水观丹景，山下形成闹市场。"

彭州丹景山从汉代开始就是道教、佛教圣地，每年都要举行宗教盛会"三会"。到了唐代，天彭牡丹种植盛行，牡丹便成了宗教盛会的一个重要内容。随着地方官员、文人墨客和老百姓对天彭牡丹喜爱的加剧，天彭牡丹便独立成为一个节会。明末清初，由于战争频繁，社会动乱，天彭牡丹由此开始衰败，但天彭牡丹花会习俗一直被老百姓延续下来。1984年，当时的彭县人民政府为了保护牡丹文化，满足老百姓对牡丹花会的向往，作出重振"天彭牡丹花会"的决定。1985年4月，新中国成立以后的第一届"天彭牡丹花会"在彭州举办。自1985年以来，彭州开始连续举办了牡丹花会和牡丹节，每届牡丹节历时一个月左右。彭州的牡丹节已经和"洛阳牡丹花会"、"菏泽国际牡丹花会"并称为全国最大、最有影响的三大牡丹花会。

天彭牡丹花会内容分为：

1. 赛花、竞花：古时，民间花户将自己培植的名花珍品送到花会上进行比赛，优胜者成为"花魁"，并可得到官府的奖赏。

2. 观花、赏花：花会期间正值牡丹盛开，络绎不绝的游人徜徉在花海中观赏娇媚百态的牡丹。

3. 购花、赠花：当时，在彭州乃至成都的官员和普通百姓当中，都盛行购花相赠的习俗。人们将在花会上购得的各类牡丹名品作为礼物送给敬重的长辈，送给挚友和情人。

4. 登山踏青：彭州百姓借花会期间结伴出游，登山踏青。

5. 民俗文化活动：有传统民间手工工艺表演、民间戏曲表演等。

6. 拜庙祈福。

7. 秉烛夜游：当时彭州和成都的文人墨客在牡丹花会期间，相邀聚会，在晚上秉烛赏花，吟诗作画。

8. 举行歌舞音乐活动。

9. 土特产品交易。

天彭牡丹较洛阳、菏泽牡丹而言，野趣浓，更显其娇媚和妖冶百态，令游人流连忘返。传统花树有一百多年历史，是难得的世间珍品，既是牡丹花发展的见证，更是社会发展的见证。因而天彭牡丹花会吸引中外游客和花卉研究专家前来观赏、研究。

彭州的牡丹文化源远流长，内容丰富，形式多样，满足广大人民群众多种需求，是一项以花为媒的综合性民俗节会。天彭牡丹花会是彭州牡丹文化的集中表现和重要载体，也是中国牡丹文化的重要组成部分，在我国西部地区的花卉文化和民俗文化中都占有重要的地位。天彭牡丹花会对于研究我国西部地区牡丹文化和民俗集会文化的起源、形成、发展和变迁，都有着极为重要的科学价值与历史意义。如今“彭州牡丹花会已经成为当地一项重要的特色文化，这种文化已经深入到当地百姓的审美情趣、生活习俗当中，对其精神面貌和思想意识起到了积极的影响作用。

（整理：彭云思）

王泗风筝节

小档案

项目名称：王泗风筝节

2008 年入选成都市第二批非物质文化遗产名录。项目保护责任单位为大邑县文化馆。

川西平原的邛崃大邑两县之间，有一座繁华的城镇——王泗镇，俗称王泗营。高耸在场头镇尾身披铠甲、手持利剑的骑马将军雕刻石像，就是当年张献忠麾下的王泗将军像，王泗镇也因此得名。王泗镇地势分为丘陵和平原两个地貌区，北面为丘陵区，南面为平坝区，非常适宜风筝等户外活动。

风筝起源于木鸢，据史书记载："公输班制木鸢以窥守城"，木鸢产生于战争之中，被用作战争通讯、侦查工作，还被带上火药用作战争进攻的武器，距今已有两千多年历史。后来发明了纸，然后用纸做鸢，称为纸鸢，纸鸢即是风筝的别名。五代后汉隐帝时大臣李邺在宫中做纸鸢，据说他在纸鸢头上安置类似竹笛的响器，"使风入竹，如鸣筝"，故名风筝。中唐时期，由于造纸技术的普及，在民间，人们就已经把风筝作为一种玩具用来进行娱乐活动了。"有鸟群纸鸢，

2010 年 3 月邛崃高宇第三届风筝文化旅游节活动

因风假势童子牵”，诗人元稹在他的咏物诗《有鸟二十章·纸鸢》里生动地记录了当时放风筝的情况。放风筝至后来成了相互比赛的游戏活动，“桥上少年郎，竞纵纸鸢，以相勾引，相牵剪截，以线绝者为负……”至明清时期，风筝发展到鼎盛。明清的风筝无论在形制、样式、绘制等方面比过去都有了很大的发展，特别是绘制技巧勾画精到，用色和谐，还成为人们民俗活动中的装备品和居室装饰品。当时著名文学家曹雪芹曾著有《南鹞北鸢考工志》，书中详细地记载了风筝的绑扎、裱糊、绘画、式样等。而且当时的许多文人雅士之间盛行扎制风筝赠送友人，并认为这是件风雅的事，如明代的画家徐渭，他在晚年时就画了许多风筝画，并题了三十多首关于风筝的诗，可谓痴迷有加。

王泗镇的风筝起源于清代光绪年间的毛氏家族一位医术高明的郎中——毛建中。他自幼喜爱风筝，拜老前辈为师潜心钻研风筝制作工艺，利用自己家里房前屋后的慈竹，自制蜈蚣风筝放飞于田畴浅丘之间。慢慢地，毛建中制作的风筝在王泗镇享有了很高声望，王泗制作风筝的传统也就从那时沿袭了下来。毛氏风筝以蜈蚣风筝最为闻名，以其扎制精美、体型巨大而著称，主要以本地的慈竹作为骨架，芭茅花絮为平衡物，用红黄相间的彩纸糊制而成。除了蜈蚣风筝，王泗的鹰、蝴蝶及各种软翅类风筝也十分著名。其中，鹰风筝做得最地道的要数黄家，其鹰身形矫健，脚爪遒劲，通体深褐，呈半立体状，飞腾在空中后与真鹰无二致。

毛建中将其风筝制作技艺传给其子毛尊贤，毛尊贤再传承给徒弟冉红元，他们都传承蜈蚣风筝。到了第四代传人陈万伦“陈氏”风筝在此基础上并广泛搜集民间风筝技艺进行制作、放飞。1998 年 10 月制作一支龙形风筝，参加香港国际风筝会，荣获制作放飞金奖、最具地方特色奖和最佳放飞技巧奖三个奖项；2000 年参加中华人民共和国第四届全国农民运动会，老虎板串风筝获金牌，大熊猫风筝获银牌；2005 年参加湖南省举办的“中国城步”全国风筝精英赛，获一、二、三名风筝各一只；2007 年在宁夏举办的“商行杯”全国风筝锦标赛中，大熊猫风筝获得最佳制作奖。

制作风筝主要有以下几个步骤：造型、绑扎、绘画、裱糊。造型即用若干条经过绑扎制成风筝的型状即骨架，绑扎方法有缠绕法、十字绑扎法，然后根据骨架选用面料，在面料上按风筝的特点要求进行彩绘，画好后将面料黏糊在骨架上，待干后切除多余边角即成一只风筝。制作风筝不仅需要掌握扎、糊、绘画等技巧，而且还要具有较丰富的自然科学知识。风筝涉及空气力学、物体平衡对称、重心确定、风力、场地、牵线、选择等，还涉物理、数学、气象、工艺、美术、体育等多方面的知识。

制作风筝、放风筝在王泗有着广泛的群众基础。“风筝放出万人看，千丈麻绳系竹竿。天下太平新样巧，一行飞上碧云端。”下至儿童，上至老者，有专业、有业余、有自制、有购买，有携老伴幼，有三口之家，在宽阔的广场、郊野，在明媚的春天里，在天然的氧吧中，放着心爱的风筝。过去把风筝放上天后，就将线绳拴在树上任其飞翔。晚上用一种特制机关挂在风筝线上，在机关上挂一灯笼，由风将机关送到天空风筝处，机关自动启闭，灯笼又慢慢回到地面，夜间观看非常壮观。

放风筝是儿童喜好的游戏，他们在娱乐中获得更多的知识，对培养他们的爱美观点、探究自然科学的奥秘、提高绘画技巧、促进德智体美全面发展有积极的意义。

放风筝不仅是一种娱乐，还是一项很好的健身运动。古人在《续博物志》中说："春日放鸢，引线而上，令小儿张口而视，可泻内热。”放风筝是一项全身的体育锻炼，经常放风筝，就能不断增强体质。它与常规的竞技运动不同，可以在欢快中，自然地完成操作，达到锻炼的目的。放风筝能锻炼体力，增强人的体质；放风筝能调节人的气血循环，防止各种疾病，使人健康长寿。近年来国外已有不少风筝医院，风筝疗养院也应运而生。风筝节，风筝会在全球盛行，世界上已有十几个国家举办过近百次国际性风筝交流活动。

在过去，清明放风筝也是一种习俗——“放晦气”，人们认为放风筝可以放走自己的秽气。所以，等风筝升上高空，人们会剪断风筝线，任风筝随风飘逝，将一年的病痛与烦恼一同带走。

风筝最早起源于我国，这是世界公认的。风筝是祖先留给我们的优秀的非物质文化遗产，是世界文化宝库中的一颗璀璨的明珠。然而风筝，千百年来却被视为雕虫小技，忽视了从艺术的角度去鉴赏，它是一种技术和艺术相结合，经久不衰，而且遍及世界的民间工艺。当它从东方走向西方时，却被视为一项重大的科技发明，在美国华盛顿航天博物馆的大厅里挂着一只风筝，在它的边上写着“人类最早的飞行器是中国的风筝和火箭”。英国学者李约瑟博士在《中国科学技术史》一书中，把风筝列为中华民族对人类贡献的重大科学发明之一。

王泗镇的风筝节有超过一公里长的龙类、串类等大型风筝，“降落伞”、“仙

1、2、3、5. 制作风筝
4. 风筝作品——老虎
6. 2011 年 12 月，西华大学外籍教师参观风筝比赛
7. 2012 年 3 月，在王泗镇第十七届风筝节上，县领导向学校授予“大邑县风筝协会”会牌

女散花”、虎、猪八戒、孙悟空、熊猫、企鹅、金鱼、雄鹰等造型的风筝神气活现，件件宛如艺术品。放风筝竞技活动人人喜爱，男女老少皆宜，不分季节，不受场地限制，是一个群众参与面广泛的运动项目。王泗风筝节是目前川西地区风筝种类最多，传承时间最久的竞技活动。

随着时间的推移，能够完整制作风筝的人只有一人，缺少风筝制作技艺详细的资料记载和整理。风筝文化要传承下去，还得后继有人。王泗镇党委、政府十分重视对学生的培养，1995 年特地聘请王泗风筝老艺人到校培训师生，从制作、放飞到参赛，成立了由师生组建的 700 人参加的王泗学校风筝队；先后有近百位师生加入了县风筝协会和省风筝协会，学校以“行以求知，学以致用”为办学理念，以风筝文化为载体，全力打造学校校园文化特色和亮点，成立了风筝研究室，建设了风筝生产基地，开通了全国首家学校风筝网站，开发了一批新、奇、特风筝。学校每年 3 月组织一次风筝文化艺体节，从一年级到八年级开设了每月一节的风筝特色教育课。一支支风筝表演队活跃在周边县市，传播着和谐、文明、美好、健康，使古老的民间文化绽放出绚丽的光彩。

1992 年，王泗党委决定把每年 3 月 15 日定为王泗风筝节，于 1993 年 3 月 15 日举办了首届以风筝为主要内容的运动会，至今已成功举办了 13 届风筝盛会，在国内外产生了巨大影响。一年一度的王泗风筝节既是王泗人民的文化活动蓬勃发展的体现，又推动了农民体育事业的发展，促进了农村物质文明和精神文明建设，风筝已成为不可估价的无形资产。1998 年王泗成功承办了“98 王泗杯”第四届中国国际风筝会暨第八届全国风筝比赛。王泗镇被授予“全国亿万农民健身活动先进乡镇”、“中国民间艺术之乡”称号。风筝已成为王泗的品牌，开放的窗口。

（整理：秦羽）

人日游草堂

小档案

项目名称：人日游草堂

2008 年入选成都市第二批非物质文化遗产名录，2011 年入选四川省第三批非物质文化遗产名录。项目保护责任单位为成都市杜甫草堂博物馆。

人日游草堂是一项以纪念诗圣杜甫为核心内容的成都特有的民俗文化活动，现主要分布在成都市及其周边地区，以成都杜甫草堂博物馆为主体的浣花风景区是其活动的主要场所。

成都杜甫草堂地处今成都市主城区西面，“万里桥西宅，百花潭北庄”（杜甫《怀锦水居止》）是杜甫在其诗中所描述的草堂的地理位置。今杜甫草堂东与典藏丰富的四川省博物院隔河相望，西面依傍着众多文人骚客曾吟咏的浣花溪，南与风光秀丽的以诗歌为主题的浣花溪公园相接，北面为繁华市区。附近还有道教胜地青羊宫、成都名胜百花潭、古蜀王国都邑金沙遗址、三国圣地武侯祠等成都市名胜古迹。

“人日”即人的生日，是我国传统民俗活动之一，于每年的正月初七举行。古代 “人日”有戴“人胜”的习俗，从晋朝开始有剪彩为花、剪彩为人，或镂金箔为人来贴屏风、戴头饰以及登高赋诗的习俗。唐徐坚《初学记》卷四引南朝梁宗懔《荆楚岁时记》：“正月七日为人日，以七种菜为羹，剪彩为人；或镂金簿为人，以贴屏风，亦戴之头鬓。又造华胜相遗。”这是有关“人日”较为完整的一条记载。唐人最重“人日”，据不完全统计，仅《全唐诗》中对“人日”描述的诗歌就有近三十首，如薛道衡、陈子昂、韩愈、宋之问、刘长卿、李商隐等都有关于“人日”的名篇佳句留存于世。唐代著名诗人杜甫寓居草堂时，曾与好友高适在“人日”这天以诗唱和，被传为诗坛佳话，并成为明清时期成都人日游草堂风俗的起源。明代嘉靖时期，人日游草堂是文人雅士祭拜杜甫、传承蜀中文脉的重要活动。清代咸丰年间，自文人何绍基肇始，人日游草堂遂发展成为由成都文人雅士倡导发起，成都民众附和响应、广泛参与的一项民俗文化活动。每年人日这天，成都民众扶老携幼游览草堂，凭吊诗圣，吟唱杜诗，赏梅祈福。清代文人张之洞、傅崇矩、潘元音、何维棣等都曾在诗文中记载当时人日游草堂活动的盛况。民国时期和新中国成立以后，此俗虽不及清代之繁盛，但成都部分文化界人

1. 2007 年人日活动
2. 人日祭拜仪式
3. 人日碑刻
4. 人日活动

士和民众仍对草堂衷心热爱，人日这天，他们都喜欢来此瞻仰诗圣，吟诗作词，畅叙胸怀。1992年，为保障人日游草堂民俗活动的真实性和整体性，同时促使人日游草堂民俗活动得到全社会的认可、尊重和弘扬，成都杜甫草堂博物馆在文化界人士和普通民众的建议与支持下，将民间自发传承的人日游草堂的活动发展成政府主导、社会各阶层广泛参与的传承形式，并延续至今。

人日游草堂民俗活动的内容随着时间的推移，不断丰富，其主要内容包括：

1. 凭吊杜甫

史料记载，明初蜀王朱椿就开启了祭祀杜甫之先河。清光绪年间四川总督丁宝桢推行了春秋两季的官方主祭杜甫活动。人日游草堂活动自成形之时起即形成了普通民众自发凭吊杜甫的习俗，并一直延续至今。2009年始，成都杜甫草堂博物馆成功恢复了官方主持的祭拜杜甫仪式。以古朴、庄重、简洁、诗意的形式再现古代祭祀活动中最核心的“三献礼”。

2. 吟唱杜诗

文人雅士和普通诗歌爱好者云集草堂，共同吟唱杜诗，缅怀诗圣，传承经典。近年来形成的“草堂唱和”诗歌朗诵会、市民和青少年专场诗歌朗诵会等，使杜诗吟唱活动更具规模和组织性。

3. 诗咏草堂、书画杜诗

历代诗人瞻拜杜甫，留下歌咏草堂、吟诵诗圣的丰富诗作，已成体系，被称

为“浣花诗”。古今书画名家以杜诗为题的书画作品，数量众多，形成一个新的艺术门类，而被冠以“杜诗书画”。挥毫赋诗，泼墨丹青是文人雅士人日游草堂的传统内容。

4．赏梅祈福

梅花是古代诗人的重要吟咏题材，杜甫被誉为“古今咏梅第一”。草堂是成都市民的传统赏梅胜地，宋代陆游诗中即有浣花草堂观梅的相关记载。梅花也名“五福花”，象征快乐、幸福、长寿、顺利、和平，草堂赏梅、祈福新年也成为成都市民人日游草堂的重要内容，现已成为以表现中国梅文化为主题的新春赏花盛会。

5．新春游园

人日游草堂民俗在新春佳节期间传承，成都市民往往携亲带友，举家参与，享受合家团圆的新年喜庆。除了传统的凭吊杜甫、吟诵杜诗、赏梅祈福活动，每年人日游草堂期间还举行书画、盆景等展览；诗歌、书法、绘画等比赛；猜灯谜、登楼祈福、吃七菜羹、唐代乐舞、古代游艺等丰富多彩的群众游园活动。

我国历来民俗活动众多，成都地区的民俗活动也是丰富多彩，人日游草堂活动能在这众多的民俗活动中传承至今并一直深受人民群众的喜爱，自然有其独到之处：首先，这是一个纯粹由民间自发形成的纪念伟大爱国主义诗人杜甫的活动习俗，社会参与度、认可度高，具有广泛的群众基础；其次，它是由文人雅士发起、广大民众积极响应的一项民俗活动，雅俗共赏，活动内容丰富多彩，活动形式多种多样，无论是文人雅士还是工人农民都能在其中找到乐趣；再次，“人日游草堂”活动传承至今，一直都是于每年的正月初七在一个固定的场所，即成都杜甫草堂博物馆举行，固定的时间和地点也给人民参与这一活动提供了便利。

人日游草堂活动弘扬诗圣精神，歌颂友谊，倡导和谐，传承优秀文化，具有重要的历史、文学、艺术和社会价值。

人日习俗在我国有着悠久的历史，人日游草堂活动继承了传统民俗文化活动的特点，同时以纪念杜甫、弘扬诗圣精神为重要内容，传承了优秀传统文化，具有重要历史价值。

古今文人人日瞻拜杜甫，留下大量歌咏草堂、吟诵诗圣的诗篇，创作无数表达杜诗意境和草堂人文的书画作品，形成了独特的文化遗产和艺术宝库。人日游草堂活动为老百姓提供了一个很好的诗、书、画交流平台，具有重要的文学和艺术价值。

人日游草堂活动是清代以来，成都民间参与度最高和传承最久远的新春节日之一，是成都春节文化和民俗文化的集中体现，它不仅丰富了成都人民的节日文化生活，而且张扬了成都城市文化精神，以一种非物质文化遗产特有的力量，深刻影响着成都市民的精神世界和人格品德。今天，人日游草堂民俗活动正在吸引全国各地乃至海外华人的关注和参与，成为了四川省、成都市政府对外宣传的特色内容之一，是成都这座古老历史文化名城的一张重要的城市“名片”。

诗圣杜甫心系天下，心系人民，用诗歌表达自己的爱国爱民的热情，他的诗歌与精神是中国优秀传统文化的组成部分。人日游草堂活动作为传播杜甫精神的重要载体，积聚社会正能量，弘扬优秀传统文化，已然成为社会和媒体关注的焦点，为培养当代民众的文化认同感和归属感、增强社会凝聚力作出积极贡献。

成都杜甫草堂博物馆是人日游草堂活动的项目保护责任单位，该博物馆早在1961年就被列为首批全国重点文物保护单位，2008年被列为首批国家一级博物馆，2009年入选全国古籍重点保护单位。为传承和保护人日游草堂这一民俗活动，成都杜甫草堂博物馆把握时代脉搏，贴合群众需求，在保存人日游草堂活动真实性与整体性的前提下，不断探索、尝试、丰富活动内容，同时加大宣传力度，吸引越来越多的人参与到这一民俗活动中来。（整理：王燕梅）

成都灯会

小档案

项目名称：成都灯会

2008年入选成都市第二批非物质文化遗产名录，2009年入选四川省第二批非物质文化遗产名录。项目保护责任单位为成都灯会办公室。

元宵观灯是我国的传统民俗，兴于两汉、盛于唐宋，至明清之时成为灯节，几乎遍及南北城乡大小城镇。成都灯会就是在元宵赏灯习俗和天府之国这块沃土的经济文化高度繁荣的基础之上发展起来的一种传统民俗活动。

据有关史料记载，成都灯会是从东汉开始萌芽，经唐、宋后逐渐形成民间风俗的。与全国其他地方一样，大约经历了“张灯”、“放灯”、“灯市”和“灯会”四个发展阶段：

1. 张灯时期——蜀国的原始灯会

西汉后，出现了各种材料扎制的彩灯。这时彩灯已不单是作为祭祀活动的用品，而且已成为民众的娱乐形式之一。

东汉顺帝时，沛国丰（今江苏丰县）人张道陵在四川鹤鸣山（今崇庆县境内）创“五斗米道”。道民们用“七星灯”来象征北斗（星名），还举行了“燃灯祭斗”仪式。这就是蜀国灯会的萌芽，古老的原始灯会。

灯会现场展示婚庆民俗

三国时期，诸葛亮发明孔明灯，最初用于军事上，后来传入民间，成为成都群众年节时喜闻乐见的张灯方式，至今不衰。

汉晋时，成都的城楼下，每逢春节时，蜀郡太守都要“纵民游乐，嬉戏西园”，开展大型民间游乐活动，同时也形成了灯红火耀、歌舞为乐的彩灯集会。按灯会的发展史来看，这都属于成都灯会最初的“张灯”阶段。

2．放灯阶段——唐代灯会

据元代费著写的《岁华纪丽谱》引用唐人《放灯日记》说：唐明皇天宝十五年(756)在安史之乱时逃到成都，正逢元宵节，曾与道教大法师叶法善上街观灯。当时市区万盏华灯齐放，艳彩映天。特别是青羊宫的道灯、昭觉寺的佛灯、大慈寺的水灯，以及街头巷尾的狮灯、龙灯、车灯等奇绝精致，辉煌无比。初唐四杰之一的卢照邻的《观灯诗》写道：“锦里开芳宴，兰釭艳早年。缛彩遥分地，繁光远缀天。接汉疑星落，依楼似月悬。别有千金笑，来映九枝前。”诗人详细地道出了当时成都灯会的规模场面。

五代时，前蜀皇帝王建常“出游浣花溪，自夜达旦”，“间亦放灯，率无定日”。这时灯会的时间已不限于前朝旧俗了。后蜀皇帝孟昶“上元观灯于露后”，有诗曰：“半夜游船载内家，水门红蜡一行斜。圣人止在宫中饮，宣使池头旋拆花。”又曰：“金画香合出露盘，黄龙雕刻绕朱栏。焚修每遇三元日，天子亲簪白玉冠。”这些诗句形象地描绘出了游船画舫、彩灯映烛的灯节繁华场面。

由于唐代观灯之风在全国盛行，唐人把灯会称为“放灯”，故这一时期的成都灯会亦划为“放灯”阶段。

3．灯节阶段—— 宋、元、明、清灯会

宋代称灯会为灯节，亦名灯市。

《四川成都府志》卷三上记载宋“开宝二年（969）命明年上元放灯三夜，自是岁以为常。十四、十五、十六三日，皆早宴大慈寺，晚宴五门楼，甲夜观山棚变灯……街道灯火之盛，以昭觉寺为最”。这里清楚地介绍了宋时成都灯会的盛况。

诗人田况的《上元灯夕》写到成都灯会“春宵宝灯燃，锦里香烟浮……人声震雷远，火树华里稠”的热闹景象。陆游在《丁酉上元》有“突兀球场锦绣峰，游人仕女拥千重”，“鼓吹连天沸五门，灯山万炬动黄昏”的关于成都灯节的妙句。在《汉宫春·初自南郊来成都作》一词中又有“何事又作南来，看重阳药市，元夕灯山”的记载。由此可见成都灯会的非凡景况。

元代的四川，因连续二十年的战争，赤地千里，十屋九空，但成都的元宵灯节依然很盛。据元代人费著的《岁华纪丽谱》查证，元宵佳节，大慈寺依然有很盛大的燃灯放灯活动。同时在灯会结束后，还要举行“残灯会”。“残灯会由二都监戒服分巡，以察奸盗，既罢，故作宴以劳焉。”换句话说，“残灯会”是为犒劳元宵期间执勤加班人员而特别增设的灯会活动。

到了明代，灯节又沿袭唐、宋习俗，并规定初八上灯，十七落灯，连张十夜。同时在灯会期间招徕天下富商，大办物资交流。《帝京景物略》记载：“省直之商旅，夷蛮闽貊之珍异，三代八朝之骨董，五等四民之服用皆集。”入夜后则张灯放烟火，伴之以鼓吹杂耍。“丝竹肉声，百辨拍煞，光影五色，照人妍亮，烟骨尘笼，月不得明，露不得下。”热闹可谓至矣！至于灯彩的制作工艺，明代人胡应麟的《甲乙剩言》中说：“余常于灯市见一灯，皆以卵壳为之，为灯，为盏，为带，为坠，凡计数千百枝，每壳必开四门，每门必有斗拱窗槛，金碧辉煌，可谓巧绝。”

清初灯节沿宋明传统，嘉庆丙子（1816）“正月初九谓之上九，是夕始放灯，曰出灯。灯有狮、龙竹、走马、鳌山、彩蓬船等名。十五日谓之元宵，人家碎米为丸，曰糖园。以相馈遗，市井祠庙，结棚张灯，光明如昼。间有猜灯谜者”（见《华阳县志·风俗》）。《锦城竹枝词》中还有记载“上元灯会搭灯棚，走马鳌山数万擎”，可见成都灯会的规模越来越大了。公元1904年，慈禧太后七十寿辰，成都举办过一次盛大灯会，除大街小巷张灯结彩外，还出现了几丈高的鳌山灯、戏文故事灯以及琉璃灯和紫檀宫灯等玲珑精巧的工艺彩灯。

4．灯会阶段——近代后的灯会

到了民国时期，灯节一般被称为灯会。观灯的机会也不止是元宵节了。还有清明节的荷花灯会，九月里的菊花灯会等，但仍数元宵灯会最隆重。当时的华兴街、商业场一带，每年都是元宵最热闹的场所。以后，灯会逐渐移到西南郊的二仙庵和青羊宫。成都灯笼街即是以制作灯笼而得名。民国时期，成都元宵节的灯会依然十分隆重。每年辛亥革命武昌起义纪念日，在城内的大街上，也挨家挨户挂出各式各样的彩灯。入夜，灯笼行业的人们还聚集在一起，每人几乎是人手一灯在街上游行，称为“提灯会”。

新中国成立后，灯会1962－2014年止，共办了46届。1962－1966年连续办了5届，1966－1973年因“文革”而停办。1974－1978年又办了5届，1979年因故暂停，1980－2013年又办了35届。

成都灯会照片

在千年灯节的基础之上，成都市政府决定从1962年开始，由政府有关部门统一组织，统一领导，举办全市性的灯会。地点则从分散的各条街巷全部集中到文化公园以及相邻的青羊宫中。由于规模愈来愈大，观灯的人数愈来愈多，加上成都的自驾车数量与日俱增，为了扩大灯会规模，解决停车问题，保证游人安全，从2004年开始，灯会又迁至面积更大的塔子山公园之中举行。

成都灯会的主要内容是安放在园林美景之中的各式灯彩，按不同的主题或故事内容分组陈设，最多时可以达到150组，每组又由若干个不同的人物或景物组成，同时有无数的串灯、灯笼、牌坊灯、工艺灯、书画灯、壁灯、脸谱灯、皮影灯、水底射灯、空中玫瑰、火树银花等作为衬托，形成了一个上下辉映、八方闪耀、色彩斑斓、炫人眼目的彩灯世界。

在长期的发展中，成都灯会融会众家之长，形成了自己精湛的制作工艺和独特的艺术风格。灯彩的制作除选用传统的竹、藤、绸、缎、金属和白糖、玻璃、蚕茧、贝壳、瓷器等材料外，还不断采用现代的数字编程、电脑制作、激光及其他新光源、光纤传送、声控光控、新型材料等各种高科技手段，使成都彩灯格外璀璨夺目、绚丽多姿。采用大量瓷器、玻璃器、糖画制作大型灯彩为全国首创。其中，以成吨食糖制作的巨型糖画灯组、以数万个玻璃瓶制作的巨型玻璃瓶灯组和以数万个生活用瓷器制作的巨型瓷器灯组，令人耳目一新、叹为观止，被称为成都灯会“三绝”；另外，成都彩灯的表现题材丰富，将传统与现实紧密结合，不仅有群众喜闻乐见的“西游记”、“红楼梦”、“八仙过海”、“嫦娥奔月”、“福禄寿喜”、“五谷丰登”、“孔雀开屏”、“龙飞凤舞”等古典文学故事，又有根据每年国内外大事而制作的贴近人民群众生活的各种各样的现实题材，做到了年年有新意，人人可评说，富含时代特色，紧跟时代步伐。成都灯会融形、色、声、光、动、高、大、奇、新、精和艺术性、知识性、趣味性为一体，人们称赞其是“绚丽的诗，立体的画、有声的雕塑，流动的音乐”。

作为西南地区影响深远的大型民俗活动，成都灯会具有重要的文化、历史价值。一是成都灯会拥有两千年的历史底蕴：成都作为中国历史上著名的休闲城市、商业城市和历史文化名城，从汉代开始，观灯习俗就在道观、佛寺和民间萌芽。到唐宋时期，成都的元宵灯节已成为中国最著名的灯节之一，许多文人墨客都留下过深刻的观灯记忆，这其中还包括避“安史之乱”在成都生活了一年零两个月的唐玄宗。明清时期，成都的元宵灯节是最受群众欢迎的大型民俗文化活动之一。1962 年以后，新的成都灯会承续悠久的传统，通过集中举办和艺术创新，焕发出新的活力。二是成都灯会是中国西南地区彩灯文化的杰出代表：《中国灯文化》一书称：“历史上的成都灯会更执西南地区之牛耳。”说明历史上的成都灯会无论从规模、影响、艺术水准在西南地区都是一流的。即便到了现当代，成都灯会作为综合性的彩灯民俗文化活动，仍在西南地区居于前列，极大地丰富了群众的节日文化生活，产生了广泛而深远的社会影响。三是成都灯会是国内举办次数最多的同类大型民俗活动：1962 – 2014 年，成都灯会一共成功举办了 46 届，次数超过哈尔滨冰灯游园会（共 34 届）、自贡孔龙灯会（共 19 届）等国内著名灯会，成为国内举办次数最多的大型灯会。这充分说明，成都在传承本土优秀传统文化方面具有卓识远见和高度的文化自觉。四是成都灯会是巴蜀民间文化杰出代表和集中体现：成都灯会将巴蜀节庆文化、民间艺术、地域精神、游乐风尚、历史传统完美结合，体现出巴蜀文化的和谐包容、与时俱进的时代脉络和精神，完全能够跟巴蜀本土的都江堰放水节等民俗文化活动相媲美，丝毫不逊色全国其他类型的灯会活动。

成都灯会虽然从 1962 年起已连续举办了 46 届，参观人数达 3300 万人次，创下多项全国第一。但是与此同时，也应清醒地看到，随着民间娱乐文化的多样化趋势以及其他文化活动的兴起，成都灯会项目也面临着如观灯人数逐渐减少、观灯者出现以中低文化素质与中低收入人群为主的分流性结构特征、专业从事彩灯制作的人员愈来愈少等一些值得重视的问题。为了将成都灯会一届一届地连续办下去，为了让它在保持特色的基础上越办越好，成都市政府于 1991 年成立了成都市灯会办公室。作为一项大型的群体性民俗文化活动，由政府有关部门进行统一领导和组织安排应当是目前的最佳途径，而建立常设的专门的工作班子，保证日常的工作经费，则又是其中最重要的保护措施。成都市灯会办公室除负责举办一年一度的成都灯会并到外地举行巡展外，还负责进行有关的文化研究、档案整理、资料收集，同时广泛联系各方面专业人士，建立专家顾问班子，提出并论证将灯会不断进行推陈出新的方案。

成都灯会的传承谱系可分为两个不同的历史时期：新中国成立以前，成都灯会集中于风景秀丽的园林中举办之前，作品往往是由各条街巷、各个行业分别制作的，其主要制作者是过去被称为扎纸业的师傅。由于过去扎纸业全年的主要制作并不单单是灯会上的彩灯，还包括用于日常家用的各式灯笼，如过去成都的灯笼街，就是灯笼艺人和世家聚集谋生之地。而当代的成都灯会是一个多侧面、多行业参与的规模宏大的系统工程，每年参与的不同行业、不同岗位的单位和个人数量很大，变化也很大。比如近年在设计与制作中电脑的作用愈来愈大，科技工作者的人数愈来愈多，可是参与的设计人员与制作人员却都不是专业搞彩灯的，而是在灯会筹备期间才加入的。所以目前还不能说形成了固定的传承谱系。按照成都市灯会办公室规划，将在两到三年内，在主要设计与制作人员中，形成一个相对稳定的核心团队，确定以老带新的师承关系。让成都灯会的发展能够形成一支具有自己风格的专业队伍，在此基础上，逐步形成可持续发展的传承谱系。

（整理：方雨馨）

固驿春台会

小档案

项目名称：固驿春台会

2008 年入选成都市第二批非物质文化遗产名录，项目保护责任单位为邛崃市文化馆。

第九届春台会

固驿镇隶属于邛崃市，位于邛崃市区东11公里，距成都市区64公里，南临南河，北接国道318线，新邛路由西向东穿越其境。境内以平坝为主，南部逐渐向浅丘区过渡，四季气温变化和缓，冬无严寒，夏无酷暑，是川剧“圣人”康芷林的故乡。始建于北宋真宗年间，至清代已成为邛崃最重要的水陆交通码头，清朝定鼎后，移五省之民以恢复四川生产，固驿镇因地处水陆交通码头，物产丰富，故分配移民特多。这些外来人和土著人相互融合，发展生产，共同建设，使固驿镇更加繁荣起来，形成了以“四省六乡”会馆为主的“一品当朝”集镇布局结构。从当时集市的气势可知，固驿镇已是首居邛东的一座繁华古镇了，素有“一平二固三夹关”之誉。

据《邛崃县志》记载固驿镇“自万历以来，二月十四胜会远近相至者甚多”，由此可见固驿春台会在明朝万历年间已具相当规模和影响，成为邛崃最负盛名的民间节会活动之一。固驿春台会初期为四乡居士蜂拥而来拜神还愿的东岳庙会，逐步从唱戏酬神以求风调雨顺、四季平安、共享太平的民间祭拜活动发展成为民间交易、民俗展演、美食荟萃等为一体的二月胜会——春台会。早在清咸丰年间，就形成了每年都要定期举办为期约十天春台会的习俗。届时，由镇上菜行、染行、水食行、牛行、屠行、酒行、猪行、粗布行等十个行业，每个行业一天，请戏班子来镇上演出，连唱十本大戏。其间，还将举行“诸神出驾”巡游，龙灯、狮灯、幺妹灯等灯舞巡游表演，平台会、高竿会等民俗和民间游艺、名食展销等各具民间特色的活动。直至新中国成立前由于兵荒马乱，民不聊生，方才中断。改革开放后，固驿镇又恢复了举办春台会的传统。

春台会的会场设在以万年台为中心的台子坝，台子坝广场正中上空，用竹篾席搭成独具古色古香的戏篷“五岳朝天”，两旁则用高脚板凳搭成看台，供妇女儿童看戏，免受拥挤。万年台对面的川王宫成立的“迎宾会”，张灯结彩，扯满天花，布置一新。川王宫的“玉皇楼”与两旁的“鼓乐楼”恰好构成个“品”字。鼓乐楼上另设两队吹鼓手，在黎明和川剧息台的空隙间或吹打乐曲或跳民间流传的幺妹灯。

按例农历二月初八“发牌”，由“先锋神”按东岳及诸神驾游路线，检查巡视，放出告牌，鸣锣开道，绕固驿四路场口巡视一周，名为披荆斩棘，清除障碍，以候出驾吉期来临。菩萨出架是春台会的一大特色。

二月十三日下午唱亮台戏。亮台戏主要演“放(逐)五猖”，将五种害民的灾疫鬼神驱逐出境。接着就是擒拿“旱淋”，它是干旱和水患(大雨成灾称为“淋”)的化身。由一个“叫花儿”扮演，预先藏在江西馆内，天兵天将在台上亮相后，即下台擒拿。结果将“旱淋”捉来锁在台前左侧，满身贴上神符将其镇压着，使它不能兴妖作怪。干旱和水患在以农业为主要生计的先民眼里，是最为可怕又最令人厌恶的灾星，所以在祈求神灵保佑的同时，又想借助神道之力将它镇压下去，确保这方乐土的丰收安宁。

二月十四是正期，全镇各菩萨出驾，东岳身(行身)穿戴整齐，彩轿仪仗列队齐备，铁炮三响，鼓乐齐鸣，开道，各路神道扬幡依次鱼贯领先而行，东岳大帝殿后，后面跟随两条长龙，平台高竿等民间赛会紧跟，最后便是手捧“候香”、低声念佛的善男信女、还愿居士。老龙小龙游行是东岳大帝出驾活动中必备的节目。老龙长约八九十节，小龙长约四五十节，都是用竹片竹篾编扎而成。每节之间系以绳，称为龙筋，围以布，称为龙皮。传说每条龙每年都要增长一节，到百节后，老龙便老化而死去，不复出现，小龙则成了老龙，另出现一条有二十余节的新龙。在老龙百节之时，两龙相连游行长约半里。两龙头上用漂纸剪成鱼鳞栉比，

1、2、4. 春台会表演
3. 第二届春台会照片
5、6. 第三届春台会照片

水纹朵朵，颤颤悠悠，远远望去恰似两龙在水中漫游逐波翻滚。前面还有纸扎的乌龟丞相和鲤鱼学士开道，他们手捧朝笏，配以绳拉之，即做出作揖朝拜之状，引得观众嬉笑不已。另有虾兵、蟹将和蚌蛤仙女各持兵器，以绳牵之，都作扬威厮杀，吓退许多围观的小孩，给游行队伍增添了不少风趣。到川王宫前面分次驻跸看戏，正戏演“大贺寿”，一是戏班亮底(衣箱、行头、演员阵容等)显示自身的实力；二是借以酬神庆贺太平。以后连续演十天大戏，每天为一本，分早戏、正戏、夜戏几个场次，中间还插入“垫台”、“花戏”、“打加官”等。基本上是全天连台演出，使观众大饱眼福，“想看戏时就看戏”。

二月十五日是会期的最后一天，演全本“目连戏”，内容是傅员外之妻，不敬天地神灵，触犯天庭，其子目连和尚救母的故事。届时台上与台下连台演出，动魄惊心，将春台会推向高潮。

春台会场还有平台会和高竿会出演以助热闹，每招“平台”扮演古剧一折，如牛郎织女、桃园结义、五台会兄等。“高竿会”的造型富有艺术特色令人赏心悦目，每抬“高竿”由2-3个儿童扮演而成。例如“槐阴会”，七仙女立在董永的伞上；“收洪景”则是罗锦公主立在洪景的关刀上，土行孙双手持捧半坐在前，又如虞姬立在霸王的鞭上，钟馗之妹则立在钟的朝笏上等等，正期和十五日连扮两天，连年如此，长期相袭。

作为邛崃地区历史悠久、延续不断、最负盛名的民间节庆活动，固驿春台会形成了以戏剧为主，集民俗展演、名食荟萃、民间祭祀巡游活动为一体的民间文化展演活动。固驿春台会作为邛崃地区的代表性节会，促进了地方民间特色文化的延续，丰富了邛崃历史文化名城的内涵。将酬神（“紫东岳神”、“城隍出巡”、“放五猖”）、唱大戏（川剧《目连救母》、《刘氏打叉》）、旱船、幺妹灯、高跷、杂耍等民间群众文化和饮食文化（当地及周边县区各种名小吃）、土特产品、农副产品、各种小商品的商业文化融为一体，形成了具有浓厚地方特色的群众文化活动，对推动地方经济，扩大辐射周边，都有很强的影响力，成为了当地春季物资交流、春耕备耕、美食荟萃的民俗文化活动盛会。（整理：周丽娜）

传统婚俗（川西传统婚俗）

小档案

项目名称：传统婚俗（川西传统婚俗）
2008 年入选成都市第二批非物质文化遗产名录。项目保护责任单位为大邑县文化馆和新都区文化馆。项目传习所为大邑县安仁老时光婚庆服务部。

中国的婚俗文化源远流长。相传最早的婚姻关系和婚礼仪式从伏羲氏制嫁娶、女娲立媒约开始。《通鉴外纪》记载："上古男女无别，太昊始设嫁娶，以俪皮(成对的鹿皮)为礼。"从此，俪皮就成了经典的婚礼聘礼之一。后来，除了"俪皮之礼"之外，还得"必告父母"；到了夏商，又出现了"亲迎于庭"、"亲迎于堂"的礼节。周代是礼仪的集大成时代，逐渐形成一套完整的婚姻礼仪。从议婚至完婚过程中的六种礼节，即：纳采、问名、纳吉、纳征、请期、亲迎。纳采，即男方家请媒人去女方家提亲，女方家答应议婚后，男方家备礼前去求婚。问名，即男方家请媒人问女方的名字和出生年月日。纳吉，即男方将女子的名字、八字取回后，在祖庙进行占卜。纳征，亦称纳币，即男方家以聘礼送给女方家。请期，男家择定婚期，备礼告知女方家，求其同意。亲迎，即新郎亲至女家迎娶。从此，六礼婚俗礼仪成为华夏传统婚礼的模板，而婚前礼和正婚礼是婚俗礼仪中的主要程序。中国人喜爱红，认为红是吉祥的象征。所以传统婚礼习俗总以大红色烘托喜庆、热烈的气氛。吉祥、祝福、孝敬成为婚礼上的主旨，几乎婚礼中的每一项礼仪都渗透着中国人的哲学思想。

1. 盛装的新郎
2. 庞大的迎亲队伍

1

2

1. 媒婆
2. 花轿
3. 盛装的新郎新娘

坐落于川西的历史文化名镇安仁镇和有成都北大门之称的新都传承并发展了中国传统婚俗礼节，形成了川西传统婚俗。这些婚俗礼仪和川西平原的历史一样久远。明末清初，由于客家文化和其他不同民族文化的渗透，川西传统婚庆礼仪中诸多元素发生了变化，内容更加丰富，程序更加规范庄重，场面更加宏大、喜庆，充满了汉文化忠、孝之精髓，儒家宽容和道家自然和谐的风格。川西传统婚俗在清朝乾隆年间迎来一个发展高潮，民间效仿富贾人家操办婚事的风格，逐渐形成了独特的具有传统文化底蕴的川西婚庆民俗礼仪。

川西婚庆民俗礼仪包括妁合、访人户、发八字、还庚礼、会亲、定年月、迎亲、出亲、拜堂、谢媒、回门等内容和程序。这些内容环环相扣，循序渐进，不可随意调整，后一仪式一定要在前一程序完成的基础上才能进行。

一是“妁合”，也叫说媒，是古礼中的第一个仪式。封建社会男女“授受不

1. 寓意早生贵子的花生、红枣等
2. 迎亲队伍
3、4. 乐队

亲”，强调“天上无云不下雨，地上无媒不成亲”。就是父母做主的婚事，双方也不便于直接提出，因为怕对方笑话，认为“嫁不出去”或“娶不到”，造成难堪。因此必须有一中介人了解男女双方情况后，从中说合，互通信息，才能“结丝罗”、“谐秦晋”、“结连理”、“通二姓之好”，促成婚姻的实现。这种说合，就叫“说媒”。新中国成立之后，“说媒”曾改称为“做介绍”，做这种说合工作的人，被人们雅称为“月老”、“红娘”、“媒婆”，俗称为“媒人”，后来改称为“介绍人”。

二是访人户、发八字。按照老百姓的基本要求是两家门户相当，媒人说通两家后，女家要“访人户”或是“相亲”。经过再三查访同意后，就由女家把女孩的年庚（出生年月日时），经算命先生处理后，用红纸写上：“坤造生于×年（干支纪年）×月×日×时”，装入大红信封内，称为“发八字”。媒人择良辰吉日把信封送到男家，压在堂屋的铜磬之下。三日或七日，若男方家人无病痛、无鸡鸭死亡、摔坏东西等不吉利的事情发生，表示八字相合，可以成为夫妻。有的还把男女双方的生辰八字拿去请算命先生推算，看是否般配，有无忌讳，如般配，才同意结亲。

三是还庚礼。所谓“还庚”，就是把男方的年庚生月（八字）送给女家，这表明男家对女方满意，决定结亲。庚帖装在一个大红信封内，庚笺为三叠半，正面印有双“喜”字，第二叠左边写×年(干支纪年)×月×日（晴朗美好的吉日）。同时要送彩礼一份，包括肘子一个，衣服、首饰各一套，银元若干，一并交媒人送到女家。女家接庚帖后即还礼，给男方赠送帽、鞋、钱袋（俗称裹肚、半兜子），交媒人带回。

四是会亲。还庚后，男、女两家即将成为亲戚了，如两家父亲有一定的社会地位，就要择期举行“会亲家”。在选定的吉日，女方父亲带上酒、肉、点心等礼品，由媒人陪同，到男家拜会。

五是定年月。又称“送期”。就是请算命先生根据男女双方的八字推算，选择结婚吉日。待推算好后，按一定的格式用红纸写好装入大红信封，随聘礼一并交媒人送到女方家。这时，女家要设宴招待媒人一行。

六是迎亲。先辈认为，结婚是人生重大且只有一次的事，所以总是比较重视，仪式也办得很隆重。结婚前夜（也叫花夜），要举办花夜酒。男女两家都要杀猪宰鸡，准备喜宴，还要请好厨师、傧相、伴娘、轿夫、账房、师爷及其他帮同办事的勤杂人员。这些人应聘后，要在迎娶的前一天到主家开始工作，做好迎亲摆宴的准备。男家张灯结彩，亲戚朋友都要给新郎簪花挂红。第二天按吉祥时辰发旦（出发娶亲）。在一阵喜庆的鞭炮声后，摇曳多姿的媒婆走在浩浩荡荡的迎亲队伍前面，整个队伍旗锣伞扇，笙箫唢呐，花轿龙椅，舞龙舞狮，喜庆热闹，前往女家接亲。

七是出亲。女家新娘上轿启程叫“出亲”，出亲时女方要哭嫁。据《礼记》记载：“孔子曰：嫁女之家，三夜不熄烛，思相离也。”在古时，因为交通没有现在方便，女儿出嫁后，就很难有机会可以见到家人。而事实上，出嫁后的女子也不能像今天一样，随时可以返回娘家探望家人的，回娘家需要得到夫家的批准。新娘哭嫁，更多的是对娘家人的依恋和不舍。当新娘哭着被哥哥背上花轿时，迎亲乐队要奏“离娘曲”，然后整队返回。

八是拜堂。花轿抬至男家，轿门面向堂屋停在院中。新郎身着龙袍马褂，新娘身着传统中式婚礼服饰，蒙着红盖头，在伴娘的伴随下，由新郎手持大红绸缎花牵着，娇羞地走下花轿。新媳妇进门、跨火盆、过同心桥、踩瓜子、走喜袋、拜天地、拜父母、夫妻对拜，转入洞房。

九是谢媒。婚宴时，新郎新娘要特地给红娘大人敬酒。俗称“红又红，三大壶”，表示重谢之意。婚宴结束后，还要在堂屋内拜谢，并送一笔相当数量的“谢媒钱”。

十是回门。结婚第二天或者第三天早晨，娘家派来双轿，将新女婿和女儿接回娘家小住数日，俗称“回门”，古礼称为“归宁”，就是回娘家向父母报平安的意思。

川西传统婚俗是我国婚俗礼仪的重要组成部分，从客观上反映当地不同时代人民群众的饮食、住宿、交通、经济发展、审美意识、伦理道德……整个婚庆仪式古风浓郁、热闹祥和，体现了儒家的忠孝观念和自然和谐的道家理念。在人生重大的婚庆仪式中，传承传统文化的同时，增强了家庭成员之间尊老爱幼、互敬互爱的情感。倡导夫妻之间对爱情忠贞不渝，建设和睦家庭的观念。表现了川西人民对美好幸福生活的不断追求和当地深厚的文化底蕴。

随着社会的飞速发展，现代人的婚俗渗透了很多西方文化和礼仪，和传统婚俗发生了很大变化。

为了弘扬传统文化，把悠久的川西传统婚庆文化传承下来，大邑县文化馆和新都区文化馆以及安仁老时光婚庆服务部做了大量有效的工作：对健在的熟悉婚俗的老人进行采访，详细了解婚礼的每一个细节；采用摄像和文字资料的方式记录整个婚庆流程，整理这些资料并进行妥善保存；邀请一些对婚俗了解比较全面的人士，对婚俗资料进行分析、归类、研究；成立川西婚庆仪式的基本队伍，添置相关器具；利用重大节日，进行传统婚俗表演，大力宣传、推广川西婚庆仪式。目前，在安仁镇川西民俗博物馆内设有专门的婚俗厅，厅内场面宏大、设计合理、内容丰富、布局考究、制作精美。里面陈列着铁炮、喜牌、道锣、旌旗、掌仪、花轿等传统婚庆用品。墙壁上的大型浮雕《婚俗礼仪图》长10.5米，高1.4米，生动地展示出传统川西人民婚庆的全过程。2014年大邑安仁老时光婚庆服务部被评为第二批成都市非物质文化遗产项目传习所。（整理：王晓敏）

传统婚俗（客家婚俗）

小档案

项目名称：传统婚俗（客家婚俗）

2008 年入选成都市第二批非物质文化遗产名录，2009 年入选四川省第二批非物质文化遗产名录。项目保护责任单位为龙泉驿区文化馆。

盛装的新郎及迎亲队伍

洛带镇历史悠久。相传汉代即成街，名“万景街”；三国时蜀汉丞相诸葛亮兴市，更名为“万福街”；后因蜀汉后主刘阿斗的玉带落入镇旁八角井而更名为“落带”，后来演变为“洛带”。

洛带镇是全国首批重点小城镇、省级著名历史文化名镇、成都市重点保护镇，也是中国西部最大的也是唯一的客家古镇，因此又被称为“世界的洛带、永远的客家”。作为世界客属第20届恳亲大会的核心分会场之一，进一步确定了洛带在客家文化中的地位。该镇素有“东山重镇”之称。明末清初时期的移民运动和“湖广填四川”的历史，使这些来自异乡的客家人在四川洛带生了根，同时带来了客家人的聪慧和灵性。来自广东、江西、湖北、湖南等省的客家移民后裔占全镇人口的80%以上。经过数百年的繁衍生息，在洛带镇形成了独特的客家风俗和客家文化。客家传统婚俗就是其中的重要内容之一。

婚姻是人生的一件大事，作为一种人生礼仪，在我国各民族和地区都得到高度重视，其中折射出的风俗习惯和文化内涵绚烂多姿。中国传统婚俗最大特点就是热闹。大红大紫一直是代表喜庆的颜色，遇到高兴事聚在一起吃喝庆祝，期待事事顺利、时时顺利。洛带客家人的婚姻习俗在具备这些基本特点的同时，还加入了一系列地方礼仪法则，大量民间歌谣，彰显出古朴、礼数周全的独特魅力。

客家婚嫁礼俗，历来遵循周礼古制，在《礼记》中有详载。一定先行“六礼”，即纳采、问名、纳吉、纳征、请期、亲迎。

洛带客家传统婚俗，传承了中原客家人的婚嫁礼仪，大致分为以下一些内容和步骤：

一是说媒。过去客家男女青年，十六岁以后就可托人说媒，介绍婚事。一般是由男方父母托媒去跟女方说，也有的是女方请媒人先访男方。

二是看妹子。男女两家通过央媒说合，如都有意，就约定时间“看妹子”。

三是写庚帖。双方同意后，就要互告男女生辰八字，各请算命先生来“合八字”。如八字合得来，不会相冲相克，就写出庚帖（俗名婚单），各置于香案之上，三天内无不祥之兆，这门亲事就定下来（如八字不合，男方要把女的庚帖送还女方）。

四是编红单，也称“开红婚帖”。由男方父母，宗亲和媒人一起到女家，将男方要送给女家的礼单开具出来。红单中有的还要写上回婿礼品，如帽、银花、衣服、鞋、袜等。开红单过程中，双方会讨价还价，最后协商敲定。红单开完后，男女双方还要交换信物，如戒指、手帕等。最后男方来人在女家吃完午饭回去。

五是定亲，也叫“大扎”，即再次正式把婚事确定下来。男青年及其父母等要去女家，送去猪头、鱼、肉等，女方父母、哥嫂、叔伯、外祖父母等都要出席。吃完午饭后，女孩要出来见面，称男家父母为爸妈，两家父母相互称亲家、亲家母。

六是看家方。即女方到男方去看家庭，时间有的在“大扎”前，有的在“大扎”后，女方去的人除女孩子及其父母亲外，姑嫂、姐妹等都要去，大大小小十几人，不带礼品，就是带一点男家也不敢接。

七是送日子。婚事定下以后，男方要请算命先生择定过门日子，包括新娘出门的日子、时辰、到男家后归门的时辰，此外女方裁红衣、男方铺床的日子也要同时择定。

八是送菜和抬嫁妆。新娘过门前一、两天男家要请宗亲将红单规定的聘礼和鱼、肉、禽、面条等物，由十多人送到女家，回来时就把妆奁、家具等带回男家。

九是哭嫁。新娘在过门的前一天晚上，须在娘家伤伤心心大哭一场。称为“哭嫁”。哭前于水桶中点七星灯，父母焚香祭祖，禀告女儿即将出嫁的消息。女

1. 迎亲队伍
2. 新娘下轿
3. 热闹的迎亲现场
4. 新娘敬酒

儿跪在红毡或蒲团上，哭述亲爹亲娘、哥嫂弟兄以往的好，对过门以后的陌生生涯的惶恐。父母双双坐高凳上，也随之泪眼婆娑。客家哭嫁的歌词哀婉凄绝，自成体系，表达出旧时代女子婚姻不能自主的悲伤心情。客家哭嫁还喻示着女子的贞洁，因此哭得越是长久和动容，越能引起人们的同情和好感。

新娘出嫁前，要请“扮娘”打扮。所请扮娘一定要“四片全”（即有子、有孙、丈夫健在，且在村中有名望）。打扮新娘要梳三次头，每梳一次都说一句吉祥的话：一梳梳到头，二梳福禄寿，三梳子孙满堂。接着便为新娘穿衣、裤和鞋。

接亲队伍到女家时，媒人手提一只用红毛线拴缚提梁的烘笼，预备为新娘暖轿时使用。因为过去的客家新娘出嫁，无论贫富，都是坐轿前往。烘笼的另一个用处，据说是为了新娘解手方便。倘若遇到几十里、上百里的路程，有个烘笼在轿中，也可免新娘内急之苦。

到达女家，女方需用长凳拦住大门，其余通道也派人把守，俗称“拦媒”。拦媒反映了旧时妇女对待媒人的客观态度。谢媒则不同，当媒人把新娘迎回男家时，并不急于进入男家院落，而是于大门外高傲立住，等待新郎及其父母前去谢媒（客家也称“谢红”）。媒人此时信口说四言八句，到一段落，男家需马上递以“红包”。其满意后，方才进门。

十是迎亲，也叫接亲或过门。婚期前一天，男家要去十多人到女家接亲，有鼓手乐队；有放鞭炮的；有抬花轿的；有烧香的（要到女方的祠堂、庙宇、社公烧香），一个挑担的，一头挑带路鸡（一公一母），另一头是酒和松明；一个女的要带上新娘穿的衣服；两个扛木箧的，要扛去鱼、肉、酒、糕饼、香烟、鞭炮、蜡烛等物，媒人也要去，有的新郎亲自去，有的不去。如新郎同去，新郎也要坐轿，放鞭炮的是男方的全权代表，随带红包几十个。

十一是宴客。接亲的人到女家后，先吃点心，然后由女家二人带着到祠堂烧香敬祖。女家在中午或晚上，要设宴请客。

十二是过门。娘家送亲，需选四至六对童男女，随同新娘和媒人一起，前往男家。新娘动身一般是在半夜子时或卯时，越走天越亮，象征走向光明；晚上出门，也不会碰到抬棺材等不吉利的事。提灯笼的人走在迎亲队伍前面，接着是吹鼓手，花轿在中间，后面是接亲的人。

十三是进门。新娘到达男家，如还不到所规定的入门时辰，就要在大门口或在大门附近的房子等候。入门一般是早上7－9点或8－9点，有的甚至要等到中午。

花轿抵达男家，还要行“回车马仪”。俗传新妇出嫁，本家死去的祖宗也要前来送亲，此时需将其遣回。通常主持回车马仪的都是对当地的红白习俗了如指掌的客家厨师。厨师先在托盘上盛一碗米，点燃九品大蜡，然后一边念回车马词，一边抓盘中米各处撒打。鞭炮过后，厨师操刀，割破一只雄鸡的喉咙，速以血环洒花轿四周，一直洒到新房门前；并捋一片鸡毛，沾血贴于新妇门楣上。

轿夫将轿抬入男家天井，一端在堂屋台阶上，一端在下面天井里，形成一种不均衡的斜势。男方这时需上前谢轿夫。当轿夫将轿落于堂屋平坦处时，需念：“轿子落地，买田置地；轿子放平，儿女成群。”接着，新娘踢轿门，由男方的伴娘将新娘牵出轿，烘笼交给一个活泼可爱的男孩。一人急忙端米筛于新妇头上猛筛。筛内放拴上小铜钱的柏树枝。另一人接过男孩手中烘笼，奔入厨房，添火加炭，提出后放堂屋地面，用一大箩筐翻转扣住。娘亲牵引新娘坐箩上，号曰：“烘胎”。烘胎之时，有妇女在旁念诵歌谣：“今年坐箩箩，明年做阿婆……”盼其早生早养，及早完成承嗣香火的任务。

十四是拜堂。新娘在鼓乐声中进到大厅，开始拜堂。大厅摆设香案，东边站父母、长辈，西边站外戚，北边站房亲，南边站小辈。拜堂前，外家要给新郎挂红，用五尺长的红布披在他身上，并念："手拿幡红五尺长，一心拿来扮新郎，扮得新郎生贵子，早生贵子中个状元郎。"拜堂时，新郎站左，新娘站右，由礼生呼："一拜天地，二拜祖先，三拜高堂，四夫妻对拜。"拜堂结束，伴娘用红布将新娘牵进新房，新郎新娘在鞭炮声中从房门口向大厅撒喜糖。然后新郎新娘喝交杯酒。伴娘用托盘捧上一只鸡，边端酒边讲："团团圆圆，璧合珠联；观音送子，早生贵子；夫妻和好，白头到老。"

拜堂后开始婚宴，用高声的炮邀客，每半小时放一次，酒席开始时放三响。接着由礼生报名单，一桌两个上席，按辈分和亲属，先安排上席就坐，然后其他人随便入席。男女宾客分开就席，新郎新娘到席上敬酒。

十五是闹房。闹房分两种，一种在大厅闹，一种在新房闹，也有先在大厅闹，后到新房闹。闹房期间，鞭炮隔几分钟放一次，一直闹到午夜方停。

十六是回门。也叫"转门"。一般是婚后第三天或第五天，由女方派新娘的姐妹等女眷邀请新郎新娘一起去做客，媒人及新郎姐妹也同去，共7–14人，吃罢午宴，当天回到新郎家。

十七是送满月。结婚后一个月，新娘娘家要送满月，同时送小鸡、蔬菜、种子、谷种、豆子等，示意五谷丰登、财丁兴旺。

客家传统婚俗是中国古文化的留存再现，为研究民俗文化提供了珍贵的资料。其繁琐但有序的婚嫁过程，反映了客家人严谨的婚姻观和对美好生活的追求。

如今，随着文化的发展和客家人思想的变化，一些不合时宜的想法、习俗已经淡化、消失。思想束缚的减少使得婚俗简化了许多，恋爱结婚更加自由单纯。受西方外来思想文化的影响，婚俗出现了很多新的内容和表现形式，传统和西方婚姻形式并存，共同发展。传统文化对现代婚俗的无形影响渗透到婚姻的很多细节，比如制造甜蜜喜庆的气氛、贴双喜字、闹洞房、喝交杯酒等。

目前，通过多方努力，客家传统婚俗得到了有力保护。龙泉驿区文化馆组织对景区导游进行再培训，让其全方位掌握客家婚嫁习俗，加大宣传力度；大力倡导洛带的年轻人举行客家传统婚礼；组织专人对客家传统婚俗的资料进行收集、整理并妥善保存；成立"客家婚嫁•礼仪"学校，定期举办各种类型、各种对象的客家话、客家礼仪短期培训班；编演"客家婚俗"舞台剧。　　（整理：王晓敏）

客家水龙节

小档案

项目名称：客家水龙节

2008 年入选成都市第二批非物质文化遗产名录。项目保护责任单位为龙泉驿区文化馆。

洛带镇位于成都市东郊，龙泉驿区北部。洛带镇历史文化底蕴深厚。洛带古镇历史悠久，相传汉代即成街，名“万景街”。全镇 80% 以上都是客家移民的后裔，主要来自广东、江西、湖北、湖南等省的客家聚居地。上千年的悠久历史和多种文化相互交融，留下众多民间传说、历史遗留、古老建筑、客家会馆。保存完好的有千年老街、明清民居、客家会馆建筑群和金龙寺等众多历史古迹，一年一度的“水龙节”、“火龙节”更是几百年来客家人传承下来的特色民俗活动。洛带镇是省级著名历史文化名镇，也是中国西部最大的、唯一的客家古镇，因此又被世人称之为“世界的洛带、永远的客家”，作为世界客属第 20 届恳亲大会的核心分会场之一，确定了洛带在世界的客家文化地位。

龙舞，也称“舞龙”，民间又叫“耍龙”、“耍龙灯”、“舞龙灯”，在全国各地和各民族间广泛分布，其形式品种的多样，是任何其他民间舞都无法比拟的。早在商代的甲骨文中，已出现以数人集体祭龙求雨的文字；汉代董仲舒《春秋繁露》的记录中已有明确的各种舞龙求雨的记载；此后历朝历代的诗文中记录官方或民间舞龙的文字屡见不鲜。直至现在，龙舞仍是民间喜庆节令场合普遍存在的舞蹈形式之一。

水龙节现场

1. 高高舞动的龙
2. 看水龙节活动——开心的民众
3. 热闹的舞龙现场

客家人最早因为战乱、天灾等原因从我国中原迁居沿海一带。沿海雨水充沛，物产富饶，客家人过着丰衣足食的生活。传说因此客家人与东海龙王交往甚密。为感谢东海龙王适时下雨，客家人每年夏季皆以舞水龙庆祝丰年，相沿成习。

后来因为四川连年战乱、饥荒、瘟疫，几乎成为无人之地，沿海客家人气较旺，政府强迫大批移填四川。而传说前期来洛带的客家移民备受干旱煎熬，他们在盼雨望水的苦熬中，历尽沧桑。后来得知洛带历史上曾有这样一个传说：三国蜀太子刘阿斗游玩八角井时，不慎将手中玉带滑落井中，阿斗急令太监淘井捞带，不料一淘井便风雨大作，一停止便风平浪静，再一淘又风雨大作，无法将玉带捞起，从此得名洛带。又得知八角井为东海的海眼，其水甘甜，取之不尽。受此启发，客家人便自发地将老祖宗的舞水龙配合以淘井祈雨，即得雨水，龙王又不发怒，甚是灵验。之后即使不再天旱，每年端午节洛带客家人均以舞水龙感谢上苍风调雨顺，元宵节则舞彩龙、火龙，并庆祝丰年。

洛带的客家龙舞以“刘家龙”最负盛名，“刘家龙”源于自江西迁徙至此的刘氏客家人。根据《刘氏家谱》和至今仍镶嵌在刘家祖屋堂屋左侧的《示谕碑》记述，刘家从夏商之时就开始舞龙，始祖刘累是夏御苑专事“豢龙”的官吏，后因祸率家人从河北唐山，经山西太原、江苏沛县，辗转迁移到江西上川。即便如此，刘累仍然在每年春节，与族人扎龙而舞，久而久之，刘氏家族也逐渐成为远近闻名的龙舞之家。清康熙年间，刘氏先祖刘立章率家人随“湖广填四川”的滚滚移民浪潮来到洛带，初入川时，因人手少，且艰于衣食，加之家族人心涣散，一蹶不振，龙舞一度暂停。后来入川先祖毅然决定恢复龙舞，而龙舞凝聚起来的家族力量，也让大家团结一致，奋发图强，刘家逐渐成为当地望族，相继建立了祖屋和祠堂。为警醒后世不要荒废了祖宗传下来的绝技，先祖去世时便遗言在墓碑上刻上“豢龙后代”的字样。所以现在的龙舞越来越花哨，刘家龙依然严谨尊崇着上承古韵的龙舞传统。如今，刘氏家族人在洛带镇已经居住了 14 代 300 余年之久，刘家吉庆节日在古镇舞龙，也已有 300 多年的历史了。

刘家水龙有完整的一套仪式。首先是龙头们齐聚祖堂祭祖，之后全体舞龙队员持龙祭祀江西客家人所崇拜的“社公”(土地菩萨)，到祖屋旁的一个塘堰边“祭拜水”后，龙队穿川过垄，游走入镇，再到江西会馆的大殿杀雄鸡滴血，将龙头、龙角、龙珠一一点染，以通神祭灵，神附龙体。之后，在水车喷洒和人们倾情泼洒出来的那个水柱、水雾、水花的闪亮世界里，条条蛟龙逐日出水，奔放热烈，“金龙盘玉殿”、“龙抱柱”、“波浪浮”、“龙打滚”、“龙摆尾、”“快舞龙”等沿自先祖的各种龙舞套路尽情演绎。

刘家龙舞直接从中国古代龙舞发展而来，历史悠久，家族内部传承，且一直没有中断，因此，保存了较多的中国古代舞龙最原始的程序和古朴的仪式，像祖先祭祀、土地祭拜、水敬拜、会馆祭献等，依稀可见中国古代自然崇拜、图腾崇拜的遗风，其中蕴含了客家人对祖先的崇敬与缅怀之情，凝聚着人们趋吉避凶、追求幸福的美好愿望。

客家人舞龙渊源有达千年之久，同时将洛带的客家文化和三国文化联系得更为紧密，也体现出当时洛带这个地区舞龙的重要性。这对客家人于中原龙文化的传承、研究具有非常重要的参考价值。

龙为中华民族共尊的神灵。祭龙、舞龙古来有之，具有传承历史的“刘家龙”，对“龙舞”的继承和发展做出了长久不懈的努力，四川客家龙舞与四川客家一道，成为人们了解洛带、了解客家、了解中国历史的重要窗口。

随着社会经济的发展，这些舞龙族人为了更好的生活，大多出外打工，使得刘氏舞龙成员急剧减少。他们的传人，大多是留守儿童，为了将来更好的发展，大多用功读书无暇舞龙。这一现状，使得舞龙成员越来越少，使这一传统文化活动的弘扬受到了阻碍。为了保护和传承客家龙舞这一传统舞蹈，洛带镇每年举办水龙节、火龙节，保护单位也组织相关人员培训和练习客家龙舞。如今，水龙节、火龙节成为洛带镇最吸引人的民俗活动之一。（整理：秦羽）

达摩会

小档案

项目名称：达摩会

2010 年入选成都市非物质文化遗产名录，项目保护责任单位为成都市峨眉僧门武术学校。

四川为中华国术之乡，门派拳种为全国之最，是中华国术三大流派之一——峨眉派（与少林、武当齐名）的发源地。过去，成都平原周边高山林立，地势险要，交通不便。在军阀混战的年代，商贸频繁，袍哥码头林立，需要有大量的镖局以及镖师来保护物流的安全，特别是明末清初，不少反清复明的国术义士相继

成都第五届达摩会

逃到四川长期隐居，聚集成都，交流切磋。特殊的地理区位环境使古代封建专制统治对本地区的控制相对其他地区来说较为松弛，因而成都地区也就成为了历代武林高手和仁人义士的栖身之地。

中国武术以前称为“国术”，是古代民族传统的群众性体育活动。但是，由于门派拳种较多，且又各具独特技艺，因此唯我独尊、故步自封的现象严重。1909年，为了促进中华国术界的团结，消除门户之见，国术界前辈周腾蛟、吴蔚生等倡导，在成都文庙后街韦驮堂道观举办了首届国术达摩会。达摩是释迦牟尼的大弟子摩诃迦叶之后的第二十七代佛祖，公元527年将禅法带入中国，成为中土禅宗的始祖。达摩在传授佛法的同时，也传授洗髓经、易筋经等养身功法，将博大精深的佛学文化和武学养身理论留予后世，所以受到中国武林人士的尊重，众多武术门派都供达摩为祖师。首届国术达摩会共同的目的是抗击外来侵略者，弘扬民族气节，并通过飞鸽传书，敬告各门派武林同仁，参加这一武林最高盛会。过去每年有数千武林高手参加，热闹空前。

参加达摩会的人中有不少仁人志士，其中有刘文华、侯坦（同盟会成员）、陈子庄等等，更有许多为人们广为传诵的武林绝技高手如“五龙二侯”李飞龙、张永龙、陈柱龙、李云龙、李犹龙、侯坦、侯万里；金章得主侯仲约、彭元植、蓝佰熙、刘文华、张志清（女）、李可读、晏星五、杜子明等。

逐渐地，达摩会由一个国术交流的盛会，演变成了老成都的文化民俗，每年农历十月初十举办。1909－1949年，达摩会每年农历十月初十举办一次，会期约十天，地点在成都文庙后街的韦驮堂。1949年后中断。

2005年，在著名武术家何伟琪等人的倡导、成都地区各门派老师的积极参与以及媒体的大力支持下，中断了数十年的老成都三会之一的达摩会，终于在望江公园峨眉僧门武校恢复。成都每年都有数千武林高手参加这一盛会，与会期间，高手们相互交流切磋，提高武艺，并举行祭祖收徒仪式等。会期虽仅几天，但洋溢团结、包容、和谐的气氛，让国术界人士往往流连不愿离去。

达摩会以各门派国术、绝技表演为主，四川历来传承下来的各家国术门派均会参加该盛会。四川武林历来有“一树开五花，五花八叶扶”之说，除僧岳赵杜洪会字化八大门、盘破门、黄林、芦林、白鹤门、罗门、余门、查拳门、谭门、昭觉门、经筋门、自然门等外，还有太极、武当全真派、龙门派、少林佛汉门、罗汉门、终南派、形意门、八卦门等几十个门派，都有传人参加达摩会。达摩会是大

1. 峨眉独门兵器——孙狮镜
2. 首届达摩会——铁布衫功展示
3. 达摩会活动现场
4. 拜师仪式
5. 硬气功，巨石断手臂上的红砖

家公认的一个交流展示技艺的平台，传承、保留、发扬传统国术绝技。达摩会中保留的达摩《易筋经》、《洗髓经》、僧门养生功、无极桩、五行拳等更是世间罕见。

达摩会会期约十天，包括民俗文化展示，小吃、百货、书画、古玩等贸易活动。大会主要内容有三项：

1．开幕仪式。在会场中央的达摩祖师像前，众多弟子依据传统国术的礼仪礼节，完成祭祖拜师仪式。之后举行热火朝天的龙狮共舞，身怀绝技的武林高手都会亮相场上。

2．国术绝技表演。主要是各门派高手的精湛武功表演，惊险刺激的硬气功、国术绝技、养生功、健身强体功表演。如僧门何伟琪独有的兵器孙狮锐、查拳门传人张国梁的神鞭（三米多长），以及国术变脸、一指断石、单掌劈砖、脚踏钢刀三合一等武功绝技等成为重头戏，表演者下至六七岁儿童，上至七十多岁武林前辈。表演充分体现崇德尚武的精神，场面壮观、惊险刺激。

3．武林人士的交流茶会，除拜师收徒仪式外，还有小吃、小商品、旅游品等交易活动。在达摩会上，不仅有衣、食、住、行等多方面的日用商品，更汇集了具有民俗文化特色的书画、古文以及手工艺品等旅游商品。

达摩会是包容豁达、参加流派人数最多的武林盛会。众多门派参与其中，无门派之见，有共促发展雄心。其中的一招一式、身着打扮、武林礼仪等等，都有浓厚的文化意味，都具有强烈的民族性和可观赏性，充分展示了成都庙会文化的特色。

达摩会作为中国武术史上真实存在的比武“擂台”赛，影响深远，广为传播，曾在保家卫国、抗击外辱、强族强国、全民健身等方面起到不可磨灭的贡献。而2005年以来的达摩会，则在保留了四川地区传统国术文化精髓的同时，彰显了成都独特的民俗文化，主要价值集中在武术文化、历史传统以及国际影响等方面。

达摩会的宗旨是消除门户之见，团结国术界同仁，继承和发扬中华民族传统文化及尚武精神。中华武术源远流长，博大精深，科学系统，门派众多，但长期以来门户之见根深蒂固。而达摩国术会的精神实质是以一种豁达大度的、包容万象的气魄，招徕四方豪杰共同切磋武技，以交流、表演为主，注重切磋实战技巧，发扬民族精神，传播优秀文化。值得一提的是，达摩会在擂台格斗比赛中制定了相应的规则，其方法简单，科学实用，至今仍然具有很高的研讨价值。

每年一度的达摩会形成了独特的群众文化活动形式，宣扬了“尚武强国，武术健身”的中华传统风俗。群众在观赏精彩的武术表演之余，也可选择适合自己的武术内容进行锻炼，以达到增强体质的目的。

达摩会至今已有一百多年的历史，达摩会作为老成都民俗风情，与青羊宫庙会、花会并称“老成都三会”，共同形成了成都独有的庙会文化，久负盛名。从达摩会各门派传承体系、传承人口述史以及相关文献资料中可以挖掘、研究、整理其中珍贵的文史资料，从而回顾清末民初以来成都的众多历史事件，探索成都的民俗风情。

达摩会是老成都庙会文化的完整性范本之一，彰显老成都民俗风情，体现成都厚重的文化底蕴，展现中国基本的武术精神，蕴含着深厚的东方文化内涵，具有世界性的意义。近年达摩会受国外关注，众多国家地区纷纷派人寻访。

（整理：陈雅劼）

九斗碗习俗

小档案

项目名称：九斗碗习俗

2013 年入选成都市第四批非物质文化遗产名录。保护责任单位为温江区永盛镇综合文化站。

在川西农村，时常可以看到这么一幅景象：数十上百人聚在一起，在一阵鞭炮响后，于漫天青烟中，按辈分的高低散坐于一张张八仙桌旁，伸箸畅食，举杯畅饮。不远的地方，土灶上叠着高高的蒸笼，热气腾腾；简易的案板上堆满菜肴、餐具。腰拴一截油迹斑斑围裙的厨师飞快地挥舞手中的菜刀、锅铲，一碗碗菜流水般被端上桌子…… 这就是川西坝子农村吃“九斗碗”的热闹场面。

九斗碗，又名九大碗，因其有九碗主菜而得名。九斗碗是四川农村民间红白喜事的酒席。“斗”在四川方言里，指大的容器，用九斗碗来称此场面，意在赞其菜多量足。同时，依据传统习俗，九斗碗也是客家人敬归客的佳肴，因其多摆席

九斗碗成品菜

于农家院坝头，故又称坝坝宴。坝坝宴最能体现出成都人的吃相，它不但能吃出味道，而且还能吃出氛围。

九斗碗的学名是“三蒸九扣席”，因其蒸菜及腌腊较多，行话叫“三蒸九扣”（三蒸为锅蒸、笼蒸、碗蒸），后来逐渐发展演变为上九道菜。民间视“九”为吉数，有“九九长寿”、“天长地久 等说法。“九”之至尊，也表示主人诚恳的一片心意。

九斗碗始于清代，最初是秋后农民为庆丰收宴请乡邻亲友举办的，后发展为婚娶、祝寿、迎春以及办丧事时的筵席。特别是婚娶、新居落成、小儿诞生、老人寿辰等喜事，人们都要办一顿丰盛的酒席。旧时，物资不丰，多数百姓以能请吃九斗碗作为口福。因此，至今成都市温江区永盛镇农村里仍以吃九斗碗作为宴客的代称。

新中国成立后，人们生活好转，九斗碗依然流行。但三年困难时期和“文革”期间，由于物资匮乏，粮食定量，猪肉凭票，不仅九斗碗停办，而且不少人“三月不知肉味”。有时民间红白喜事，勉强拼凑九碗，无非是菜多肉少，豆腐、瓜果、红苕、玉米饭而已。据说有冬瓜染红切片垫以盐菜以作“烧白”者，九斗碗也就面目全非矣。所以，对20世纪六七十年代生于农村的人来说，九斗碗是一个氤氲着无边幸福的词汇。

至今，成都附近的农村还流传着这样一首《九碗歌》：“主人请我吃晌午（午饭），九碗摆得胜姑苏。头碗鱼肝炒鱼肚，二碗仔鸡炖贝母。三碗猪油焖豆腐，四碗鲤鱼燕窝焯。五碗金钩勾点醋，六碗金钱吊葫芦。七碗墩子有块数，八碗肥肉趴噜噜。九碗清汤把口漱，酒足饭饱一身酥。”

改革开放以后，人们的生活水平逐步提高，在解决温饱的同时，逐渐向怎样吃好过渡。这时，人们又想到了曾经丢失多年的九斗碗。有些人家开始“办酒”，首先尝试摆九斗碗席面，备受欢迎。年纪稍长的人说：这种“酒席”席面整洁、漂亮、有档次，大家仿佛又回到从前那种有礼有节的时代，使人倍感亲切！80年代以后，九斗碗由于有群众基础而更加普及起来。到了90年代，九斗碗不仅从由猪肉为主料推广到鸡、鸭、鱼肉，同时菜式也由九个发展到九的几倍。

九斗碗具有代表性的菜肴有：芙蓉蛋、清蒸鸡鸭、甜烧白、咸烧白、粉蒸肉、蒸肘子、宫保鸡丁、韭黄肉丝、椒麻鸡块、火暴双脆、糖醋里脊、姜汁热窝鸡等。当然，农家自产的香肠、腊肉、酱肉更是必不可少。

1、2、3、4、5、6、7. 制作九斗碗菜品
8. 九斗碗代表性菜肴——酱肉
9. 九斗碗代表性菜肴——蒸肘子

8

9

开席时，每桌分上下左右四席，上席由辈分高的人或长者坐，其余人等可自由落座。客人坐满后，总管一声令下："客满，上席啦！"执盘者方能把菜摆上桌。九斗碗上席也有讲究，一般靠上的六碗为主菜及次菜，下三碗为衬菜，主菜扣肉摆在中间。菜摆正后，由上席的长者喊"添饭"，大家陆续把饭添满。这时，任何人不能动筷，要等长者用筷子往桌上指着菜对大家说："来，拈菜！拈菜！"大家才开始动筷拈菜。

九斗碗也有特殊禁忌。九斗碗可以是七碗，也可以是十一碗，但决不能放八碗或十碗。因为川西坝子喂猪的猪槽一般都是用石头做的，民间相传，把"吃十（石）碗的"作为猪的隐语，所以不能用十碗菜来招待客人。而桌上的菜不能摆八碗，则是因为开席的时候一般会有叫花子（乞丐）前来贺喜或哭丧。他们往往打着莲花闹，走到哪儿唱到哪儿，见什么唱什么。由于不管是红喜还是白喜，主人都信奉"客走旺家门"的道理，对于前来捧场的乞丐，都要热情招待。只不过他们吃的不是其他客人的几样菜，而是一人一碗盖浇饭。这样一来，一张桌，一面坐两人，刚好是八碗饭，所以川西民间就把放八碗饭的称"叫花子席"。因此，八与十这两个数，是办席必须忌讳的。

九斗碗习俗古老、朴素又富有特色，符合现代营养学理念。它植根于民间，适合人们的饮食习惯，同时又很好地起到了凝聚人心的作用。无论在时间或是空间上，其地位很难被动摇。

成都市温江区永盛镇九斗碗习俗已有百年历史。创始人杨维汉曾拜师学习宜宾九斗碗烹制技艺，学成归来后根据当时农村宴请风俗进行探索，使改良后的九斗碗获得民众的赞许，并传授手艺给徒弟杨守成。随着群众物质水平的不断提高，杨守成在原有的几十年的经验基础上不断研究、改进，使九斗碗习俗得以传承并深受广大群众的肯定和喜爱。杨守成在七十多岁高龄时将九斗碗技艺传给付世勋，付世勋迄今已从业45年，他结合了旧时民间和现代民间的特色对其进行改良，使永盛镇九斗碗风味更加独特，名声远扬于温江、崇州等地。作为该项目的传承人，付世勋将技艺传承给了徒弟张波。传承方式多由师带徒，口授心记，代代相传。

2010年9月，四川省烹饪协会授予永盛镇"川西九斗碗之乡"的称号。九斗碗习俗也将作为永盛镇的餐饮品牌产业进行重点打造。九斗碗习俗于2013年入选第四批成都市非物质文化遗产名录后将得以更好的保护和传承。

九斗碗习俗是农耕时代的特殊产物，它反映了我们的祖先渴望“有福同享，有难同当”的社会理想。它作为一个鲜活的载体凝聚了乡亲乡情，团结了民众之心。正如民风民俗必然会伴随时代变迁一样，永盛镇民间宴客的九斗碗也曾历经“几番风雨、几度春秋”。

我们相信：当品尝九斗碗时，人们仍然不会忘怀譬如“冬瓜做烧白”的艰难，更会以此为镜，珍惜这来之不易的幸福生活！（整理：陈阳）

成都鸣堂习俗

小档案

项目名称：成都鸣堂习俗

2013 年入选成都市第四批级非物质文化遗产名录。项目保护责任单位为成都田园印象餐饮有限公司。

南宋孟元老的《东京梦华录》记载说：“客坐，则一人执箸纸，遍问坐客。都人侈纵，百端呼索，或热或冷，或温或整，或绝冷、精浇、膘浇之类，人人索唤不同。行菜得之，近局次立，从头唱念，报与局内。当局者谓之‘铛头’，又曰‘着案’。讫，须臾，行菜者左手杈三碗、右臂自手至肩驮叠约二十碗，散下尽合各人呼索，不容差错。”宋末元初，周密的《武林旧事•酒楼》中亦载：“凡下酒羹汤，任意索唤，虽十客各欲一味，亦自不妨。过卖铛头，记忆数十百品，不劳再四传喝。如流便即制造供应，不许少有违误。”

两书记载的，分别是北宋皇都汴梁（开封）及南宋临安（杭州）的食店、酒楼中的鸣堂叫菜，鸣堂的繁荣兴盛由此可见一斑。其实，不只是宋元时期，千百年来，在中国大地上，饭馆、茶楼、酒店、澡堂中的走堂儿和跑堂儿的侍者们，大多拥有一项特殊的传统技艺——“鸣堂”。

这种古老的营业形式，将菜食生产、推销、服务三个环节融为一体，风格独

传承人路明章老师展示鸣堂习俗

异，妙趣横生，富于艺术魅力，在餐饮服务业中曾经深受欢迎并经久不衰，乃是中国传统民俗文化、餐饮文化中极其重要的一项。

和地方戏曲、语言等一样，鸣堂技艺不但拥有独特的艺术价值，还有着浓厚的地域特点。曾有人说，四川人是中国的盐，此是指川地风景独好，川人热情豪爽，川菜麻辣鲜香，而发源并盛行于四川省府的成都鸣堂技艺则是中国众多地区鸣堂技艺中有盐有味的一支，独具成都特色、四川特色。

在旧时成都，鸣堂又称吼堂、喊堂，普遍存在于大街小巷的饭馆、酒店、客栈等场所。同时，在一年一度的花会、灯会、庙会以及劝业会等民间活动上，鸣堂也随处可见，这种市井文化的饮食服务形式，成为当时茶楼酒肆浓墨重彩的一个亮点。

成都鸣堂习俗起源于巴蜀地区，随着三国时期对巴蜀的开发，“成都鸣堂技艺”逐渐形成并在当时成都地区的饭馆、客栈随处可见。唐宋时期，它已自成一体，成为独具巴蜀文化特色的技艺。后人在唐人笔记《封氏闻见记》和宋元时期诸多的小说、话本等著作中，已发现多处对此技艺的记载。到了清朝初年，随着湖广地区居民的迁入，在吸收融合了众多其他地域文化的特色后，成都鸣堂技艺得到了新的发展，并在清朝至民国时期达到了极致。

成都鸣堂习俗是堂倌推销揽客、售菜结账、服务收益总过程的体现，有着迎来送往、咨询答问、传递信息、调度周旋、渲染气氛的作用。按时序分，主要有六个方面内容：

一是引客鸣堂。每逢食客上了门外阶沿，堂倌就会满面春风地迎上去接引，根据经验和食客的要求，有的放矢地介绍本店的拿手菜、风味菜，有意识地刺激客人的食欲，使之坚定在此就餐的决心，并引导到适当的位置上就坐。

二是点菜鸣堂。客人就坐，立即送上茶水、手巾把儿，如有儿童还得送上玩具，在本来很干净的桌面上继续擦拭，展示提壶掺水等绝活，同时有针对性地给顾客介绍菜肴和酒馔，以鸣代步地把顾客订下的菜单一一唱付给后灶锅师，其声音高昂清脆，字眼清楚，尾音长甜，显出自己的热情并展示自己诙谐的语言及特色。

三是应允鸣堂。锅师接前堂鸣堂叫菜后，根据手边的材料和贮藏原料，针对顾客所需菜肴的有无，用后灶特有的声腔回付告之前堂，以便准备和更换其他菜点。

四是吆喝鸣堂。锅师将菜烧好，喝唤堂倌前来端菜。在鸣唱中要说清上菜的顺序，如香酥鸡，将蘸料放在主菜旁为“单上”。拔丝山药，同时上一碗涮筷清水

1. 路明章老师传授端饭绝技
2. 路明章老师展示绝技——端饭
3. 路明章老师展示鸣堂技艺中的应允鸣堂

为“分上”。浇汁锅巴，将炸好的锅巴与浇汁分上到桌面再合为一起为“双上”。还要说清摆放的要求，如鱼头冲主客、鸡头不呈女宾等。上菜时还要展示桩搭米饭等绝活。

五是结算鸣堂。算账时当着顾客的面，唱出食用酒菜、数量及单价，不用算盘，不用笔，以最快的速度心算出总数，并同顾客的给钱数和找回的钱数一并唱出，做到心明眼亮，接受顾客、锅师、掌柜三者的监督，以显示公正无私，无暗送人情和私下有交的嫌疑。此为鸣堂最为精彩之处。

六是送客鸣堂。在送上牙签、漱口水、辅助儿童着衣后，同时唱出客套话，“欢迎再次光临”、“下次来时一定整巴适”等话。让顾客高兴而来，满意而归。

成都鸣堂习俗的特色，与其语言有着密不可分的关系。它多采用诙谐幽默的成都方言俚语“展言子儿”，有时也会用歇后语和民间谚语，以及当时社会上的流行语，其情感倾向多是说福道喜，逗引食客的吃兴。

鸣堂叫菜的语言分普通语言和行业语言。其中最有趣的，还是堂倌、后堂锅师们鸣堂使用的行业语言。行业语言有鲜明的特点，即饮酒不说酒，吃饭不说饭，喊菜不叫菜，多采用谐音、比拟、双关、摹状、藏字等手法，以富于幽默、诙谐、新奇的约定俗成来引起顾客对食物的兴趣。

鸣堂的行业语言可以分为以下几类：1．原料别称方面。猪：老拱；鸡爪：抓钱手；鱼：摆尾子；鸭：水上漂、嘎嘎叫；猪头：一年到头；猪舌：利子、口条；猪尾巴：甩不累、金钱鞭；豆芽：拐棍，无土菜；豆腐：灰妹、水板等。2．菜品别称方面。回锅肉：灯盏窝、过门香；烂肉炒粉条：蚂蚁上树；脆皮鱼：轰炸东京；锅巴肉片：火烧竹林弯等。3．米、面制品方面。大米饭：炒粉子、冒儿头；

稀饭：撵不上、虾子过河；面：二人对（面）、两不见（面）；饼：锅盔、扁货；汤圆：水泡；抄手：老爷子回家（抄手）；酒：酝绿、烧二、五加四（九，指酒）等。4．数量方面。大年初（一）、小生落难（单走，指一）、一心管（指二）、说一不（二）、接二连（三）、和尚归（寺，指四）、校场比（武，指五）、许田射（鹿，指六）、穿红着（绿，指六）、如胶似（漆，指七）、皇亲国（戚，指七）、乌七糟（八）、天长地（久，指九）、一五一（十）、5．餐具方面。筷子：篙杆；瓢根：水鸭子；桌子：席。6．工作用语方面。开门：提门；菜牌：水牌；关门：收堂；顾客多：满堂、打涌堂；顾客少：流堂；经营少量菜品：吊堂；顾客买菜回家：出堂、外跑；端菜：走（菜）、走起；要调味碟：双上；不要味碟：单上；茶：黄汤子、碧水；钱：拖把子、娃娃爱、九里山；收钱：算账；欠钱：念把子；交钱：下柜；先交钱：未吃先开等。

唐宋时期，民间把掌握鸣堂技艺的人称为“博士”，到了明代又称为“小二”，也称“行菜”、“过卖”、“跑堂”、“幺师”，及至清朝、民国时期，四川地区又多称其为“堂倌”。事实上，三百六十行，行行出状元，要成为一个优秀的堂倌，不但要做到心快、眼快、手脚快，还得学会察言观色，能言善道，过目不忘，此外还要动作干净利索，掌握提壶掺水、桩搭米饭、快速心算结账等一系列独到绝活。俗话说：“饭庄分两半，跑堂与红案。”可见堂倌对于一个饭店的发展起着至关重要的作用。

成都鸣堂习俗是四川成都传统的餐饮文化、民俗文化的一个代表，向世人展示了老成都独特的原汁原味的巴蜀文化，被世人称为“老成都的活档案”。但随着时代的发展，成都鸣堂技艺逐渐走向衰落。新中国成立后，成都西玉龙街的玉龙餐厅、青羊正街的陈麻婆豆腐、春熙路上的龙抄手等，虽推出过鸣堂叫菜，但最终都没有坚持下来，目前仍比较完整开展鸣堂服务的只有田园印象老食堂酒家了。

成都鸣堂习俗的传承人路明章老人，从14岁开始学习成都鸣堂技艺，至今已是70余岁高龄，仍在从事此项职业并将其传承发展下去，先后在成都知名“大地春”、“龙抄手”、“成都餐厅”担任头牌堂倌。不过，正如四川省美食家协会会长评价说：“成都像路老这样的民间艺人是越来越少了，以前懂得鸣堂的还有西北酒家的古少华，古少华去世后，现在就只有路明章一人，路老去后还有谁呢？”成都文化名人魏明伦、车辐曾评价：“四川的绝学已经消失了很多了，希望‘鸣堂’不要成为其中之一。”

（整理：赵媛媛）

附录

成都市人民政府关于公布成都市第一批市级非物质文化遗产名录的通知

成府发〔2006〕79号

各区（市）县政府，市政府各部门：

成都市第一批市级非物质文化遗产名录（共计41项）已经在2006年11月8日市政府第89次常务会议讨论通过，现予公布。

成都作为国务院首批公布的历史文化名城，在长期的历史发展进程中，勤劳智慧的成都人民不仅创造了丰富的物质文化遗产，而且创造了多彩的非物质文化遗产。蜀锦、蜀绣、成都漆艺、都江堰清明放水节入选首批国家级非物质文化遗产名录。

非物质文化遗产既是历史发展的见证，又是珍贵的、具有重要价值的文化资源。保护和利用好非物质文化遗产，对于继承和发扬民族优秀文化传统、促进社会主义精神文明建设，对于落实科学发展观，构建和谐社会，实现成都经济社会的全面、协调、可持续发展都具有重要而深远的意义。各区（市）县政府、市政府各部门要按照国务院和省、市政府关于加强非物质文化遗产保护工作的有关精神和要求，认真贯彻“保护为主、抢救第一、合理利用、传承发展”的工作方针，切实做好非物质文化遗产的保护、管理和合理利用工作。

2006年11月17日

成都市第一批市级非物质文化遗产名录

（共计 41 项）

一、民间文学（共 1 项）

序号	编号	项目名称	申报地区或单位
1	Ⅰ-1	新津灯谜	新津县

二、民间音乐（共 5 项）

序号	编号	项目名称	申报地区或单位
2	Ⅱ-1	沱江号子	金堂县
3	Ⅱ-2	竹麻号子	邛崃市
4	Ⅱ-3	闹年锣鼓	彭州市
5	Ⅱ-4	青城洞经古乐	都江堰市
6	Ⅱ-5	成都道教音乐	市道教协会

三、民间舞蹈（共 1 项）

序号	编号	项目名称	申报地区或单位
7	Ⅲ-1	火龙灯舞	双流县

四、传统戏剧（共 2 项）

序号	编号	项目名称	申报地区或单位
8	Ⅳ-1	成都木偶戏	成都艺术剧院
9	Ⅳ-2	成都皮影戏	成都艺术剧院 成都博物院

五、曲艺（共 8 项）

序号	编号	项目名称	申报地区或单位
10	Ⅴ-1	竹琴	成都艺术剧院
11	Ⅴ-2	荷叶	成都艺术剧院

12	Ⅴ-3	四川清音	成都艺术剧院
13	Ⅴ-4	金钱板	成都艺术剧院
14	Ⅴ-5	扬琴	成都艺术剧院
15	Ⅴ-6	连箫	青羊区
16	Ⅴ-7	飞刀花鼓	青羊区
17	Ⅴ-8	幺妹灯	蒲江县

六、杂技与竞技（共1项）

序号	编号	项目名称	申报地区或单位
18	Ⅵ-1	高台狮子	金堂县

七、民间美术（共1项）

序号	编号	项目名称	申报地区或单位
19	Ⅶ-1	蜀绣（已列入第一批国家级非物质文化遗产名录）	

八、传统手工技艺（共17项）

序号	编号	项目名称	申报地区或单位
20	Ⅷ-1	蜀锦织造技艺（已列入第一批国家级非物质文化遗产名录）	
21	Ⅷ-2	成都漆艺（已列入第一批国家级非物质文化遗产名录）	
22	Ⅷ-3	糖画	锦江区 温江区
23	Ⅷ-4	水井坊酒传统酿制技艺	四川水井坊股份有限公司
24	Ⅷ-5	郫县豆瓣制作技艺	郫县

25	Ⅷ－6	川派盆景制作技艺	省盆景艺术家协会 市花卉盆景协会
26	Ⅷ－7	川派盆景盘扎技艺	温江区
27	Ⅷ－8	孔明灯制作技艺	邛崃市
28	Ⅷ－9	瓷胎竹编	邛崃市
29	Ⅷ－10	邛陶烧造技艺	邛崃市
30	Ⅷ－11	桂花土陶制作技艺	彭州市
31	Ⅷ－12	草编	龙泉驿区
32	Ⅷ－13	成都银花丝技艺	青羊区
33	Ⅷ－14	棕编	新都区
34	Ⅷ－15	藤编	崇州市
35	Ⅷ－16	道明竹编	崇州市
36	Ⅷ－17	川剧服饰制作技艺	长洲剧装场

九、传统医药（共2项）

序号	编号	项目名称	申报地区或单位
37	Ⅸ－1	成都中药炮制技术	成都中医药大学
38	Ⅸ－2	成都中药传统制剂方法	成都中医药大学

十、民俗（共3项）

序号	编号	项目名称	申报地区或单位
39	Ⅹ－1	都江堰放水节（已列入第一批国家级非物质文化遗产名录）	
40	Ⅹ－1	望丛赛歌会	郫县
41	Ⅹ－2	火牛阵	新津县

成都市人民政府关于公布成都市第二批市级非物质文化遗产名录的通知

成府发〔2008〕66号

各区（市）县政府，市政府各部门：

成都市第二批市级非物质文化遗产名录（共计39项）市政府已经同意，现予公布。

各区（市）县政府、市政府各部门要按照国务院和省、市政府关于加强非物质文化遗产保护工作的有关精神和要求，认真贯彻“保护为主、抢救第一、合理利用、传承发展”的工作方针，切实做好非物质文化遗产的保护、管理和合理利用工作。

2008年12月17日

成都市第二批市级非物质文化遗产名录

（共计 39 项）

一、民间文学（共 3 项）

序号	编号	项目名称	申报地区或单位
42	Ⅰ -2	卓文君与司马相如的故事	邛崃市
43	Ⅰ -3	望娘滩传说	都江堰市
44	Ⅰ -4	阿斗洛带传说	龙泉驿区

二、传统音乐（共 3 项）

序号	编号	项目名称	申报地区或单位
45	Ⅱ -6	川派古琴	成都市群众艺术馆
46	Ⅱ -7	西岭山歌	大邑县
47	Ⅱ -8	府河船工号子	双流县

三、传统舞蹈（共 5 项）

序号	编号	项目名称	申报地区或单位
48	Ⅲ -2	大邑狮灯	大邑县
49	Ⅲ -3	城厢过街连箫	青白江区
50	Ⅲ -4	牛灯	温江区
51	Ⅲ -5	夹关高跷	邛崃市
52	Ⅲ -6	四川客家龙舞	龙泉驿区

四、传统戏剧（共 2 项）

序号	编号	项目名称	申报地区或单位
53	Ⅳ -3	川剧	成都市川剧院
54	Ⅳ -4	被单戏	青羊区

五、曲艺（共1项）

序号	编号	项目名称	申报地区或单位
55	Ⅴ-9	四川车灯	金牛区

六、传统体育、游艺与杂技（共2项）

序号	编号	项目名称	申报地区或单位
56	Ⅵ-2	青城武术	都江堰市
57	Ⅵ-3	张三丰道家养生太极拳	成都市恩威集团

七、传统技艺（共12项）

序号	编号	项目名称	申报地区或单位
58	Ⅷ-18	崇阳大曲酒酿造技艺	崇州市
59	Ⅷ-19	茉莉花茶传统窨制技艺	新津县
60	Ⅷ-20	怀远三绝制作技艺	崇州市
61	Ⅷ-21	金鸡风筝扎制技艺	崇州市
62	Ⅷ-22	彭州肥酒酿造技艺	彭州市
63	Ⅷ-23	古城棕编	郫县
64	Ⅷ-24	裘衣制作工艺	成华区
65	Ⅷ-25	汤长发麻饼制作技艺	崇州市
66	Ⅷ-26	温江酥糖制作技艺	温江区
67	Ⅷ-27	花楸贡茶手工制作技艺	邛崃市
68	Ⅷ-28	平乐古法造纸技艺	邛崃市
69	Ⅷ-29	洛带响簧工艺	龙泉驿区

八、传统医药（共2项）

序号	编号	项目名称	申报地区或单位
70	Ⅸ-3	德仁堂中医中药文化	青羊区
71	Ⅸ-4	新繁传统药浴	新都区

九、民俗（共9项）

序号	编号	项目名称	申报地区或单位
72	X－4	春分会	大邑县
73	X－5	端午龙舟会	新津县
74	X－6	天彭牡丹花会	彭州市
75	X－7	王泗风筝节	大邑县
76	X－8	人日游草堂	成都杜甫草堂博物馆
77	X－9	成都灯会	成都市灯会办公室
78	X－10	固驿春台会	邛崃市
79	X－11	传统婚俗（川西传统婚俗、客家婚俗）	大邑县　新都区　龙泉驿区
80	X－12	客家水龙节	龙泉驿区

成都市人民政府关于公布成都市第三批市级非物质文化遗产名录的通知

成府发〔2010〕40号

各区（市）县政府，市政府各部门：

成都市第三批市级非物质文化遗产名录（共计24项）市政府已经同意，现予公布。

各区（市）县政府、市政府各部门要按照国务院和省、市政府关于加强非物质文化遗产保护工作的有关精神和要求，认真贯彻“保护为主、抢救第一、合理利用、传承发展”的工作方针，切实做好非物质文化遗产的保护、管理和合理利用工作。

2010年10月14日

成都市第三批市级非物质文化遗产名录

（共计 24 项）

一、民间文学（共 1 项）

序号	编号	项目名称	申报地区或单位
81	Ⅰ－5	鱼凫传说	温江区

二、传统舞蹈（共 4 项）

序号	编号	项目名称	申报地区或单位
82	Ⅲ－7	小金龙龙舞	青白江区
83	Ⅲ－8	金华龙灯	新津县
84	Ⅲ－9	蛾蛾灯	温江区
85	Ⅲ－10	牛儿灯	大邑县

三、传统戏剧（共 1 项）

序号	编号	项目名称	申报地区或单位
86	Ⅳ－5	川剧围鼓	彭州市

四、曲艺（共 1 项）

序号	编号	项目名称	申报地区或单位
87	Ⅴ－10	四川相书	武侯区

五、传统体育、游艺与杂技（共 1 项）

序号	编号	项目名称	申报地区或单位
88	Ⅵ－4	古彩戏法箩圈三变化	成都艺术剧院杂技团

六、传统美术（共 1 项）

序号	编号	项目名称	申报地区或单位
89	Ⅶ－2	成都面人	成华区

七、传统技艺（共13项）

序号	编号	项目名称	申报地区或单位
90	Ⅷ-30	温江滴窝油酿造技艺	温江区
91	Ⅷ-31	聚源竹雕	都江堰市
92	Ⅷ-32	竹鸟笼制作技艺	郫县
93	Ⅷ-33	唐场豆腐乳制作工艺	大邑县
94	Ⅷ-34	龙抄手传统制作技艺	成都市饮食公司
95	Ⅷ-35	陈麻婆豆腐制作技艺	成都市饮食公司
96	Ⅷ-36	赖汤圆传统制作技艺	成都市饮食公司
97	Ⅷ-37	耗子洞腌卤传统制作技艺	成都市饮食公司
98	Ⅷ-38	盘飧市腌卤传统制作技艺	成都市饮食公司
99	Ⅷ-39	钟水饺传统制作技艺	成都市饮食公司
100	Ⅷ-40	夫妻肺片传统制作技艺	成都市饮食公司
101	Ⅷ-41	邹鲢鱼传统制作技艺	成都市饮食公司
102	Ⅷ-42	秦川号羊肉汤制作技艺	青羊区

八、传统医药（共1项）

序号	编号	项目名称	申报地区或单位
103	Ⅸ-5	何天祺传统中医药疗骨法	四川何氏骨科医院

九、民俗（共1项）

序号	编号	项目名称	申报地区或单位
104	Ⅹ-13	达摩会	成都峨眉僧门武术学校

成都市人民政府关于公布
成都市第四批市级非物质文化遗产名录的通知

成府函〔2013〕65号

各区（市）县政府，市政府各部门：

成都市第四批市级非物质文化遗产名录（共12项）市政府已经同意，现予以公布。

各区（市）县政府、市政府各部门要按照国务院和省政府、市政府关于加强非物质文化遗产保护工作的有关精神和要求，贯彻落实《非物质文化遗产法》，按照“保护为主、抢救第一、合理利用、传承发展”的工作方针，切实做好非物质文化遗产的保护、管理和合理利用工作，为加快打造中西部最具影响力、全国一流、国际知名的“文化之都”做出更大贡献。

成都市人民政府

2013年8月16日

成都市第四批非物质文化遗产代表性项目名录

（共计12项）

一、民间文学（共1项）

序号	编号	项目名称	申报地区或单位
105	Ⅰ-6	柳街薅秧歌	都江堰市

二、曲艺（1项）

序号	编号	项目名称	申报地区或单位
106	Ⅴ-11	四川评书	成华区

三、传统美术（1项）

序号	编号	项目名称	申报地区或单位
107	Ⅶ-3	剪纸	青羊区

四、传统技艺（6项）

序号	编号	项目名称	申报地区或单位
108	Ⅷ-43	传统金铜制作技艺	都江堰市
109	Ⅷ-44	军屯锅魁制作技艺	彭州市
110	Ⅷ-45	蒲江米花糖制作技艺	成都派立食品有限公司
111	Ⅷ-46	蒲砚制作技艺	蒲江县鸿宇传媒装饰部
112	Ⅷ-47	邛茶制作技艺	四川省文君茶业有限公司
113	Ⅷ-48	阴沉木雕刻技艺	成都金沙乌木艺术馆

五、传统医药（1项）

序号	编号	项目名称	申报地区或单位
114	Ⅸ-6	阴氏中医正骨法	成都阴氏骨科医院

六、民俗（2项）

序号	编号	项目名称	申报地区或单位
115	X -14	九斗碗习俗	温江区
116	X -15	成都鸣堂习俗	成都田园印象餐饮有限公司

后 记

2003年10月17日，联合国教科文组织第32届大会通过了《保护非物质文化遗产公约》。2004年8月，经全国人大常委会批准，中国政府正式加入《公约》成为缔约国之一。2005年3月，国务院办公厅印发了《关于加强我国非物质文化遗产保护工作的意见》，同年12月，国务院颁发了《关于加强非物质文化遗产保护的通知》。"非物质文化遗产"这个概念以这些时间为重要节点迅速普及，非物质文化遗产保护也由此成为一项重要的文化工作，到2011年2月25日，第十一届全国人大常委会第十九次会议审议通过《中华人民共和国非物质文化遗产法》，标志着非物质文化遗产保护工作走上了依法整体性、系统性的全面保护新阶段。党的十八大以来，习近平总书记对传承弘扬中华优秀传统文化发表了一系列重要论述，他指出，中华文化积淀着中华民族最深沉的精神追求，是中华民族生生不息、发展壮大的丰厚滋养；要认真汲取中华优秀传统文化的思想精华和道德精髓，使中华优秀传统文化成为涵养社会主义核心价值观的重要源泉；要处理好继承和创造性发展的关系，重点做好创造性转化和创新性发展。非物质文化遗产是中华优秀传统文化的重要内容，是涵养民族生命力和创造力的重要源泉，是民族精神之根、文明进程之脉。习近平总书记的重要论述对保护传承非物质文化遗产提出了更高的新要求。

成都市文化局认真落实中央和省市加强非物质文化遗产保护的要求，并结合深化文化体制改革，专门设立了非物质文化遗产处，成立了成都市非物质文化遗产保护中心，认真组织开展各项非物质文化遗产保护传承工作。在积极申报国家和四川省的非物质文化遗产名录项目的同时，由成都市人民政府正式公布了四批市级非物质文化遗产名录，共116项。遵照习近平总书记传承弘扬中华优秀传统文化，推动优秀传统文化创造性转化、创新性发展的系列重要论述，依据国家《非物质文化遗产法》，为记录留存成都市非物质文化遗产名录项目图文资料，展示传播成都市非物质文化遗产目录项目的风貌特征，宣传普及非物质文化遗产保护传承知识，调动激发全社会参与非物质文化遗产保护传承的文化自信和文化自觉，市文化局和市非物质文化遗产保护中心组织编写了《根·脉——成都市非物质文化遗产代表性项目名录图文集》。经过编委会专家组专家审读把关，由巴蜀书社正式出版发行。

非物质文化遗产具有丰富厚重的历史文化底蕴，涉及社会生产生活的方方面面，项目史料有的丰富，有的稀少。在编写过程中，注重史料性、知识性、普及性的统一，力求简明扼要。但由于学识和能力的不足，疏漏和不准确之处实难避免，敬请读者指正和谅解。

编者

2014年10月

编委会名单

主　　编：李丹阳　刘　洪

执行主编：郭德刚　龚　键

图片摄影（以姓氏笔画为序）：

于兴万　王　灵　王晓东　毛　蒂　甘　霖　朱大勇

任丽芳　向立民　全本宁　刘江友　刘晓跃　李　劲

李　勍　李振宁　李熙腾　李震宇　吴元成　吴玉斌

何　震　余震亚　闵昭渝　张　勇　罗成洋　周　勇

郑兴明　孟　无　赵万春　姜　曦　袁行娜　袁蓉荪

俸秋萍　倪　伟　徐　蓓　高明鑫　唐跃武　陶　冶

黄　莉　黄洪石　崔建蜀　崔晋川　康中明　彭宗林

蒋薇薇　鲜宗丽　熊志恒　樊大华　潘慧兴

图书在版编目（CIP）数据

根·脉：成都市非物质文化遗产代表性项目名录图文集 / 成都市文化局，成都市非物质文化遗产保护中心编．－成都：巴蜀书社，2014.12

ISBN 978－7－5531－0523－9

Ⅰ．①根… Ⅱ．①成… ②成…Ⅲ．①文化遗产－介绍－成都市 Ⅳ．① K297.11

中国版本图书馆 CIP 数据核字 (2015) 第 068866 号

根·脉：成都市非物质文化遗产代表性项目名录图文集

成都市文化局　成都市非物质文化遗产保护中心　编

责任编辑　陈亚玲
出　　版　巴蜀书社
出版发行　巴蜀书社
地　　址　成都市槐树街 2 号
邮　　编　610031
电　　话　(028) 86259397
经　　销　新华书店
设　　计　成都力术堂文化
印　　刷　成都市金雅迪彩色印刷有限公司
开　　本　16 开
印　　张　38.875
字　　数　700 千字
书　　号　ISBN 978－7－5531－0523－9
版　　次　2014 年 12 月第 1 版
印　　次　2014 年 12 月第 1 次印刷
定　　价　218.00 元（全三册）